서울대교구 설정 200주년 자료 총서—서한 1

한기근 바오로 신부 서한집

서울대교구 설정 200주년 자료 총서-서한 1
한기근 바오로 신부 서한집

펴낸 날	2022년 10월 5일 초판 1쇄 발행
펴낸 이	손희송
편집인	조한건
지은이	한기근
옮긴이	김상균
펴낸 곳	한국교회사연구소
	서울시 중구 삼일대로 330 평화빌딩
	대표전화 02-756-1691
	팩시밀리 02-2269-2692
	홈페이지 www.history.re.kr
인쇄·제본	분도인쇄소
등록번호	1981년 11월 16일 제10-132호
교회인가	2022년 3월 25일
ISBN	979-11-85700-38-0 (94230)
	979-11-85700-39-7 (세트)
정가	30,000원

ⓒ한국교회사연구소, 2022

서울대교구 설정
200주년 자료 총서 | 서한 ❶

한기근 바오로 신부
서한집

⚜ 한국교회사연구소

한기근(韓基根, 바오로) 신부

간행사

'서울대교구 설정 200주년 자료 총서'의 첫 발걸음

한국교회사연구소는 오는 2031년 서울대교구 설정 200주년을 맞아 교구사 집필에 필요한 기초 자료집을 발간하고자 합니다. 잘 아시겠지만 서울대교구의 역사는 한국 천주교회의 역사이기에 자료 수집 및 연구의 범위를 가늠하기도 쉽지 않고, 처음 세운 계획대로 일을 진행해 나가는 데에도 전문 인력, 예산 등 여러 가지 변수로 많은 어려움이 따릅니다. 그럼에도 꼭 해야 하는 작업이기에 우선 정리된 기초 자료를 중심으로 서울대교구 설정 200주년 자료들을 총서로 간행하기로 하였습니다. 이 책을 시작으로 연구소는 향후 교구사 집필을 위한 기초 자료집을 순차적으로 간행할 것입니다.

이번에 간행하는 『한기근 바오로 신부 서한집』은 그 자료 총서의 시작이라 할 수 있습니다. 한기근(韓基根, 바오로) 신부님의 서한은 「뮈텔 문서」로 분류되어 있으며, 2012년 연구소에서 간행하는 월간지 『교회와 역사』에 「사목 서한으로 읽는 한국 교회사」라는 꼭지로 연재되었습니다. 사목 서한은 사목 활동을 하는 신부들이 지역 교회의 책임자인 주교에게 보내는 편지입니다. 사목 서한의 사료적 가치는 본당 현황이나 사목 현장을 구체적으로 파악하게 해주며, 시대 상황과 성직자-신자 사이의 관계도 알 수 있게 해줍니다. 이번 자료 총서는 이미 연재된 한기근 신부님 서한의 판독과 번역을 재검토하고 교회사 이해에 필요한 각주를 충실히 달았으며, 신부님이 남기신 「로마 여행일기」를 같이 묶었습니다. 독자들의 이해를 돕기 위해 부록에 실은 윤선자 교수의 논문에 따르면 신부님의 여행기는 "비그리스도교 문화권인 한국 천주교회의 성직자가 기록한 첫 그리스도교 성지 순례기"입니다.

한기근 신부님은 페낭 신학교에서 유학하다 돌아와 부엉골과 용산 신학교에서 공부를 마치고, 사제품을 받아 한국인으로서는 7번째 사제가 되셨습니다. 신부님은 하느님이 주신 재능을 그분의 뜻대로 잘 쓰신 분입니다. 외국어와 한문 실력이 그 누구보다 뛰어나셨기에 출판 사업을 담당하면서 4복음서의 온전한 번역서인 『사사성경』과 그림이 들어 있는 교리서인 『요리강령』, 또 개신교와의 교리 논쟁이 들어가 있는 『예수진교사패』 등 라틴어·프랑스어·한문 등을 우리말로 번역하여 책으로 남기셨습니다.

이번 자료 총서는 서울대교구 설정 200주년 자료집이기도 하지만 근·현대 한국 교회사 연구에 필요한 자료입니다. 이를 계기로 서울대교구사의 집필에 꼭 필요한 한국 근·현대 천주교회사 연구가 더 활성화되기를 기대합니다.

한 권의 책을 낼 때마다 많은 분의 얼굴을 떠올리게 됩니다. 매일 연구소에 출근하시어 라틴어 서한을 번역하기 위해 고군분투하시는 김상균 신부님께 감사드립니다. 그리고 연구소를 위해 큰 힘과 버팀목이 되어 주시는 교구장 정순택 대주교님과 재단 이사장 손희송 주교님께도 감사의 인사를 올립니다. 끝으로 여러 가지 어려운 여건 속에서도 묵묵히 자신의 자리에서 연구소의 발전과 성장을 위해 힘을 모아주는 직원들과 연구소가 출간한 자료들을 읽고 연구하고 격려해 주시는 분들께 감사드립니다.

한국교회사연구소 소장
조한건 프란치스코 신부

차례

간행사	6
한기근 신부 연보	12
해제	15
일러두기	33

제1부 한기근 신부 서한 한글 번역문

01	「뮈텔 문서」 1902-34	1902년 2월 16일	검수원	37
02	「뮈텔 문서」 1902-73	1902년 6월 5일	황주 외남부	39
03	「뮈텔 문서」 1902-112	1902년 7월 4일	황주	42
04	「뮈텔 문서」 1902-197	1902년 11월 5일	황주	47
05	「뮈텔 문서」 1903-5	1903년 1월 6일	황주	48
06	「뮈텔 문서」 1903-43	1903년 1월 28일	황주	49
07	「뮈텔 문서」 1903-143	1903년 2월 17일	황주 송곡	52
08	「뮈텔 문서」 1903-38	1903년 4월 4일	황주	54
09	「뮈텔 문서」 1903-45	1903년 4월 21일	황주	56
10	「뮈텔 문서」 1903-67	1903년 6월 10일	황주	58
11	「뮈텔 문서」 193-95	1903년 7월 25일	황주	60
12	「뮈텔 문서」	1903년 8월 9일	검수원	63
13	「뮈텔 문서」 1904-150	1903년 9월 21일	황주	65
14	「뮈텔 문서」 1904-30	1904년 2월 29일	황주	67
15	「뮈텔 문서」 1904-49	1904년 5월 5일	적은동	69
16	「뮈텔 문서」 1904-151	1904년 9월 19일	적은동	70
17	「뮈텔 문서」 1905-81	1905년 7월 21일	적은동	72
18	「뮈텔 문서」 1905-120	1905년 9월 29일	적은동	74
19	「뮈텔 문서」 1906-120	1906년 7월 11일	적은동	76

20	「뮈텔 문서」1906-120	1906년 8월 12일	적은동	**78**
21	「뮈텔 문서」1906-177	1906년 9월 21일	적은동	**81**
22	「뮈텔 문서」1907-17	1907년 2월 12일	적은동	**83**
23	「뮈텔 문서」1907-89	1907년 8월 7일	적은동	**85**
24	「뮈텔 문서」1907-135	1907년 9월 21일	적은동	**87**
25	「뮈텔 문서」1907-143	1907년 12월 1일	적은동	**89**
26	「뮈텔 문서」1908-4	1908년 1월 2일	적은동	**91**
27	「뮈텔 문서」1908-34	1908년 3월 29일	적은동	**93**
28	「뮈텔 문서」1909-99	1908년 12월 27일	적은동	**95**
29	「뮈텔 문서」1910-1	1910년 1월 3일	적은동	**96**
30	「뮈텔 문서」1910-1	1910년 2월 11일	적은동	**97**
31	「뮈텔 문서」1910-96	1910년 7월 9일	적은동	**99**
32	「뮈텔 문서」1910-100	1910년 7월 20일	적은동	**100**
33	「뮈텔 문서」1910-48	1910년 9월 8일	적은동	**101**
34	「뮈텔 문서」1910-174	1910년 9월 26일	적은동	**103**
35	「뮈텔 문서」1910-202	1910년 10월 18일	적은동	**104**
36	「뮈텔 문서」1910-245	1910년 12월 21일	적은동	**106**
37	「뮈텔 문서」1911-114	1911년 8월 1일	적은동	**108**
38	「뮈텔 문서」1911-130	1911년 8월 28일	적은동	**109**
39	「뮈텔 문서」1911-140	1911년 9월 13일	적은동	**110**
40	「뮈텔 문서」1900-142	1911년 9월 14일	적은동	**113**
41	「뮈텔 문서」1911-153	1911년 9월 20일	적은동	**115**
42	「뮈텔 문서」1912-1	1912년 1월 1일	원동	**117**
43	「뮈텔 문서」	1912년 1월 9일	원동	**119**
44	「뮈텔 문서」1912-20	1912년 1월 26일	원동	**123**
45	「뮈텔 문서」1912-28	1912년 2월 5일	원동	**127**
46	「뮈텔 문서」1912-68	1912년 5월 30일	원동	**129**
47	「뮈텔 문서」1912-144	1912년 9월 20일	원동	**130**
48	「뮈텔 문서」1917-15	1917년 2월 21일	염티	**133**
49	「뮈텔 문서」1917-17	1917년 2월 22일	염티	**135**

50	「뮈텔 문서」 1918-82	1918년 11월 9일	행주	137
51	「뮈텔 문서」 1918-83	1918년 11월 11일	행주	139
52	「뮈텔 문서」 1918-107	1918년 11월 12일	행주	140
53	「뮈텔 문서」	1925년 5월 18일	고베	141
54	「뮈텔 문서」	1925년 5월 22일	상하이	145
55	「뮈텔 문서」	1925년 5월 26일	타이완 근해	148
56	「뮈텔 문서」	1925년 5월 31일	사이공	150
57	「뮈텔 문서」	1925년 6월 2일	믈라카해협	152
58	「뮈텔 문서」	1925년 6월 7일	인도양	154
59	「뮈텔 문서」	1925년 6월 16일	인도양과 아덴	156
60	「뮈텔 문서」	1925년 6월 21일	홍해	159
61	「뮈텔 문서」	1925년 7월 13일	로마	161
62	「뮈텔 문서」	1925년 7월 21일	로마	169
63	「뮈텔 문서」	1925년 8월 10일	파리	172
64	「뮈텔 문서」	1925년 8월 24일	파리	176
65	「뮈텔 문서」	1925년 9월 20일	파리	179
66	「뮈텔 문서」	1925년 11월 29일	상하이	182

제2부 한기근 신부 서한 라틴어 판독문

01	Mutel Docu 1902-34	186	11	Mutel Docu 1903-95	207
02	Mutel Docu 1902-73	188	12	Mutel Docu	210
03	Mutel Docu 1902-112	190	13	Mutel Docu 1904-150	212
04	Mutel Docu 1902-197	194	14	Mutel Docu 1904-30	214
05	Mutel Docu 1903-5	195	15	Mutel Docu 1904-49	216
06	Mutel Docu 1903-43	196	16	Mutel Docu 1904-151	217
07	Mutel Docu 1903-143	199	17	Mutel Docu 1905-81	219
08	Mutel Docu 1903-38	201	18	Mutel Docu 1905-120	221
09	Mutel Docu 1903-45	203	19	Mutel Docu 1906-120	223
10	Mutel Docu 1903-67	205	20	Mutel Docu 1906-120	225

21	Mutel Docu 1906-177	228	44	Mutel Docu 1912-20	261
22	Mutel Docu 1907-17	230	45	Mutel Docu 1912-28	265
23	Mutel Docu 1907-89	232	46	Mutel Docu 1912-68	267
24	Mutel Docu 1907-135	233	47	Mutel Docu 1912-144	268
25	Mutel Docu 1907-143	235	48	Mutel Docu 1917-15	270
26	Mutel Docu 1908-4	236	49	Mutel Docu 1917-17	272
27	Mutel Docu 1908-34	238	50	Mutel Docu 1918-82	274
28	Mutel Docu 1909-99	240	51	Mutel Docu 1918-83	275
29	Mutel Docu 1910-1	241	52	Mutel Docu 1918-107	276
30	Mutel Docu 1910-1	242	53	Mutel Docu	277
31	Mutel Docu 1910-96	243	54	Mutel Docu	280
32	Mutel Docu 1910-100	244	55	Mutel Docu	283
33	Mutel Docu 1910-48	245	56	Mutel Docu	285
34	Mutel Docu 1910-174	246	57	Mutel Docu	286
35	Mutel Docu 1910-202	247	58	Mutel Docu	287
36	Mutel Docu 1910-245	248	59	Mutel Docu	289
37	Mutel Docu 1911-114	250	60	Mutel Docu	291
38	Mutel Docu 1911-130	251	61	Mutel Docu	293
39	Mutel Docu 1911-140	252	62	Mutel Docu	298
40	Mutel Docu 1900-142	254	63	Mutel Docu	301
41	Mutel Docu 1911-153	255	64	Mutel Docu	304
42	Mutel Docu 1912-1	257	65	Mutel Docu	306
43	Mutel Docu	259	66	Mutel Docu	308

부록 한기근 신부의 여행 여정 일람표   313
      1. 『경향잡지』에 연재된 한기근 신부의 「로마 여행일기」   318
      2. 논문 : 「한기근 신부의 '로마 여행일기'」| 윤선자   527

색인   570

한기근 신부 연보

1868년 8월 4일(혹은 1867년 7월 12일)
　　경기도 양지(陽智) 추계(秋溪, 현 용인시 양지면 추계리)에서
　　한 안드레아와 방 바르바라의 아들로 출생

1870년 이후
　　3세 때 모친, 9세 때 부친을 여읜 뒤 서울의 큰아버지 한영직(베드로) 집에서 성장

1883년 8월 15일
　　프와넬(V. Poisnel, 朴道行) 신부에게 영세

1883년
　　블랑(J. Blanc, 白圭三) 주교에게 견진성사 후 종현(鐘峴)학당에서 공부

1884년 2월 7일
　　말레이시아로 유학 출발

　　7월 10일
　　말레이시아 페낭(Penang) 신학교 도착

　　12월 10일
　　토혈증(吐血症)으로 귀국

1885년 10월 28일 이후
　　여주 부엉골(현 여주시 강천면 부평리) 예수성심신학교에서 공부

1887년 3월 이후
　　용산으로 이전한 예수성심신학교에서 공부

1888년 4월
　　무너진 담장을 넘어 대궐 마당으로 들어갔다가 3개월간 옥고

1897년 12월 18일
　　약현(藥峴) 성당에서 뮈텔(G. Mutel, 閔德孝) 주교에게 사제 수품
　　용산 예수성심신학교 교수

1899~1900년
　　병인박해(丙寅迫害) 순교자들에 대한 시복 조사 청원자 겸임

1902년 2월
황해도 황주(黃州) 본당 초대 주임으로 임명
본당 사목 경험 부족으로 황해도 검수(劍水) 본당(봉산군 산수면 용현리, 현 황해북도 봉산군 청계리)
이종국(李鍾國, 바오로) 신부의 보좌로 생활하면서 사목 실습

5월
황주읍 남문 밖 외남리에 정착하여 황주 본당 사목 시작

6월
해서교안(海西敎案)의 여파로 박정모(朴貞模) 등이 사제관 습격

1904년 2월
황주군 삼전면 외송리의 적은동(精銀洞) 김촌(金村, 현 황해북도 황주군 삼전리)으로 성당 이전하고, 해성(海星)학교 설립

1906년
마르코 · 요한 · 루카 복음서 번역 및 역주 작업 시작
(*마태오 복음서는 홍병철 · 손성재 · 김문옥 신부가 담당)

1907년
『예수진교사패(耶蘇眞敎四牌)』 번역 · 간행

1909년
마르코 · 요한 · 루카 복음서 역주 완료

1910년 2월
『요리강령(要理綱領)』 번역 · 간행

6월 1일
뮈텔 주교와 함께 마태오 복음서 교정 작업 완료

7월 5일
뮈텔(G. Mutel, 閔德孝) 주교와 함께 4복음서 교열 작업 완료

9월
『성 바오로 수녀회 규구(規矩)』 번역 · 간행

12월
『사사성경(四史聖經)』 간행

1911년 9월
황주군 구락면 인훈리 원동(仁訓里 院洞, 현 연탄군 금봉리)으로 성당 이전

1913년 5월 10일
경향잡지사 제3대 발행인 겸 성서 활판소 담당

1922년 4월 30일
『사사성경 합부 종도행전(四史聖經合附宗徒行傳)』 간행

1923년
『성체 조배(聖體朝拜)』 번역 · 간행

1924년
샬트르 성 바오로 수녀회 지도 신부 겸임

1925년 5월 11일
시복식 참석을 위해 서울역 출발

7월 5일
로마에서 거행된 기해 · 병오박해 순교자 79위 시복식에 성직자 대표로 참석 후 이탈리아 · 프랑스 · 팔레스티나 성지 순례

12월 10일
귀국

1937년
경향잡지사 발행인 사임

1939년 봄
샬트르 성 바오로 수녀회 지도 신부 사임 후 성서 활판소 전념

10월 21일
명동 성모병원에서 기관지 천식으로 선종

10월 23일
용산 성직자 묘역에 안장

해제
한기근 신부의 서한

윤선자 | 전남대학교 사학과 교수

1. 한기근 신부의 생애

한기근(韓基根, 바오로) 신부는 1868년 8월 4일(또는 1867년 7월 12일) 경기도 양지(陽智) 추계(秋溪)에서 한 안드레아와 방 바르바라의 아들로 태어났다. 3살 때 어머니를, 9살 때 아버지를 여읜 후 서울에 사는 큰아버지 한영직(베드로)의 집에서 생활하였다. 큰아버지의 권유로 교리 공부를 시작하였고, 1883년 8월 15일 프와넬(V. Poisnel, 朴道行) 신부에게 세례를 받았다. 그 후 종현(鐘峴)학당에서 공부하다가 1884년 2월 7일 말레이시아로 유학을 떠나 7월 10일 페낭(Penang) 신학교에 도착하였으나, 토혈증으로 고생하다가 그해 12월 10일 귀국길에 올랐다. 귀국 후 강원도 원주 부엉골(현 경기도 여주군 강천면 부평리)에 1885년 10월 28일 개교한 예수성심신학교에서, 1887년 3월부터는 용산으로 이전한 예수성심신학교에서 공부한 후 1897년 12월 18일 이내수(李逎秀, 아우구스티노, 1862~1900), 김성학(金聖學, 알렉시오, 1870~1938)과 함께 사제 서품을 받았다.

페낭 신학교 전경

 수품 후 용산 예수성심신학교 교수로 활동하였고, 1899년에는 병인박해(丙寅迫害) 순교자들에 대한 시복 조사 청원인을 겸하였다. 순교자들에 대한 시복 조사 재판은 1899년 6월 29일부터 1900년 11월 30일까지 진행되었고, 그 결과는 1901년 병인박해 순교자 29위의『병인 순교자 시복 조사 수속록』(전 10책)으로 교황청 예부성성(현 시성성)에 제출되었다.

 1902년 5월 황해도 황주(黃州) 본당 초대 주임으로 전임되었는데, 본당 사목 경험이 없었으므로 1902년 2월부터 3개월 동안 봉산군 검수(劍水) 본당의 이종국(李鍾國, 바오로, 1874~1905) 신부 옆에서 사목 실습을 하였고, 황해도와 평안도에 있는 이웃 본당들과의 거리 및 관할 공소와의 거리 등을 고려하여 황주군 황주읍 남문 밖 외남부에 본당을 설정하고 본격적인 사목 활동을 시작하였다. 그런데 당시 황해도 지역의 천주교회는 해서교안(海西敎案)으로 어려움을 겪는 중이었고, 한기근 신부와 황주 본당 신자들도 1902년 6월에 박정모(朴貞模)와 부상(負商)들의 습격과 위협을 받았다. 이 사건이 해결된 후 한기근 신부는 1904년 2월 황주군 삼전면 외송리

용산 예수성심신학교와 성당.
페낭에서 돌아와 이곳에서 학업을 계속한 한기근 신부는 1897년 12월 18일 사제 서품을 받았다.

페낭에서 돌아온 신학생들.
(왼쪽부터) 홍병철(루카), 이종국(바오로), 이내수(아우구스티노), 강성삼(라우렌시오) 신부, 김문옥(요셉), 김승연(아우구스티노), 한기근(바오로), 강도영(마르코) 신부, 김원영(아우구스티노), 김성학(알렉시오), 정규하(아우구스티노) 신부.

1921년 4월 20일 안성 미리내 본당의 강도영(姜道永, 마르코) 신부 은경축에 참석한 신부들. 앞줄 왼쪽에서 세 번째가 한기근 신부이다.

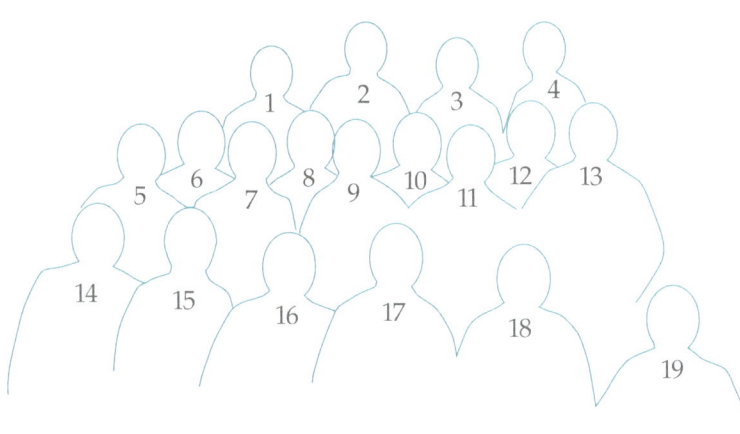

(사진 1번부터) 정규량(레오), 서병익(바오로), 김유룡(필립보), 김성학(알렉시오), (작은) 공베르(J. Gombert, 孔安世), (큰) 공베르(A. Gombert, 孔安國), 루블레(H. Rouvelet, 黃惠中), 멜리장(P. Mélizan, 梅履霜), 드비즈(E. Devise, 成一論), 김원영(아우구스티노), 신인식(바오로), 황정수(요셉), 손성재(야고보), 부이용(C. Bouillon, 任加彌), 정규하(아우구스티노), 강도영(마르코), 한기근(바오로), 이기준(토마스), 그리고 평신도 민 요셉.

적은동(積銀洞)으로 성당을 옮겼고, 그곳에 해성(海星)학교도 설립하였다.

『예수진교사패(耶蘇眞敎四牌)』에 이어 마르코 복음 번역을 시작하였고, 요한 복음과 루카 복음의 역주를 완료했다. 1910년 7월에는 뮈텔(G. Mutel, 閔德孝) 주교와 함께 4복음서의 교열 작업을 마무리하였다. 그리고 1910년에 『요리강령(要理綱領)』, 1911년에 『성보로 슈녀회 규구』와 『종도행전』을 번역하였다. 한편 황주 본당에서 활동하는 11년 동안 대한제국의 주권이 일본 제국주의에 침탈당해 가는 모습을 지켜보았고, 국권 상실에는 "나라 잃은 슬픔이 너무 크다."며 애통해하였다.

1913년 5월 경향잡지사 제3대 발행인[1]으로 임명되어 『경향잡지』와 성서 활판소를 담당하였다. 1924년부터는 샬트르 성 바오로 수녀회의 지도 신부를 겸하였고, 기해(己亥)·병오(丙午)박해 순교자 79위의 시복(諡福) 작업에 참여하여 이들에 대한 증언을 라틴어로 옮겼으며, 한문으로 된 순교자들의 문초 기록을 번역하였다. 1925년 7월에는 로마에서 거행된 79위 시복식에 한국 성직자 대표로 참석하였다. 1937년 연로한 나이 때문에 경향잡지사를 그만두고, 1939년 봄에는 샬트르 성 바오로 수녀회 지도 신부도 사임한 후 성서 활판소 일에만 전념하다가, 1939년 10월 21일 기관지 천식으로 선종하였다.

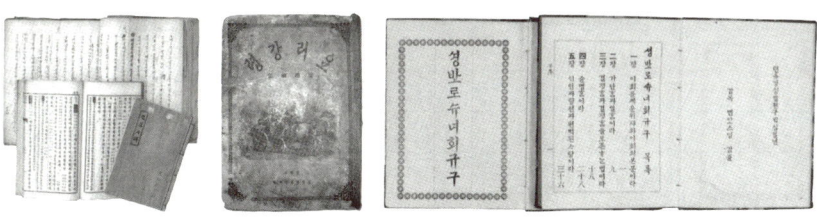

한기근 신부가 번역에 관여한 『예수진교사패』, 『요리강령』, 『성 바오로 수녀회 규구』.

---

1 『경향잡지』의 편집인 겸 발행인은 초대 드망즈(F. Demange, 安世華) 신부에 이어 제2대 멩(J. Meng, 明若一) 신부가 1911년 5월부터 1914년 6월까지 역임하였고, 제3대 한기근 신부가 1937년까지 책임을 맡았다.

2. 한기근 신부 서한 일람

　1897년 12월부터 1939년 10월까지 사목 활동을 전개한 한기근 신부가 남긴 서한은 많지 않다. 현재 한국교회사연구소에 소장되어 있는 '한기근 신부 서한'은 총 66통이다. 이들 라틴어 서한은 조선교구장 뮈텔 주교가 수집한 교회 문서·공문서·사문서 등을 총괄하여 부르는 「뮈텔 문서」에 포함되어 있다. '한기근 신부 서한'은 한국교회사연구소에서 발행하는 『교회와 역사』 2012년 4월호(제443호)부터 2013년 1월호(제452호)까지에 연재되었다. 또한 황주교안(黃州敎案)에 관한 내용을 기록한 1902년 7월 4일 자 서한(「뮈텔 문서」 1902-112)은 1984년에 간행된 『황해도 천주교회사』 605~606쪽에 번역·수록되었다.

〈표〉 한기근 신부 서한

	문서 번호	작성일	작성 장소	수신인
1	「뮈텔 문서」 1902-34	1902년 2월 16일	검수원	뮈텔 주교
2	「뮈텔 문서」 1902-73	1902년 6월 5일	황주 외남부	뮈텔 주교
3	「뮈텔 문서」 1902-112	1902년 7월 4일	황주	뮈텔 주교
4	「뮈텔 문서」 1902-197	1902년 11월 5일	황주	뮈텔 주교
5	「뮈텔 문서」 1903-5	1903년 1월 6일	황주	뮈텔 주교
6	「뮈텔 문서」 1903-43	1903년 1월 28일	황주	뮈텔 주교
7	「뮈텔 문서」 1903-143	1903년 2월 17일	황주 송곡	뮈텔 주교
8	「뮈텔 문서」 1903-38	1903년 4월 4일	황주	뮈텔 주교
9	「뮈텔 문서」 1903-45	1903년 4월 21일	황주	뮈텔 주교
10	「뮈텔 문서」 1903-67	1903년 6월 10일	황주	뮈텔 주교
11	「뮈텔 문서」 193-95	1903년 7월 25일	황주	뮈텔 주교
12	「뮈텔 문서」	1903년 8월 9일	검수원	뮈텔 주교
13	「뮈텔 문서」 1904-150	1903년 9월 21일	황주	뮈텔 주교
14	「뮈텔 문서」 1904-30	1904년 2월 29일	황주	뮈텔 주교
15	「뮈텔 문서」 1904-49	1904년 5월 5일	적은동	뮈텔 주교

	문서 번호	작성일	작성 장소	수신인
16	「뮈텔 문서」 1904-151	1904년 9월 19일	적은동	뮈텔 주교
17	「뮈텔 문서」 1905-81	1905년 7월 21일	적은동	뮈텔 주교
18	「뮈텔 문서」 1905-120	1905년 9월 29일	적은동	뮈텔 주교
19	「뮈텔 문서」 1906-120	1906년 7월 11일	적은동	뮈텔 주교
20	「뮈텔 문서」 1906-120	1906년 8월 12일	적은동	뮈텔 주교
21	「뮈텔 문서」 1906-177	1906년 9월 21일	적은동	뮈텔 주교
22	「뮈텔 문서」 1907-17	1907년 2월 12일	적은동	뮈텔 주교
23	「뮈텔 문서」 1907-89	1907년 8월 7일	적은동	뮈텔 주교
24	「뮈텔 문서」 1907-135	1907년 9월 21일	적은동	뮈텔 주교
25	「뮈텔 문서」 1907-143	1907년 12월 1일	적은동	뮈텔 주교
26	「뮈텔 문서」 1908-4	1908년 1월 2일	적은동	뮈텔 주교
27	「뮈텔 문서」 1908-34	1908년 3월 29일	적은동	
28	「뮈텔 문서」 1909-99	1908년 12월 27일	적은동	뮈텔 주교
29	「뮈텔 문서」 1910-1	1910년 1월 3일	적은동	뮈텔 주교
30	「뮈텔 문서」 1910-1	1910년 2월 11일	적은동	뮈텔 주교
31	「뮈텔 문서」 1910-96	1910년 7월 9일	적은동	뮈텔 주교
32	「뮈텔 문서」 1910-100	1910년 7월 20일	적은동	뮈텔 주교
33	「뮈텔 문서」 1910-48	1910년 9월 8일	적은동	뮈텔 주교
34	「뮈텔 문서」 1910-174	1910년 9월 26일	적은동	뮈텔 주교
35	「뮈텔 문서」 1910-202	1910년 10월 18일	적은동	뮈텔 주교
36	「뮈텔 문서」 1910-245	1910년 12월 21일	적은동	뮈텔 주교
37	「뮈텔 문서」 1911-114	1911년 8월 1일	적은동	뮈텔 주교
38	「뮈텔 문서」 1911-130	1911년 8월 28일	적은동	뮈텔 주교
39	「뮈텔 문서」 1911-140	1911년 9월 13일	적은동	뮈텔 주교
40	「뮈텔 문서」 1900-142	1911년 9월 14일	적은동	뮈텔 주교
41	「뮈텔 문서」 1911-153	1911년 9월 20일	적은동	뮈텔 주교
42	「뮈텔 문서」 1912-1	1912년 1월 1일	원동	뮈텔 주교
43	「뮈텔 문서」	1912년 1월 9일	원동	뮈텔 주교
44	「뮈텔 문서」 1912-20	1912년 1월 26일	원동	뮈텔 주교
45	「뮈텔 문서」 1912-28	1912년 2월 5일	원동	뮈텔 주교
46	「뮈텔 문서」 1912-68	1912년 5월 30일	원동	뮈텔 주교
47	「뮈텔 문서」 1912-144	1912년 9월 20일	원동	뮈텔 주교
48	「뮈텔 문서」 1917-15	1917년 2월 21일	염티	뮈텔 주교
49	「뮈텔 문서」 1917-17	1917년 2월 22일	염티	뮈텔 주교

	문서 번호	작성일	작성 장소	수신인
50	「뮈텔 문서」 1918-82	1918년 11월 9일	행주	뮈텔 주교
51	「뮈텔 문서」 1918-83	1918년 11월 11일	행주	뮈텔 주교
52	「뮈텔 문서」 1918-107	1918년 11월 12일	행주	뮈텔 주교
53	「뮈텔 문서」	1925년 5월 18일	고베	드브레드 주교
54	「뮈텔 문서」	1925년 5월 22일	상하이	드브레드 주교
55	「뮈텔 문서」	1925년 5월 26일	타이완 근해	드브레드 주교
56	「뮈텔 문서」	1925년 5월 31일	사이공	드브레드 주교
57	「뮈텔 문서」	1925년 6월 2일	믈라카해협	드브레드 주교
58	「뮈텔 문서」	1925년 6월 7일	인도양	드브레드 주교
59	「뮈텔 문서」	1925년 6월 16일	인도양과 아덴	드브레드 주교
60	「뮈텔 문서」	1925년 6월 21일	홍해	드브레드 주교
61	「뮈텔 문서」	1925년 7월 13일	로마	드브레드 주교
62	「뮈텔 문서」	1925년 7월 21일	로마	드브레드 주교
63	「뮈텔 문서」	1925년 8월 10일	파리	드브레드 주교
64	「뮈텔 문서」	1925년 8월 24일	파리	드브레드 주교
65	「뮈텔 문서」	1925년 9월 20일	파리	드브레드 주교
66	「뮈텔 문서」	1925년 11월 29일	상하이	드브레드 주교

66통의 서한은 1902년부터 1913년까지 황해도 황주 본당에서 사목 활동을 할 때의 서한 47통, 1917~1918년 경향잡지사 발행인으로 활동할 때의 서한 5통, 그리고 1925년 로마 등 유럽 여행 중일 때의 서한 14통이다. 황주 본당에서의 마지막 서한인 47번 서한과 염티에서 보낸 48번 서한의 간격이 5년, 행주(幸州)에서 작성한 52번 서한과 일본 고베(神戶)에서 보낸 53번 서한의 간격이 7년인 것은 1913년 5월부터 경향잡지사 발행인을 맡아 서울 주교관에 거주하였으므로 편지를 해야 할 필요가 없었기 때문일 것이다. 1917년에 작성한 48~49번 서한은 공소 방문 중 앓아누운 옥천(沃川) 본당 이종순(李鍾順, 요셉, 1885~1935) 신부를 방문한 내용이고, 1918년에 작성한 50~52번 서한은 행주 본당 김휘중(金輝重, 요셉, 1884~1918) 신부를 방문하고 그의 선종을 알린 내용이다.

12번·43번과 로마 등 여행 중일 때의 서한들(53~66번)에는 문서 번호가 없는데, 이는 수집 자료들을 「뮈텔 문서」로 정리할 때 누락되었기 때문이다. 19번과 20번 서한, 29번과 30번 서한의 「뮈텔 문서」 번호가 같은 이유는 문서 번호 부여 과정에서의 착오이다. 수신인은 27번과 1925년 로마 등 여행 중일 때의 서한들 외에는 교구장 뮈텔 주교이다. 1925년 뮈텔 주교는 한기근 신부와 마찬가지로 기해·병오박해 때 순교한 79위 조선 치명자들의 시복식에 참석하기 위해 유럽에 있었다. 1925년에 작성한 한기근 신부 서한들의 수신인은 드브레드(E. Devred, 兪世竣) 보좌 주교이다.

3. 한기근 신부 서한을 통해서 본 교회

1) 해서교안

해서교안은 1900년을 전후하여 황해도의 여러 지역에서 집중적으로 일어난 천주교회와 관·민(官民) 사이의 충돌사건을 말한다. 기간이 상당히 길었고, 정부에서 사핵사(査覈使)를 파견하여 사건을 진정시키려 했으며, 일부 지역에서는 개신교회 측과 마찰을 빚었다.

황해도 지역의 천주교 선교는 선교사들이 파견되면서 활발하게 진행되었다. 1887년 로(J. Rault, 盧若望) 신부가 장연(長淵)에 거주하면서 6년 동안 평안도와 황해도 지역의 선교를 담당하였고, 이어 르 장드르(L. Le Gendre, 崔昌根) 신부가 선교를 맡았다. 1896년 8월 빌렘(J. Wilhelm, 洪錫九) 신부가 황해도 전담 선교사로 임명되어 안악군 마렴(麻簾)에 본당을 정하였고, 이어 1898년 7월 장연에 본당이 설정되어 파이야스(C. Pailhasse, 河敬朝) 신부가 부임하였으며, 1899년 5월 재령(載寧)에 본당이 설정되어 르 각(C. Le Gac, 郭元

良) 신부가 부임하였다. 황해도의 천주교 교세는 많이 증가하여, 신자 수와 예비 신자 수가 1899년 1,806명과 1,840명, 1900년 4,185명과 3,845명, 1901년 5,433명과 4,181명, 1902년 7,023명과 5,234명, 1903년 11,888명과 4,551명으로 급증하였다. 그러나 이러한 교세 신장을 보이던 천주교회는 황해도 각지에서 관·민과 충돌하였다. 많은 민(民)들이 천주교회를 지방관의 수탈로부터 보호받을 수 있는 곳으로 인식하여 입교하였는데, 특히 황해도는 보수적인 양반층이 상대적으로 약했기 때문에 현실적인 이해관계를 좇아 신자가 되려는 이들도 많았다. 황해도에서 천주교회의 교세가 증가함에 따라 그동안 기득권을 누리던 지방관·향반 토호·특권 상인층들은 그들의 권한을 지키기 위해 천주교회 측과 대립하였다.[2]

해서교안의 원인은 지역별로 다양하고, 전개 양상과 대립 양상 등도 사안에 따라 달랐다. 황주교안은 지역의 경제적 이권을 둘러싼 교회 측과 보부상 단체인 상무사(商務社) 간의 대립 때문에 발생하였다. 황주에는 1898년 5월 빌렘 신부가 황주군 삼전면 철도리에 황주군의 첫 공소를 설정하였고,[3] 1899년 매화동(梅花洞) 본당의 우도(P. Oudot, 吳保祿) 신부로 관할이 변경되었으며, 1902년 황주 본당으로 승격하여 그해 5월 한기근 신부가 초대 주임으로 부임하였다. 황주의 천주교 교세는 1901년에 황주군 내 공소 8개, 신자 수 216명을 기록하였는데, 황주 본당이 설립된 이듬해인 1903년에는 관할 공소 33개(황주군 28, 봉산군 4, 서흥군 1), 신자 수 1,246명으로 증가하였다.[4] 이처럼 황주군의 천주교 교세가 급증하자 기

---

[2] 박찬식, 『한국 근대 천주교회와 향촌사회-'교안' 연구』, 한국교회사연구소, 2007 참조.
[3] 빌렘의 1898년 5월 8일 자 연말 보고(『빌렘 신부, 안중근을 기록하다』, 한국교회사연구소, 2020, 105쪽).
[4] 한국교회사연구소 편, 『황해도 천주교회사』, 황해도 천주교회사 간행사업회, 1984, 312~313쪽.

득권을 누리던 부상(負商)들이 교회 측을 공격하였다.

　1901년 상무사 두령(頭領)이며 순교(巡校)이던 박정모를 중심으로 한 부상들이 황주에서 순행 중이던 검수 본당 이종국 신부 일행에게 폭행을 가하였다. 1902년에는 백정들까지 동원해 한기근 신부의 집에 돌을 던지고, 신자들을 위협하고 체포하여 배교를 강요하고 재물을 갈취하였다. 많은 신자가 부상들과 관속들의 행패를 견디다 못해 농사를 포기하고 사방으로 흩어졌으며, 신문교우(新門敎友)5들은 매를 맞거나 집을 파괴당하거나 돈을 빼앗기거나 하면 교회를 멀리하고 배교하기도 했다. 1903년 8월에는 본당 신부 부재중인 검수 성당에 가서 100여 명에게 성사를 주고 오던 한기근 신부가 봉산 읍내에서 관속들에게 봉변을 당하였다. 그들 중에는 전교 회장, 신자들, 예비 신자들도 있었는데 말을 타고 가던 한기근 신부에게 말에서 내려 이야기하자며 고함을 질렀다. 한기근 신부는 그들과 할 말이 없다며 말에서 내리지 않고 가던 길을 계속 갔다. 관속들은 멀어져 가는 한기근 신부의 등 뒤로 손가락질하며 욕설을 퍼부었다.

　한기근 신부 서한은 황주교안으로 황주의 신자 공동체가 파괴되고 큰 피해를 보았으며, 한기근 신부의 도움 요청 편지에 뮈텔 주교가 "매번 회피"하였고, 불안해하는 신자들을 위해 한기근 신부는 본당을 지키고 있었으며, 해서교안의 여파가 1905년까지도 계속되고 있었다는 사실 등을 알려 준다.

5　영세한 지 얼마 안 되는 교우 또는 영세하기를 원하는 예비 신자를 지칭하는 한국 천주교회의 옛 용어. '새 신자'로 순화(주교회의 천주교 용어위원회 편, 『천주교 용어집』, 94쪽). 이하 '새 신자'로 표기함.

2) 번역

한기근 신부는 적은동으로 성당을 이전한 이후 번역 활동에 몰두하였다. 한글로 번역·소개된 첫 성경은 『성경직해광익(聖經直解廣益)』으로, 1790년대에 최창현(崔昌顯, 요한)이 『성경직해(聖經直解)』(디아스 신부 저, 1636년)와 『성경광익(聖經廣益)』(마이야 신부 저, 1740년)의 일부를 번역·재구성한 것이었다. 이 필사본 성경은 1892년부터 5년에 걸쳐 『성경직해』라는 이름으로 서울의 성서 활판소에서 9권으로 간행되었다. 1883년에는 블랑(J. Blanc, 白圭三) 주교가 구약과 신약성경의 주요 부분을 발췌하여 한글로 번역한 『성교감략(聖教鑑略)』이 나가사키(長崎)에 있던 조선 교회의 성서 활판소에서 간행되었다. 그러나 계속된 박해로 제대로 된 성경 번역과 간행은 이루어지지 못하였다.

1906년 초 뮈텔 주교는 4복음서의 한글 번역을 계획하고, 4명의 한국인 성직자들에게 이를 맡겼다. 홍병철(洪秉喆, 루카, 1874~1913)[6] 신부는 7월 7일에 마태오 복음 번역을 마쳤고, 손성재(孫聖哉, 야고보, 1877~1927)[7] 신부와 김문옥(金紋玉, 요셉, 1873~1941)[8] 신부도 자신들이 맡은 부분의 번역을 완료하였다.[9]

한기근 신부는 1906년 7월 천주교 호교서이자 프로테스탄트 비판서인 『예수진교사패(耶蘇眞教四牌)』(董中和 撰, 1898년, 홍콩: 나자렛 인쇄소, 한문 연활자본, 1책 83장) 번역을 마무리하였다. 번역의 기준은 원문대로 번역하되 때때로 뜻을 명확히 하기 위해 단어를 추가하거나, 어떤 한자들은 생략하였다. 어떤 한문 표현은 의역하였는데, 직역하면 우리말 발음이 생소하거나 우

---

6   1906년 5월에 신설된 옥천(沃川) 본당의 초대 주임 신부로 사목 중이었다.
7   봉산군 검수(劍水) 본당의 주임 신부로 사목 중이었다.
8   장연(長淵) 본당의 제3대 주임 신부로 사목 중이었다.
9   『한국천주교회사』 4, 한국교회사연구소, 2011, 292쪽.

스워지기 때문이었다. 개신교 신자 대상의 문장은 개신교 방식대로 '예수교' 등의 단어를 사용하고, 천주교 신자 대상은 예수교 대신 열교(裂敎), 사도 대신 종도(宗徒), 감독 대신 주교(主敎) 등의 단어를 사용하였다. 요수에, 사무엘 등 구약의 고유 명사들은 라틴어 식으로 표기했고, 철자법은 일반에서 사용되는 것이 더 나았을 수 있지만 천주교 방식대로 하였다. 번역 후 검토하니 수정할 곳이 많아 협서(挾書)를 많이 추가하였고, 번역 후는 물론 간행 이후에도 계속 검토하여 1907년 간행본에 우리말 문법과 어법에 어긋나고 의미가 다른 곳을 뮈텔 주교에게 보고하였다.

『예수진교사패』 번역을 마친 이후 성경 번역을 시작한 한기근 신부는 1907년 2월에 마르코 복음 번역을 뮈텔 주교에게 보냈다. 번역의 기준은 직역이었고, 파스카(Pascha), 사바툼(Sabbatum) 등과 같이 신자들에게 익숙한 히브리어나 그리스어는 번역하지 않았다. 번역하는 것이 원문보다 어색하므로, 그리고 라틴어나 유럽어 번역에도 원문을 그대로 두었기 때문이다. 번역 대본은 라틴어판 불가타(Vulgata) 역본으로 추정되며, 다른 유럽어판 성경과 한문본 『사사성경 역주(四史聖經譯註)』도 참고하였으리라 여겨진다.

1909년 7월 4일부터 상당 기간을 서울 주교관에 머무르며 뮈텔 주교와 함께 복음서들의 교열 작업을 추진하였고, 1910년 7월 5일 교열 작업을 마무리하였다. 성경 구절에 대한 '풀님' 즉 주해는 같은 내용이더라도

『성경직해』 한글본과 필사본 『성경직해광익』(왼쪽), 『사사성경』과 한문본 『사사성경역주』.

각각의 복음서마다 따로 첨부하고자 하였다. 그러나 교열 과정에서 이런 원칙은 상당히 변경되었는데, 예를 들면 안식일을 의미하는 '사바툼'을 '파공날[罷工日]'로 바꾸었다. 그리고 한문본의 내용을 참조하여 새로 작성하거나 그 내용을 그대로 옮겼는데, 한글본 '풀님'의 분량은 한문본보다 적은 경우가 대부분이다.[10] 한기근 신부는 신자들이 좀 더 쉽게 성경을 읽을 수 있도록 띄어쓰기와 마침표 등 여러 부호를 사용하려 했지만, 인쇄본에 적용되지는 않았다. 그 이유는 밝히지 않고 "우리 철자법은 많은 시정이 요구된다. 그러나 감히 시정하지는 않았다."고 적었다.

한글 번역 4복음서들은 『ㅅㅅ셩경』이라는 이름으로 1910년 12월 중순경 간행되었다. 조판 과정에서 요한 복음 17장 4-5절의 오자를 발견한 한기근 신부는 모든 신부들이 『ㅅㅅ셩경』을 읽고 조언해 줄 것을 소망했다. 『ㅅㅅ셩경』은 1971년 『공동번역 신약성서』의 간행으로 보급이 중단될 때까지 7회에 걸쳐 판본을 거듭하면서 유일한 신약성경 완역본으로 널리 이용되었다. 『ㅅㅅ셩경』은 한국천주교회의 성경 번역사 연구에 매우 소중한 자료이고, 당시의 한글 연구에도 귀중한 자료이다.

복음서들의 번역을 마친 한기근 신부는 1910년 2월에 일종의 그림 교리서인 『요리강령(要理綱領)』, 그해 9월에 수녀회 회칙인 『성 밧로 슈녀회 규구』를 프랑스어에서 한글로 번역하였다. 1911년 9월에는 『종도

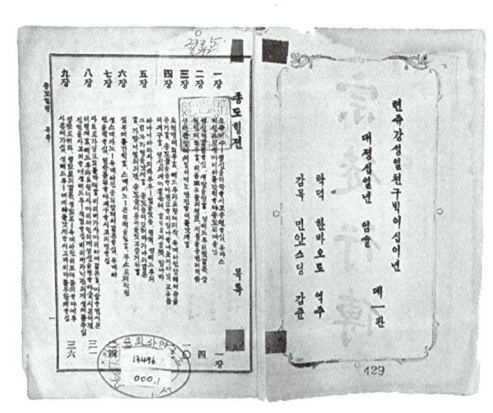

『종도행전』 판권과 차례 부분.

---

10 위의 책, 293쪽.

행전』을 번역하고 『ᄉᆞᄉᆞ성경』 제2판 끝에 덧붙일 것을 뮈텔 주교에게 제안하였다. 그래서 『ᄉᆞᄉᆞ성경』 제2판과 『종도행전』 제1판의 합본인 『ᄉᆞᄉᆞ성경 합부 종도행전(四史聖經合附宗徒行傳)』이 1922년 4월 30일 서울 성서 활판소에서 발행되었다. 이외에도 한기근 신부는 많은 번역을 의뢰받았던 것 같다. 비에모(P. Villemot, 禹 一模) 신부는 용산 예수성심신학교 교재 번역본에 오역이 많다며 아반치니(N. Avancini)의 『우리 주 예수 그리스도의 생애와 가르침에 관한 묵상집』 수정·번역을 추천하기도 하였다.

3) 순교자 시복식 참여와 팔레스티나 여행

한기근 신부는 로마 교황청에서 거행될 '조선 치명자'들의 시복식에 한국인 신부 대표로 참석하기 위해, 1925년 5월 11일 경성역을 출발하여, 이탈리아(로마, 아시시, 피렌체), 프랑스(파리, 라 무르, 리지외, 라 살레트, 루르드, 아르스), 팔레스티나 등을 여행(성지 순례)하고, 그해 12월 10일 종현(鐘峴, 현 명동) 성당으로 돌아왔다. 그리고 그 여정을 『경향잡지』 제566호(1925년 5월 31일)부터 제615호(1927년 6월 15일)까지 39회에 걸쳐 「로마 여행일기」라는 이름으로 연재하였다.[11]

14통의 서한은 고베, 상하이(上海), 타이완 근해, 사이공, 믈라카(Melaka)해협, 인도양, 홍해 등 로마까지의 행로 중에 쓴 것들과 로마와 파리에서 그리고 귀국 행로 중 상하이에서 쓴 것으로, 『경향잡지』의 「로마 여행일기」에 연재된 내용과 비교하면 매우 소략하다. 편지에 언급한 내용들은 「로마 여행일기」에 자세히 기록되어 있으므로 「로마 여행일기」를 통해 로마까지의 행로, 로마와 파리에서의 성지 순례 등을 잘 파악할 수 있다. 「로마 여행일기」에 없는 내용으로 서한에 언급된 것은 1925년의 홍수이다.

---

11 윤선자, 「한기근 신부의 '로마 여행일기'」, 『교회사연구』 53, 한국교회사연구소, 2018 참조.

4) 혼인 문제

황주 본당에서 사목하는 11년 동안 한기근 신부는 혼인에 대한 의문을 두 번 제기하였다. 바오로 특전을 적용하면 남편과 첩의 세례·혼인이 가능하지만, 세례 후에도 남편과 첩이 산다는 것은 신자들에게 잘못된 인식을 심어줄 수 있기에 세례를 보류하였는데 옳은 판단인지, 그리고 본당 신부 부재중 전교 회장이나 증인들 앞에서 혼인이 가능한지를 뮈텔 주교에게 문의하였다. 교회법을 적용할 때 발생할 수 있는 부정적인 현실을 우려한 것이었다.

4. 한기근 신부 서한을 통해서 본 한국사

한기근 신부 서한은 주교에게 보낸 사목 서한들이지만 그가 선교 활동을 펼쳤던 한국의 역사도 언급되어 있다. 한기근 신부는 황주 본당에서 사목 활동을 전개하면서 일본 제국주의의 침투와 대한제국의 멸망을 지켜보았고, 서한들에 그 편린들을 기록하였다. 즉 화덕시에 일본인들이 항구를 열어 집을 짓고 철도[12]를 놓았는데 철도와 기타 부역을 피해 많은 사람이 다른 지방으로 이주했으며, 백동화(白銅貨)를 새 화폐[新貨]로 교환하라고 했지만 한국인들은 일본 은행권을 사용하지 않고, 일제는 한국인들에게 금융기관 가입을 강요하고 있으며, 평양과 황주에서 한국 군인들이 해산되고 요새는 파괴되어 백성들이 실망하고 소요를 일으켰으며, 의병이 봉기할 수 없도록 관에서 총을 거두어들였고, 매일 의병 소

---

12 황주~겸이포(兼二浦) 즉 화덕시(花德市) 간의 철로인 송림선(松林線)을 말한다(『뮈텔 주교 일기』 4, 217쪽 참조).

식을 듣는다고 기록하였다. 그리고 경술국치 열흘 후에는 "요즈음 나라를 잃은 슬픔이 너무 크다."며 대한제국의 망국(亡國)을 슬퍼하였다. 일제에 의한 철도 부설과 그에 따른 한국인들의 피해, 한국 경제 구조의 재편, 군대 해산, 의병 등은 한기근 신부와 그가 선교 활동을 펼쳤던 한국인들이 겪는 현실이었다.

한기근 신부 서한에는 한국인들이 겪는 전염병과 질병, 그리고 치료 약재에 대한 기록들도 있다. 1908년 연초에 많은 사람이 염병과 비슷한 병으로 사망했다고 하였는데, 장티푸스(802명)는 1908년 천연두(1,853명)에 이어 한국인들이 두 번째로 많이 걸린 전염병이었다.[13] 1910년에는 마을 인근에 발생한 콜레라로 9명이 사망했는데 감염 경로를 갈대밭의 썩은 시체 냄새라고 하였다. 1917년 이종순 신부는 대변 불통으로 고생하였는데 병명은 알 수 없고, 한약밖에는 구할 수가 없고 그것도 읍내에 가야만 구할 수 있었다. 이와 같이 병명을 알 수 없고, 약재도 구하기 어려운 현실 때문에 교회는 『경향잡지』에 '각색문답' 등의 난을 마련하여 의료 계몽에 노력하였다. 김휘중 신부는 지독한 유행성 독감에 걸려 한약 등을 먹었지만 선종하였는데, 스페인 독감이었을 것이다.[14]

한기근 신부 서한에는 1911년의 수해와 1925년의 수해에 대한 언급도 있다. 1911년 수해 때는 황주 성당에 있었는데, 장마로 황주에서 약 100채의 가옥이 파손되었고 그중 2채는 신자 집이었다고 한다. 당시 신문에 의하면, 100여 년 만의 큰 재해이고 황해도의 수해가 심했는데 봉산·신천·재령·황주 등 4개 군의 피해가 극심하였다.[15] 1925년 홍수 때

---

13 統監官房 편, 『韓國施政年報(1908)』, 京城: 統監官房, 1909, 164쪽.
14 윤선자, 「1910년대 '경향잡지'를 통해서 전개한 한국천주교회의 의료계몽활동」, 『교회사학』 19, 수원교회사연구소, 2021 참조.
15 "논설 : 황해도 수해 : 재령, 신천, 봉산, 황주 4군이 극심", 『매일신보』 1911년 10월 3일 자.

는 로마 등을 여행 중이었는데, 동작이[16] 신학교 밭들의 피해가 어떤가를 걱정하였다.

---

16 지금의 서울 동작구 동작동(銅雀洞)으로, 1902년 5월 동작리(일명 동재기) 공소 지역에 용산 예수성심신학교 별장인 '연벽정(連碧亭)'이 건립되어 신학생들이 소풍을 왔었다. 김선영(金善永, 요셉) 신부의 부친 김석오(金錫午, 요한) 회장이 한때 신학교 별장 관리를 맡았다.

일러두기

1. 이 책은 한국교회사연구소에서 소장하고 있는 「뮈텔 문서」 가운데 한기근 신부가 작성한 라틴어 서한을 뽑아 번역본과 판독본으로 구성한 '서한집'이다.

2. 이 책에는 『교회와 역사』 2012년 4월호(제443호)부터 2013년 1월호(제452호)까지 연재된 한기근 신부 서한 65통(1902년 2월 16일~1925년 11월 29일 작성)과 1984년 연구소에서 편찬한 『황해도 천주교회사』(605~606쪽)에 번역·수록된 1902년 7월 4일자 서한(「뮈텔 문서」 1902-112) 등 총 66통의 서한이 수록되어 있다.

3. 필요한 사항은 각주로 설명하였다.

4. 원문에 표기된 한글은 궁서체로, 한자는 해서체로 표시하였다.

5. 원문에 표기된 친필 메모는 이탤릭체[斜體]로 표시하였다.

6. 부록 1에는 1925~1927년 『경향잡지』에 연재된 한기근 신부의 「로마 여행일기」를 실었다. 이해를 돕기 위하여 앞부분에 〈여행 여정 일람표〉를 덧붙였고, 현대 어법과 많이 다른 부분은 원문이 손상되지 않는 한도 내에서 수정하였으며, 인명과 지명은 가급적 현행 표기로 고쳤다. 요즘 잘 쓰지 않는 단어나 가톨릭 옛 용어에는 한자 삽입이나 각주로 처리하였다.

7. 부록 2에는 윤선자 교수의 「로마 여행일기」 관련 논문을 실었다.

8. 이 책의 간행에 참여한 사람은 다음과 같다.

    - 라틴어 판독 및 번역 : 김상균 신부 (한국교회사연구소 고문서고)
    - 해제 및 감수 : 윤선자 교수 (전남대학교 사학과)
    - 주석 및 교열 : 이민석·임윤수 (한국교회사연구소 연구부)
    - 편집 : 김주완·이오주은 (한국교회사연구소 미디어콘텐츠사업부)
    - 디자인 : 이완섭 (분도인쇄소)

Pervenit hic hodie
cum dimidia, Pater quatiens
dat! erat jam multum ...
tamen profectus est die 1...
t venit hic 17 et incepi...
... 18; mortuus autem ita
'et capite, Dolet omnibus
, 속이 답답하고, 잠이 결리고
 꿈속히 나고 et habet ...
... ste...

Ipsemet ...

한기근 바오로 신부 서한집
한글 번역문

한기근 신부가 1902년 2월 16일 검수원에서 뮈텔 주교에게 보낸 라틴어 서한(뮈텔 문서 1902-34)

뮈텔 문서 1902-34

1902년 2월 16일. 검수원[1]

지극히 경애하올 주교님,

2월 7일 이 신부님[2] 숙소에까지 무사히 잘 도착했습니다만, 이 신부님은 (황해도) 평산 지역의 몇몇 공소들을 아직 돌아보지 못해서 가을 판공[3]을 다 마치지 못하였습니다. 그런데 평산 지역은 지금 외교인들의 회개가 시작되었습니다. 물론 황주 지역도 예비 신자들이 넘칩니다만 이 두 지역은 사제관에서 너무 멉니다.

---

1   검수(劒水) 본당 : 한기근 신부는 1897년 12월 18일 사제 서품을 받고, 용산 예수성심신학교 교수로 부임하였다가 1902년 2월 황해도 황주(黃州) 본당 초대 주임으로 전임되었다. 그러나 본당 사목 경험이 없어 약 3개월 동안 황해도 봉산(鳳山)의 검수 본당 주임 이종국 신부의 보좌로 활동하였다.

2   이종국(李鍾國, 바오로, 1874~1905) 신부 : 1901년에 황해도 봉산군 산수면 용현리 검수동에 신설된 검수 본당 초대 주임으로 부임하였다. 좋지 않은 건강 상태에도 불구하고 적극적인 사목 활동으로 당시 2개에 불과하던 봉산군 내 공소를 11개로 늘리는 등 교세 신장에 큰 역할을 하였다.

3   판공성사(判功聖事)로, 매년 예수 부활과 성탄을 준비하면서 받아야 하는 한국 교회에만 있는 고해성사를 말한다. 통상 '봄 판공'과 '가을 판공'으로 구분해 부른다.

송도를 지나오다가 루블레⁴ 신부님께 들렀는데 안녕하시고, 저는 거기서 1박을 했습니다. 다 인사드릴 수는 없었지만 이곳 신부님들 모두 안녕하시고, 이미 봄 판공들을 떠나셨습니다.

르 각⁵ 신부님은 제가 서울에 있을 때 빌렘⁶ 신부님 댁에서 편찮으시다는 말을 들었는데, 완쾌되셔서 봄 판공을 주러 며칠 전에 떠나셨습니다. 이 신부님은 많은 공소를 맡고 계시는데, 주로 봉산과 서흥(瑞興) 두 지역의 공소가 약 50군데 정도 되고, 다른 지역들은 작은 공동체들뿐입니다. 또한 외교인들이 때때로 순수한 지향 없이 천주교를 찾아오고 어떤 때는 일시적인 용무도 없지 않습니다. 그렇더라도 복음 선교가 활발한 것 같고, 이 신부님은 올해 벌써 400명에게 세례를 주셨습니다.

이곳에 기근이나 도적에 대한 풍문은 별로 없지만, 군수들의 부정과 등짐장수(負商)들의 횡포가 심하다는 말을 들었습니다.⁷

공경하올 주교님, 안녕히 계십시오. 주교님의 안녕을 빌면서, 곧 이 신부님과 함께 봄 판공을 주러 떠나겠습니다.

불초자, 한 바오로 올림

---

4   루블레(H. Rouvelet, 黃惠中, 헨리코, 1876~1928) 신부 : 1900년 10월 한국에 입국하여 1901년 경기도 개성(開城) 본당 초대 주임으로 부임하였다. 경기도 내의 여러 지역과 황해도 연백 등지를 맡아 약 10년 동안 전교하다가 1909년 5월 충청도 공주(公州, 현 중동) 본당 제4대 주임으로 전임되면서 이후 충청도 일대의 사목을 담당하였다.
5   르 각(C. Le Gac, 郭元良, 가롤로, 1876~1914) 신부 : 1899년 2월 한국에 입국하여 그해 5월 황해도 재령(載寧) 본당이 설립되면서 초대 주임으로 부임하였다.
6   빌렘(J. Wilhelm, 洪錫九, 요셉, 1860~1938) 신부 : 1889년 2월 한국에 입국하였으며, 1902년 당시 황해도 신천군 두라면의 청계동(淸溪洞) 본당 초대 주임으로 사목하고 있었다.
7   상무사(商務社) 두령(頭領)이며 순교(巡校)이던 박정모(朴貞模)를 중심으로 한 부상(負商) 집단은 1901년 황주에서 순행 중이던 검수 본당 이종국 신부 일행에게 폭행을 가한 사실이 있다.

뮈텔 문서 1902-73

✝ 예수, 마리아, 요셉

1902년 6월 5일. 황주 외남부[8]

지극히 경외하옵고 공경하올 주교님,

5월 19일부터 이미 황주군 남쪽에 위치하는 외남부라는 마을에 와 있는데, 집은 신자들이 1,100냥을 주고 산 것으로 다소 낡았으나 아주 넓어서 (30칸은 됩니다.) 편하게 미사를 볼 수 있습니다.

이곳 신자들은 2명의 부인을 합해서 10명인데, 주변 신자들까지 합하면 꽤 많이 주일 미사에 옵니다. 새 신자들이나 예비 신자들이 천천히 신앙생활로 돌아오고 있는데, 그 이유는 많은 사람이 외교인들, 특히 순검(巡檢) 사람들의 등쌀에 못 이겨 신앙생활을 멀리했었기 때문입니다.

도시에 사는 것이 제게는 별로 유쾌한 것은 아니지만, 형편상 임시로라도 여기 머무를 수밖에 없을 것 같습니다. 왜냐하면 다른 공소들에는 준비된 집이나 적당한 거처가 없고, 게다가 신자들 모두 제가 여기 머물러 있기를 바라기 때문입니다. 그러나 너무 곤란하면 다른 곳으로 이사할 수도 있습니다.

---

8 황해도 황주군 황주읍 남문 밖.

저는 다른 신부님들에게서 꽤 멀리 떨어져 있는데, 포리[9] 신부님과는 80리, 르 메르[10] 신부님과는 100리, 우도[11] 신부님과는 60리, 르 각 신부님과는 80리, 김 아우구스티노[12] 신부님과는 70리, 이(鍾)신부님과도 70리 떨어진 곳에 있습니다. 또한 황주에서 50~60리 이상 떨어진 곳에는 공소가 없을 것입니다.

르 장드르[13] 신부님이 성령 강림 주일[14]이 지나서 은율로 오셨다는 말을 최근에 들었고, 또 신자들이 전하는 바로는 황해도의 신부님들 모두 안녕하시다고 합니다.

---

[9] 포리(J. Faurie, 方소동, 세례자 요한, 1875~1910) 신부 : 1900년 10월 한국에 입국하자마자 진남포(鎭南浦) 본당 초대 주임으로 임명되었다. 선교를 위해 돈의(敦義)학교를 세웠는데, 이는 교세 신장에 큰 영향을 미쳤다.

[10] 르 메르(L. Le Merre, 李類斯, 루도비코, 1858~1928) 신부 : 1887년 2월 한국에 입국하여 1898년부터 평양 본당 제2대 주임으로 사목하였으며, 1900년 봄에는 관후리(館後里)로 성당을 이전하였다. 교육사업에도 뜻을 두어 1905년 9월에 기명(箕明)학교, 1906년 5월에는 성모여학교를 설립하였다.

[11] 우도(P. Oudot, 吳保祿, 바오로, 1865~1913) 신부 : 1890년 10월 한국에 입국하여 1898년 7월 황해도 매화동(玫花洞) 본당 제2대 주임으로 부임하였다. 종교 교육과 문맹 퇴치를 목적으로 황해도 지역 최초의 사학인 봉삼(奉三)학교를 설립하는 등 당시 활발하게 사목 활동을 하고 있었다.

[12] 김원영(金元永, 아우구스티노, 1869~1936) 신부 : 1899년 4월 제주읍에 제주(현 제주 중앙) 본당이 설립되자 초대 주임 페네(C. Peynet, 裵嘉祿, 가롤로, 1873~1948) 신부의 보좌로 임명되어 함께 입도하였다. 이듬해 6월 12일에는 한논[大沓, 현 서귀포] 본당을 설립하고 초대 주임으로 부임하였다. 1901년 4월 피정차 상경하였다가 제주교안(혹은 辛丑敎案)이 발생하는 바람에 본당으로 돌아가지 못하고, 황해도 봉산과 함경도 안변(安邊) 등지에서 사목하고 있었다.

[13] 르 장드르(L. Le Gendre, 崔昌根, 루도비코, 1866~1928) 신부 : 1891년 10월 한국에 입국하여 함경남도 원산, 안변, 황해도 수안(遂安), 평안도 평양 등지에서 활동하다가 1902년 5월부터 9월까지 은율(殷栗) 본당 초대 주임으로 사목한 뒤 부산진(釜山鎭, 현 범일) 본당 제6대 주임으로 부임하였다.

[14] 성령 강림 대축일(聖靈降臨大祝日) : 예수가 부활한 후 50일째 되는 날에 성령이 사도들에게 강림한 것(사도 2,1-13)을 기념하는 교회의 이동 축일. 성령의 강림으로 교회가 설립되고 선교의 시대가 되었음을 기념하는 날이다.

얼마 전에 황주 군수[15]가 인사차 다녀갔는데, 전에 제가 신자 한 사람을 통해서 제 명함을 주어 인사했던 사람입니다. 이 관리는 신자들을 사랑해서라기보다는 신자 중에 누구라도 그를 반대해서 서울로 상소할까 두려워 신자들에게 호의를 보이는 것 같습니다. 여기 있었던 군인 대장 한 명이 법을 거슬러서 많은 잘못을 저질렀다고 송도(松都)[16]에서 재판을 받고 있는데, 그 상소자가 신자의 아들이라 하여 이름만 예비 신자라고 불리던 사람입니다. 이상이 이 지방의 주요 소식입니다.

공경하올 주교님, 강녕하소서! 이곳 주님의 포도밭에서 제가 잘 일할 수 있도록 주교님께 기도의 특별한 도움과 강복을 간절히 청하옵니다!

안녕히 계십시오.

불초자, 한 바오로 올림

---

[15] 조윤희(趙胤熙)로, 외부대신 조병식(趙秉式, 1832~1907)의 양아들이다(1903년 2월 5일, 『뮈텔 주교 일기』 3, 한국교회사연구소, 217쪽 참조).

[16] 개성(開城)의 옛 지명.

뮈텔 문서 1902-112

✝ 예수, 마리아, 요셉

1902년 7월 4일. 황주

지극히 공경하올 주교님,

　　제가 이 고을에 온 후로 세속적인 일을 피하려고 적극적으로 노력하였습니다만 이번에 주교님께 한 가지 걱정거리를 끼쳐 드리게 되었습니다. 6월 24일 밤 11시경, 지난해부터 이미 신자들의 원수가 되었던 박정모(朴貞模)라는 사람이 칼과 몽둥이를 든 많은 불한당과 백정들을 데리고 와서, 저의 집을 부수고 저와 신자들을 괴롭히고 내쫓으려 했습니다.[17]

　저와 제집에서 자고 있던 신자 4~5명은 나가서 그들과 맞서지 않았으며, 아무 대꾸도 하지 않았습니다. 물론 군수나 군관에게 알리지도 않았습니다. 그러는 동안 외교인 친척들과 신자 친구들이 살그머니 와서 급박한 위험을 신자들에게 알렸습니다만 신자들은 이렇게 대답했습니다.

---

[17] 상무사 두령 박정모는 1902년 백정(白丁)들까지 동원하여 사핵사 이응익(李應翼)의 분부를 빙자하면서 천주교 신자들을 괴롭히고 배교를 강요하며 돈을 갈취하였다.

"박정모와 그 일당이 성당을 부수고 우리를 죽일 테면 마음대로 하라지요. 우리는 아무것도 겁낼 것이 없소."

결국 그 일당은 감히 집안으로 들어오지 못하고 길거리에서 소란을 떨면서, 집에 불을 지르고 죽이고 말겠다고 떠들어 댔습니다. 제가 머문 방 아주 가까이에까지 돌들을 던졌습니다만 다행히 제 몸에 돌을 맞지는 않았습니다. 그러더니 그 폭도들은 서서히 물러갔습니다.

다음 날 저는 즉시 군수에게 편지를 쓰지 않고 그가 이 일에 대해서 어떻게 느낄지 동태를 살피면서, 그가 저를 찾아오거나 적어도 편지를 보내리라고 생각하고 있었습니다. 그러나 군수는 밤새 일어난 난동을 확실히 알고 있었을 텐데도 오지 않았고 편지를 보내지도 않았습니다. 그래서 제가 저녁때 어쩔 수 없이 관리에게 편지를 써서 사실을 모두 알렸더니 그가 이렇게 대답하였습니다. "어젯밤에 박정모라는 사람이 어떤 신자와 싸웠다는 말을 물론 들었지만, 사태가 그렇게 심각한지는 몰랐습니다. 이제 알았으니 그 불한당을 처벌하겠습니다." 그러나 박정모라는 자는 감옥에 갇혀 있는 것이 아니라 사방을 돌아다니면서 말로만 잡혀 있다는 것이었습니다.

그 박 씨는 관리로부터 매우 호의를 얻은 자로, 포졸들의 우두머리이고 부상(負商)들의 책임자이며, 월미도 사건[18] 때문에 유배 와 있는 송정섭이라는 자에게 자기 딸을 준 사람입니다. 그래서 그는 관리의 우정을 믿고 송 승지의 권력에 의지하여 매일같이 공공연하게 백성들을 등쳐먹습니다. 그런 사실을 관리도 알고 있으며 어쩌면 공모하고 있는지도 모

---

18 한국인 송정섭(宋廷燮)이 대한제국 정부로부터 월미도 개척 허가를 받아 이를 일본인 요시카와 시타로(吉川佐太郎)에게 전매하여, 일본이 이를 기회로 1901년 월미도 민가를 강매(強買), 철거하고 포대를 축조하는 등 요새로 만든 사건.

르겠습니다만, 여하튼 아무도 그를 제지할 수가 없습니다.

요즈음에 신자들과 예비 신자들의 수가 늘어나면서 박정모라는 자가 전처럼 횡령할 수 없게 되자, 이미 지난해부터 신자들에게 화를 내며 사사건건 괴롭히고 있습니다. 제집을 부수고 저를 내쫓으려 했던 진정한 이유도 다른 데 있는 것이 아니라 바로 여기 있었던 것입니다.

관리는 예의를 차리느라 제게 호의를 보입니다만, 박정모의 편을 드는 것 같습니다. 그런 것이 그의 태도에서 잘 나타납니다. 왜냐하면 군수는, 자신은 그 불한당 박정모를 잡아 가두고 벌했노라고 발뺌하기 때문입니다. 그러나 박정모는 결코 감옥에 갇히지도, 벌을 받지도 않았습니다. 그래서 그런 그를 황주에서 처벌한다는 것은 불가능합니다.

세속의 일에 대해서 들으시고 걱정하신다는 것이 주교님께는 유쾌한 것이 못 되겠지만, 매번 회피하시는 것은, 특히 황해도 일을 그냥 넘기시는 것은 불가능할 것입니다. 제가 주교님께 간곡히 청하옵는 바는 만일 이 일을 서울에서 처리하기가 불가능하시면, 해주에서 박정모를 붙잡아 벌해 달라고 해주 감사에게 편지 한 장만 써 주십사 하는 것입니다.

해주 감사가 이전에 있던 사람인지 이미 새 감사가 해주에 내려왔는지 알 길이 없사오나, 만일 서울에서 면직되지 않아 옛날 감사라고 한다면 그분이 우리의 이 문제를 잘 처리해 주실 것이고, 주교님의 편지도 더 잘 들으실 것입니다. 그는 관직에서 면직되는 것을 탐탁하게 여기지 않아, 감사의 인장을 서울까지 가지고 갔으니 서울에서 더 잘 처리한다는 말을 들었습니다.

원수에게 복수하려거나 제가 받은 망신을 되갚으려는 의도에서 이렇게 주교님의 도움을 간청하는 것이 아니라, 황주 공동체의 선익을 위해서 말씀드리는 것이옵니다. 왜냐하면 신자들과 심지어 외교인들까지도 박정모라는 자에게 불의하게 곤욕을 치르는데, 이번 기회에 그가 처벌되지 않으면 다음에는 더욱 오만불손해져 악행을 저지를 것이기 때문이옵니다. 이 문제에 대해서 자문과 도움을 청하기 위하여 빌렘 신부님께도 글을 올렸지만 아직 답장을 받지 못했습니다.

　최근에 저는 우도 신부님과 빌렘 신부님 그리고 몇몇 신부님들을 방문했는데 모두 안녕하시고 큰 어려움은 없습니다. 저 역시 새 구역을 시작하면서 걱정이 많습니다만, 하느님의 가호 아래 좋은 구역이 되기를 바라고 있습니다. 세례자 요한 축일[19] 전야부터 이곳에 비가 내리기 시작했지만, 아직 논농사에는 충분치가 못합니다.

　주교님, 안녕히 계십시오.

불초자, 한 바오로 올림

19　지금의 '성 요한 세례자 탄생 대축일'로, 6월 24일이다.

한기근 신부가 1902년 11월 5일 황주에서 뮈텔 주교에게 보낸 라틴어 서한 (뮈텔 문서 1902-197)

뮈텔 문서 1902-197

✝ 예수, 마리아, 요셉

1902년 11월 5일. 황주

공경하올 신부님,[20]

어떻게 지내시는지요? 저에 대해서는 뭐라고 말씀드리기가 어렵고 때로 거의 정신이 없을 지경인데, 극심한 공포에 시달려서 걱정에 대해서는 아무것도 이야기할 수가 없습니다. 건강하시고 저를 위해 기도해 주십시오. 도움을 청합니다.

신부님께 의탁하는 한 바오로 올림

[편지 상단의 메모]

+ 예수, 마리아, 요셉

어제 받았습니다. 가엾은 신부님이 무슨 말을 하려는 걸까요? 넉 달 전부터 신부님을 위해 무언가를 해보려 하고 있으나 두드러진 성과가 없습니다. 1902년 11월 20일, 빌렘.

---

20 편지 상단에 있는 빌렘 신부의 메모로 보아 빌렘 신부가 수신인인 듯하다.

뮈텔 문서 1903-5

✝ 예수, 마리아, 요셉

1903년 1월 6일. 황주

지극히 경애하올 주교님,

새해에 건강은 어떠신지요? 저는 아주 잘 지내고 있으며 가을 판공을 끝냈고, 곧 봄 판공을 시작합니다. 신부님들을 최근 뵈었는데 모두 안녕하십니다.

말씀드릴 문제들이 좀 있으나 이번에는 너무 바빠서 그럴 수가 없습니다. 조만간 문제들에 대해 주교님의 고견을 듣겠습니다.

주교님, 안녕히 계십시오.

불초자, 한 바오로 올림

뮈텔 문서 1903-43

✝ 예수, 마리아, 요셉

1903년 1월 28일. 황주

지극히 공경하올 주교님!

최근에 저는 주교님의 편지를 두 번 받았는데, 첫 번째 편지 봉투에는 우표가 붙어 있었으나 소인이 찍히지 않고 손대지 않은 것이어서, 이 참봉이 주교님의 편지를 조병식[21] 씨에게 전했고 그가 또 자기 아들[22]에게 전했기 때문에 그런 일이 일어나지 않았나 하고 추측합니다.

조병식의 편지 내용은 모두 다 거짓인데, 이유는 신자들이 모두 전에 부과된 세금과 올해 증액된 세금뿐만 아니라, (1결당 116냥 20전을 냈습니다.) 관리의 결정에 따라 거두어들인 모든 것(官節目)까지 냈기 때문입니다. 관속들이 자주 편지를 열어 검열하기 때문에 외국어로 편지를 쓰고

---

21 조병식(趙秉式, 1832~1907) : 1858년(철종 9) 정시 문과에 병과로 급제하여 이조참의, 이조참판 등을 역임하였다. 충청검사 때의 탐학 행적이 드러나 전라남도 지도(智島)에 유배되었고, 주일공사 때의 공금 횡령 사실이 발각되어 입건되기도 하였다. 1902년 궁내부특진관·외부대신, 1903년 서북철도국총재, 1904년 내부대신이 되었다.

22 조병식의 양아들인 황주 군수 조윤희(趙胤熙)를 말한다(위의 각주 15 참조).

있습니다. 관리는 제 앞에서 한 번도 신자들이 세납(稅納)하지 않는다고 항의한 적은 없었습니다. 반대로 그 자신은 상경하기 전에 제게 와서 저의 신자들이 관리 자신이나 향속(鄕屬)²³ 또는 관속들을 흠잡아 서울에 상소하지 않게 해달라고 간곡히 간청하였습니다. 그는 전에 백성의 돈을 불의하게 착복했음을 공개적으로 시인한 사람입니다.

저는 그에게, 신자들이 관원인 당신을 흠잡아 무언가를 하지 않도록 가능한 한 주지시키겠으니 당신도 직접적이건 간접적이건 착복하기 위해서 항상 신자들을 괴롭히는 관속들을 모두 잘 살펴달라고 답했습니다. 사실 황주 관속들은 박정모처럼 아주 질이 좋지 않으며 수효도 거의 500명이나 됩니다. 요사이 저 관속들은 황해도의 모든 신부들이 서울 순검과 관속들에게 체포되어 사형받으러 서울로 압송되었다는 소문을 퍼뜨리고 다니는데, 이런 말들을 도시나 시골에 유포하여 신자들을 박해하고 금품을 뜯어냅니다.

해주 관찰사²⁴ 때문에 관속들은 요즈음 더욱 오만해졌는데, 그는 신자들을 반대하는 특별 훈령을 모든 부군수에게 세 번씩이나 보내어, 할 수 있는 대로 신자들을 체포할 구실을 찾고 있기 때문입니다. 따라서 저는 매사에 조심하여 어떤 불상사도 일어나지 않도록 모든 지혜를 짜내고 있습니다.

모두가 천주교를 거슬러서 들고 일어나도 신자가 되기를 간절히 원하는 외교인들의 회두²⁵와 신자들의 열심을 보게 되면, 하느님의 말씀을

---

23   한 고을에서 대물림으로 내려오는 아전(衙前) 즉 향리(鄕吏)를 말한다.
24   이용직(李容稙, 1852~1932) : 1875년(고종 12) 별시 문과에 을과로 급제하여 이조참의, 이조참판 등을 역임하고, 1902년 6월 29일 황해도 관찰사에 부임하였다. 천주교에 대해서 적대적인 이용직이 황해도 관찰사로 부임하면서 해서교안은 더욱 확대되었다.
25   회두(回頭) : 회개(悔改)의 옛 용어.

강론하지 않을 수가 없습니다. 4일 후면 저는 봄 판공을 떠납니다.

최근에 주교님께 여쭈어보고 싶은 것이 있었는데 다름이 아니오라, 김 씨라고 하는 예비 신자가 부인이 있는데도 첩을 얻어 40년 동안이나 계속 동거하고 있습니다. 본부인은 다른 시골에서 자녀들과 함께 살고 있는데 아직 재혼하지 않은 상태입니다. 셋이 다 같이, 말하자면 장부와 첩과 본부인 모두 늙어가고 있는데, (60살이 넘었습니다.) 장부가 첩과 함께 세례를 준비해 오다가 세례를 청하고 있습니다.

바오로 특전[26]에 따라 합법적인 부인에 대해 (바오로 특전에 필요한) 질문을 한다면, 두 사람이 동시에 세례받고 혼인할 수 있을 것으로 보입니다만, 세례받은 후에도 첩과 산다는 그릇된 인식을 새 신자들에게 심어 줄 우려가 있습니다. 왜냐하면 김 씨라는 이 예비 신자가 세례를 받고 또 본부인에 대한 최고 심문으로 결혼한다 해도 본부인을 부양하고 세간살이를 돌보아 주어야 하는데, 그 이유는 본부인도 이제는 늙어서 자기 가문에서 쫓아낼 수가 없기 때문입니다. 이와 아주 흡사한 두 사례가 있어서, 아직 그들의 세례를 보류하고 있습니다.

주교님, 항상 건강하시고 이 소자를 위해서도 기도해 주십시오.

불초자, 한 바오로 올림

---

26 비세례자 부부 중 어느 한쪽이 세례를 받은 후 세례를 받지 않은 상대방이 평화로운 동거 생활을 거부할 경우, 비세례 때 이루어진 혼인을 해소할 수 있는 특별한 혜택을 말한다. 이 특전의 기원은 사도 바오로의 코린토 1서 7장 11-15절에 근거한다. 바오로 특전이 교회법으로 법제화된 것은 1199년이지만, 혼인 유대의 해소 방법과 그 시간은 1917년 법전에서 처음으로 명백하게 되었다.

뮈텔 문서 1903-143

✝ 예수, 마리아, 요셉

1903년 2월 17일. 황주 송곡

지극히 공경하올 주교님!

최근에 주교님의 편지들을 아주 감사히 받았습니다. 관원 조 씨[27]의 고발에 대해서 이렇게 말씀드립니다. "신자들은 순검들이 불의하게 체포하고 박해하고 금품을 강요하지 않는 한, 관리를 곤란하게 하지 않습니다."

납세 문제에서 신자들은 세금을 물고 척문(尺文, 납세필증서)을 받았습니다. 물론 향장[28]과 모든 관속의 봉급을 위한 관절목(관리들이 정합니다.)도 지불했습니다. 이런 경우, 신자들에게 시도 때도 없이 무명잡세(無名雜稅)를 다 내라고 강요할 수는 없는데, 백성들이 명목도 없는 잡세까지 다 낼 만큼 여유가 있지 못하기 때문입니다.

---

27 조병식을 말한다.
28 향장(鄕長) : 조선 시대 향청(鄕廳)의 우두머리. 1895년(고종 32)에 좌수(座首)를 향장으로 바꾸었다.

관리는 제 앞에서 신자들이 세금을 내지 않았다고 한 번도 항의한 일이 없고, 주교님 앞에서 말씀드리듯 제 앞에서는 말할 수 없습니다. 그가 서울로 올라가기 전 그에게 회장을 보낸 일도 없습니다. 또 납세 문제에서는 회장에게 무엇을 시킨 적도 없으니 관리는 주교님 앞에서 거짓말을 한 셈입니다.

해주 관찰사가 빌렘 신부님과 화해를 했지만, 그것이 거짓이었다는 말을 들었습니다. 왜냐하면 그다음 날로 신부님의 안 가밀로[29] 회장을 체포하려고 신부님 처소에까지 순검들을 들여보냈기 때문입니다. 그의 마음은 항상 신자들을 탄압하고 선교사들을 욕되게 하려는 것입니다. 어쨌든 황주에 신부님 한 분만 보내주십시오. 신자들의 수효가 나날이 늘어나기 때문입니다.

주교님, 안녕히 계십시오.

불초자, 한 바오로 올림

---

[29] 안태건(安泰健, 가밀로, 1868~?) : 안중근의 작은아버지로. 1897년 세례를 받은 후 전교 회장으로 활동하였다.

뮈텔 문서 1903-38

✝ 예수, 마리아, 요셉

1903년 4월 4일. 황주

지극히 공경하올 주교님!

황해도 신자들의 군란에 대해서 이미 들으셨겠지만, 황주 신자들 역시 순검들이나 부상(負商)들에게 극심한 박해를 받아서 많은 사람이 다른 지방으로 피신했거나 농사를 지을 수 없는 실정입니다.

관리에게 호소해 보아야 아무 소용이 없는데, 모든 관리가 영악스럽고 거짓말을 잘하며 신자들을 적으로 삼기 때문입니다.

새 신자들의 비참함은 큰데, 그들은 박해를 겪어 보지 못했을 뿐만 아니라 잘 견디어낼 신앙마저 없어서 잔혹하게 매를 맞거나, 돈을 빼앗기거나, 집을 때려 부수면 쉽게 신앙을 버립니다.

이곳 관리는 드러나게 신자들을 반대하지는 않지만, 포졸들이나 부상들을 시켜 은밀히 신자들을 괴롭힙니다. 그래서 보통은 신자들을 감옥에 가두거나 체포해서 관아로 끌고 가는 일은 없습니다. 주교님의 도움을 청하러 상경하는 김 요한을 통해서 더 잘 들으실 수 있을 것입니다.

주교님, 안녕히 계십시오! 저와 신자 모두를 주교님의 거룩하신 기도에 맡기옵니다.

불초자, 한 바오로 올림

뮈텔 문서 1903-45

✝ 예수, 마리아, 요셉

1903년 4월 21일. 황주

지극히 경애하올 주교님!

피정을 하러 상경할 수 있으리라 생각했는데, 지금 이곳 사정이 거의 황주를 떠날 수 없는 지경이 되었습니다.

우선 첫째 이유는 제가 집을 비우면 신자들이 더욱 불안해져 근심에 잠길까 해서이고, 둘째 이유는 집과 미사 짐을 간수할 사람이 없기 때문입니다. 몇몇 신자들이 자주 읍내에 옵니다만, 부상들이 무서워서 감히 제게는 오지도 못하고 올 수도 없습니다. 읍내에 있는 어떤 신자들은 밤에 몰래 저를 찾아와 신자들의 어려운 사정을 털어놓습니다. 이미 거의 두 달 동안 (어쩌면 더 되었을지도 모릅니다.) 저는 일꾼 한 사람만 데리고 홀로 지내고 있는데, 때때로 관속과 부상들이 찾아와 저를 괴롭힙니다. 요즈음 부상들이 길에서나 마을에서나 금품을 강요하여 신자들을 괴롭히고 있으며, 주일 미사도 못 하게 합니다.

주교님께 사목 보고서를 올립니다. 내년에는 신자나 예비 신자들이 얼마 남아 있지 못할 것 같습니다. 이미 많은 신자들이 평안도나 강원도, 그 밖의 다른 지역으로 피난 갔습니다.

주교님, 안녕히 계십시오! 가엾은 신자 모두를 주교님의 거룩하신 기도에 맡기옵니다.

불초자, 한 바오로 올림

뮈텔 문서 1903-67

✝ 예수, 마리아, 요셉

1903년 6월 10일. 황주

지극히 공경하올 주교님!

최근에 저는 김 요셉을 통해서 주교님이 보내주신 편지를 받았습니다. 요즈음에는 신자들이 전보다는 괴롭힘을 훨씬 덜 받지만 도처에서 교우 숫자가 줄어든다는 말을 듣습니다. 그들이 읍내에는 자주 들르지만 제게는 거의 오지 않습니다. 아마 가을 판공 때에도 신자들을 별로 만나지 못할 것 같습니다.

특히 요즈음 읍내에 혼자 머무는 것은 아주 불편한 일이지만 그렇다고 옮겨 가 있을 만한 곳도 없습니다. 건실한 신자 공동체도 없고 공소 건물도 없습니다. 전에 저는 숙소로 어떤 곳을 물색해 두었는데, 이번 환란 이후 모든 것이, 특히 사람들이 다 바뀌어 버렸습니다.

전에는 어떤 신부가 외교인 마을이라 해도 머물려고 들어간다면 모두 기쁘게 신부를 맞아 주었을 텐데, 지금은 새 신자들조차 신부를 거의 알은체도 안 하는 것이, 아마 신부에게 더 이상 기대를 걸지 않기 때문인 것 같습니다. 며칠 뒤에 어떤 신부님이라도 찾아가서 좀 쉬고 싶지만, 집을 맡길 사람 하나 없습니다.

　주교님, 안녕히 계십시오! 황해도 새 신자들을 위해서 기도 부탁드립니다.

불초자, 한 바오로 올림

뮈텔 문서 1903-95

✝ 예수, 마리아, 요셉

1903년 7월 25일. 황주

지극히 공경하올 주교님!

어제 주교님의 편지를 받았습니다. 신자들이 믿음에 항구하기만 하다면 환난이 아무리 커도 잘 참을 수 있을 텐데, (극소수만 제외하고) 거의 모든 신자가 신앙을 떠나는 것 같아 위로가 될 게 없습니다. 아주 적은 수만이 드물게 성사를 받으러 옵니다.

황주 신자들은 서흥이나 봉산 등등의 신자들보다 상대적으로 박해를 덜 받았으며 몇몇은 아무 해도 입지 않았지만, 교우 수가 줄어들기는 다른 곳과 마찬가지입니다.

거의 모든 사람이 며칠간 피난 후에 자기 집으로 되돌아와서 농사일을 돌보고 있습니다만, 몇몇은 지금까지도 불한당들로부터 박해를 겪고 있습니다. 지금까지 저는 이곳에 머물러 새 신자들을 위로하고 편안하게 해주려고 합니다만, 성과가 없어 보입니다. 참말 큰 은총은 신자 부모들에게서 나오는 것 같습니다. 저의 전 구역을 통틀어 구교우 두 가정이 있는데, 그들은 어떤 새 신자들처럼 전에 결코 무모한 짓을 한 일이 없었지만, 지금까지 박해를 받아왔습니다. 그러나 이리저리 문전걸식하면서도 신자로서의 본분을 소홀히 한 적이 없어 비밀리에 성사를 받으러 옵니다.

명주실에 대해서는 그 양이 얼마건 값이 얼마건 간에 구하지 못하리라고 생각되는데, 그러한 실을 판다는 말을 전에 들어 본 적도 없거니와 물어볼 만한 사람도 지금은 찾을 수가 없습니다. 누에고치에 대해서도 겨울이나 봄에 몇 말 정도는 구할 수 있으리라 생각하지만, 값은 알 수가 없습니다. 지난해 어떤 신자들에게서 들은 이야기로는, **야견쥬**[30]를 갖고 싶어 하는 어떤 양반 혹은 부자들이 누에고치를 사러 이 마을 저 마을로 돌아다니다가, 한 고치에 3~4푼씩 주고 구해서 여러 말을 사 갔다고 합니다.

한국 전역에 **가쥭**(가죽)나무들이 있기는 하지만, 兩西(양서) 지방에만 이런 종류의 누에들이 있고, 다음과 같이 이 **야견충**들을 키운다는 말을 들었습니다. 봄철이 되면 고치에서 나온 나방이들을 **가쥭**나무 假椿(가춘)에 (아직도 **참쥭**을 眞椿(진츈)이라고 쓰는 이유는 이 '椿'이라는 글자가 원래는 8천 년을 산다는 전설적인 나무를 뜻하기도 하지만, 한국 사람들은 이 글자를 써서 **가쥭, 참쥭, 들베나무**를 나타내기 때문입니다.) 올려놓습니다. 어떤 때는 나방이들이 도망가지 못하도록 나무에 실을 매

---

30 야견(野繭), 즉 '산누에고치'가 잣는 명주(明紬)를 말한다. 궁서체나 해서체로 표시한 것은 라틴어 편지 가운데 한기근 신부가 한글이나 한자로 적은 것을 표시하기 위함이다. 이하 동일하다.

놓기도 하는데, 가는 노끈을 나무에 얼키설키 묶어 놓습니다. 그리고 가끔 까치들을 쫓기 위해서 밧줄을 흔들어 대는데, 그것은 까치들이 나방이들이나 후에 나온 누에들을 먹어 치우기 때문입니다.

양잠 업자가 돌보지 않아도 누에들은 **가죽**나무의 잎을 먹고, 때가 되면 누에고치를 만듭니다. 나뭇잎이 떨어지는 가을철이 되면 양잠 업자는 나뭇잎들 사이에 들어 있거나 아직 나무에 매달린 고치들을 거두어 들입니다. 이처럼 양잠업은 아주 원시적인 수준인데, 다양한 과학 기술을 가진 유럽 사람들은 아마 더 나은 양잠 기술을 가지고 있을 것입니다. **가죽**나무는 일반적으로 해안 지방에서 더 풍성하게 자랍니다.

지극히 경애하올 주교님! 부디 건강히 지내십시오. 저희야 하나나 둘 정도의 어려움으로 시달리지만, 주교님께서는 선교지 각 지역에서 오는 수많은 어려움으로 시달리시니, 어쩌면 지방에 있는 사람들보다 훨씬 더 위로가 없으실 주교님을 위해 항상 기도하옵고 또 기도하겠습니다. 황해도 사건에 이어 아산 사건이 뒤따르고 있는데, 무슨 일이 일어나지나 않을까 두렵습니다.

불초자, 한 바오로 올림

뮈텔 문서[31]

†

1903년 8월 9일. 검수원

지극히 공경하올 주교님!

　　　4일 황주에서 검수로 오는 길에, 서울에서 내려오는 신자들로부터 교황 레오 13세께서 선종하셨다는 비보를 큰 고통 속에 전해 들었는데, 그들의 말에 의하면 음력 6월 5일에 교황님의 서거 소식이 전보로 왔었다고 합니다.[32]

　이미 오래전부터 저는 이(종국) 신부님의 신자들을 위로하기 위하여 검수에 오고 싶었지만, 여러 가지 장애들 특히 천주교라는 이름 자체를 싫어하는 반대자들의 질투 때문에 여태까지 저 자신이나 검수 신자들에게 한 약속을 이행할 수가 없었습니다. 저는 여기서 신자들에게 성사를 주면서 지내고 있는데 성모 승천 대축일[33] 전까지는 황주로 돌아갈 것입니

31　문서 번호 없음.
32　교황 레오 13세는 1878년 2월 20일에 교황으로 선출되었으며 1903년 7월 20일에 선종하였다. 레오 13세 교황은 회칙을 특히 많이 발표하였는데, 그중 가장 중요하고 영향력 있는 회칙은 노동자 문제를 중점적으로 다룬 「노동 헌장(Rerum Novarum)」(1891년 5월 15일)이다.
33　"원죄에 물들지 않고 평생 동정이신 하느님의 어머니 마리아가 지상 생애를 마친 다음 육

다. 이곳은 생각보다 많은 신자가 살고 있어서 각 공소에서 성사를 받으러 찾아오는데, 몇백 명의 고해성사를 들어야 할 정도입니다. 공소마다 착하고 믿음 깊은 신자들이 남아 있고, 어떤 공소들은 거의 손상되지 않았습니다.

봉산을 지나오다가 관속들로부터 봉변을 당했는데 그들 중에는 전교 회장, 신자들, 예비 신자들도 있었습니다. 그들은 길에서 불손하게 저를 막아서며 말에서 내리라고 했습니다. 그러나 저는 말에서 내리지 않고 공손하게 길을 계속 갔습니다.

해주 관찰사가 내려왔다는 말을 들었는데 사실인지는 잘 모르겠습니다. 신자들이 당한 금전적 손해에 대한 보상을 바랄 수는 없고, 저 협잡꾼들과 관속과 부상들이 힘없는 양 떼를 평온히 내버려만 두어도 남은 신자들에게는 큰 다행입니다. 지금도 저들은 할 수 있는 대로 신자들을 괴롭힐 구실을 찾고 있습니다.

야견사에 대해서는 즉시 주교님께 회답을 드렸는데, 그 편지들이 우체국을 통해서 그동안 전달되었는지 모르겠습니다.

주교님, 안녕히 계십시오.

불초자, 한 바오로 올림

신과 영혼이 함께 천상 영광으로 하늘로 들어 올려진 것"을 기념하는 대축일이다. 8월 15일에 거행되며 한국 교회에서는 성모 마리아의 승천이 '올림을 받음(assumptio)'이기에 예수 승천과 구별하기 위하여 '몽소 승천(夢召昇天)'이라고 표현하였다.

뮈텔 문서 1904-150

✝

1903년 9월 21일. 황주

지극히 공경하올 주교님!

주교님의 주교 서품일[34]을 오늘 지내면서 주님께서 주교님에게 이 대목구[35]를 오래도록 잘 다스리는 데에 필요한 모든 은총을 자비로이 내려주시옵기를 간절히 기도드리옵니다.

멜리장[36] 신부님이 돌아오시는 편에 보내주신 주교님의 편지를 최근 감사히 받았습니다. 이 지방 신자들의 신앙 상태에 대해서는 이미 여러 번 주교님께 말씀드린 바와 같이, 불쌍한 새 신자들의 신앙은 점점 더 약해져 가는데 판공 때 무엇을 해야 할지 난감하기만 합니다.

---

34 뮈텔 주교의 주교 성성 축일을 말한다. 그는 1890년 8월 4일 교황으로부터 밀로(Milo)의 명의 주교로서 조선 대목구장에 임명되었으며, 9월 21일에 파리 외방전교회 신학교 성당에서 주교 서품식을 했다. 1904년 9월 21일은 뮈텔의 주교 성성 14주년이 되는 날이다.

35 대목구(代牧區, vicariatus apostolicus) : 특수한 사정으로 아직 교구로 설정되지 않은 개별 교회를 말한다. 교황청이 파견한 교황 대리 감목(敎皇代理監牧), 즉 대목구장(代牧區長)이 관할하였다. 한국의 경우, 1962년 6월 29일 교계제도가 설정될 때까지 131년간 대목구 체제였다.

36 멜리장(P. Mélizan, 梅履霜, 베드로, 1877~1950) 신부 : 1902년 6월 한국에 입국하여 1902년 10월 은율 본당 제2대 주임으로 파견되어 1905년 8월까지 사목하였다.

어떤 공소들은 두세 명의 노인 신자들이나 극빈자들뿐이어서 몰래 신앙생활을 하고 있는데, 그들은 적대자들의 반대와 각종 훼방으로 신부를 초청할 수도 없고 엄두도 못 냅니다.

근래에 외교인들과 몇몇 부랑배들이 갖가지 방법으로 신자들에게 미신 행위에 협조할 것을 강요하고, 신자들이 신앙생활을 할 수 없을 만큼 미신에 끌어들이고 있습니다.

이(종국) 신부님의 신자들은 거의 일 년 동안 성사를 받을 수가 없어 신부님을 애타게 기다리고 있습니다. 박해(迫害)가 더 치열했고 오래 지속된 서홍 지역에서는 신자들이 더욱 꾸준히 신앙을 지키고 있습니다. 요즈음 서홍에 거주하는 남자 교우는 물론 여자 교우까지도 제게 성사를 받으러 오는데, 만일 이 신부님이 계속 오시지 않으면 다시 한번 더 그들을 찾아가 보겠습니다.

주교님, 안녕히 계십시오! 주교님의 거룩하신 기도에 저와 황해도 모두를 맡기옵니다.

불초자, 한 바오로 올림

뮈텔 문서 1904-30

✝

1904년 2월 29일. 황주

지극히 경애하올 주교님!

최근 주교님의 명을 받았습니다. 여러모로 걱정됩니다. 저는 이 도시를 어쩔 수 없이 떠나 적은동[37]으로 이주하려는데, 적은동은 읍내에서 30리 떨어진 철도 근처에 있습니다. 제가 여기 머문다고 해도 신자들에게 성사를 베풀 수 없고 그냥 시달릴 뿐이기 때문입니다.

집은 빈 채로 놔두고 떠나는데 신자 한 사람을 관리인으로 두기는 하지만, 집을 잘 돌볼지 모르겠습니다. 아마 검수원에서 10리 떨어진 흥수원[38]에 장이 서면 객지 사람들의 주막으로나 쓰일 것 같습니다.

---

[37] 1902년 황주 본당이 황주군 황주읍 남문 밖 외남부 마을에 설립된 후, 한기근 신부는 해서교안으로 1904년 2월 황주군 삼전면 외송리 적은동으로 성당을 이전하였다.
[38] 황해도 서흥군(瑞興郡). 흥수원(興水院)은 서흥 도호부(瑞興都護府)의 서쪽 60리에 있었다.

공소 건물은 병영으로 점령되었지만, 소유권을 주장해 보아야 아무 소용이 없는 일이므로 이 신부님이나 신자들은 포기한 상태입니다.

가을철이 되어 다섯 공소를 순방하였는데 신자들이 많지 않았고, 봄철이 되면 두세 명 정도만 만날 수 있을 것입니다. 모든 것이 신자들의 평화를 가로막습니다. 신자들이나 외교인들이나 혼란스럽고 괴롭힘을 당해서 밤낮으로 이리저리 떠나갑니다.

할 수 있는 대로 피정 차 상경하려 하는데, 가급적 빨리 올라가서 김막달레나(저의 백모[伯母]) 가정을 방문할까 합니다. 저의 백모는 오랫동안 공을 쌓으신 후 작년에 주님 품으로 가셨는데, 저는 그분의 임종이나 장례에 참석하지 못했기 때문입니다.

이만 줄이옵고, 주교님 안녕히 계십시오!

불초자, 한 바오로 올림

뮈텔 문서 1904-49

†

1904년 4월 5일. 적은동

지극히 공경하올 주교님!

주교님의 명을 받고, 올해는 서울에서 공동 영신[39] 피정이 열리기 어려우리란 것을 알게 되었습니다.

주님의 부활 축일 전에 공소들을 순방했는데 신자들의 숫자가 가을보다도 더 줄어들었고, 새 신자들이거나 예비 신자들이거나 간에 회두의 희망이 보이질 않습니다. 온통 혼란이어서, 도처에 이방인들의 횡포가 심하고 동학의 소문이 파다합니다.

이(종국) 신부님 편에 사람 하나를 딸려 보내는데, 미사에 쓸 포도주와 성유를 가져오기 위해서입니다. 이 지방 신부님들 모두 안녕하신 것 같은데, 여태까지 새로운 소식은 들을 수가 없었습니다.

경애하올 주교님, 부디 건강히 지내십시오! 주교님의 거룩한 기도에 불초자와 모든 신자들을 의탁하옵니다. 안녕히 계십시오!

불초자, 한 바오로 올림

---

39 영신(靈神) : 영성(靈性)의 옛 용어.

뮈텔 문서 1904-151

✝ 예수, 마리아, 요셉

1904년 9월 19일. 적은동

지극히 경애하옵고 공경하올 주교님!

성 마태오 축일[40]과 주교님의 주교 서품일이 가까워져 옴에 따라 주교님께 이 글을 올리며, 온 선교회의 이렇듯이 크고 많은 짐을 지고 가시는 주교님께 주님의 크신 은총이 내리기를 간절히 하느님께 기도드리옵니다.

올해 포리 신부님께서는 주교님의 명에 따라 당신 공소 중 몇몇을 제게 떼어주셨는데, 이곳에 제가 맡은 신자들이 별로 많지 않으므로 떼어주신 공소를 돌볼 수 있을 것 같습니다.

공소 수로 보자면 두 번 또는 그 이상 방문이 가능하겠지만, 실제로는 전 신자들을 두 번 방문하기가 아마 어려울 것 같습니다. 왜냐하면 신자들이 벌써 말하기를, "연례 판공을 받으러 저희가 신부님께 가겠으

---

40 성 마태오의 축일은 9월 21일(동방 교회에서는 11월 16일)이다.

니, 신부님께서는 두 번씩이나 저희에게 오실 필요가 없습니다."라고 합니다. 이 말은 아시아 문화에 의하면, '우리는 신부님을 두 번씩이나 모실 능력이 없습니다.'라는 뜻입니다. 사정이야 어쨌든, 모든 사람이 성사를 받으러 제게 올 수는 없을 것입니다.

주교님께 보고할 만한 새로운 것이 여기서는 없습니다만, 화덕시에는 일본인들이 항구를 열어 이미 많은 집을 지었고 철도를 놓기 시작했으며, 벌써 철로가 깔리고 있습니다. 일본인들은 이 항구의 이름을 兼二浦(겸이포)라고 새로 지었습니다.[41] (러일)전쟁에 대해서는 전혀 들은 바가 없습니다.

주교님, 안녕히 계십시오. 주교님을 대면한 지 벌써 3년이나 되었는데, 내년에는 피정하러 서울에 올라갈 만큼 좀 조용해질는지요? 하느님께서 안배해 주시옵기를!

불초자, 한 바오로 올림

---

41   겸이포의 원 지명은 '송림(松林)'이다. 청일전쟁 당시에는 '십이포(十二浦)' 또는 '화덕시 용하부동'으로 불리다가 1904년에 '겸이포'로 개칭되었다. 일제는 러일전쟁을 위한 철로 건설 자재를 부릴 곳으로 이곳을 선정하였다. 이 지명은 이곳을 항구로 개발하는 데 공을 세운 일본인 공병대 소좌 와타나베 겐지(渡邊兼二)의 공을 치하하기 위해 그의 이름에서 따왔다.

뮈텔 문서 1905-81

✝ 예수, 마리아, 요셉

1905년 7월 21일. 적은동

지극히 경애하올 주교님!

이 찌는 듯한 무더위와 계속되는 장마에 주교님의 건강은 어떠신지요? 올봄에는 도처에 물난리가 날 정도로 비가 너무 많이 왔습니다. 황주에 있는 저의 옛집을 어떻게 해야 할는지요? 주교님께서 보시기에 그 집이 유용하고 아직도 교구에 쓸모 있다고 생각되시면 매각할 수 없겠지만, 별 쓸모가 없으리라고 판단되시면 파는 편이 더 좋을 듯하옵니다. 집이 점점 부식되어 가기 때문입니다.

전에는 전쟁[42] 때문에 아무도 그 집을 사려 하지 않았지만, 이제는 한국 사람들도 전쟁이 끝나서 평화가 이루어지기를 바라면서 도시에 입주하기 때문에, 혹시라도 살 사람이 있을지 모르겠습니다.

---

42 러일전쟁 : 1904~1905년 만주와 한국의 지배권을 두고 러시아와 일본이 벌인 제국주의 전쟁이다.

이곳에 계신 신부님들은 제 생각에는 안녕하신 것 같고, 손 신부님[43]은 이곳에 내려온 후 춘계 성사[44]를 받을 수 없었던 신자들의 청을 들어 몇몇 공소를 순방하였습니다.

그 외에 주교님께 보고할 만한 새로운 사실은 없습니다. 요즈음 화폐 개혁[45]에 대한 소문 때문에 거래가 뜸하고 팔리는 물건들은 아주 비쌉니다. 한국 상인들은 단합하여 일본 화폐를 쓰지 않고 백동전만 쓰며, 한국인들끼리는 일본 지폐로 거래하지 않습니다.

이상 줄이옵고, 주교님 건강히 지내십시오!

불초자, 한 바오로 올림

---

43 손성재(孫聖載, 야고보, 1877~1927) 신부 : 1905년 4월 8일 사제 서품을 받고 첫 사목지로 황해도 봉산군 검수 본당의 제2대 주임으로 부임하였다. 봉산·서흥·평산 등지에 이르기까지 전교 활동을 열심히 하였으며, 뛰어난 라틴어 실력으로 1906년부터는 마태오 복음 번역 작업에도 참여하였다.
44 '가을 판공'을 말한다.
45 1904년부터 1909년까지 일제의 주도로 대한제국 내의 백동화와 엽전을 정리하고 상업은행인 일본 제일은행이 발행한 화폐로 대체한 화폐 정리 사업(貨幣整理事業)을 말한다. 이 사업의 결과로 대한제국의 화폐에 대한 모든 지배권은 일본 제국의 금융 지배를 받게 되었다.

뮈텔 문서 1905-120

✝ 예수, 마리아, 요셉

1905년 9월 20일. 적은동

지극히 경애하옵고 공경하올 주교님!

내일 성 마태오 축일임과 동시에 주교님의 서품일을 맞아 이렇게 글을 올려 자녀 된 효성으로 공경하올 주교님께 문안드리오며, 특히 자비하신 하느님께서 주교님을 온갖 복으로 축복해 주시옵기를 간절히 기도드리렵니다.

비에모[46] 신부님의 보고서에서 신부님 두 분[47]이 프랑스에서 한국 선교지로 오신다는 말을 들었는데, 그분들은 이미 여행을 무사히 잘 마치셨는지요? 황해도의 모든 새 신자들이 신앙에 항구했더라면 아직도 황

---

[46] 비에모(P. Villemot, 禹一模, 1869~1950) 신부 : 1892년 3월 한국에 입국하여 이듬해 4월 전주부 화산면 되재[숬峙] 본당으로 파견되어 사목하면서 성당 신축 공사를 시작했으나 동학란으로 어려움을 겪었다. 잠시 피신해 있던 그는 이듬해 되재로 돌아가 한옥 양식의 성당을 완공하였다. 1897년 5월 서울교구 재정 담당 신부로 임명되어 이후 18년 동안 소임을 다하였다.

[47] 베르몽(J. Bermond, 睦世永) 신부와 시잘레(P. Chizallet, 池土元) 신부가 1905년 10월 11일 한국에 입국하였다.

해도에 어떤 다른 신부가 파견되는 것을 바랄 수 있겠는데, 슬프게도! 냉담한 그들은 예전 신앙에 복귀하지 않고 있습니다.

지금 신자들이건 외교인이건 많은 사람이 철도와 기타 부역들을 피하기 위해 다른 지방으로 이주하고 있는데, 한국인들의 상황은 비록 전쟁이 끝났다지만 점점 더 나빠지는 것 같습니다.

주교님, 부디 건강히 지내시옵고, 주교님의 거룩하신 기도에 저를 맡기옵니다. 저는 음력 10월쯤 공소 순방을 떠나려 합니다.

주교님, 안녕히 계십시오!

불초자, 한 바오로 올림

뮈텔 문서 1906-120

†

1906년 7월 11일. 적은동

지극히 경애하올 주교님!

피정 때 한국어로 번역하기 위해 받은 책[48]의 번역을 이미 오래전에 끝냈는데, 주교님께 보내드릴 기회를 지금까지 찾고 있었습니다만 닿지 않았습니다. 책이 거의 90쪽이나 되는 방대한 양이어서 우편으로는 보내드릴 엄두가 안 납니다. 송료도 만만치 않고 특히 책이나 저의 번역물이 도중에 분실될 우려가 있기 때문입니다. 번역에 대하여 말씀드리고 싶은 것이 좀 있는데, 제가 그 번역물을 주교님께 가져가서 직접 말씀드리겠습니다.

---

48 『예수진교사패(耶穌眞敎四牌)』: '예수에 의해 세워진 참된 종교를 나타내는 네 가지 특성' 이라는 뜻으로, 중국 선교사 동중화(董中和) 신부가 저술한 천주교 호교서이자 개신교 비판서이다. 1898년 상하이 나자렛 인쇄소에서 한문본으로 간행되었으며, 간행 직후 한국에 도입되었으나 그 시기는 정확하지 않다. 1907년 한기근 신부는 이를 한국어로 번역하였으나 간행된 책을 검토해 보니 잘못된 부분을 발견하게 되었다는 것이다. 이후 이 책은 수정되어 여러 차례 중간되었다.

이곳에서 주교님께 아뢸 만한 무슨 특별한 소식은 없으며, 황해도 신부님들 모두 안녕하십니다. 비가 흡족히 많이 내려 지금까지 농사가 잘되고 있습니다. 요즈음 군수와 부군수의 명령이 떨어져 외화를 좀 가진 사람들은 농상은행[49]이라는 조합에 들도록 강요받고 있는데, 각자의 재산 정도에 따라 낼 돈의 액수를 매기려고 합니다.

주교님, 이 더위에 부디 건강히 지내시옵소서!

불초자, 한 바오로 올림

---

49   1906년 해주에 설립된 농공은행(農工銀行)을 말한다. 1906년 3월에 제정·공포된 「농공은행 조례」에 의거해 평양·대구·전주·진주·광주·충주·해주·경성(鏡城) 등 전국 주요 도시에 설립되었다. 대한제국의 일본인 재정 고문 메가타 다네타로(目賀田種太郎, 1853~1926)가 식민정책의 하나로 농업·공업의 개량 및 발달을 위한 자금 대출을 표면적 이유로 내세워 설립을 추진하였다. 애초 일본인들의 자금으로 설립하려 하였으나 자금원이던 일본 흥업은행(興業銀行)이 자금난을 겪자 한국인 자본가들을 끌어모아 설립하였다. 그리고 농업·공업에 대한 자금 지원보다 상업 자금 지원에 주력하였다. 특히 한국에 이주해 온 일본인들을 지원하는 데 주력해서 대출 대상자의 수와 금액에 있어 한국인보다 일본인이 월등하게 큰 비중을 차지하였다.

뮈텔 문서 1906-120

✝

1906년 8월 12일. 적은동

지극히 공경하올 주교님!

지금 막 주교님께 저의 번역물을 보내드리는데 원전에 따라 그대로 책을 번역한 것이고, 뜻을 명확히 하기 위하여 간혹 어떤 단어들을 추가하거나, 덜 필요한 어떤 한자들은 때때로 생략하였습니다. 어떤 한문 표현들(한자들)은 직역하는 대신 의역하였는데, 글자 그대로 번역하다가는 한국말로 발음이 좋지 않게 들리거나 우습게 들리기 때문입니다. 문자(文字)[50]를 쓰는 것 외에 다른 방법이 없거나 관용적으로 쓰는 것은, 드물지만 필요에 따라 문자를 조금 사용해 보았습니다.

성경 교재는 개신교 것이 때때로 빗나가고, 잘못되고, 옳지 않게 번역된 곳이 있기는 했지만, 엄밀한 의미에서는 그들 것을 참조했습니다. 언문 철자법에서는 우리 (천주교) 식대로 했습니다만, 일반 시중에서 상용되는 철자법을 썼더라면 더 나았을지도 모르겠습니다. 그러나 우선, 전

---

50 예전부터 전해 내려오는, 한자로 된 숙어나 성구(成句) 또는 문장.

부 다 번역한 후가 아니면 신경 쓰지 않기로 했습니다. 그동안 본문에 나타나는 작은 설명들은 본문 자체가 바뀜에 따라 그 위치와 단어들도 바뀌어야 할 것입니다.

예수교라는 단어 때문에 신경이 많이 쓰이는데, 그 단어가 단순한 명칭이기는 하지만 제 생각에는 열교(裂敎)[51]를 예수교라 부르기를 원치 않을 신자들의 귀를 혹시라도 거스를까 해서입니다. 그 신자들은 우리가 그 열교인들을 예수교 신자 또는 예수교인이라고 우리 책에서 부르는 것에 걸려 넘어지는 일은 없겠지만 적어도 괴이하게 생각은 할 것입니다.

따라서 이런 식으로 번역하였습니다. 개신교 신자들을 대상으로 할 그런 비판물이나 문구들인 경우에는 개신교 식대로 예수교나 그 비슷한 단어들을 썼습니다. 그러나 천주교 신자들을 대상으로 하고 신자들의 문답 부분에서는 예수교 대신 열교, 사도 대신 종도, 감독 대신 주교 등등의 단어들을 썼습니다. 사실 열교라는 단어는 예수교라는 단어보다 더 적절한 용어인데, 이유는 열교는 일반적으로 모든 이단을 다 포함하지만, 열교 대신 쓰는 예수교는 그렇다고 볼 수 없기 때문입니다.

구약 원문의 경우에는 요수에,[52] 사무엘, 말라키아스[53] 등등 고유명사들을 그대로 라틴어 식으로 표기했는데, 영문으로는 어떻게 발음되는지 모르기 때문입니다. 별지에 성경에 인용되는 신·구약성경의 이름

---

51   19세기 이래 한국 천주교회에서는 특히 개신교의 여러 종파를 가리켜 '열교'라고 하였다.
52   여호수아(Joshua) : 모세의 후계자로, 이스라엘 백성을 약속의 땅으로 인도한 인물.
53   말라키(Malachi) : 히브리어로는 '나의 특사' 또는 '나의 천사'라는 뜻이어서 인명(人名)인지 의심스럽다는 견해도 있다.

들을 설명하여 교우들이 성경에 대해 어떤 개념을 얻을 수 있도록 하였습니다.

번역을 마친 후에 다시 꼼꼼히 읽어보니 많은 곳을 수정하지 않을 수가 없었는데, 그래서 협서[54]가 많이 늘어났습니다. 다시 번역하고 싶었지만 무더위에 선뜻 시작할 수가 없었습니다. 인쇄하는 데만 사용할 것이니 다른 것들은 별로 수정할 필요가 없을 듯합니다.

주교님, 안녕히 계십시오.

불초자, 한 바오로 올림

54　협서(挾書) : 본문 옆에 덧붙여 적은 글.

뮈텔 문서 1906-177

✝

1906년 9월 21일. 적은동

지극히 공경하옵고 경애하올 주교님!

오늘 성 마태오 사도 축일과 더불어 주교님의 주교 서품일을 맞아, 이렇게 글을 올려 외람되오나 축원을 드리옵니다. 세세에 은총 누리옵소서.

성경 번역물은 이미 주교님께 전달되었으리라 믿는데, 손에 난 상처를 치료하려고 상경하는 우도 신부님 편에 보내드렸기 때문입니다. 우도 신부님은 지금은 다 나으셨는지요?

이미 오래전에 손(성재) 야고보 신부님에게 그의 복음서 번역물을 우편을 통해서나 기회가 닿는 대로 보내드리라고 부탁했는데, 이미 주교님께 전달되었으리라 믿습니다.

최근 드망즈[55] 신부님으로부터 천주교 신문[56]을 간행한다는 공문을 받아서 신자들에게 그 신문에 대해서 여러 번 말했습니다만, 무식한 농부들이라 별 반응이 없어 몇 부나 팔릴지 모르겠습니다.

신자들의 판공 날짜가 제게 임박했습니다만, 수는 많지 않습니다. 음력 9월 말이나 10월 초쯤 떠나려 하는데, 소정의 결실이 있도록 주교님의 거룩하신 기도를 부탁드립니다.

주교님, 안녕히 계십시오! 그리고 부디 건강히 지내십시오!

불초자, 한 바오로 올림

---

[55] 드망즈(F. Demange, 安世華, 플로리아노, 1875~1938) 주교 : 초대 대구 대목구장. 1875년 4월 25일 프랑스 알자스(Alsace) 주의 로렌(Lorraine) 지방에서 태어나 파리로 이주하였고, 생 쉴피스(St. Sulpice) 신학교, 파리 가톨릭대학, 파리국립대학 등에서 수학하였으며, 1895년 파리 외방전교회 신학교에 입학하여 신학을 전공하였다. 신학교를 졸업한 1898년 6월 26일 사제로 서품되었고, 조선교구 선교사로 임명되어 같은 해 10월 8일 한국에 도착하였다. 입국 후 한국어와 풍속을 익힌 드망즈 신부는, 1899년 5월 부산진(釜山鎭, 현 범일) 본당 제4대 주임으로 임명되어 사목하였다. 부산에 부임한 지 1년여 만인 1900년 9월 용산 예수성심신학교 교수로 전임되어 6년 동안 한국인 성직자 양성을 위해 노력하였다. 1906년 10월 19일『경향신문(京鄕新聞)』이 창간되자, 초대 발행인 겸 편집인으로 취임하여 계몽 운동에 앞장섰다. 그러나 '한일병합'으로 일제의 탄압이 심해지자『경향신문』은 창간 4년 만에 폐간되고 말았다.

[56] 『경향신문(京鄕新聞)』: 1906년 10월 19일 창간하였는데, 타블로이드판 4면에 국판 8면의「보감(寶鑑)」을 부록으로 하여 모두 12면으로 발행되었다. 발행소는 종현(鐘峴, 현 명동) 성당. 창간 목적은 참된 개화의 방향을 제시해 줌으로써 당시 한국 사회에서 요청되고 있는 애국 계몽 운동에 동참하고, 신자들에게 올바른 교리 지식과 시사 문제를 제공해 주려는 데 있었다.

뮈텔 문서 1907-17

†

1907년 2월 12일. 적은동

공경하올 주교님!

주교님께 마르코 복음 번역물을 보내드리는데, 글자 그대로 직역해야 했기 때문에 우리말 문체를 다듬는 데에는 신경 쓸 수가 없었습니다. 하지만 제 생각에 문체가 그렇게 천하지는 않을 듯합니다.

파스카, 사바툼 등등 어떤 히브리어나 그리스어는 번역을 하지 않았는데, 신자들도 이미 그 단어에 익숙하기 때문입니다. 번역한다 해도 히브리어 그대로 쓰는 것보다 더 어색해질 것이고, 라틴어 번역이나 유럽어 번역을 보아도 그대로 두었으므로 구태여 한국어로 번역할 필요는 없을 것 같습니다.

각 장의 목차는 구분해서 페이지 상단 여백에 수록했습니다. 그렇게 하는 것이 장이 시작되는 첫머리에 한꺼번에 다 수록하는 것보다 신자들에게 더 편리할 것 같아서였습니다.

해설은 신자인 독자들을 위해 충분할 만큼 했다고 생각하지만, 마태오 복음으로 되돌아가 다시 보도록 하지는 않았습니다. 다른 책을 참조하라는 것은 별 소용이 없을 것입니다. 신자들은 눈앞에 있는 책에만 신경을 쓰지 다른 책까지 참조하라고 하면 애써 찾아보는 경우가 드물기 때문입니다.

우리말 어법에 좀 새로운 것을 도입하였는데, 예를 들면 단어 사이에 띄어쓰기, 음운의 구분, 구두점입니다. 잘 읽고 이해하기 위하여 이들 세 가지는 필수적입니다. 이러한 규칙 없이는 유식한 한국 독자들도 때때로 더듬거리게 되고, 의미와 내용을 곡해하게 됩니다. 이 때문에 聖經(성경)은 모든 정규 문법을 따라서 쓰여야 할 것입니다.

그리고 이미 두 차례에 걸쳐 번역을 마쳤는데, 반복되는 같은 단어들이나 자주 나오는 맺음말, 예컨대 **ᄒ니라, ᄒ더라** 등등의 말 때문에 많은 수정과 첨가가 있었습니다. 현재 우리가 쓰는 문법은 많은 수정을 요하고 있어서, 제가 감히 고치거나 다듬을 엄두가 안 납니다.

변명이기는 하지만 저는 맑은 정신으로 이 편지를 쓴 것 같지는 않사온데, 여러 날 동안 감기에 시달렸고 지금도 완쾌되지 않아서 머리와 목의 통증이 완전히 가시지 않았습니다.

주교님, 안녕히 계시고 또 건강히 지내십시오!

불초자, 한 바오로 올림

[추신]

김(원영) 아우구스티노 신부님을 통해서 보내주신 주교님의 편지들을 감사히 받았사옵니다. 저도 주교님께 성경 번역물을 올립니다.

뮈텔 문서 1907-89

†

1907년 8월 7일. 적은동

지극히 공경하올 주교님!

요한 복음 번역은 이미 벌써 끝냈고 다시 한번 수정하였으니, 기회가 닿는 대로 주교님께 보내드리겠습니다. 이 복음의 번역은 어떤 부분에서는 다른 복음들보다 더 힘들었습니다만, 좀 더 정밀하게 번역해 보려고 심혈을 기울였습니다. 이곳에서 한국 정부에 대한 나쁜 소식[57]을 연일 듣게 됩니다! 하느님께서 가련한 조국을 도와주시옵소서! 평양과 황주에서 모든 한국 군인들이 동시에 해산되고 요새는 파괴되어, 백성들 사이에 큰 실망과 소요가 일고 있습니다.

---

57   군대 해산을 말한다. 1907년 일제는 헤이그 특사 사건을 구실로 고종을 강제 퇴위시키고 순종을 등극시킨 다음 정미칠조약(丁未七條約)을 강요하여 차관 임명권 등을 빼앗았다. 그리고 조약의 부속 밀약으로 '한일협약 규정 실행에 관한 각서'를 교환하였다. 그런데 이 가운데 '군비의 정리' 항목에서 "장차 징병법을 시행하여 보다 정예한 새 군대를 양성하기 위한 준비 단계로 현 군대를 정리하여야 한다."고 규정하고 있었다. 이것은 러일전쟁에서 승리한 일본이 대한제국에 대한 지배권을 확립하기 위하여 취해 온 침략 행위였다.

올해 하느님께서 좋은 비를 자주 주셔서 적어도 이 지역만은 농사가 아주 잘되었습니다. 다른 무슨 특별한 소식은 없습니다.

경애하올 주교님, 항상 부디 안녕하시옵소서! 특히 이 무더위에 건강하시기를 기도드리옵니다.

불초자, 한 바오로 올림

뮈텔 문서 1907-135

†

1907년 9월 21일. 적은동

지극히 공경하올 신부님!

주교님의 주교 서품일을 맞이하여, 비록 육성으로는 축하드리지 못해도 마음으로만은 멀리서나마 겸손되이 축원을 보내옵니다. 동시에 평상시보다 더 특별한 마음으로, 미사와 기도 중에 주교님께 풍성한 은혜가 내리시기를 하느님께 기도드리옵니다.

주교님께 요한 복음 번역물을 보내드리겠다고 말씀드린 바 있습니다만 아직 기회를 잡지 못했는데, 이유인즉, 그것이 방대한 분량이라 (서양 종이로 250페이지나 됩니다.) 선뜻 우편 수단을 이용하기가 어려워서였습니다. 만일 안전하게 보내드릴 방도가 전혀 없으면 후에 제가 직접 가져가겠습니다.

지금까지 다행히 황해도와 평안도에는 의병[58]이 없었습니다만, 아마 강원도 지역에서 들어오리라 믿습니다. 단발령(斷髮令)에 대한 국왕의 조

---

[58] 정미의병 : 1907년(융희 1) 고종의 강제 퇴위와 정미칠조약 강제 체결, 군대 해산 등을 계기로 1907~1910년 사이 발생한 항일 구국(抗日救國) 운동이다.

령(詔令)은 이미 오래전에 공포되었지만 일진회(一進會)⁵⁹ 외에는 아무도 머리를 자르지 않습니다. 의병이 봉기하지 못하도록 관리들의 명령으로 총을 거두어들이고 있습니다. 그러나 좋아하는 것은 강도들뿐인 듯합니다. 왜냐하면 강도들은 총을 가지고 있는 마을에는 들어갈 수 없었기 때문입니다.

경애하고 공경하올 주교님, 부디 건강하시옵고, 소자를 위해서도 기도를 부탁드리옵니다.

불초자, 한 바오로 올림

---

59 1904년 8월 송병준(宋秉畯)과 독립협회 출신 윤시병(尹始炳), 유학주(兪鶴柱), 동학교도 이용구(李容九) 등이 조직한 대한제국 시기의 대표적인 친일 단체이다.

뮈텔 문서 1907-143

✝

1907년 12월 1일. 적은동

지극히 공경하올 주교님!

　재령에서 적은동까지 육로로 하루에 도착하는 것은 거의 불가능한데, 거리가 가까운 길은 아주 불편한 **나루** 하나를 낀 100리도 넘는, 시간이 오래 걸리는 길이고, 다른 길은 작은 **나루**를 3개나 건너야 하는 120리 길입니다. 따라서 5명이 딸린 배 한 척을 보내려 하는데, 그중 4명은 뱃사공입니다. 주교님을 영접하기 위해서 저 자신도 재령까지 가야 하겠습니다만, 염치없이 자신만을 먼저 생각하는 저를 용서해 주십시오.
　이 계절에 배로 여행한다는 것은 별로 유쾌한 것이 못 됩니다만, 그래도 주교님께서 아침 7시경에 배로 **신환포**[60]를 떠나시면, 이곳에 저녁 일몰 전에는 도착하실 수 있습니다.[61]

60　신환포(新換浦): 황해도 재령군 서호면.
61　뮈텔 주교 일행은 한기근 신부의 당부대로 12월 3일 새벽에 재령 성당을 떠나 아침 7시경에 신환포에 도착하였다. 이곳에서 배를 타고 적은동까지 대동강을 거슬러 올라가 선착장으로 마중 나온 한기근 신부와 신자들을 만났다.

주교님의 뱃길에 순풍이 있으시기를 하느님께 기도드리며, 부디 편안한 일정 되시옵소서! 역풍도 추위도 없게 해주소서! 무사한 여행 되시기를 간구하옵니다!

불초자, 한 바오로 올림

뮈텔 문서 1908-4

✝

1908년 1월 2일. 적은동

지극히 경애하올 주교님!

길고 수고로웠던 순방 길을 끝내시고 좀 어떠신지요? 최근 저를 찾아온 손(성재) 신부님에게 들은 바로는 주교님께서 방문 끝에 특히 피곤이 크셨다는 것이었습니다. 신부님은 또 말하기를 사리원 신자들이 돈을 잃어버린 후 아직도 일본인들로부터 괴롭힘을 받고 있는데,[62] 드러나지 않게 간접적으로 그런다는 것입니다. 간접적이라는 뜻은 이리저리 자주 호출해서 여러 가지 심문을 해대는 것인데, 이미 잃어버린 돈을 요구하지 못하도록 그러는 것이 아닌가 생각됩니다.

요즈음 『진교사패』를 읽고 있는데, 많은 곳에서 국어 문법과 어법에 어긋나 독자들에게 짜증을 일으킵니다. 어떤 부분은 의미가 다른 것도

---

[62] 일본 순사들이 사리원 공소 강당을 불법 점유하자 뮈텔 주교는 프랑스 총영사 플랑시(Collin de Plancy, 葛林德, 1853~1924)를 통해 이를 반환하게 하였다. 그러자 이를 원통하게 여긴 일본 순사들이 강당에 들인 비용을 물어내도록 강제하여 사리원 공소 회장이 20엔을 지불하였다.

있습니다. 말씀하신 것처럼 그 모두를 잘 적어 두었다가 피정 때에 주교님께 제출할까 합니다.

많은 분이 죽어가는데 특히 노인들이 염병과 비슷한 병으로 세상을 떠나고 있습니다. 주교님께서 여기 오셨던 그날 밤에 병자성사를 받았던 신자는 이미 한 달도 넘게 병을 앓고 있지만 완쾌될 기미가 보이질 않습니다.

주교님, 복된 새해 되시기를 기도드리오니, 만수무강하시옵소서!

불초자, 한 바오로 올림

뮈텔 문서 1908-34

†

1908년 3월 29일. 적은동

공경하올 주교님!

주교님이 안 계시기 때문에 올해 피정이 다른 날로 연기되었는데, 그렇게 되면 성무 보고서 역시 피정이 열릴 그때까지 끝내면 되는지요? 아니면 전처럼 5월까지 완결하여 주교님께 곧 보내드려야 하는지요?

「네 테메레(Ne temere)」[63]라는 새로 제정된 교회법에 따른 혼인 집전 문제에 있어서 신부님께 한 가지 여쭙고 싶은 것이 있습니다. 예컨대 사제관에서 1월 5일 혼인성사를 주기로 했는데 사제가 부득이한 사정으로 1월 1일에 숙소를 비우고 먼 길을 떠나, 2월 10일이 되어야 겨우 숙소로 되돌아올 수 있다고 가정할 때, 그 결혼을 위임할 사제가 없으니 전교

---

[63] 1907년 8월 10일 교황 비오 10세에 의해 반포되어 1908년 4월 19일 주님 부활 대축일부터 발효되었다. 본당 신부나 본당 신부가 위임한 사제와 2~3명의 증인이 있는 자리에서 혼인성사가 이루어져야 하며, 외교인 신자와는 혼인성사를 받을 수 없다는 것이 주된 내용이다.

회장이나 증인들 앞에서 그 결혼이 제날짜에 (사제 없이) 이루어지도록 허락할 수 있는지요?

특히 신자 남자와 외교인 여자 사이의 혼인에 있어서 많은 어려움이 예상됩니다. 그런 경우 외교인 약혼녀는 혼인성사를 받으러 사제 앞에 오기가 쉽지 않을 것입니다. 하느님께서 안배해 주시옵기를!

보두네[64] 신부님이 일본인들로부터 심하게 폭행을 당하셨다는 소식을 듣고서 정말 마음이 아팠는데,[65] 그동안 일은 잘 해결되었는지요?

이곳에는 다행스럽게 자위단(白衛團, 일진회)들이 아직은 소란을 일으키지 않았는데, 제발 항상 그랬으면 좋겠습니다! 의병 역시 아직은 이곳에 없는데, 그러나 의병들의 소식만은 매일 듣고 있습니다.

그러면 공경하올 주교님, 안녕히 계십시오! 부디 건강히 지내십시오!

불초자, 한 바오로 올림

---

[64] 보두네(F.X. Baudounet, 尹沙勿, 프란치스코 하비에르, 1859~1915) 신부 : 1885년 10월 한국에 입국하였고, 1889년 봄 전주(全州)로 부임하여 전주(현 전동) 본당을 설립하고 1900년 9월에는 어은동(魚隱洞, 현 진안) 본당을 분리·설정하여 11개 공소를 이관시키는 등 활발한 사목 활동을 하였다. 협소한 성당으로 신자들이 불편을 겪자 절약한 자신의 돈을 모두 성당 건축 비용으로 내놓아 1908년 5월부터 성당 신축 공사를 시작하였다. 이 전동 성당은 보두네 신부가 선종하기 1년 전인 1914년에 완공되었다.

[65] 1908년 2월 보두네 신부는 두세(C. Doucet, 丁加彌) 부주교의 권유에 따라 전주 본당과 진안 어은동 본당 신자들에게 친일 세력인 일진회의 지원 하에 조직된 자위단에 가입하지 말라고 지시하였다. 그러자 자위단은 일본 군인들을 동원해 신자들을 체포하여 옥에 가두었다. 이에 보두네 신부가 직접 진안 읍내의 일본군 부대를 찾아갔다가 일본 군인들과 일진회원들에게 폭행을 당하였다.

뮈텔 문서 1909-99

†

1908년 12월 27일. 적은동

지극히 공경하올 주교님!

최근, 주교님께서 12월 16일 자로 보내주신 편지와 사립학교에 대한 학부의 법령66과 지침을 감사히 받았습니다. 지금 인가 신청서를 작성하고 있는데, 이곳에서는 학부 인찰지(印札紙)67를 구할 수가 없어서, 김(원영) 신부에게 서울에서 그 양식서를 좀 사서 보내라고 부탁하였습니다.

새해가 막 시작하는 이때에, 마음을 다하여 주교님께 겸손되이 축원을 드리오니, 좋으신 하느님께서 주교님께 많은 은총과 좋은 건강을 1909년 내내 허락해 주시기를 바랍니다.

안녕히 계십시오!

불초자, 한 바오로 올림

---

66 1908년 8월 26일 자로 '사립학교령'이 공포되었다. 뮈텔 주교는 1908년 12월 7일 자 자신의 일기에 사립학교 인가 문제를 알아보기 위해 학부를 방문하였고, 여기서 이와 관련된 법령과 인가 신청서 작성법 등에 대한 자료를 받게 되었다고 적고 있다. 주교는 한기근 신부가 적은동에 학교를 세우려 한다는 사실을 알고 이 자료를 한 신부에게 보냈다. 한기근 신부는 성당 인근에 초가집을 짓고 해성(海星)학교를 설립하였다.

67 미농지에 세로로 여러 줄을 그어 칸을 만든 인쇄 종이로, 흔히 공문서를 작성할 때 썼다.

뮈텔 문서 1910-1

✝

1910년 1월 3일. 적은동

지극히 경애하올 주교님!

　　새해를 맞이하여 주교님께 겸손되이 저의 축원을 드리오며 동시에 복되신 한 해 되시기를 기도드리옵니다. 가을 공소 순방을 끝낸 후 상경할 수 있으리라 생각했었는데, 집을 비우고 여타의 일손들을 놓기가 정말 쉽지 않습니다.

　　요한 복음은 거의 번역을 마친 셈인데, 기회가 닿는 대로 주교님께 보내드리든지 아니면 피정 때에 제가 직접 들고 가겠습니다.

　　새해 내내 건강하시기를 다시금 두 손 모아 기도드리옵니다.
　　주교님, 안녕히 계십시오!

불초자, 한 바오로 올림

뮈텔 문서 1910-1

✝

1910년 2월 11일. 적은동

지극히 공경하올 주교님!

오늘 마침내 그림이 있는 교리서[68]의 번역물을 보내드리오니, 주교님께서도 저의 마르코 복음 번역물과 마태오 복음의 마지막 다섯 장, 즉 25장부터 마지막 장까지를 보내주십시오. 왜냐하면 마태오 복음과 마르코 복음을 위해서는 손(성재) 신부님의 번역물 해설을 참조해야 하기 때문입니다.[69] 피정을

그림 교리서 『요리강령(要理綱領)』

---

[68] 『요리강령(要理綱領)』을 말한다. '상본(像本)'으로 교리를 설명하는 그림 교리서로, 프랑스 파리의 본느(Bonne) 출판사에서 간행한 것을 한기근 신부가 번역하였다. 이 책은 뮈텔 주교의 감준을 거쳐 1910년 서울 성서 활판소에서 간행되었다. 1910년 간행본이 한국교회사연구소에 소장되어 있다.

[69] 1906년부터 홍병철 신부와 손성재 신부, 김문옥 신부가 마태오 복음을 번역했고, 한기근 신부가 나머지 복음의 번역 및 전체의 역주 작업을 하였다(1909년 10월 11일 자, 『뮈텔 주교 일기』 4, 410쪽의 각주 81 참조).

앞두고 특히 주교님께는 이런 일을 하시기가 적당치 않으실 것인데, 부활이 지나면 신부들도 벌써 상경할 것이고 그 때문에 일하시기에 어수선하실 것이기 때문입니다.

안녕히 계십시오!

불초자, 한 바오로 올림

뮈텔 문서 1910-96

†

1910년 7월 9일. 적은동

경애하올 주교님!

손(성재) 신부님 집에 들러 7일경에 돌아왔는데, 손 신부님은 잘 지냅니다. 그동안 신자 노파 한 분이 주님 품으로 가셨는데, 봄 공소 방문 때에 이미 병자성사를 준 분입니다.

알릭스[70] 신부님의 **디젹보고**(지적보고)[71]에 제 도장을 찍어 다시 주교님께 보내드립니다. 이곳 농사는 비가 적당히 내려서 아주 잘 되었습니다.

안녕히 계십시오.

불초자, 한 바오로 올림

---

70 알릭스(J. Alix, 韓若瑟, 요셉, 1861~1948) 신부 : 1889년 12월 한국에 입국하여 약 4개월 동안 주교관에서 한국어를 익힌 후 수원 갓등이(현 왕림) 본당 제2대 주임으로 부임하였다. 1908년 2월 갓등이 본당에서 벌어진 '불미스러운 사건' 이후 거처를 수원 공소로 옮긴 채로 갓등이 본당을 관할하였다. 1911년 4월 자신의 가정 문제 때문에 고국인 프랑스로 귀국하였다.

71 지적보고(地籍報告) : 지적도(地籍圖)를 말한다. 토지의 소재(所在), 지번(地番), 지목(地目), 경계(境界) 따위를 나타내기 위하여 국가에서 만든 평면 지도.

뮈텔 문서 1910-100

✝

1910년 7월 20일. 적은동

공경하올 주교님!

제 도장이 찍힌 알릭스 신부님의 서류 세 통을 주교님께 보내드리는데, 報告書(보고서)에 面長(면장)과 里長(이장)의 이름과 도장이 빠졌습니다. 알릭스 신부님이 살펴서 이름을 적고 도장을 찍으셔야 할 것 같습니다. 略圖(약도)에는 葛潭面(갈담면)과 細洞(세동) 사이에 字자가 하나 빠졌는데, 전에 제가 주교님께 보내드린 報告書(보고서)와 略圖(약도)에서도 비슷한 일이 있었습니다.

주교님, 안녕히 계십시오.

불초자, 한 바오로 올림

뮈텔 문서 1910-48

✝

1910년 9월 8일. 적은동

공경하올 주교님!

주교님의 글을 모든 공소에 돌렸습니다. 성모 승천 대축일에는 전 신자들에게 순교자 베르뇌[72] 주교님과 다블뤼[73] 주교님의 친필 서한을 찾아보라고 지시했지만, 아직 아무 소식이 없습니다.[74]

---

[72] 베르뇌(S. Berneux, 張敬一, 시메온, 1814~1866) 주교 : 제4대 조선 대목구장. 1856년 3월 한국에 입국하여 이듬해 3월 조선교구 최초의 성직자 회의를 개최하고 사목 서한 「장주교윤시제우서(張主教輪示諸友書)」를 반포하였다. 1866년 배교한 신자 이선이(李先伊)의 밀고로 체포되어 그해 3월 7일 새남터에서 군문효수형을 받고 순교하였다. 1984년 5월 교황 요한 바오로 2세에 의해 시성되었다.

[73] 다블뤼(A. Daveluy, 安敦伊, 안토니오, 1818~1866) 주교 : 제5대 조선 대목구장. 1845년 10월 한국에 입국하였고, 1862년 조선 교회사 및 순교자들 자료를 모은 이른바 '다블뤼 비망기'를 집필하였다. 1857년 3월 승계권을 가진 부주교로 서품되었으며 1866년 베르뇌 주교 체포 후 대목구장 직을 승계하였으나 그 역시 바로 체포되어 그해 3월 30일 보령 갈매못에서 순교함으로써 대목구장 재임 기간은 23일에 불과하였다. 1984년 5월 교황 요한 바오로 2세에 의해 시성되었다.

[74] 뮈텔 주교는 병인 순교자들의 시복을 위한 자료로 제출하기 위해 각 본당 신부에게 '회람'을 돌려 장 주교와 안 주교의 친필 서한을 찾아보라고 하였다. 그런데 이 일로 천주교 측에서 『조선 흥망사』라는 책을 간행하기 위해 각 도의 유생들에게 편지를 띄웠다는 오해를 사게 되어 일본인 담당자에게 그 회람의 사본을 보여주기까지 하였다. 이후 뮈텔 주교는 수집한 베르뇌 주교와 다블뤼 주교의 글을 저술 심사를 위해 1910년 10월 25일에 로마로 보냈다.

그리고 요즈음 나라를 잃은 슬픔이 너무 큽니다![75]

안녕히 계십시오.

불초자, 한 바오로 올림

75　대한제국은 1910년 8월 29일 '한일병합'으로, 일본에 국권을 강제로 박탈당하였다.

뮈텔 문서 1910-174

✝

1910년 9월 26일. 적은동

지극히 경애하올 주교님!

마테오 축일에 주교님께 편지 올리는 일을 미루었지만, 주교님께 하느님의 큰 축복이 있기를 간절히 기도드렸습니다. 아울러 최근에 번역을 다 마친 바오로 수녀회 회칙[76]을 보내드리고 싶었기에, (오늘) 프랑스어 원본과 초고 번역물을 등긔(등기)로 주교님께 보내드립니다. 제가 이렇게 서둘러 우편으로 보내는 이유는 혹시라도 주교님께서 출판을 위해 기다리시지 않을까 해서입니다.

생략하옵고, 주교님, 안녕히 계십시오.

불초자, 한 바오로 올림

---

76   샬트르 성 바오로 수녀회의 회칙이다. 한기근 신부가 프랑스어본을 우리말로 번역하였으며, 1911년 뮈텔 주교 감준 하에 『셩바로 슈녀회 규구』라는 제목으로 간행되었다.

뮈텔 문서 1910-202

†

1910년 10월 18일. 적은동

경애하올 주교님!

미사 예물을 보내주셔서 주교님께 진심으로 감사드립니다. 경비는 몇 푼밖에 들지 않았습니다. 제가 가난하지만 천주 성교회를 위하여 부담하겠습니다.

알릭스 신부님의 사본에 제 도장을 찍어서 동봉합니다. 저희 마을 인근에서 콜레라[77]가 발생하여 9명이 세상을 떠났는데, 그중 한 명만이 세례의 은혜를 입을 수 있었습니다. 사람들이 콜레라에 걸린 경위는 이러합니다. 사람들이 갈(갈대)을 베러 갔다가 시체가 지독한 냄새를 풍기며 썩고 있는 것을 우연히 보았는데, 그 냄새를 맡은 이들은 시름시름 앓기 시작하다가 죽어갔습니다. 의사 1명과 함께 경찰 10명이 와서 마을에 머

---

[77] 1909년부터 전국적으로 콜레라(虎列剌病)가 유행하였으며, 내부(內部)에서는 방역 본부를 설치하여 이를 예방하고자 하였다.

물며 환자들을 돌보고 있습니다. 페스트와 같은 그 병이 점차 사라졌으면 좋겠습니다.

11월 7일에 공소 방문을 시작합니다. 주교님, 안녕히 계십시오!

불초자, 한 바오로 올림

뮈텔 문서 1910-245

†

1910년 12월 21일. 적은동

경애하올 주교님!

주교님께서 사목 방문에서 벌써 돌아오셨지만, 순방 중에 불운하게도 낙상을 당하시어 끝맺음을 못 하셨다는 소식을 들었습니다. 그러나 하느님께 얼마나 감사드리는지요! 주교님을 손수 붙들어 주시어 큰 위험에 떨어지지 않도록 해주셨고, 또 제 간절한 소망도 들어주시어 주교님께 이전의 건강을 되돌려 주셨으니 말입니다.

인쇄된 복음 번역본인 『ᄉᄉ셩경』[78]을 이미 받아서 한 번 읽어보았는데, 미미한 것이기는 하지만 철자 상의 오류는 어쩔 수가 없었고, 그러나 요한 복음 17장 4절과 5절에서는 오류가 컸는데,[79] 다음 출판 때에는 모

---

[78] 『사사성경(四史聖經)』은 신약 네 복음서의 우리말 완역본이다. 손성재·홍병철·김문옥 신부가 마태오 복음을, 한기근 신부가 나머지 세 복음서를 번역하였다. 이 완역본은 1910년 12월에 초판이 간행된 이래 재판은 1922년, 3판은 1931년, 4판은 1939년, 5판은 1945년에 간행되었다. 1971년 4월 『공동번역 신약성서』가 간행되면서 보급이 중단되었다.
[79] 초판 5절의 '너를너와홈씌', '임의'가 제2판에서는 '나를너와홈씌', '이믜'로 수정되었다.

두 수정될 것입니다. 주교님께서 모든 신부에게 부탁하셔서, 신부들이 이번 번역본을 꼼꼼히 읽어보고 따져보며, 잘못되거나 번역이 미비한 곳을 찾아내고 더 적합한 단어나 표현들을 발견할 수 있다면 좋겠습니다. 그렇게 되면 제2판에서는 더 완전한 번역본이 나오게 될 것입니다. 현행 번역본은 초판이기 때문에, 아마 신부님들이 찾아내신 것들을 수정해야 할 것입니다.

신자들은 이제 모두 『수스셩경』을 가질 수 있게 되었고 쉽게 사서 읽을 수 있게 되어 대단히 만족하고 있습니다.

제가 개신교 신자들에게 천주교 서적들을 팔 수 있을는지요? 한국인 개신교 신자 한 명이 (직함이 **조亽 助事**(조사)[80]라고 했습니다.) 『**요리강령**』을 무척 사고 싶어 하기 때문입니다. 무엇인가 트집 잡을 것을 찾기 위해서일까요? 모르겠습니다. 여하튼 그의 말로는 그림도 좋고 교리 설명도 잘되어 있어서 그렇다는 것입니다. 저는 그에게 천주교 책들은 천주교를 신봉하는 사람들 아니면 팔지 않는다고 말하고, 팔지 않았습니다.

새해를 맞이하여 겸손되이 저의 축원을 드리오니, 은총 속에 부디 건강하시옵소서! 안녕히 계십시오.

불초자, 한 바오로 올림

---

80 조사(助事) : 초기 한국 장로교의 직분 중 하나로, 선교사들을 도와 목회 실무를 수행했던 이들을 말한다. 오늘날 전도사에 해당하는 선교 초기의 과도기적 조직이다.

뮈텔 문서 1911-114

†
1911년 8월 1일. 적은동

경애하올 주교님,

비록 비에 젖었지만 손(성재) 신부님 집에 무사히 도착하였는데, 손 신부님은 잘 있었습니다. 다음 날 적은동으로 왔는데 신자들도 모두 잘 있습니다. 황해도는 서울보다 늦게 비가 왔고 매우 적게 온 편이어서, 비 피해는 전혀 없었고 농사는 전반적으로 잘되었습니다. 그래도 보름이나 비가 내렸습니다.

『수수성경』에 나타나는 몇몇 수정 사항들을 주교님께 보내드리는데, 그것들은 피정 때 제가 이미 가지고 갔었으나 전해 드리는 것을 잊었던 것들입니다. 주교님께 직접 말씀드린 바와 같이, 저는 주교님께서 원하시면 황해도를 떠나 서울에서 사목할 준비가 되어 있고, 명을 기다리고 있습니다.

이만 줄이옵고… 주교님, 안녕히 계십시오!

불초자, 한 바오로 올림

뮈텔 문서 1911-130

✝

1911년 8월 28일. 적은동

공경하올 주교님,

　　　서울에서 내려와 즉시 주교님께 편지를 올려, 주교님 의향대로 서울에 머무를 준비가 되어 있고 또 주교님의 명을 기다린다고 말씀드렸습니다만, 아마 그 편지가 주교님께 전달되지 않은 것 같습니다. (『ㅅㅅ셩경』의 수정 사항들과 함께) 편지를 어떤 외교인을 시켜 황주 읍내에 보냈는데, 그 외교인이 전달하지 않은 것 같습니다.

　저는 주교님의 명을 따라 정말 서울에 있고 싶습니다. 따라서 주교님께서 저를 서울로 불러 주시면, 황해도를 하직하고 기꺼이 서울로 가겠습니다. 손(성재) 신부님은 잘 지내는데, 제집에서 며칠간 머물렀습니다.

　주교님, 안녕히 계십시오!

불초자, 한 바오로 올림

뮈텔 문서 1911-140

†

1911년 9월 13일. 적은동

지극히 경애하올 주교님,

8월 29일 자 주교님 편지를 벌써 받았습니다만, 말씀드린 바와 같이 자금이 부족해서 선뜻 소성당을 건축하지 못하고 있던 중, 이 알로이시오라는 신자가 마침 나타났습니다. 그는 오래전 1902년 서울에서 황주로 저를 처음 데려온 사람인데, 아주 부자여서 **원동**[81]이라는 마을에 소성당[82]을 하나 지어 저를 보필하겠노라고 스스로 약속했습니다. 그러나 저는 주교님의 인사 발령에 따라 금년이 아니면 황해도에 더 있지 못하게 될 것 같다고 대답했습니다. 그러나 알로이시오는 그와 같은 경우라도 자신은 소성당을 짓고 싶은데, 황주에 상주할 사제 한 분을 모실 수 있을까 해서랍니다. 소성당이 지어지면 제가 다른 곳으로 발령이

---

[81] 황주군 구락면 인훈리(龜洛面 仁訓里) 원동(院洞).
[82] 황주 성당 신축을 말한다. 이 알로이시오가 부지 제공과 건축비를 부담하였으며, 1913년 10월에 완공되었다. 한기근 신부는 1911년 9월 적은동에서 원동으로 옮겨 정착했으나, 성당이 아직 건축 전이어서 이 알로이시오의 기와집 사랑방에서 거처하며 그곳에서 미사를 거행하였다. 1913년 5월 경향잡지사 발행인으로 전임되면서 김윤근(金允根, 요셉) 신부가 제2대 주임으로 부임하였다.

난다 하더라도 주교님께서 황주를 위해 신부님 한 분을 보내주시지 않겠느냐는 것이었습니다. 그래서 저는 그의 약속을 받아들여, **원동**으로 가서 소성당을 지었으면 합니다. 주교님 의향은 어떠하신지요?

제가 확실히 말씀드릴 수 있는 것은, 서울이나 다른 곳으로 발령이 나는 것을 회피하고 싶어서 **원동**에 가서 집을 지으려는 것이 아니라는 사실입니다. 제가 수락한 이유는 상주 신부 한 분을 모시고 싶어 하는 황주 신자들의 간절한 바람 때문입니다.

이 알로이시오는 25세의 청년이지만 믿음 깊고 총명한 사람으로, 자기 부친이 세상을 떠난 후 온 가족과 함께 이(종국) 바오로 신부님에게 세례를 받았으며, 황해도 군란[83] 후에 우도 신부님이 계신 매화동으로 이주해 갔습니다. 학교에 다니고 일본으로 건너가고 해서 많은 돈을 썼습니다만, 그 후 르레드[84] 신부님이 계시는 진남포로 이사 갔고, 지금은 자신의 가산이 있는 고향 **원동**으로 귀향하였습니다. 그의 어머니 조 마리아는 과부로 50세가량 되었는데, 열심한 신자이고 품위 있는 귀부인입니다.

---

[83] 1900년을 전후로 황해도 여러 지역에서 다양한 원인과 대립 구도를 가진 교안이 발생하였다. 여기서 말하는 군란은 그중 하나로, 이종국(李鍾國, 바오로) 신부가 관련되었던 1903년 서흥 사건을 말하는 듯하다.

[84] 르레드(J. Lereide, 申숭겸, 율리오, 1883~1932) 신부 : 전 파리 외방전교회 선교사. 1906년 9월 22일 사제 서품을 받고 그해 12월 한국에 입국하였다. 이듬해 평남 용강군의 진남포(鎭南浦) 본당 제2대 주임으로 부임하여 활동하다가 1914년 제1차 세계대전으로 동원령이 떨어지자 8월 프랑스로 귀국하였고, 1917년에 파리 외방전교회를 탈회하였다.

원동 마을은 황주에서 동쪽으로 30리 떨어졌고, 손(성재) 신부님과는 50리밖에 안 떨어졌습니다. 황주 신자들과 함께 공소 예절을 해왔기 때문에, 지금 **원동**에는 신자들이 별로 없습니다. 40호가량 되는데 그중에 많은 가정이 열심하지 않습니다. **토질병**[85]은 많지 않습니다만 황해도 전체와 같은 정도입니다.

최근 비 때문에 황주에서 가옥 100채가량이 파손되었는데, 그 가운데 신자 집도 2채가 있습니다! 어제부터 계속 비가 내리고 있습니다.

주교님, 안녕히 계십시오!

불초자, 한 바오로 올림

---

[85] 토질병(土疾病) : 어떤 지방의 수질과 토질(土質)이 맞지 않아서 생기는 병의 총칭으로, 풍토병(風土病), 지방병(地方病)이라고도 한다.

뮈텔 문서 1900-142

✝

1911년 9월 14일. 적은동

공경하올 주교님,

     어제 제가 주교님께 **원동** 마을로 이사 가겠노라고 글월을 올렸는데, 오늘 알로이시오가 벌써 소성당을 짓기 위한 건축 자재들을 사두었다는 소식을 들었습니다. 그 자재들은 진남포의 **감리영**[86]을 허물 때 싼값으로 구입한 것이랍니다. 저는 음력 8월 10일(양력 10월 1일)쯤 이곳을 떠날 예정입니다. 지금 당장은 꽤 큰 기와집인 알로이시오의 집이 있어서, 그거면 미사 참례하려는 신자들이나 제가 쓸 수 있습니다. 이미 주교님께 말씀드렸듯이 저를 위해서 소성당과 사제관을 마련하는 것이라기보다는 제 후임으로 오실 다른 신부님을 위해서 그렇게 하는 것입니다. 주교님 말씀이 기억나는데, 성당과 사제관이 충분하면 신부 하나를 얻은 것이나 다름없다는 그 말씀 말입니다.

---

[86] 감리영(監理營) : 대한제국 때 개항장과 개시장(開市場)의 행정 및 통상(通商) 사무를 맡아보던 관아. 1883년(고종 20)에 부산·원산·인천에 설치하였고, 이후에 다른 개항장과 개시장에도 확대 설치하여 운영하다가 1895년 5월 26일 폐지하였다.

오늘 저는 좋지 않은 소식을 들었는데, 진남포에 있는 수녀원[87] 건물이 홍수로 무너졌답니다. 그 집은 품질이 낮은 벽돌을 썼는데, 비가 벽에 스며들어 집 전체가 주저앉아 버렸습니다. 그래서 다시 한옥으로 짓고 있다고 합니다.

주교님, 안녕히 계십시오!

불초자, 한 바오로 올림

---

[87] 진남포에 있던 샬트르 성 바오로 수녀원을 말한다. 이 수녀회는 1910년 9월 15일 2명의 수녀를 처음으로 진남포에 파견하여 분원을 신설하였다.

뮈텔 문서 1911-153

✝

1911년 9월 20일. 적은동

경애하올 주교님,

　　내일 성 마태오 축일과 동시에 주교님의 주교 서품일을 맞아 진심으로 자녀로서의 축원을 보내오니, 자비로우신 하느님께서 주교님에게 풍성한 은총을 베푸시기를 바랍니다!

　다음 월요일에 검수를 거쳐 손(성재) 신부님을 방문하고 원동으로 이사할 예정인데, 그날 주님께서 사랑하시는 청년 알로이시오도 진남포에서 원동으로 이사 올 것입니다.

　신자들에게 초기 교회사, 종도[88]들의 기적 사건, 설교, 전도 여행 등등을 가르쳐주는 것이 좋겠다는 생각이 들어서 우리말로 『종도행전』[89]을 번역하였는데 작업이 최근에야 끝났습니다. 기회가 닿는 대로 주교님께

88　종도(宗徒) : 사도(使徒)의 옛말.
89　이때 번역된 『종도행전』은 1922년 『사사성경』 재판 발행 때 뒷부분에 첨부되었다.

보내드리려 하니, 좋게 여기시면 『수수셩경』 제2판 뒷부분에 덧붙일 수 있으실 것입니다.

비에모 신부님이 제게 여러 차례, 수녀님들을 위해 특별히 저술된 아반치니[90]의 『우리 주 예수 그리스도의 생애와 가르침에 관한 묵상집』을 다시 수정·번역해 보라고 추천하셨습니다. (이미 용산 신학교에서 번역한 것이 있기는 하지만 너무 오역이 많아 사용하기가 어려울 것 같습니다.) 그러나 간단한 일이 아니어서 시간이 오래 걸릴 것 같습니다.

이만 줄이옵고, 안녕히 계십시오! 건강하시길 바라옵고, 저를 위해서도 기도 부탁드리옵니다. 생략하고, 주교님, 안녕히 계십시오.

불초자, 한 바오로 올림

---

[90] 니콜라 아반치니(Nicola Avancini, 1612~1681) : 이탈리아 북부 산악 지대인 티롤(Tirol)에서 태어나 늦은 나이인 1677년에 예수회에 입회하였다. 금욕주의적인 작가로 알려진 그는 수사학·신학·철학을 가르쳤는데, 이와 관련된 책 외에도 다수의 종교 문학서를 저술하였다. 그러나 『우리 주 예수 그리스도의 생애와 가르침에 관한 묵상집』만큼 대중성을 가진 작품은 없다. 간단하지만 매일의 묵상을 효과적으로 할 수 있게 도움을 주는 이 책은 라틴어로 쓰였으나 간행 이후 여러 유럽 언어와 영어로 번역·재편집되었다. 한편 아반치니는 일반 민중을 대상으로 종교적이며 교육적인 계몽을 위해 만들어진 '예수회극(劇)'의 작가로도 유명하다. '예수회극(Jesuitendrama)'은 루터의 종교개혁으로 약화된 가톨릭의 교권을 되찾기 위해 반종교 개혁의 일환으로 예수회가 창안한 연극 형태이다. 신부가 라틴어로 극본을 쓰고, 신학생 중심의 아마추어 연기자들이 연기하였다.

뮈텔 문서 1912-1

✝

1912년 1월 1일, 원동

공경하올 주교님,

새해를 맞아 진심으로 주교님께 겸손되이 축원을 드리오니, 지선(至善)하시고 자비하신 하느님께서는 올해 내내 주교님께 최선의 건강을 허락하시옵소서!

요즈음 보댕[91] 신부님은 더 나아지셨는지요? 그처럼 오래 심한 병고를 치르는 신부님에게 큰 연민을 가지게 됩니다. 병자의 나음, 신부님을 위하여 빌어주소서!

성탄 축일 전에 신자 방문을 마치고 돌아왔습니다만, 올해에는 공소 방문 중 날씨가 나빠서 거의 항상 빗속과 진창 사이를 걸어 다녀야 했습

---

[91] 보댕(J. Bodin, 邊若瑟, 요셉, 1886~1945) 신부 : 1910년 8월 한국에 입국하여 이듬해 9월 영유(永柔) 본당 제2대 주임으로 부임하였으나, 건강에 이상이 생겨 그해 11월부터 서울에서 일본인 고조(Kojo) 의사에게 치료를 받았다. 건강이 호전되어 1912년 3월 19일 영유 본당으로 돌아왔다.

니다. 그러나 하느님의 가호로 좀 피곤한 것 외에는 병에 걸리지 않았습니다.

연례 보고서의 '열교 신자 입교란'[92]에 개신교에서 개종한 사람을 일반적으로 기록해야 할까요? 혹은 개신교에서 **세례**받은 사람들의 개종만 기록해야 할까요?

그럼, 주교님, 안녕히 계십시오!

불초자, 한 바오로 올림

---

[92] 「1911~1912년 교세 통계표」 우측 비고란에 새로운 기재 사항이 추가되었는데, 그중 3번 항목이 'Quot Conversiones hæretic'이었다. 번역하면 "얼마나 많은 수의 열교 신자들이 개종하였는가"이다. 한기근 신부는 해당 교세 통계표에 개종 신자 수를 기재하지 않았다.

뮈텔 문서[93]

✝

1912년 1월 19일. 원동

경애하올 주교님,

검수(劒水) 신자들이 올린 편지를 받으시고 주교님의 자부적(慈父的)인 마음이 몹시 고통스러우셨으리라는 것을 믿어 의심치 않습니다. 저 역시 함께 괴로워하며 눈물을 흘리면서 이 편지를 씁니다. 어제 신자 하나가 손(성재) 신부님의 편지를 들고 제게 왔는데, 손 신부님은 편지에서 말하기를, 검수 신자들이 자신을 검수에서 내쫓아 달라는 글을 주교님께 올렸노라고, 그러니 제가 자신에게 좀 왔으면 좋겠다고 했으며, 그 외에 별다른 말은 없었습니다.

저는 놀라서 그 신자에게 (이 사람은 손 신부님의 복사로 김 안토니오이며, 예전에 헌신적 사제이신 이(종국) 바오로 신부님을 충실하게 섬겼던 적이 있습니다.) 도대체 검수에서 무슨 일이 있었느냐고 물었습니다.

---

93 문서 번호 없음.

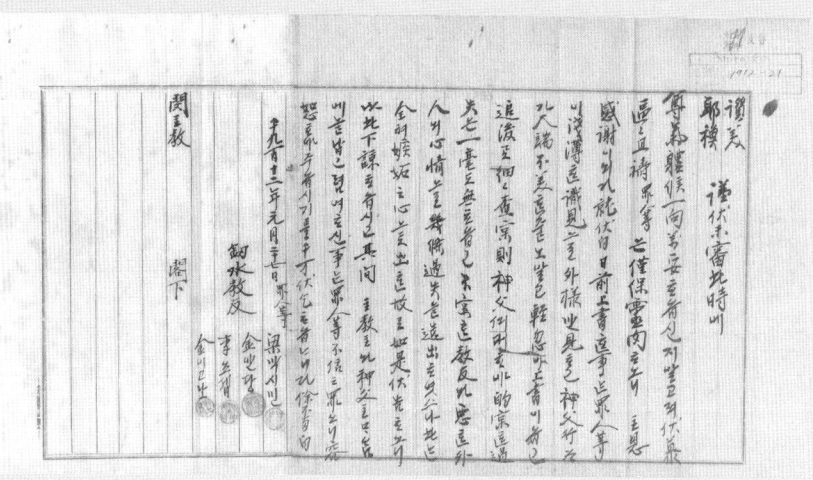

검수 본당 신자들이 뮈텔 주교에게 보낸 1912년 1월 13일 자 탄원서(위)와
경솔하게 투서하였음을 뉘우치며 용서를 청하는 1월 27일 자 편지

그가 말하기를 양 막시미노(현재 검수의 전교 회장으로 성실한 사람이며, 항상 반신불수처럼 아픕니다.)와 이 요셉(손 신부님이 운영하는 학교의 선생으로 역시 성실한 사람입니다. 그런데 이 두 사람은, 손 신부님이 자신들을 너무 꾸짖는다는 등 여타의 이유로 검수의 다른 신자들만큼 그렇게 손 신부님을 좋아하지 않습니다.)이 주교님께 편지를 올려서, 손 신부님에 대한 몹시 추한 악성 뜬소문이 퍼져 있으니 신부님을 다른 곳으로 보내주시라고 청했다는 것입니다.

저는 처음으로 전혀 뜻밖의 이런 추문을 듣고서 김 안토니오에게 정확히 말해 보라고 했는데, 제 생각에 그는 자기가 아는 바를 진지하게 털어놓는 것 같았습니다. 안 좋은 소문의 내용은 다음과 같습니다. 특히 부인 하나가 (16세나 17세 된 외교인 여자로 그의 장부는 13세 된 김 바오로인데, 바오로는 손 신부님의 학교에서 공부하고 신부님 집에서 숙식할 정도로 상주하고 있답니다. 그의 외교인 부모들이 결혼 적령도 되기 전에 혼인시켰기 때문입니다.) 신부님을 신자들과 외교인들 앞에서 부정하다고 험담하였답니다. 즉, 손 신부님이 자기에게 음담패설을 했다는 것입니다. 김 안토니오는 이어 말하기를, 부인들과 처녀들이 언문을 배운다는 구실로 신부님 집을 시도 때도 없이 들락거려, 열심한 신자들의 눈 밖에 났다는 것입니다!

김 안토니오의 말과 주변 상황을 종합해 보면, (물론 저야 신부님에 대한 사랑이 변함없습니다만) 손 신부님이 말하는 데나 처신하는 데 좀 지혜가 부족했던 것이 아닌가 생각됩니다. 20일 전에 제가 검수에 갔을 때는 신부님이나 신자들이나 이러한 뜬소문에 대해서 전혀 말들이 없어서, 저는 사태가 이러하리라고는 상상조차 할 수 없었습니다! 사실 이번에도 손 신부님 자신이 저를 찾아왔어야 하는 건데, 오지도 않고 부르지도 않았습니다. 다음 월요일에 제가 한번 그를 찾아가 보겠습니다만, 무슨 낯으로 검수 신자들을 대할는지 그저 고통스럽고 눈물이 하염없이 흐를 뿐입니다!

공경하올 주교님, 안녕히 계십시오!

불초자, 한 바오로 올림

뮈텔 문서 1912-20

1912년 1월 26일. 원동

공경하올 주교님,

　　어제 검수에서 돌아와 이달 22일 자로 보내주신 편지를 받아 열어 보았습니다. 그 편지는 제가 없는 사이에 온 셈인데, 저는 무엇보다도 먼저 주교님 명을 받들어 손 신부님과 신자들에게, 신부와 신자들 간에 화목하고 신자들 사이에는 평화가 있어야 한다고 써 보냈습니다. 그와 같은 화목은 만일 신부님 편에서 이의가 없다면 가능하리라 믿는데, 제가 있을 때 화해가 이루어졌으면 더 좋았겠으나 저는 이미 검수에서 되돌아온 상태입니다! 제가 검수에 있을 때 그들을 화해시킬 생각을 하고 있었고 주교님께 투서한 신자들을 거의 부를 뻔했습니다만, 아직 주교님으로부터 아무 명도 받지 않았고 이런 막중한 일을 어떻게 처리해야 좋을지 주교님의 의향을 알 수 없었기 때문에 감히 그러지 못했습니다. 사실 제 임의대로 할 수도 없는 상황이었고, 더군다나 그렇게 해서는 안 되는 일이었습니다.

지난 편지에서, 그전 월요일(1월 22일)에 검수에 내려가겠노라고 제가 주교님께 말씀드린 바와 같이 실제로 저는 갔었고, 혹시라도 추문이 제 마을에까지 퍼질까 봐 혼자 돌아왔습니다. 손 신부님한테는 제가 가기 전에 충분히 긴 편지를 써서, 이 같은 경우에 처리가 온전히 주교님 손에 달렸으니, 예컨대 무엇을 조사하고 어떤 판단을 내리는 등의 경솔한 행동을 하지 말고, 차라리 하느님께 이런 모함에서 구해 주시도록 기도드리고 아주 침착하게 처신하라고 간곡히 타일렀습니다.

편지를 씀과 동시에 저는 손 신부님에게 내려갔지만 아무 역할도 할 수 없었으며, 검수의 신자들 그 누구도 저에게 이 일에 대해 말해 주지 않았습니다. 다만 손 신부님의 복사 김 안토니오만이 손 신부님이 그동안에 부인 둘을 따로따로 불렀는데, 아마 그 부인들에게 무엇인가 지시한 것 같다는 것이었습니다! (그러나 눈들이 많은데 그것을 본 사람이 없겠습니까?) 이어 말하기를, 이미 신자들도 손 신부님이 그 부인들에게 무얼 말했는지 죄다 알고 있다고 했습니다. 김 안토니오는 손 신부님과 제 앞에서 손 신부님도 그 사실을 알고 계신다고 말했지만, 손 신부님은 아무 말도 못 했습니다.

물론 그동안 손 신부님도 자신을 비방하는 내용을 다 알고 있었고, 자신을 **발명**(發明)[94]하고자 하여 사실(査實, 조사)하려 했고 이틀 동안이나 저더러 계속해서 사실을 판가름해 달라고 졸랐지만, 제가 주교나 됩니까? 저는 사건이 어떻게 돌아가는지 못 본단 말입니까?

---

[94] 죄나 잘못 따위가 없음을 말하여 밝힘.

그래서 여러 이유를 들고 자초지종을 따져서 그렇게 하기는 힘들다고 했고 겨우 구슬려 달래기는 했지만, 제게는 참으로 고통이었습니다. 손 신부님 역시 제가 동의를 하지 않으니 괴로워했습니다.

전에 제가 주교님께 편지를 올렸을 때 드린 말씀 중에서 한 가지는 취소하겠습니다. 즉, 장차 김 바오로의 처가 된 여자는 정당하게 화가 나면 대중 앞에서 떠들어대고 욕도 할 여자이지만, 본성이 나쁘고 헐뜯는 여자는 아닙니다.

저도 검수 신자들이 그렇게 신랄하고 통렬하게 주교님께 투서를 하고, 마치 정신 나간 사람들처럼 분을 못 이겨서 공격적이 되었다는 사실을 도저히 믿을 수가 없었습니다. 손 신부님도 그들이 이런 식으로 글월을 올렸다는 것을 알면 기절초풍할 것입니다. 제 생각에는 검수 신자들이 1월 14일이나 15일경에 투서했으리라 믿고 있습니다. 왜냐하면 14일이 주일이고 그날 손 신부님이 학교 문제 때문에 선생들을 내쫓고 신자들을 꾸짖는 등 야단법석을 했는데, 그 얘기를 손 신부님이 제게 직접 했기 때문입니다. 고발적인 그 투서를 한 것은 신자들이 교회를 음해하려는 동기에서 했다기보다는 신부님에 대한 미움, 분노, 특히 쌓여온 질투 때문이었음이 분명합니다. 모함 섞인 그 악성 뜬소문들이 (이런 일에는 대개 사실보다 허위가 많지 않습니까?) 질투와 미움에서 시작되었으니까요.

주교님의 명에 따라 제가 동료 사제에게 형제적인 충고를 한다지만, 그게 무슨 소용이 될는지요? 효과가 있으리라고 장담할 수가 없습니다. 그러나 앞으로는 매우 조심할 것 같은 생각이 듭니다. 부인과 처녀들을 위한 학교 문제에 대해서는 언제 시작했는지, 신부님 자신이 시작했는지 알 수 없습니다만, 최근에 듣기로는 자신이 어떤 과목을 가르치기 시작하였고 후에 여자 식복사(마음 착한 부인입니다.)의 충고로 그만두었답니다. 학교에 관해서 신부님이 제게 문의하였다고 해도 저 역시 의견을 줄 수는 없었을 것이고, 주교님께 여쭈라고 돌려보냈을 것입니다.

손 신부님은 다른 곳으로 이사하는 문제에 대해서 저와 이야기를 나누었습니다. 저는 손 신부님에게 본당을 옮긴다는 것이 너무 어려운 일이고, 주교님의 허락을 얻을 수 없겠지만, 그러나 말씀은 드려 볼 수 있을 거라고 대답해 주었습니다. 검수 신자들은 분명히 (손 신부님의) 이동을 좋아한 것은 아니었지만, 제 생각에는 투서를 올리기 전에는 신부가 이동하지 않을 거라는 점을 그들(투서를 쓴 장본인들)은 알고 있었을 것입니다.

너무 상심하지 마십시오! 화목하게 되면 차츰 더 좋은 결과도 있을 것이니, 추문도 역시 없어질 것입니다.

주교님, 안녕히 계십시오!

불초자, 한 바오로 올림

뮈텔 문서 1912-28

†

1912년 2월 5일. 원동

경애하올 주교님,

주교님께서 1월 31일 자로 보내주신 편지를 어제 받았습니다. 검수 신자들 문제에 대해 주교님께서 잘 수습된 것 같다고 보신 것처럼 저 역시 그렇게 생각합니다.

검수 신자들이 주교님께 두 번째로 올린 편지는, 그들 자신이 자발적으로 쓴 것인지 아니면 신부님이 귀띔해 주어서 그렇게 한 것인지 잘 모르겠습니다. 여하튼 손 신부님은 제게 1월 28일 자 편지에서 자신은 주교님께서 저를 통해 내려주시는 어떠한 분부라도 달게 받겠노라고 했습니다. 이어서 덧붙여 말하기를, 자기 본당 신자들이 주교님께 두 번째로 글을 올렸는데, 자기들이 그런 비난들을 너무 경솔하게 믿었었다는 등의 말을 적었다고 하였습니다. 그것은 주교님께서 1월 31일 자 편지에서 저에게 말씀하신 그대로입니다. 또한 손 신부님은, 자기 신자들이 1월 29일 자기한테 와서 용서를 청할 계획이었는데, 정말 1월 29일 양 막시미노와 이 요셉이 자기를 찾아와 용서를 청해서 그들을 용서해 주었고,

그렇게 해서 모든 일이 잘 정리되었노라고 1월 31일 자 편지에서 밝히고 있으며, 그도 아주 만족해서 하느님께 감사를 드리고 있습니다.

양 막시미노와 이 요셉도 제게 1월 29일 자로 편지를 써서, 자신들이 너무 경솔하게 투서를 하였음을 뉘우치고 있으며 다시 주교님께 글을 올려 먼젓번 편지를 취소하였다고 말했습니다. 또한 그들은 자신들이 주교님께 첫 번째 편지를 올린 것은 신부님께 화가 났거나 미워서 또는 신부님을 단죄하기 위함이 아니라, 성교회의 불명예를 염려했기 때문이었노라고 썼습니다. 외교인들의 비웃음과 조롱을 어떻게 견딜 수 있었겠습니까! 그래서 저는 답장을 써서 그들을 위로했고, 외교인들의 비웃음과 악담을 근절시킬 몇 가지 길을 가르쳐주었습니다.

이만 줄이옵고, 주교님, 건강하옵소서! 주교님의 거룩하신 기도에 저를 의탁하옵니다.

불초자, 한 바오로 올림

뮈텔 문서 1912-68

†

1912년 5월 30일. 원동

공경하올 주교님,

주교님의 이달 25일 자 편지를 어제 받았는데, 청원서에 제 도장을 찍어서 다시 주교님께 보내드립니다.

샤보[95] 신부님이 제게 복사 한 사람을 청했는데, 신부님에게 제 전교 회장인, 영주 중화의 윤 비오[96]를 보내드리려 했습니다만, 가족과 이미 시작한 농사 때문에 그는 검수로 가기가 어렵다고 합니다. 그래서 저희 학교 선생인 이 루치오[97]를 보내려 합니다. 그가 곧 검수로 갈 예정입니다.

주교님, 안녕히 계십시오!

불초자, 한 바오로 올림

---

95 샤보(J. Chabot, 車麗松, 율리오, 1886~1953) 신부 : 1911년 12월 8일 한국에 도착하여 서울 주교관에서 한국어와 한국 풍습을 익히던 중 1912년 4월부터 손성재 신부 후임으로 황해도 검수 본당 제3대 주임으로 사목하였고, 이후 1913년 11월에 매화동 본당 제3대 주임으로 임명되었다.

96 『경향잡지』 325호(1915년 5월 15일), 194~195쪽의 「권면회 성적」 자료에 의하면, 중화군(평남) 영진 공소 신자였다.

97 한기근 신부가 설립한 해성학교에는 중화(中和)에서 초빙해 온 한씨, 이씨 성을 가진 2명의 선생이 있었다.

뮈텔 문서 1912-144

✝

1912년 9월 20일. 원동

경애하올 주교님,

내일 마태오 사도 축일과 주교님의 주교 서품일을 맞아, 이렇게 편지를 올려, 자비로우신 하느님께서 주교님에게 풍성한 은총을 내려주시기를 기도드리옵니다.

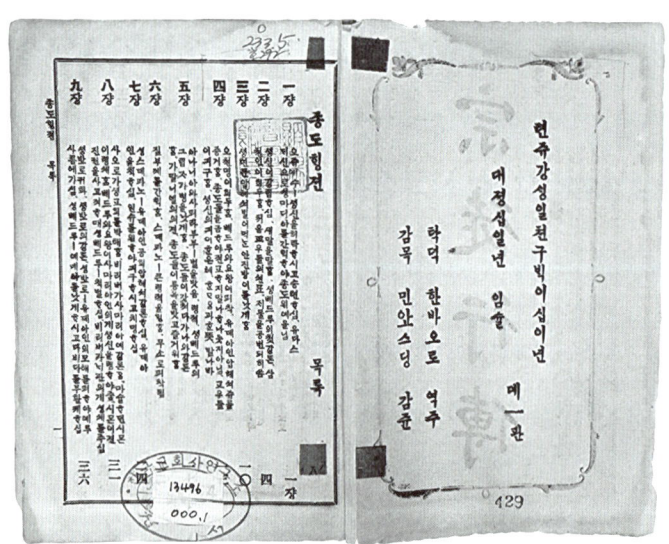

신약성경의 사도행전 번역서인 『종도행전』은 한기근 신부 역주,
뮈텔 주교 감준으로 1922년 4월에 간행되었다.

이미 한 달 전에 주교님 편지를 받았고 또 최근에 『종도행전』의 번역물도 받았습니다. 번역물을 다시 살펴보고 수정해서 기회가 닿는 대로 주교님께 보내드리려 합니다.

성당과 사제관은 절반 이상 지어졌습니다만, 불행하게도 평양 김 요셉 목수가 돈을 거의 다 받아 가고 이미 두 달 전부터 공사를 중단해서, 올해 안으로 끝내기가 어려울 것 같습니다.

그 외에 새로운 것은 없고, 샤보 신부님은 최근 제가 방문했는데 안녕히 계십니다.

경애하올 주교님, 항상 건강하시옵소서! 사목 방문 내내 강녕하시옵기를 두 손 모아 기도드리옵니다!

불초자, 한 바오로 올림

① Yem Theng 21 febr.

Illustrissime Domine

Pervenit hic hodie 1ª hora cum dimidia, Pater gravissime aegrotat! erat jam multum fatigatus tamen profectus est die 15 hujus et venit hic 17 et incepit aegrotare 18; morbus autem ita est: Dolet capite, Dolet omnibus membris, 속이 답답하고, 많이 결리고, 가쇠춤이 떠히나고 et habet maximum Calorem etc...

Ipsemet prius petiit muniri Sacramento Extr. Unct. unde hodie mane dixi Missam, 박덕 dedi S. Communionem et ultima sacramenta; Si erat sicut in Seoul, per positum medicum posse eum salvare, sed hic in montibus, 5 familiae christianae, in angustissimo cubiculo, nulla medicina, nisi

한기근 신부가 1917년 2월 21일 염티에서 뮈텔 주교에게 보낸 라틴어 서한(뮈텔 문서 1917-15)

뮈텔 문서 1917-15

†

1917년 2월 21일. 염티[98]

경애하올 주교님,

저는 오늘 이곳에 1시 반경 도착했습니다만, 신부님[99]은 대단히 위중합니다! 이미 많이 피로했고, 이달 15일에 떠나서 17일에 여기에 왔는데, 18일부터 아프기 시작하였습니다. 증세가 어떠냐 하면, 머리가 아프고, 전신이 쑤시며, **속이답**″**ᄒ고, 담이결ᄂ고, ᄀᆞ리춤이만히나고**

---

98 염티[鹽峙] : 충청북도 청주시 상당구 문의면 염티리.
99 이종순(李鍾順, 요셉, 1885~1935) 신부 : 1899년 9월 예수성심신학교에 들어가 1913년 5월 17일 사제 서품을 받았다. 곧바로 옥천(沃川) 본당 제2대 주임으로 부임하였으며, 1914년 8월에는 공석이던 공주(公州, 현 중동) 본당 주임까지 임시로 맡아 사목하였다. 1914년 4월에는 거처를 옥천에서 비룡(飛龍)으로 옮기고 그해 11월 비룡 본당 초대 주임이 되었다. 1916년 대홍수로 성당이 큰 피해를 당하자 냉담자가 급증하고 신자 수가 감소하는 등 어려움을 겪었다. 1917년 2월 20일 자 『뮈텔 주교 일기』에는 "10시경 문의(文義) 땅에서 박화삼이라는 사람이 전화로 이웃 공소에 와 있는 이 요셉 신부의 병세가 위중하니 사람을 보내라고 하였다. 모든 사정을 검토해 본 후 한 바오로 신부가 가기로 했다."라고 적혀 있다. 당시 한기근 신부는 경향잡지사 제3대 편집인 겸 발행인으로 임명되면서 1913년 5월에 황주 원동을 떠나 서울에서 『경향잡지』와 성서 활판소를 담당하고 있었다. 한 신부의 출발에 앞서 문의에서 가장 가까운 부강역에 저녁 7시에 도착한다는 전보가 박화삼에게 보내졌다(『뮈텔 주교 일기』 6권, 99쪽 ; 『한국가톨릭대사전』 9권, 7047쪽 ; 12권, 9501~9502쪽 참조).

(속이 답답하고, 담이 결리고, 가래침이 많이 나고) 아주 열이 높습니다.

신부님 본인이 먼저 병자성사를 원해서, 오늘 아침에 그를 위해 미사를 올렸습니다. 이어서 영성체와 병자성사도 베풀었습니다. 서울에 있었더라면 숙련된 의사가 신부님을 돌보았을 텐데, 이곳 산골에는 신자 가구가 다섯뿐이고 방도 대단히 좁습니다. 한국식 약[100] 외에는 약을 구할 수가 없는데, 그것도 10리나 떨어진 文義(문의) 읍내에서 사와야 합니다. 신부님은 거동이 불가능해서 다른 곳으로 옮길 수가 없습니다.

의사와 신자들은 **염병**이라고 그러는데, 염병치고는 대단히 심합니다! 말도 잘하고 정신도 맑지만 **미음** 조금밖에는 못 먹습니다.

인간의 방법으로는 그를 구하기가 어렵고 다만 하느님의 도우심에 매달릴 뿐입니다! 하오니 하실 수 있으시다면, 루르드의 기적수 좀 보내주십시오! 조금이라도 좋습니다.

보내실 곳은, '忠北 淸州郡 龍興面 文德理 九十番地(충북 청주군 용흥면 문덕리 90번지) 金明三 殿(김명삼 전)'입니다.

불초자, 한 바오로 올림

[추신]

어제 7시 10분경에 芙江(부강)에 와서 신자들을 만났는데, 그들은 전보를 받고 저를 기다리며 편의를 보아주었습니다. 芙江에서 7시 반경에 나와 여기에는 1시 반경에야 도착했습니다.

---

[100] 한약(韓藥)을 말한다.

뮈텔 문서 1917-17

✝

1917년 2월 22일. 염티

공경하올 주교님,

이(종순) 신부님은 제가 전보에서 '**면사**'[101]라고 알려 드린 바와 같이 좀 나아졌습니다. 7일 동안 대변을 보지 못했는데, 어제 어떤 약을 먹고 대변을 볼 수 있었습니다. 현재의 주요 증상은 폐에 있는 것 같은데, 가래(건담)를 뱉어내느라 몹시 고생하고 있습니다. **건담**을 뱉으려고 자꾸 여러 번 애쓰는데, 그때마다 가슴과 폐에 통증을 느끼고 땀을 흘립니다! 한의사에게 그 **건담**을 좀 없애 달라고 부탁했지만, 어찌할 바를 모릅니다! 어떤 사람은 **염병**이라고도 하고 어떤 사람은 **장감**[102]이라고도 하는데, 무슨 병인지 밝혀지려면 시간이 걸리겠지만 현재로서는 돌아가실 위험은 없습니다.

---

101 면사(免死), 즉 죽음을 면했다는 뜻이다.
102 장감(長感) : 오래된 감기로 인해 생기는 증상으로, 기침과 오한이 심해 폐렴이 되기 쉽다.

신부님을 혼자 있게 할 처지도 못 되고 그럴 수도 없는 일이지만, 신부님 역시 저를 떠나보내려 하지 않습니다. 주교님, 안녕히 계십시오!

불초자, 한 바오로 올림

이곳 신자들은 수가 적고 옹기장이들이라, 다른 공소에서 신자들이 와서 **신부림**(심부름) 등을 도와주고 있습니다. 방은 너무 협소해서 출입이 힘들고 잠도 제대로 잘 수가 없습니다. 신자들 역시 신부님을 간호하느라 곤욕을 치릅니다.

뮈텔 문서 1918-82

✝

1918년 11월 9일. 행주

경애하올 주교님,

김 신부님[103]은 대단히 중하기는 하지만 위험한 지경은 아닙니다. 이미 6일 전부터 보통 감기보다 훨씬 지독한 유행성 독감을 앓기 시작했는데, 많이 조심해야 했습니다. 어제 꼭두새벽에 추위 속에 미사를 지냈는데, 그래서 병이 더 심해졌습니다. 몹시 힘들게 늘 기침을 하고, 가래를 뱉고 가슴에 **답"**(답답)함을 느끼는데, 전신이 쑤시고 특히 요통을 느낍니다. 항상 토할 기세이지만, 거의 토할 것이 없습니다.

한약 등을 먹지만 땀을 별로 내지 못해 병세가 오래 갈 것 같습니다. 그래서 좀 좋아질 때까지 제가 있어야 할 것 같습니다. 저는 오늘 야밤

---

[103] 김휘중(金輝重, 요셉, 1884~1918) 신부 : 1884년 3월 7일 강원도 춘천 버들골에서 태어났으며, 1917년 9월 22일 사제 서품을 받고 10월 11일 행주(幸州, 현 수색) 본당 제2대 주임으로 부임하였다. 당시 냉담자가 많아 어려움이 많았으나, 매우 열성적인 사목 활동과 가난을 함께 나눔으로써 감화를 받은 이들이 많이 교회로 돌아오게 되었다. 그러던 중 1918년 가을 독감에 걸린 신자를 위로 방문하다가 전염되어 앓아누웠고, 병세가 급속히 악화하여 그해 11월 12일 선종하였다.

이 지나 2시 반에야 여기 도착할 수 있었는데, **기고랑**(개울)까지 갔지만 배와 사공을 찾을 수가 없어서 다시 철길을 따라 돌아와야 했기 때문입니다. 정말 고생스럽게 도착하였습니다.

안녕히 계십시오! 아픈 신부님을 주교님의 큰 기도에 위탁하옵니다.

불초자, 한 바오로 올림

뮈텔 문서 1918-83

†

1918년 11월 11일. 행주

경애하올 주교님,

김(휘중) 신부님의 건강을 간절히 빌었습니다만, 더 이상 건강이 회복되리라고는 기대할 수 없을 것 같습니다! 말씀드린 바와 같이 이른 새벽에 나가서 미사를 드렸다가 병세가 다시 심해져서, 이제는 기적이 아니면 소생하기가 어려울 듯합니다. 어젯밤에 정신이 들었을 때 병자성사를 베풀었습니다만, 차츰 의식을 잃고 헛소리를 하더니, 답답하다고 마당에 나가려 합니다!

신부님의 부친께서는 아직 강원도에서 오시지 않아, 제가 부친께 전보를 쳐야 하는데, (그럴 수가 없으니) 대신 그런 내용으로 전보를 보내주십시오.

임종이 확실하면 서울에서부터 관을 준비하는 것이 좋을 듯한데, 이곳에서는 관을 마련하기가 쉽지 않고 일할 신자도 많지 않기 때문입니다.

안녕히 계십시오!

불초자, 한 바오로 올림

뮈텔 문서 1918-107

†

1918년 11월 12일. 행주

경애하올 주교님,

김(휘중) 신부님이 오늘(12일) 7시 15분에 선종하였습니다! 신자들은 신부님의 부모님[104]을 기다려서, 음력 13일에 장례를 지내고 싶어 합니다.[105]

말씀드린 바와 같이 서울에서 관을 짜 신자들 편에 보내주시면 감사하겠습니다.

망자 평안함에 쉬어지이다! 장례 비용이 얼마나 들지 모르겠습니다. 가지고 온 돈도 없고, 이곳에 남은 돈도 없습니다.

---

104 김휘중 신부의 부친은 김 야고보, 모친은 최양업 신부의 질녀인 최 안나.
105 김휘중 신부의 장례식은 11월 14일(음력 10월 11일)에 이루어졌다. 안타깝게도 폭우와 독감의 창궐로 용산의 신학생들과 신부들은 장례식에 참석하지 못하였다. 장례 미사는 기낭(P. Guinand, 陳普安) 신부가 주례하고 김 신부의 임종을 지킨 한기근 신부가 복사를 섰다. 김 신부의 유해는 행주산성 공동묘지에 묻혔다가 1920년 4월 14일 뮈텔 주교를 비롯한 사제단과 신학생들이 지켜보는 가운데 용산 성직자 묘역으로 이장되었다.

뮈텔 문서[106]

1925년 5월 18일(오전 9시), 고베[107]

경애하올 유 주교님,[108]

주교님의 강복에 힘입어, 무사히 고베에 도착하였습니다. 주님께 감사드립니다!

어제저녁, 15일 자로 보내주신 주교님의 편지를 받았습니다. 떠나오던 날로 바로 편지를 올리고자 했는데, 이곳에 도착한 후에도 즉시 서신을 올리지 못했습니다. 증기선이 18일 오후에 떠날 예정이어서, 오늘 대략

---

106 문서 번호 없음.
107 한기근 신부는 1925년 7월 5일 로마에서 거행되는 79위 시복식에 한국 성직자 대표로 참석하기 위하여 5월 11일 경성역에서 출발하였다.
108 이 편지의 서두에 나오는 주교는 드브레드(E. Devred, 兪世俊, 에밀리오, 1877~1926) 주교로, 뮈텔 주교와의 혼동을 피하기 위해 '주교님'을 '유 주교님'으로 번역하였다. 이하 동일하다. 드브레드 주교는 1898년 9월 파리 외방전교회에 입회한 후 이듬해 9월 23일 사제 서품을 받았다. 1900년 1월 25일 한국에 입국하였고, 1920년 8월 뮈텔 주교에 의해 헤세본(Hesebon) 명의의 계승권을 가진 보좌 주교로 임명되어 1921년 5월 1일 주교로 성성되었다. 79위 시복식에 참석하기 위하여 로마로 간 뮈텔 주교를 대신하여 드브레드 주교는 서울에서 대목구장 직무를 대행하고 있었다.

오후 3시경에 '앙브와즈호(Amboise)'¹⁰⁹에 승선하려고 합니다.

떠나온 그날 8시 30분경에 부산에 도착하여 즉시 시모노세키로 가는 배에 올라 9시 30분에 고베에 도착하였습니다. 레이¹¹⁰ 신부님이 저를 찾아 정거장까지 나오셨습니다! 대표부 숙소에 들어가니 노르베르트¹¹¹ 총 아빠스와 그 비서 신부님이 계셨는데, 그분들은 다음 날 한국으로 들어가셨습니다.

13일에 뒤튀¹¹² 신부님께서 저를 찾아오셔서 함께 교토까지 갔는데, 거기에는 대략 50명가량의 한국인 신자들이 있었습니다. 그들은 모두 **젼쥬**에서 온 사람들로 비녀(텰당) 만드는 공장에서 일하고 있었는데, 그들 중 33명에게 성사를 주고 교토 성당에서 공소 예절을 보아주었습니다. 그들 중에는 김천 이 요셉 신부님¹¹³의 남동생도 있었습니다.

---

109 『경향잡지』 570호(1925년 7월 31일)에 실린 한기근 신부 기고 글에 선박에 관한 간략한 설명이 있다. "이 배는 법국(法國)에 유명한 상선인데 선인(船人)에게 배의 장광(長廣)과 돈수(噸數)와 속력 그런 것을 물어보고 조선 척수(尺數)와 리수(里數)로 회계하니, 그 배의 장(長)은 목척(木尺)으로 530여 척이오. 광(廣)은 60여 척이오. 속력은 매 1시간에 200여 리오. 짐 싣는 힘은 16,000여 돈이오. 선객(船客)은 1, 2, 3등에 도합 350인을 수용할 만하고 선인은 선장, 사무원, 사공, 격군, 하인 다 합하여 150인이라 하더라."

110 레이(J. Rey, 1862~1928) 신부 : 1888년 6월 파리 외방전교회에 입회한 후 1889년 8월 프랑스에서 일본 선교지를 향해 출발하였으며, 마쓰야마(松山)·고베(神戶) 등지에서 사목하였다.

111 성 베네딕토 수도회의 노르베르토 베버(N. Weber, 1870~1956) 총 아빠스를 말한다. 당시 한국과 연길 선교지를 방문하기 위하여 여행 중에 있었다. 1911년 2~6월의 첫 방문에 이어 이번에는 한국을 더 자세히 소개하기 위해 촬영 기사까지 대동하였고, 귀국 후 한국의 불교와 예술을 소개한 『금강산(In den Diamantenbergen Koreas)』을 간행하였다.

112 뒤튀(J. Duthu, 1865~1932) 신부 : 파리 외방전교회 소속 선교사로, 1889년 1월 일본에 입국하여 히로시마(廣島)·고치(高知)·교토(京都) 등지에서 사목하였다.

113 이약슬(李若瑟, 요셉, 1895~1961) 신부 : 1895년 2월 6일 태어나 대구 성 유스티노 신학교를 졸업하고 1919년 11월 23일 드망즈 주교 집전으로 계산동 주교좌 성당에서 사제 서품을 받았다. 1922년 9월부터 김천(金泉, 현 김천 황금) 본당 제3대 주임으로 사목하고 있었다.

교토 신부님들이 제게 고베로 돌아가는 길에 카스타니에[114] 주교님을 찾아뵙는 것이 좋겠다고 말씀하셔서 오사카에 갔지만 주교님을 뵙지는 못하였습니다. 교황 대사님[115]과 함께 고베로 이미 떠나셨기 때문입니다. 그래서 오사카의 학교와 성당들을 둘러보고 고베로 돌아왔습니다.

고베로 돌아와서 교황 대사님과 주교님을 만나 뵈었는데, 교황 대사께서 제게 말씀하시기를, 당신은 6월 30일 일본을 떠나 미국을 거쳐 로마로 들어가시겠다고 했습니다.

고베와 교토, 오사카의 여러 신부님은 모두 안녕하십니다. 그러나 오사카의 나가타(長田) 신부님만은 중환이셔서 그분을 위문했는데, 소생하실 가망이 없어 보이셨습니다! 모든 신부님들이 저를 인간적으로 따뜻하게 맞아 주시고 잘 대해 주셨으니, 얼마나 하느님께 감사드리는지요!

고베에서는 김천에서 온 박 가타리나 외에는 한국 신자들을 만나지 못했는데, 박 가타리나는 예수 성심회[116] 수녀들로부터 교육을 받고 있었습니다.

---

114 카스타니에(Jean-Baptiste Castanier, 1877~1943) 주교 : 1894년 9월 파리 외방전교회에 입회하여 1899년 9월 23일 사제 서품을 받고 11월 15일 일본에 도착하였다. 1918년 6월 15일 주교 서품을 받았으며, 1925년 당시에는 오사카(大阪) 교구장이었다.

115 당시 주일 교황 사절은 이탈리아 출신의 마리오 자르디니(Mario Giardini, 1877~1947)였다.

116 성심(聖心) 수녀회를 말한다. 1800년 11월 21일 바라(Madeleine Sophie Barat, 1779~1865) 수녀가 청소년 교육을 통해 예수 성심의 사랑을 전파할 목적으로 프랑스 파리의 아미앵(Amiens)에서 창립한 수녀회이다. 아시아 선교를 위해 1908년 일본에 정착하였으며, 한국의 성심 수녀회는 노기남(盧基南) 주교의 초청으로 1956년에 일본 극동 관구에서 진출하면서 시작되었다.

부산에서나 일본에서, 그리고 서울에서도 '여권'[117]을 조사하는 사람이 없어서 신기했는데, 오늘은 승선할 때에 누가 여권을 보자고 할지 모르겠습니다. (지금까지는) 이리저리 옮겨 다니면서도 별 어려움은 없었습니다.

편지 속에 **잡지**[118]에 게재할 만한 것들을 동봉하는데, 일본의 교회와 학교에 대해 알려주는 것은 독자들에게 흥미로운 일일 것입니다.

공경하옵고 경애하올 주교님, 이만 줄이옵고, 부디 건강하시옵소서! 멀리서나마 주교님의 자부적인 강복을 다시금 청하옵니다. 신 신부님[119] 이 날로 건강해지신다니 얼마나 기쁘고 위로가 되는지요!

주교님, 안녕히 계십시오!

불초자, 한 바오로 올림

---

[117] 을사늑약(1905년) 이후 일제의 통감부가 설치되면서 한국 정부의 외교권을 관장하였다. 1906년 9월 18일 자 통감부령 제34호로 「한국인 외국여권규칙」이 고시된 이후 여러 차례 수정을 거쳐 1910년 10월 조선총독부령 제27호로 「외국여권규칙」이 반포되었다. 일제강점기 여권 업무는 조선총독부 총무부의 외사국에서 담당하였다. 여권을 발급받기 위해서는 이름, 본적지, 소재지, 신분, 연령, 직업, 여행지명, 여행의 목적 등을 서류에 기재해야 했다.

[118] 한기근 신부는 자신이 맡고 있던 『경향잡지』에 「로마 여행일기」를 기고하였다. 1925년 5월 11일 경성역을 출발하여 이탈리아, 프랑스, 팔레스티나 등을 여행하고 12월 10일 경성의 종현으로 돌아오기까지의 여행기이다. 이 여행기는 제566호(1925년 5월 31일)부터 제615호(1927년 6월 15일)까지 약 2년 동안 39회에 걸쳐 게재되었다.

[119] 신인식(申仁植, 바오로, 1894~1968) 신부 : 1894년 12월 6일 충남 서산에서 태어나 용산 예수성심신학교를 졸업한 뒤 1920년 9월 18일 종현(현 명동) 성당에서 사제 서품을 받았다. 종현 본당 보좌를 거쳐 1921년 5월에 약현(藥峴, 현 중림동 약현) 본당 초대 보좌로 부임하였다. 신 신부는 1925년 5월 4일 심장병이 몹시 위중하여 세브란스 병원에 입원하였고, 11일 이후 병세가 호전되기 시작하였다. 한기근 신부는 병상에 누운 신 신부를 보고 떠났기에 그의 안부를 물은 것이다.

뮈텔 문서[120]

1925년 5월 22일. 상하이

경애하올 유 주교님,

제가 주교님께 먼젓번 편지에서 말씀드린 대로 이달 18일 오후 5시에 고베를 떠났는데, 식당이나 선실에서는 저 혼자였습니다. 왜냐하면 일등실에는 유럽인 한 명 일본인 한 명 해서 둘이었지만, 이등실에는 저 하나뿐이었기 때문입니다. 승선할 때 아무도 '여권'을 보자고 하지 않아서 그 증명서는 한 번도 사용하질 못했습니다.

바다는 아주 고요했지만 미사는 드릴 수 없었는데, 제대도 미사 도구도 없었기 때문입니다. 선원들은 '앙브와즈호'가 6월 25일경 마닐라에 도착할 거라고 했습니다.

예수 승천 대축일에 대표부[121]에 들어갔지만 미사는 지낼 수 없었는

---

120 문서 번호 없음.
121 파리 외방전교회 상하이 대표부.

데, 너무 늦은 저녁에야 하선했기 때문입니다. 배는 이달 21일 오전 6시 상하이에 도착하기로 되어 있었으나, 여러 사정으로122 오후 1시경에야 도착할 수 있었습니다. 김대건 안드레아 부제도 그 옛날 조선 배를 타고 **황히도**(황해도)를 떠나 처음으로 도착한 **우송** 혹은 **吳松**(오송)123이라는 곳에서, 물이 빠져 여러 시간 동안 만조가 되기를 기다리셔야 했고, 상하이 항에서는 정박하기 위하여 다른 배가 자리를 내줄 때까지 오래 기다리셔야 했습니다. 이 모든 상황 때문에 저는 미사를 봉헌할 수 없었습니다.

예전에 김(대건) 부제께서 사제 서품을 받은 성당을 방문하고 싶었는데, 신부님들은 때가 적절치 않다고 제게 귀띔하였습니다. 이유인즉슨, **긴가항** 성당124 공동체가 성무 정지를 받았는데 문제가 아직 풀리지 않았다는 것입니다. **긴가항** 성당의 선교 신부 하나가 장상으로부터 소환 명령을 받아 다른 곳으로 이동하게 되었는데, **긴가항** 성당의 신자들이 아마 그 결정에 불만을 품고 장상에게 대들었다가 그렇게 된 것 같다고 합니다.

이곳의 모든 신부님은 다 안녕하십니다. **만쥬**(만주)에서 오신 어떤 신부님을 뵈었는데, 그분은 말에서 낙상하여 어깨인지 팔인지를 다친 분으로, 거의 완쾌되어 병원에는 조금만 머물고 자주 이곳 선교부에 들릅니다.

122　『경향잡지』 제570호(1925년 7월 31일)의 「로마 여행일기」에 상세히 설명하고 있다.
123　양쯔강(揚子江) 지류인 황푸강(黃浦江) 어귀에 위치한 항구이다.
124　상하이 푸동(浦東) 지역에 있는 긴가항(金家港) 성당은 명나라 숭정제(1628~1644년) 연간에 김씨 성을 가진 신자들이 처음 세웠는데, 김대건 부제가 1845년 8월 17일 이곳에서 페레올 주교에게 사제 서품을 받았다.

23일에 다시 승선하려는데, 프란치스코회 신부님 한 분이 저의 배에 동행하시게 되어 친구 하나가 생길 것 같습니다.

이만 줄이옵고, 공경하올 주교님, 늘 건강히 지내십시오! 다시금 주교님의 기도와 강복을 청하오니, 순조롭게 여행을 잘 마칠 수 있도록 기도해 주십시오. 모든 신부님께도 진심으로 문안드리옵니다. 안녕히 계십시오!

불초자, 한 바오로 올림

[추신]

변[125] 신부님이 상하이로 수녀님 두 명을, 환자가 한 명인지 두 명인지 모르겠지만, 병원에 데려오셨다는 말을 들었으나, 신부님을 뵙지는 못하였습니다.

프란치스코회 신부님 두 분과 라자로회 주교님[126] 한 분(모두 프랑스인입니다.)*이 앙브와즈호를 타고 마르세유로 가신다는 말이 들리는데, 그렇게 되면 동료가 셋이 됩니다.*

---

125   보댕(J. Bodin, 邊若瑟, 요셉, 1886~1945) 신부를 말한다. 파리 외방전교회 선교사로, 1923년 가을 페낭 신학교 교수가 되었으나 고온다습한 기후로 폐 기능이 악화하여 1925년 5월 그가 평소 바라던 서울교구로 갈 준비를 하고 있었다.
126   다음 55번 문서의 라이문도 주교를 말한다. 『경향잡지』 제571호(1925년 8월 15일)의 「로마 여행일기」 348쪽에 라이문도 주교에 관한 서술이 있다. "상해 근처에 주재하시는 성원선시오회 수사(나자리스다) 으레노 각하이신데 금년 72세에 기력이 강건하시고 체격이 장대부대하여 위풍이 늠름하신데 청국 모든 주교 중에 제일 오랜 주교라 하며…".

뮈텔 문서[127]

1925년 5월 26일. 타이완 근해에서

경애하올 유 주교님,

내일 홍콩에서 내립니다만, 몇 시간 후면 다시 승선해야 하기에 선상에서 주교님께 몇 자 적어 올립니다. 상하이에서 이틀 머물렀지만 구경할 수는 없었는데, 대표부 신부님들이 너무 바쁘셔서, 저를 데리고 **시가웨**[128]나 다른 성당 등을 데리고 다니실 시간적 여유가 없으셨습니다.

상하이에서 오신 레이모(Raymond) 주교님은 당신 비서 신부님과 함께 일등실에 오르셨고, 프란치스코회 신부님 한 분과 후베이(형쥬)에서 오신 마르첼리노[129] 신부님은 승선하여 저와 같은 선실에 있으며, 마닐라에서

---

127 문서 번호 없음.
128 중국 상하이 남서부에 있는 서가회(徐家匯)로, 상하이교구 주교좌 성당이 있다.
129 『경향잡지』 제571호(1925년 8월 15일)의 「로마 여행일기」 349쪽에 마르첼리노 신부에 관한 서술이 있다. "상해서부터 성 방지거회 수사 말셀노 스데르켄드리에스 신부를 내 방에 들게 하였더라. 이 신부는 비국인인데 법어를 자기 나라말과 같이 하시며 금년 61세에 기력이 강건하며 호북성 형주에 전교한 지 수십 년이며 비국, 법국, 청국 훈장 합 세 개를 찼는데, 청국 훈장 받은 사실은 대단히 긴 것인데 몇 마디로 말하면 호북성에서 청인들이 서로 싸울 때에 거기 사는 만주인 3만 명을 호북 사람들이 도륙코자 하는 것을 말셀노 신부가 중개하여 피차 무사케 함이러라."

온 프란치스코회 수녀님 다섯 분은 이등실에 올랐습니다. 라이문도 주교님은 일등실에서 미사를 지내시고, 저희 셋도 이등실에서 이미 두 차례 미사를 지낼 수 있었습니다.

주교님은 당신 제대에서, 그분의 비서 신부님도 역시 본인 제대에서 (미사를 바치고), 우리는 셋이 서로 복사를 해가며 (한 제대에서) 미사를 잘 바치고 있습니다. 제대 준비 등등은 수녀님들이 해주십니다. 수녀님들은 여러 곳에서 오셨는데, 일본, **청도**, 상하이 등지에서 각각 한 분씩 오셨습니다. 그분들은 함께 유럽에 간다고 했습니다. 식당에서는 같은 식탁에 우리 7명이 앉게 되었는데, 마르첼리노 신부님이 "7개국 사람들이 한 식탁에서 먹게 되다니요!" 하고 말씀하셨습니다. 벨기에, 한국, 스페인, 아일랜드, 오스트리아, 프랑스, 러시아로, 수녀님들은 모두 유창하게 프랑스 사람처럼 프랑스어를 구사하였습니다.

여기까지 오는 동안 바다는 아주 고요했고, 저는 멀미도 없이 식사도 잘하며 잘 지내고 있습니다. 이번 여행이 저의 건강에는 아주 좋은 것 같아서, 서울에 있을 때보다 많이 좋아졌습니다.

이만 줄이옵고, 경애하올 주교님! 부디 건강히 지내시옵소서! 저를 위해 다시 기도와 강복을 해주시기를 청하옵니다. 신(인식) 신부님도 틀림없이 더 건강해졌겠지요? 안녕히 계십시오.

불초자, 한 바오로 올림

뮈텔 문서[130]

1925년 5월 31일. 사이공

경애하올 유 주교님,

이달 29일, 오후에 배에서 내려 라이문도 주교님과 그분의 비서 신부님, 그리고 마르첼리노 신부님과 함께 대표부[131]에 들어갔습니다. 그런데 거기서 보댕[132] 신부님을 만나고 얼마나 기뻤던지요! 보댕 신부님은 이틀 전에 이미 여기 와서 배편을 기다리고 있습니다.

저는 여기서 멀지 않은 주교좌 성당과 신학교를 방문했습니다만, 신부님들이 학교 일로 너무 바쁘신 관계로 서로 인사조차 나눌 수 없었고,

---

130 문서 번호 없음.
131 베트남의 사이공(Saigon, 柴棍) 대표부를 말한다. 사이공 대표부는 홍콩 극동 대표부의 지부로, 라클로(Jean-Baptiste Raclot, 1865~1912)가 1901년에 새 대표부 신부로 임명되어 1904년까지 재임하였다. 한편 베트남은 통일 후, 1976년 7월 2일에 수도명을 민족운동 지도자인 호지명(胡志明)의 이름을 따 '호찌민(Ho Chi Minh)'으로 바꾸었다.
132 영유 본당에서 사목하던 보댕 신부는 제1차 세계대전 당시 징집되어 전쟁에 나갔다가 독가스에 중독되었으며, 여러 차례의 치료와 요양 끝에 회복되어 1923년 가을부터는 페낭 신학교에서 교사로서 라틴어와 윤리 신학을 가르쳤다. 그리고 1925년 5월 23일 다시 조선으로 발령을 받았다.

신학생들도 만나 볼 수 없었습니다. 성 바오로 수녀원을 방문하여 몇 분 동안 인사를 나누었습니다.

　이곳은 더위가 매우 심하지는 않지만, 다습하여 견디기가 쉽지 않습니다. 매일 비가 오는데 그것도 많이 오기 때문에 항상 고온 다습합니다. 주교님, 이만 줄이옵고, 더 말씀드릴 것도 없습니다. 항상 건강히 지내십시오!

불초자, 한 바오로 올림

뮈텔 문서[133]

1925년 6월 2일. 믈라카해협[134]

경애하올 유 주교님,

내일(6월 3일) 싱가포르에서 하선합니다만, 편지 올릴 시간이 없을 것 같기에 선상에서 몇 자 적어 올립니다. 사이공에서 성령 강림 대축일을 보내고, 그날 저녁에는 다음 날 오전 7시에 떠날 배에 다시 몸을 실었습니다.

사이공에서는 라이문도 주교님의 배려로 적어도 몇몇 교회들을 방문할 수 있었는데, 주교님께서 저희를 위해 **마챠**를 세내어 주셔서 네 명이 함께 교회 네 곳[135]을 방문하였습니다. 대표부로부터는 아무런 새로운 소식도 듣지 못하였습니다. 저희 선실에 또 한 명이 들어와서, 모두 셋이

---

133 문서 번호 없음.
134 말레이반도와 수마트라섬 사이에 위치해 있어, 남중국해와 인도양의 안다만(Andaman)해를 잇는 해협(海峽)이다. 영어식 발음 말라카(Malacca)에서 말레이어 믈라카(Melaka)로 표기가 바뀌었다.
135 성 필립보 성당, 예수 성심 성당, 성모 그리스당의 도움 성당, 성 프란치스코 성당이다.

되었습니다. 사이공에서는 아주 많은 사람이 승선하여 일등실과 이등실이 모두 꽉 찼습니다. 갑판에서도 운신하기가 쉽지 않은데, 모두 더위를 식혀 보려고 올라와서 자고들 있기 때문입니다. 미사주와 제병, 미사용 초 등이 다 떨어져서 싱가포르 대표부에 요청하려 합니다.

주교님, 안녕히 계십시오. 기도해 주십시오.

불초자, 한 바오로 올림

뮈텔 문서[136]

1925년 6월 7일. 인도양

경애하올 유 주교님,

어제 아침에 마음으로만 새 사제와 부제 서품식에 참석했습니다.[137] 저는 계속 잘 지내고 있으며 멀미도 없으니, 주님께 감사드릴 뿐입니다! 내일(6월 8일) 밤, 우리 배는 콜롬보에 입항하여 몇 시간만 정박합니다. 저는 아는 사람도 없고 시간도 충분치 않아서 배에 그냥 있으려고 합니다. 인도양에 들어서면서 바람이 드세어지고 많은 승객이 토하며 야단법석했습니다. 저의 동행인 마르첼리노 신부님과 어떤 평신도 한 명도 멀미를 하였습니다.

---

136 문서 번호 없음.
137 1925년 6월 6일의 사제·부제 서품식으로, 이날 김인상(金寅相, 야고보)·서기창(徐起昌, 프란치스코)·유재옥(劉載玉, 프란치스코)·이여구(李汝球, 마티아)가 사제품을, 이선용(李善用, 바오로)·구천우(具天祐, 요셉)·정원진(鄭元鎭, 루카)이 부제품을 받았다(『경향잡지』 567호, 257쪽 참조).

싱가포르에서 신부님 한 분이 합류했는데, 베르나르도 신부님[138]으로, 런던 외방선교회[139] 소속이며 보르네오섬의 선교사입니다. 네덜란드 태생으로 고향에 계신 팔순의 어머님을 뵈러 가는 중이라는데, 프랑스어는 못하고 라틴어도 몹시 힘들게 합니다.

경애하올 주교님과 비서 신부님도 모두 안녕하십니다. 오늘은 무척 어렵게 미사를 지냈는데, 배도 몹시 흔들렸고 일등실과 이등실이 승객으로 꽉 찼기 때문입니다. 그들은 가족들과 함께 프랑스로 가는 사람들처럼 보였습니다. 배 안이라 특별한 소식을 들을 수는 없습니다. 더위는 그렇게 지독하지 않으나 습도 때문에 정말 고생입니다!

경애하올 주교님! 그럼 안녕히 계시옵고, 다시금 주교님의 거룩하신 기도를 부탁드리옵니다. 모든 신부님에게도 안부 전해주십시오.

불초자, 한 바오로 올림

---

138 『경향잡지』 제573호(1925년 9월 15일)의 「로마 여행일기」 389쪽에 베르나르도 신부에 관한 서술이 있다. "뻴나도 신부는 보르네오(대양주)섬에 전교한 지 20여 년이오. 연세는 54세이나 대단히 늙어 보이며 본디 화란 사람인데 80세 되신 그 모친의 경축에 참예하러 간다 하며 보르네오 지방에 그 회 신부는 20여 위, 수녀 22인, 교우 총수는 만 명가량이라 하더라."
139 1866년 영국 런던의 밀힐(Mill Hill)에서 보간(H. Vaughan, 1832~1903) 신부가 설립한 밀힐 외방전교회(Mill Hill Missionaries)다.

뮈텔 문서[140]

1925년 6월 16일. 인도양과 아덴

경애하올 유 주교님,

내일(6월 17일)은 우리 배가 지부티[141]에 도착해서 몇 시간을 머문다고 하기에, 내려서 얼마 동안 구경을 좀 할까 합니다. 저는 계속 잘 지내고 있으며 더위 외에는 별 어려움이 없는데, 더위는 특히 식당에서 여객들이 붐벼 한 시간가량 초만원이 될 때 그러합니다. 일등, 이등, 삼등 선실 모두 초만원입니다!

콜롬보에서도 관광하러 마르첼리노 신부님과 함께 내렸습니다만, 라이문도 주교님과 비서 신부님은 초대해 주는 사람이 없어 내리지 않으셨습니다. 주교관에 들러 대주교님[142]을 예방했는데, 그분은 50세가 좀 넘

---

140 문서 번호 없음.
141 지부티(Djibouti)는 아프리카 북동 해안에 있는 나라로, 인도양의 아덴만(Aden灣)과 홍해를 잇는 바브엘만데브(Bab el-Mandeb)해협에 면해 있다.
142 당시 스리랑카 콜롬보의 대주교는 오블라티 선교 수도회 출신의 앙투안 쿠데르(Antoine Coudert, 1861~1929)였다. 1905년 6월부터 1929년 3월까지 재임하였다.

어 보이셨습니다. 대주교님과 같은 마리아 봉헌회[143] 소속 다른 신부님들과 인도 현지인 신부님 두 분에게도 인사드렸습니다. 그분들은 보댕 신부님과 로마에 갈 때 주교관에 들렀던 대구교구 소속 신학생 두 명[144]에 대해서도 물어보았습니다.

콜롬보에는 ~~50,000~~ 259,000[145]명의 가톨릭 신자와 교구 다섯 개가 있습니다. 두 교구는 오블라티 수도회 소속이고, 다른 두 교구는 예수회, 그리고 나머지 하나는 베네딕토회 소속입니다. 프란치스코회 수녀님들은 많은 일을 하는데, 고아원이라든가 각종 가내 공업을 하고, 그중에 많은 분이 국립 병원에 있는 환자들을 돌본다고 합니다.

아침에는 항상 (파도가) 아주 잔잔하기에 미사를 매일 봉헌합니다. 여행은 이제 거의 절반을 온 셈인데, 저는 계속 건강을 좋게 유지하고 있으니 하느님께 감사드릴 뿐입니다!

주교님, 늘 건강히 지내십시오!

불초자, 한 바오로 올림

---

143 오블라티 선교 수도회로, 정식 명칭은 '원죄 없이 잉태되신 마리아의 오블라티 선교 수도회'이다. 1816년 1월 25일 프랑스 엑상프로방스에서 성 에우제니오 드 마제노드(St. Eugene de Mazenod)에 의해 설립되었으며, 1826년 교황 레오 12세에 의해 공식 인가를 받았다. 스리랑카에는 1847년부터 선교사를 파견하기 시작였다.

144 『경향잡지』 제573호(1925년 9월 15일)의 「로마 여행일기」 391쪽에 두 신학생과 관련한 서술이 있다. "둘 다 불행히 성공하지 못하고 하나는 로마에서, 하나는 환국하여 일찍이 사망한 일을 원통히 여기더라." 신학생 전 아우구스티노는 1922년 5월 11일 협심증으로 사망하여 로마 시내의 묘지 캄포 베라노(Campo Verano)에 안장되었고, 송강정(宋康正, 안토니오)은 결핵에 걸려 1922년 4월에 한국으로 돌아온 뒤 이듬해 5월 7일 사망하였다.

145 역자 주 : 이 숫자는 50,000을 연필로 지우고 그 위에 쓴 것인데, 아마 한기근 신부의 편지를 받은 드브레드 주교가 수정한 것 같다.

[추신]

여행객 한 명이 선상에서 죽었는데 (52~53세가량의) 프랑스인으로, 상하이에서 일등실에 라이문도 주교님 곁에 자리 잡았었는데 기술자라고 합니다. 열병을 앓고 있었는데 의사는 찬 것은 어떤 것도 들지 말라고 했답니다. 그런데 그는 의사 말을 안 듣고 얼음물을 마셨고, 13일 밤 11시경에 아무도 모른 채 홀로 죽었습니다! 성사 받을 시간도 없었습니다! 그의 시신은 15일 아침에 수장되었습니다! 주교님께서는 다른 신부님들과 함께 (조건부) 사죄경을 염해 주셨습니다. 후에 저는 그의 가방에서 '제스트레앙(Gestreaud)'이라는 이름을 보았는데, 혹시 이 프랑스 기사가 한국에서 금광업을 하던 사람[146]이었는지 모르겠습니다.

---

146 한기근 신부는 그를, 운산 금광(雲山金鑛)과 함께 우리나라 최대 금광의 하나인 대유동 광산(大楡洞鑛山)의 지배인인 제스트레앙(Gestreaud)으로 추측하였다(『뮈텔 주교 일기』 6, 130쪽의 1917년 6월 17일 자 일기 참조). 대유동광산은 프랑스가 1898년에 채굴권을 얻어 본격적으로 개발하였고, 주한 프랑스 공사관 서기관을 역임한 살타렐(Saltarei, 薩泰來)이 1901년부터 경영하다가 1939년 일본으로 경영권을 넘겼다.

뮈텔 문서[147]

1925년 6월 21일. 홍해

경애하올 유 주교님,

시나이산 근처의 홍해에서 몇 자 적어 올립니다. 우리 배가 15시간 동안 지부티에 정박한다기에, 저는 하선하여 카푸친 작은 형제회[148] 신부님 댁에 들렀는데, 신부님은 (50세) 혼자 사시고, 경당이나 사제관도 우중충해 보였습니다. 아덴[149]에도 자기 수도회 소속 동료들이 있는데, 주교님 한 분과 사제 두 명이랍니다. 이곳에는 원주민의 개종이 극히 어렵고 거의 불가능하다고 하는데, 무슬림들과 여러 장애 때문이랍니다. 신부님은 다른 지역에서 온 하인들을 두고 계셨습니다. 얼마나 비참

---

147 문서 번호 없음.
148 아시시의 성 프란치스코의 수도 규칙서를 문자 그대로 해석하는 것을 근거로 하여 프란치스코와 그의 첫 번째 동료들을 엄격하게 닮고자 하는 프란치스코회 개혁 운동으로 시작된 수도회. 1528년 7월 3일 교황 클레멘스 7세의 칙서 「렐리지오니스 젤루스(Religionis Zelus)」에 의해 설립 인가를 받은 후, 1619년 교황 바오로 5세에 의해 프란치스코회 1회의 3개 중 하나로 인가되었다.
149 아덴(Aden) : 아라비아반도 남안(南岸)에 있으며, 1839~1937년 동인도회사령(東印度會社領)이었다가 영국의 직할 식민지가 되었다. 1967년 남(南)예멘에 속하게 되어 예멘이 통일되기 전까지 남예멘의 수도였다.

한 지방인지! 풀도 나무도 없었습니다! 신부님은 한탄하시기를, 당신은 3년 동안 겨우 한 번 비 구경을 했답니다.

라이문도 주교님은 비서 신부님과 함께 내리지 않고 계셨는데, 카푸친 작은 형제회 신부님이 초대해 주셨습니다. 그분들은 모두가 프랑스의 같은 고향 출신이었습니다. 우리는 외식을 한 후 배로 돌아왔고, 오후 4시에 수에즈를 향해 다시 떠났습니다. 홍해는 대단히 고요했고 기온도 인도양보다 낮고 서늘한 바람이 불어서, 모두 이상하다고 했습니다.

오늘 오후에 우리 배는 수에즈에 도착해서, 입국하기 전에 영국인들로부터 여행객들의 건강에 대한 검역을 받을 예정입니다. 만일 배가 여유 있게 떠난다면 육지에 내려 구경을 할 예정입니다. 이만 줄이옵고, 주교님, 늘 건강하시옵소서! 마르세유에 도착하면 한국 소식을 좀 들을 수 있을는지요?

불초자, 한 바오로 올림

뮈텔 문서[150]

1925년 7월 13일. 로마

경애하올 유 주교님,

6월 30일에 영원한 성도(聖都)에 무사히 도착하였으니, 주님께 감사드릴 뿐입니다! 7월 5일 오전 10시에 우리 순교자들의 시복식이 아주 성대하게 거행되었습니다. 추기경님 여섯 분과 대주교님과 주교님 열 분, 고위 성직자들, 참사 위원들 등께서 참석하셨고, 군중이 거의 **만 명**가량 되어 보였습니다.

저는 기낭[151] 신부님과 장 루도비코[152]와 함께 순교자 가족석(주리)에 앉

---

150 문서 번호 없음.
151 기낭(P. Guinand, 陳普安, 1872~1944) 신부 : 프랑스 파리 외방전교회 신학교 졸업 후 1895년 6월 30일 사제 서품을 받고 같은 해 10월 14일 한국에 입국하였다. 공세리(貢稅里) 본당 제2대 주임을 거쳐 1897년 5월 공주 중동(中洞) 본당 초대 주임으로 부임하여 공주 지역 전교의 기반을 마련하였다. 1899년 4월 용산 예수성심신학교 교수로 전임된 뒤 1900년 9월부터 1939년 6월까지 제6대 교장을 맡아 한국인 성직자 양성에 힘썼다.
152 장발(張勃, 루도비코, 1901~2001) : 서양화가. 한국 최초의 성화가. 서울대학교 미술대학 초대 학장. 1921년 형 장면이 유학하고 있는 미국으로 건너가 공부하다가 1925년 형과 함께 돌아오는 귀국길에 로마에서 거행된 '조선 79위 순교 복자 시복식'에 참석하였다.

앉기 때문에 모든 예절을 잘 볼 수 있었습니다. 장 씨 형제들은 저와 같은 날인 6월 30일 이곳에 도착하였는데, 요한[153]은 아파서 시복식에 참석하지 못하였다가 저녁 성체 강복 때에야 참석할 수 있었습니다.

저녁 6시에 거행된 성체 강복 전례는 더 장엄했습니다! 교황님께서 우리 주교님께 성체 강복을 베푸실 수 있는 특권을 주셨지만, 주교님께서는 보통 관례대로 분향하시고, 저는 주교님 곁에서 미트라[154] 복사 등등만 하였습니다. 그래서 교황님 곁에 제대 가까이 있었던 한국 사람은 두 명이었습니다. 추기경님 열여섯 분, 주교님 열다섯 분도 함께하였습니다. 대략 **이만여 명** 정도의 참례자가 성전을 꽉 채웠습니다.

7, 8, 9일은 예수 성당(예수회 소속 교회)에서 매일 10시에 대미사가 있었고, 저녁 7시에는 묵주 신공과 강론도 있었습니다. 첫째 날은 우리 주교님께서, 둘째 날은 드망즈 주교님께서, 셋째 날은 포교성성(현재의 인류복음화성) 장관 **반 로숨**[155] 추기경님께서 대미사를 집전해 주셨습니다. 성체 강

---

153 장면(張勉, 요한, 1899~1966) : 정치가. 교육자. 1921년 메리놀 외방전교회 도움으로 미국으로 유학 가서, 뉴욕 소재 예비 신학교인 베나드 스쿨(Venard School, Clark's Summit, Pa)에서 6개월 동안 영어 연수를 받은 후 맨해튼대학(Manhattan College)에서 교육학을 전공하였다. 1924년 10월 한국 천주교회는 시복식에 참가할 한국인 신자를 구하였으나 긴 체류 기간과 여비로 지원하는 사람이 없었다. 1925년 5월 10일, 경성교구 천주교 청년회 연합회에서 장면을 시복식 참가 대표로 선거하여 지명하였고, 요청을 받은 장면은 컬럼비아대학에서 미술 공부 중이던 동생과 함께 로마로 출발하였다.
154 미트라(mitra, [영]mitre) : 주교관(主敎冠)을 말한다.
155 로숨(Willem van Rossum, 1854~1932) 추기경 : 교회법 학자. 1873년 구속주회에 입회한 뒤 1879년 사제 서품을 받았다. 1918년 포교성성 장관이 되어 유럽주의에서 벗어난 가톨릭의 세계적인 선교를 주창하였다.

복은 첫째 날에는 **본사노**[156] 추기경님께서, 둘째 날은 **에를노**[157] 추기경님께서, 셋째 날은 예부성성(현재의 시성성) 장관 **빅고**[158] 추기경님께서 집전해 주셨습니다. 강론은 첫째 날에는 예수회 신부님이 이탈리아어로 1시간 5분 동안 열정적으로 하셨고, 둘째 날은 드망즈 주교님께서 프랑스어로 30분 동안 하셨으며, 셋째 날은 또 다른 예수회 신부님 한 분이 이탈리아어로 1시간 10분 동안 아주 심미적으로 하셨습니다. 저는 이탈리아어 강론도 대충은 알아들을 수 있었는데, 라틴어와 프랑스어 단어들이 많이 섞여 있었으며 한국 실정에 대한 강론들이기 때문이었습니다.

우리는 알현을 두세 번 할 수 있었는데, (7월) 4일 알현은 개별적인 것이었습니다. 먼저 우리 주교님께서 단독으로 20분가량 (어쩌면 그 이상) 교황님을 알현하셨습니다. (교황님께서 한국 교회의 전반적인 문제에 관해 물어보셨다고 주교님께서 말씀해 주셨습니다.) 이어서 기낭 신부님과 저까지 세 명이 같이 알현하였습니다. 교황님께서는 서시어, 당신의 발에 하는 친구(親口)를 마다하시고 대신 손을 내미셨습니다. 아주 자비롭고 아버지와 같은 말씀을 해주셨고, 친히 한국 사제단의 편지[159]를

---

[156] 본자노(Giovanni Vincenzo Bonzano, 요한, 1867~1927) 추기경 : 1912~1922년 주미 교황청 대사를 역임한 뒤 1922년 12월 11일 추기경으로 서임되었다.

[157] 에를레(Franz Ehrle, 프란치스코, 1845~1934) 추기경 : 1861년 예수회에 입회하여 1876년 9월 24일 사제 서품을 받았으며, 1880년부터 교황청 도서관 관리자로 일하면서 도서관장 겸 고문서고 보관자로서 유럽 대륙을 여행하며 중세 관계의 사본(寫本)을 조사·수집해서 그 복원에 공헌하였다. 1922년 12월 11일 추기경으로 서임되었다.

[158] 비코(Antonio Vico, 안토니오, 1847~1929) 추기경 : 1873년 9월 20일 사제 서품을 받았고, 벨기에와 스페인 주재 교황대사를 거쳐 1911년 11월 27일 추기경으로 서임되었으며, 1918년 7월부터 예부성성 장관으로 일했다.

[159] 『경향잡지』 제573호(1925년 9월 15일)의 「로마 여행일기」 402쪽에는 "조선 신품의 연명상소(聯名上疏)를 드리니 친히 다 읽어보시며 기념패도 1개씩 친히 나누어 주시고 또한 성경 말씀 기록한 쪽지 한 장씩 주신 후…"라고 기재되어 있다.

읽으셨습니다. 한마디로 당신께서 지극히 어지신 아버지임을 보여주셨고, 끝날 때에는 강복을 주셨습니다.

드망즈 주교님께서도 단독으로 알현하신 후, 이어서 쿠브뢰르[160] 신부님과 제라르[161] 신부님과 함께 알현하였습니다. 6일에는 일반 알현이 있었는데, 주교님 네 분과 모든 선교 사제들과 저, 그리고 세 명의 지원자와 한 명의 봉사자, 장 씨 형제 두 명이 함께 (총 25명) 했습니다. 교황님께서는 늘 그러시듯이 아주 자애롭게 대해 주시면서 메달을 나누어 주시고, 정성껏 강복을 주셨습니다.

시복식 날 성체 강복 직후 제대 앞에서, 다른 신부님들과 함께 세 분의 주교님께서 교황님께 꽃 등과 함께 아주 귀한 유해함을 봉정하셨고, 우리는 몇 마디 말씀을 드린 후 다시 교황 강복을 받았습니다.

바티칸 박람회[162]의 한국 전시품들에 대해서는 정말 할 말이 없습니다! 주교님께서 그렇게 공들여 애써 수집해 보내신 전시품들이건만, **대**

---

[160] 쿠브뢰르(N. Couvreur, 顧, 니콜라오, 1855~1929) 신부 : 파리 외방전교회 선교사로, 1878년 9월 21일 사제 서품을 받고 1881~1919년 싱가포르에서 선교한 뒤 1929년 4월 17일 파리에서 선종하였다.

[161] 제라르(E. Gérard, 施阿蘭, 에드문도, 1874~1951) 신부 : 파리 외방전교회 선교사로, 1899년 6월 25일 사제 서품을 받고 1899~1921년 만주에서 선교하였다. 1921년 파리로 돌아가 파리 본부의 중앙 참사회에서 한국과 만주 선교지 대표 및 경리직을 맡았다.

[162] 1923년 4월 24일 교황 비오 11세는 1925년 성년 대사(聖年大赦)를 반포할 때 바티칸에서 만국 전교 박람회(萬國傳敎博覽會)도 개최하겠다는 칙령을 내렸다. 한국 천주교회는 한국이 전교 지역에 해당하고, 1925년에 많은 한국 순교자가 시복될 것이기에 전교 박람회에 참여할 필요가 있다고 판단하였다. 한국 천주교회는 출품할 물품을 60여 종으로 하고, 경성·대구·원산 세 교구가 공동으로 큰 한국 전시실을 마련하며 나머지는 분담하기로 하였다. 물품들은 파손 사고로 두 번의 준비를 거쳐 예정보다 늦게 바티칸에 도착하였다. 시복식에 참가한 뮈텔 주교, 드망즈 주교, 한기근 신부, 장면·장발 형제, 기낭 신부가 박람회장을 찾았으나 한국 물품들이 소홀히 취급되고 있음을 본 것이다.

궐, 죠션집, 유긔 몇 점 외에는 전시되지도 않았으며, **의쟝, 두쥬, 인형은 느러노치도아니ᄒ고**, 어떤 품목들은 **의쟝**과 **두쥬** 속에 어지럽게 흩어져 있었습니다! 품목들이 너무 늦게 도착했기 때문이라고 하는데, 그래서 그런지 중국 전시품들 끝에 있고 그것도 한쪽 편에 몇 점 정도만 전시되었습니다! 한국 물품을 위해 특별히 마련된 공간은 아예 없었습니다. 많은 물품이 분실된 것 같았으며, 프와요[163] 신부님이 작성한 물품 목록은 보이지도 않았습니다. 관람객도 한산하였고, 경건한 순례자들도 손꼽을 정도였으며, 거리나 대성당 모두 사람이 별로 없었습니다.

저는 뱃삯 반액 **할인권**을 얻었습니다. 박물관장 신부님은 (한국 사절들이라는) 부가된 칭호를 즐겨 쓰셨는데, 그럴 것이 두 분의 주교님께서 (서울과 대구 대목구의 사절들로) 명단에 이미 올라 있었기 때문입니다. 방문객들에게는 30% 할인권을 준다고 합니다. 저희와 같이 가난한 사람들에게는 얼마나 특혜인지요! 하느님께 감사드립니다!

파리에 함께 간 아되(A. Adeux) 신부

---

163 프와요(G. Poyaud, 表光東, 베다스토, 1877~1960) 신부 : 파리 외방전교회 선교사로, 1903년 6월 19일 한국에 입국하여 1904년 5월 용소막(龍召幕) 본당 초대 주임을 거쳐 1910년 6월 원산(元山) 본당 제10대 주임으로 부임하였다. 용산 예수성심신학교 교수(1917년 가을부터 1918년 봄까지)로 활동한 시기를 제외하고는 1921년 1월까지 줄곧 원산 본당에서 사목하였다. 이후 원산 대목구가 설정된 후 서울로 돌아와 한국에 사는 일본인을 위한 사목을 담당하고 있었다.

어제오늘로 모든 주교님과 신부님들이 대표부 숙소를 떠나서 저와 아되[164] 신부님만 남게 되었는데, 저는 며칠 후 이 신부님을 따라 파리로 가려고 합니다. 존경하올 기낭 신부님은 9월에 루르드를 순례하고 10월 말경에는 마르세유를 떠나 한국으로 가실 예정인데, (예루살렘) 성지 순례를 위해 포트사이드 항도 경유하실 계획입니다. 저는 신부님 뒤만 따라다닐 예정입니다.

주교님께서 보내주신 전보가 다음 날(7월 6일) 정오에 (그러니까 전보 치신 지 24시간 후에) 이곳에 도착하였고, "전보 잘 받았습니다."라고 쓰여 있었습니다.

7월 12일에도 예마르[165] 신부님의 시복식이 있었는데, 저는 그분의 시복식과 성체 강복에 참례했습니다. 성체 강복 때는 수많은 추기경님과 많은 군중으로 인산인해를 이루었는데, 우리 시복식 때보다도 사람이 훨씬 더 많았습니다.

요즈음은 피곤해서 조용히 이틀 정도 쉬다가 성당과 카타콤 등을 찾아가 보려 합니다. 호텔비는 생각보다 비싸지 않았는데, 진정한 의미의

---

164 아되(A. Adeux, 알베르토, 1884~1960) 신부 : 파리 외방전교회 선교사로, 1909년 3월 6일 사제 서품을 받고 4월 21일 베트남 통킹(Tonkin)에 입국하여 사목하다가 1920년 건강상의 문제로 프랑스로 귀국하였다. 1925년 당시에는 비에브르(Bièvres) 신학교 교수직을 맡고 있었다.

165 피에르 줄리앙 예마르(Pierre Julien Eymard, 1811~1868) : 1811년 2월 4일 프랑스 라뮈르(La Mure)에서 태어나 1834년 7월 20일 사제 서품을 받았다. 성체에 대한 신심이 커지면서 성체성사만을 위해 봉헌된 수도 공동체를 설립하기 위한 열정으로 가득 차 교황 비오 9세의 허락을 얻어 성체회와 성체 수녀회를 창설하였다. 그리고 수도 공동체 영성의 확산을 위해 애쓰다가 1868년 8월 출생지에서 선종하였다. 이후 1925년 7월 12일 시복되었고 1962년 12월 9일 교황 요한 23세에 의해 시성되었다. 축일은 8월 2일.

호텔인지는 잘 모르겠습니다. 수녀원에서 하루에 45~50리라, 그러니까 하루에 5엔을 내고 묵는 것인데, 장 씨 형제들은 성 십자가 수녀원에서 하루에 45리라를 내고 지냈답니다. 이곳에서 1엔은 10리라 이상의 가치가 있습니다.

더 아뢸 만한 말씀이 없기에 이만 줄입니다. 부디 항상 건강히 지내시옵소서! 그러시기를 늘 기도드리고 또 기도드리겠습니다. 안녕히 계십시오! **잡지** 세 권을 받았는데, 마르세유에서 5월 15일과 31일 자 잡지를 받았고 7월 15일 자 잡지는 로마에서 받았습니다. 신(인식) 신부님은 좀 어떤지요? 완쾌되었는지요?

멀리서나마 모든 분과 신부님 한 분 한 분께 진심으로 인사 올리옵니다. 너무 바쁘고 산만한 관계로 편지가 잘 써지지 않습니다. 용서해 주십시오. 일반적으로 우리 순교 성인들의 영정들이 좋지 않습니다. 화가가 한국 의상이나 용모를 알지 못하기 때문입니다. 주교님께서 다시 좀 더 잘 만들기를 원하시니, 그림 몇 점을 가져가려 합니다. 안녕히 계십시오!

불초자, 한 바오로 올림

뮈텔 문서[166]

1925년 7월 21일. 로마

경애하올 유 주교님,

이달 24일에 아뒤 신부님과 함께 파리로 떠날 예정입니다. 그동안 새로운 소식은 없고, 다만 많은 성당과 카타콤을 순례했는데, 돌아다니자니 경비와 안내자가 필요하였습니다. 신부님들은 전부 이곳 대표부 숙소를 떠나셨습니다. 저는 그동안 잘 지내왔는데, 근래에는 피곤이 겹쳐 이곳에서 3일 동안 좀 아팠습니다.

12월 성 프란치스코 축일[167] 후에 파리에서 시복식을 위한 3일 기도가 있을 거라고 들었는데, 주교님께서는 이미 알고 계시겠지요. 아마 저는 그 전례에 참석하지는 못할 것입니다. 여기서 듣기로는 한국 중부 지

---

166 문서 번호 없음.
167 12월 3일 성 프란치스코 하비에르 축일을 말한다. 1534년 로욜라의 이냐시오 등과 함께 예수회를 창설하였는데, 특히 인도와 극동 지역의 선교를 개척함으로써 '인도 및 일본의 사도'로도 불린다.

방에 큰 홍수[168]가 나서 많은 사람이 실종되었다던데요!

최근 3일 동안 우리 순교 복자들을 위한 미사가 있었는데 내용은 이렇습니다. 여러 순교자 미사의 입당 성가에 대영광송과 신경을 바쳤고, 기도문만 새로 작성하였는데 아주 좋았습니다. 한국 교회에 기묘한 방법으로 천주교가 전래된 점, 순교자들의 영광스러운 신앙 고백과 그분들의 전달을 구함 등등입니다.

"기도합시다. 한국 땅에 기묘한 방법으로 가톨릭 신앙을 전파하신 천주여, 비오니 복되신 순교자들, 라우렌시오와 베드로, 야고보와 안드레아와 그 동료들의 복되신 신앙 고백과 전구에 힘입어, 참된 신앙 전파를 위해 복음의 일꾼들이 많아지게 하소서. 우리 주 그리스도를 통하여 비나이다. 아멘."

우리 순교자들의 시복식이 끝난 후, 베드로 대성전에서 최대의 도난 사건이 있었다고 하는데, 이미 오래전에 이루어진 범행이었지만 여러 날이 지난 후에야 발견되었다고 합니다. 절도범들은 지붕에 수리할 곳이 있음을 알고 그 기회를 틈타, 육중한 지붕에 구멍을 내고 성광(聖光) 등 대단히 값진 품목 9점을 훔쳐 갔습니다! 다행히 팔려다 모두 붙들려서 9점 모두를 회수했습니다.

---

168 1925년 7월 초순부터 9월까지 네 차례에 걸쳐 한국을 덮친 을축년 대홍수(乙丑年 大洪水)를 말한다. 1년 치 강수량의 80%인 700~900mm의 비가 퍼부어 한강과 낙동강 일대가 특히 막심한 피해를 보았고, 사망자도 647명이나 되었다.

이제 다 말씀드린 것 같습니다. 공경하올 주교님, 부디 평안히 지내시길 바랍니다! 주교님을 위해 기도드리오니, 저를 위해서도 기도 부탁드립니다.

모든 신부님에게 진심으로 문안드리옵니다!

불초자, 한 바오로 올림

[추신]

최근 실례를 무릅쓰고 돈을 절약하기 위해서, 신부님들에게 보낼 많은 엽서를 주교님께 배송했는데 용서해 주십시오. 이번에도 약간의 엽서들을 전처럼 동봉합니다. 안 마르코를 시켜 신부님들께 보낼 곳으로 보내도록 처리하여 주십시오.

이곳 더위는 별것이 아니어서 집안에서는 별로 더위를 느낄 수 없지만, 많은 사람이 피서를 떠나고, 특히 로마 사람들은 이런 일에 더 예민합니다. 호텔비는 생각했던 것보다 비싸지 않았는데, 엄밀히 말하면 호텔인지 잘 모르겠습니다. 수녀원에서는 45~50리라를 받는데, 장 씨 형제들은 성 십자가 수녀원에서 하루 45리라를 내고 숙박하였습니다. 기낭 신부님의 누이는 하루 50리라를 내고 수녀원에 머물렀습니다.

주교님, 항상 안녕히 계십시오!

불초자, 한 바오로 올림

뮈텔 문서[169]

1925년 8월 10일. 파리

경애하올 유 주교님,

　　이 더위와 더불어 바쁘신 중에 어떻게 지내십니까? 또 수해에 얼마나 걱정이 많으십니까? 아마 **동젹이**(동작동)에 있는 신학교 밭들도 수해를 입었겠지요? 이 홍수에 대해서는 들었습니다만, 지금까지도 정확한 소식은 듣지 못했습니다.

　저는 계속 건강한 상태로 순례를 하고 있으며, 로마에서 7월 24일에 출발하여 파리에는 8월 2일에 도착하였습니다. 경애하올 뮈텔 주교님께서도 이곳에서 좋은 건강을 유지하고 계십니다.

　로마에서 파리에 오는 순례길에 많은 성지와 유적지를 방문했습니다. 그중에는 아시시의 성 프란치스코와 성녀 클라라 성당도 있었는데, 성인들의 거룩한 유물들을 직접 눈으로 보니 매우 감개무량하였습니다. 피렌체의 많은 교회를 방문하고 복자 예마르 신부도 찾아뵈었는데, 그분께서 태어나고 선종하신 방도 보았습니다. 세례받고 첫영성체를 하신 성당은

---

[169] 문서 번호 없음.

수리 중이었습니다.

해발 1,800m 높이의 산에 건축된 라 살레트 성모 대성전[170]을 보고 얼마나 경탄했는지요! 수백 명의 신심 깊은 순례자들이 촛불을 들고 시편과 성가를 부르며, 신앙 고백을 하고 봉헌을 하고 있었습니다! 거기서 우연히 작고하신 브레[171] 신부님의 동생인 브레 신부님을 만났는데, 우리는 신부님과 큰 기쁨 속에서 대화를 나눴습니다.

계속 여행을 하면서 성인(聖人)인 '아르스의 본당 신부'[172]를 방문하였는

---

[170] 라 살레트 성모 대성전(Notre-Dame de La Salette) : 1846년 9월 19일 프랑스 남부 그르노블(Grenoble)의 라 살레트 산꼭대기에서 두 명의 목동에게 성모 마리아가 발현하여 인류가 회개하면 하느님 축복을 받지만 그렇지 않으면 큰 벌을 받으리라고 하였다. 사람들이 이 메시지를 무시하자 대흉년이 찾아와 100만 명 이상이 굶어 죽었다. 1870년에는 프로이센-프랑스전쟁(普佛戰爭)까지 발발하자 회개하는 순례객들이 모여들기 시작하였고, 이후 기적적인 치유를 얻을 수 있는 순례지가 되었다. 이곳의 대성전은 1852년에 짓기 시작하여 1864년에 완공되었고, 교황 레오 13세에 의해 1879년에 준성전으로 지정되었으며, 1942년에 공식적으로 성지로 인정되었다.

[171] 브레(L.E.A, Bret, 白類斯, 알로이시오, 1858~1908) 신부 : 파리 외방전교회 선교사로, 1882년 3월 4일 사제 서품을 받았으며, 곧바로 페낭 신학교에 파견되어 약 12년 동안 수사학과 교회사를 강의하였다. 1894년 4월 21일 한국에 입국하자마자 원산(元山) 본당 제4대 주임으로 임명되었다. 브레 신부는 '북간도의 12사도'에게 세례를 주었으며, 회령과 간도 지역 전교를 위해 노력하였다. 간도 지역의 교세가 증가함에 따라 뮈텔 주교에게 본당 설립을 요청하고 이를 실현하기 위해 용정(龍井)에 거주하던 중 갑작스러운 건강 악화로 1908년 10월 24일 선종하였으며, 이후 용산 성직자 묘지에 묻혔다. 브레 신부의 선종 날짜에 대해 뮈텔 주교는 그의 일기에서 "그가 지난 10월 25일에 사망했음"을 늦게서야 알았다고 하였으나, 번역자인 최석우 몬시뇰은 1908년 파리 외방전교회 연보에는 10월 24일로 기록되어 있다고 역자 주에서 밝히고 있다. 파리 외방전교회에서 2004년에 간행한 전교회원 명단(1659~2004)에는 25일로 되어 있다.

[172] 장 밥티스트 마리 비안네(Jean Baptiste Marie Vianney, 1786~1859) : 성인. '아르스의 본당 신부(curé d'Ars)라고도 불린다. 1786년 5월 8일 프랑스 다르딜리(Dardilly)에서 태어나, 1815년 8월 13일 사제 서품을 받았다. 1818년 작은 마을 아르스에 부임하였으며, 수년간 감자만을 먹으며 생활하는 등 매우 금욕적인 생활을 하였다. 성당을 재건하고 예비 신자들을 가르쳤을 뿐만 아니라 신자들의 지나친 음주나 거친 말투, 신성모독, 음란함, 주일을 지키지 않는 것 등에 대하여 일깨워 주려고 노력하였다. 1821년 정식으로 본당 주임에 임명된 그는, 마음을 읽는 능력으로 인해 고해 신부로서 대단한 명성을 얻게 되어 매일 18시간 정도 고해성사를 주어야 했다. 1859년 8월 4일 73세의 나이로 선종하였고, 1925년 5월 31일 교황 비오 11세에 의해 시성되었다.

데, 순례객들은 8월 2·3·4일의 3일 기도를 성대하게 봉헌하고 있었습니다. 성당이 크지 않아서 마당에 제대를 차렸는데, 그것으로도 4,000명이나 되는 사람들을 한꺼번에 수용할 수는 없어 보였습니다. 추기경님 두 분과 열다섯 분의 주교님들께서 모이신다고 들었습니다. 리옹으로 내려가서 몇 시간 동안 대성전과 주교좌 성당, 그리고 프라도회[173] 숙소를 방문했는데, 숙소의 많은 신부님들이 대구 대목구장 서리이신 베르모렐[174] 신부님의 안부를 물었습니다.

저의 이번 순례는 정말 귀한 값을 치르고 얻은 것이기 때문에, 성지와 성인들의 행적을 모두 둘러보고자 했습니다. 이것이 제게는 유일한 기회일 터이니, 언제 제가 또다시 유럽에 올 수 있겠습니까?

제가 로마에 있을 때 어느 신부님[175]을 한 분 뵈었습니다. 저는 그분의 존함은 모르지만 뮈텔 주교님과 기낭 신부님은 명함을 받으셔서 알고 계시는데, 그분은 자신이 드브레드 주교님의 교수였다고 했습니다. 그분은 우리와 이야기하는 것을 아주 좋아하셨는데, 베드로 대성전에서 다시 뵈었을 때 정말 반갑게 서로 이야기를 나누었습니다.

여기서 이호(李浩) 하비에르 베네딕토라는 한국 신자 한 사람을 만났

---

[173] 정식 명칭은 '프라도 사제회(Prado Priests Association)'. 앙투안 슈브리에(Antoine Chevrier, 1826~1878) 신부가 가난한 사람들에게 복음을 전파하기 위하여 1860년 12월 10일 프랑스 리옹(Lyon)에서 설립한 재속 사제회.

[174] 베르모렐(Joseph Vermorel, 張若瑟, 요셉, 1860~1937) 신부 : 파리 외방전교회 선교사로, 1887년 9월 24일 사제 서품을 받고 이듬해 1월 14일 한국에 입국하여 전주 지역을 중심으로 사목한 뒤, 1893년 4월 22일 용산 예수성심신학교 교수로 임명되어 약 3년 동안 신학생들을 가르쳤다. 1897년 4월 화산(華山, 현 나바위[羅岩]) 본당을 설립하고 초대 주임으로 사목하던 중 1911년 대구 대목구가 조선 대목구에서 분리·설정되면서 6월 29일 초대 부주교(부대목구장)로 임명되었다. 당시는 계산동(桂山洞) 본당 제2대 주임을 겸임하고 있었다.

[175] 교황청 법원과 성성 주재 변호사인 루이 르그랑(Louis Legrand) 참사원이다(『뮈텔 주교 일기』 7, 414쪽의 1925년 7월 6일 자 일기 참조).

는데, 그는 **安州**(안주)에서 태어나 7년 전에 고국을 떠나 이곳에 정치학을 공부하러 온 사람입니다. 어떤 귀부인 집에 거주하고 있으면서 그 영향으로 회개하여, 추기경님의 보좌 주교님에게 세례를 받았습니다. 순진하고 신앙심이 있어 보이는 젊은이인데, 저는 그를 뮈텔 주교님께 인사시킬 예정입니다. 그 젊은이의 말에 의하면, 파리에만도 거의 30명가량의 한국인이 있는데, 그중에 20명이 **고학**, 말하자면 아르바이트[176]를 해서 학비를 번다고 했습니다.

이만 줄이옵고, 경애하올 주교님, 이번에는 아직 쓰지 못해서 회보 원고를 보내드릴 수가 없습니다. 쓸 것이 매우 많아서 후에 써 보내겠습니다. 안녕히 계십시오! 모든 신부님께도 진심으로 문안드리옵니다! 기낭 신부님과 루르드를 다녀오겠습니다. 안녕히 계십시오!

불초자, 한 바오로 올림

[추신]

다른 신부님들께 보낼 편지를 동봉합니다.
한 바오로 올림.

---

176 당시 함께 유학했던 정석해(鄭錫海, 1899~1996)의 회고록에 따르면, 파리 16구 부알로 가(Rue Boileau)의 병원에서 일하며 돈을 벌었던 것으로 보인다.

뮈텔 문서[177]

1925년 8월 24일. 파리

경애하올 유 주교님,

수해에 요즈음 어떠신지요? 주교님께서 보내주신 신문을 읽어보니, 이번 수해가 끔찍한 것이었습니다! 성모 승천 대축일이 끝난 후, 르페브르(Lefèvre)[178] 신부님과 함께 루르드를 방문하여 2박 3일간 머물렀는데, 그 위로는 아주 큰 것이었습니다. 전에는 책에서나 본 것을 이번에는 직접 목격한 것이었으니까요! 그 믿음과 신심은 정말 대단한 것이어서 수많은 순례객이 양팔을 들고 발현 성상 앞에서 기도하고 있었습니다! 이제는 예루살렘에 갈 동료를 구하고 있는데, 레삭[179] 주교님과

---

177 문서 번호 없음.
178 르페브르(Marie Anthime Lefèvre, 1874~1943) 신부 : 파리 외방전교회 선교사로, 1898년 9월 24일 사제 서품을 받고 그해 11월 23일 코친차이나 후에(Hué, 順化)로 파견되어 선교하였다.
179 레삭(Adolphe Rayssac, 實茂芳, 아돌포, 1866~1941) 주교 : 파리 외방전교회 선교사로, 1889년 9월 21일 사제 서품을 받고 그해 12월 23일 중국 광둥(廣東)으로 파견되었다. 1914년 7월 17일 주교 서품을 받는 동시에 산터우(汕頭) 대목구장으로 임명되었다.

시암[180]의 선교사 한 분이 10월 9일에 예루살렘에 가신다고 합니다. 특별한 동료가 없으면 그분들을 따라갔다 올까 합니다.

지난 주일인 이달 23일에 이곳에서 (뮈텔) 주교님 훈장 수여식이 있었는데, **베르쏘**[181] 장관이 오셔서 축사와 함께 훈장을 증정하고 연회도 열었습니다. **잡지**를 위해서 **회보**를 보내오니, 고칠 것은 고쳐서 **잡지**에 실어주십시오. 푸마소니[182] 주교님께서도 여기 오셔서 며칠을 지내시다가 미국으로 돌아가실 것입니다. 서울 대목구의 역사 자료와 우리 순교 복자들의 노래를 얻어서 얼마나 다행인지요! 그 외에는 소식을 듣지 못해 알지 못하고, 여기 **잡지**에 실을 기사와 이 토마스[183] 신

예루살렘 성지에 동행한 레삭(A. Rayssac) 주교

---

180 시암(Siam) : 태국의 옛 이름.
181 베르토(M. Berteau) : 1902년부터 주한 프랑스 공사관의 부영사로 재직하였고, 1906년 10월에 한국을 떠났다. 1925년 당시에는 프랑스 본국의 외무성에서 근무하고 있었던 것 같다(『뮈텔 주교 일기』 7, 382쪽의 각주 21 참조). 『경향잡지』 제574호(1925년 9월 30일)의 「로마 여행일기」 417쪽에 베르토와 관련한 서술이 있다. "한 10여 년 전에 조선 경성에 주재하던 법국 영사 베르또 씨는 지금 파리에서 대신 지위에 처한 바…".
182 푸마소니 비온디(P. Fumasoni-Biondi, 베드로, 1872~1960) 추기경 : 제28대 포교성성(현 인류복음화성) 장관. 1919년 12월에 초대 주일(駐日) 교황 사절로 임명되어 이듬해 3월 도쿄에 부임하였다. 1920년 10월에는 한국을 방문하여 서울과 대구 대목구를 순방하였다. 1922년 12월에는 주미(駐美) 교황 사절로 파견되어 10년 동안 근무하였고, 1933년 3월 추기경으로 서임됨과 동시에 포교성성 장관에 임명되었다.
183 이기준(李起俊, 토마스, 1884~1977) 신부 : 1884년 8월 5일 충북 진천의 배티에서 태어나 1913년 5월 17일 사제 서품을 받고 평북 용천의 산대(山台, 현 비현) 본당 제2대 주임을 거쳐 1913년 11월 검수(劒水) 본당 제4대 주임으로 부임하였다. 1916년 6월 사리원(沙里院) 본당 초대 주임으로 임명되자 적극적인 전교로 교세를 많이 증가시켰다. 1923년 7월

부님에게 드릴 엽서 한 장을 동봉합니다. 항상 건강히 지내시옵고, 저를 위해 기도 부탁드리옵니다. 저도 주교님을 위해 기도드리옵니다. 안녕히 계십시오!

불초자, 한 바오로 올림

예수성심신학교 교수로 전임되어 1930년 6월 춘천 약사리(藥司里, 현 죽림동 주교좌) 본당 제2대 주임으로 이동할 때까지 신학교에서 라틴어를 가르쳤다.

뮈텔 문서[184]

1925년 9월 20일. 파리

경애하올 유 주교님,

주교님의 8월 17일 자 편지를 9월 6일에 받고 얼마나 감사했는지요! 저는 9월 28일에 파리를 떠나 마르세유로 가서 마리아 막달레나 성녀 동굴[185]을 참배한 후, 10월 9일 '앙드레 르봉(André-Lebon)호'에 승선하여 포트사이드까지 내려가서 팔레스티나 성지를 순례하고 나서, 10월 28일경에 다시 '폴 르카(Paul-Lecat)호'를 타려 하는데, 제가 좌석 하나를 얻을 수 있을는지요?

여행객이 너무 많아서 **션표** 구하기가 무척 힘들고, 저는 두 달 전에 겨우 자리 하나를 예약해둔 상태입니다! 저와 함께 성지에 동행하실 베쉐(Béchet)[186] 신부님은 벌써 5월에 **션표**를 사두셨답니다. 제라르 신부님은

---

184   문서 번호 없음.
185   동방교회의 전승에 따르면 막달레나는 사도 요한을 따라 에페소로 갔다가 그곳에서 죽어 묻혔다고 한다. 그러나 프랑스 전승에 의하면 프로방스(Provence) 지방에서 복음을 전하고 30년 동안 동굴(Le Sanctuaire de la Sainte-Baume)에서 살다가 죽었다고 한다.
186   베쉐(É. Béchet, 에밀리오, 1877~1929) 신부 : 파리 외방전교회 선교사로, 1903년 6월 6일 사제 서품을 받고 그해 8월 5일 시암(Siam, 현재의 태국)으로 파견되었으며, 1929년 6월

아직 뱃삯을 지불하지 않으셨고 다만, 선박 사무소에 구두로만 예약하셨답니다. 저는 10월 9일에 마르세유를 출항하려 합니다.

그 외에 별다르게 드릴 말씀은 없고, 우리 주교님께서는 파리 근처의 예수회에서 영신 수련에 몰입해 계십니다. 드망즈 주교님께서는 어제 여기 오셨는데 건강하시고, 기낭 신부님은 지금 알릭스[187] 신부님 곁에 계십니다. 몰리마르[188] 신부님은 분명히 저보다 먼저 서울로 가 계실 것입니다. 서울이나 파리에서 동계를 지낼 수 없어 매우 섭섭합니다!

베쉐(É. Béchet) 신부

요즈음 저는 기낭 신부님과 신부님의 누이와 함께 아기 예수의 성녀(소화) 데레사를 찾아뵈었습니다. 경당이 아름답기는 하지만 너무 작아서 열심한 많은 순례객을 다 수용할 수 없었으며, 아침에 미사 드리러 힘들게 제대까지 가서, 데레사 성녀의 무덤 제대에서 간신히 미사를 드릴 수 있었습니다.

25일 선종할 때까지 그곳에서 사목하였다.
187 자신의 가정 문제로 1911년 4월 한국을 떠난 알릭스 신부는 1913년 11월 10일 파리 외방전교회를 탈회하였고, 1948년 10월 7일 고향 라프레네(La Fresnais)에서 선종하였다.
188 몰리마르(J. Molimard, 牟里말, 요셉, 1897~1950) 신부 : 1924년 6월 29일 사제 서품을 받고 1925년 9월 21일 파리를 떠나 11월 13일 한국에 입국하였다. 뮈텔 주교는 9월 20일 자 일기에 "내일의 출발자들을 위해 미사를 드렸다."라고 적었고, 9월 21일 자 일기에는 "몰리마르 신부도 오전 중에 내게 축하의 말을 하고 또 그는 오늘 저녁에 떠나기 때문에 작별 인사를 하러 왔다."고 하였다.

우리는 가르멜 수녀원 원장을 방문해서 데레사 성녀의 유물들도 얻었는데, 말씀하시는 수녀님의 목소리만 들을 수 있을 뿐이어서,[189] 그분이 정말 원장 수녀님인지 아니면 다른 분인지 또는 데레사 성녀의 자매인지 확인할 수 없었습니다. 들리는 말에는 (가르멜) 수녀원 원장이든 데레사 성녀의 자매이든 결코 직접 손님을 맞거나 대화를 나누지는 않을 것이라고 합니다.[190]

데레사 성녀의 생가와 유품들을 둘러보았는데, 순례객으로서 깊은 감명을 받았습니다.

이만 줄이옵고, 대충 다 말씀드린 것 같습니다. 대략 두 달 후면 뵙겠습니다. 경외하올 주교님들과 기낭 신부님은 내년에야 떠나실 듯하옵니다.

항상 건강히 지내십시오! 주교님, 제가 성지를 순례하게 되면, 특별히 주교님을 위해 기도드리겠습니다. 그동안 저를 위해서도 무사히 귀경할 수 있도록 기도해 주시옵고, 주교님도 안녕히 계십시오!

그리스도 안에서,
불초자 한 바오로 올림

---

[189] 봉쇄 수도회라 대면할 수 없었다.
[190] 소화 데레사 성녀가 입회한 가르멜 수녀원에는 데레사의 두 언니인 마리(Marie)와 폴린트(Pauline)도 있었다. 『경향잡지』 제599호(1926년 10월 15일)의 「로마 여행일기」 439~440쪽에는 같은 날의 행적을 다음과 같이 서술하였다. "'찬미 예수' 하는 소리가 들리기로 원장이 나온 줄 알고 인사하며 몇 마디 담화한 후 성녀의 유물을 창틈으로 내밀기로 감사로이 받아가지고 왔노라. 나왔던 이는 정말 성녀의 형님 원장인지 알 수 없고 당신이 성녀의 형님입니까 물어볼 것도 아니었으며 여러 사람의 말을 들으니 원장을 찾아오는 이가 많아도 실상 원장은 나오지 않고 다른 이가 대신 나온다 하는데, 그 이유는 내가 성녀의 형이오, 또 원장이라 하는 교만한 생각이 날까 하여 이와 같이 피한다 하니 실로 수도자의 행위러라."

뮈텔 문서[191]

1925년 11월 29일. 상하이

경외하올 유 주교님,

어제저녁 이곳에 도착하였는데, 이미 말씀드린 바와 같이 성지를 돌아본 후, 10월 27일에 포트사이드 항으로 돌아와서 29일 승선하여, 싱가포르까지 좋은 건강 상태로 항해를 계속하였습니다. 거기서 주교님께서 보내주신 조제[192] 신부님의 신문을 받아서 읽어보니, 르 장드르 신부님이 중환이시더군요! 상하이에 입항하면서 신문과 더불어 주교님의 편지도 동시에 받았는데, 프와넬 신부님도 몹시 편찮으시다고요! 아프신 신부님들을 위해 계속 기도드리겠습니다. 병자의 나음! 신부님들

191　문서 번호 없음.
192　조제(J. Jaugey, 楊秀春, 요셉, 1884~1955) 신부 : 1907년 7월 7일 사제 서품을 받고 8월 8일 한국에 입국하였으며, 이듬해 3월 경기도 용문(龍門) 본당 초대 주임으로 부임하였다. 1909년 1월 원주(原州, 현 원동 주교좌) 본당 제5대 주임으로 부임하였으나 '한일병합' 이후 본당이 폐쇄되고 말았다. 1914년 제1차 세계대전의 발발로 징집되어 프랑스로 돌아갔다가 종전 후인 1919년에 한국에 돌아와 다시 원동 본당 제7대 주임으로 복귀하였다. 1923년 3월 서울 대목구의 재정과 사무를 처리하는 당가(當家) 신부로 임명되어 1942년 서울 대목구의 관할권이 조선인 교구장에게 넘겨질 때까지 그 직책을 맡았다. 1941년부터는 『경향잡지』 제4대 발행인이 되었다.

을 위하여 빌어주소서! 두 분 다 빨리 완쾌되게 하여 주소서!

여행 중 내내 잘 지냈습니다만, 홍콩에 와서 몹시 더웠다가 갑자기 추워졌기 때문에 몸이 별로 좋지 않습니다. 며칠을 쉬면 좋아지리라 믿습니다.

12월 5일, 우리 배는 고베를 향해 출항하여 아마 9일경에는 도착할 것 같습니다. 하루 뒤에는 서울로 여행을 계속해서 13일(주일)에는 서울에 도착할 예정입니다.[193]

더 드릴 말씀은 없고, 대표부의 모든 신부님은 다 안녕하십니다. 배 안에 많은 선교사가 있었고, 선원 한 명은 선상에서 갑자기 죽었습니다!

근심이 많으시겠지만 늘 건강히 지내십시오! 저도 주교님을 위해 늘 기도드리겠습니다.

불초자, 한 바오로 올림

---

[193] 한기근 신부는 예상보다 빨리 서울에 도착했는데, 『경향잡지』 제579호(1925년 12월 15일)의 회보에는 "본사 주필 한 신부는…(12월) 10일 오전 8시경에 별안간 종현 대성당에 도착하셨다."라는 내용의 기사가 실려 있다.

Pertaesus hic...
cum dimidia, Pater gravissi[me]
[ae]grot! erat jam multum [melior]
tamen profectus est die 1[...]
t venit hic 17 et incepi[t]
[di]e 18; morbus autem ita [...]
[do]let capite, dolet omnibu[s]
, 속이 닳고 쓰고, 꿈이 걸니고
, 잠도 히 나고 et habet m[a]
[...]em etc....
Ipsemet bring[s] to [...]

한기근 바오로 신부 서한집
라틴어 판독문

Mutel Docu. 1902-34

Ex Kem sou ouen, die 16ᵃ Febr. 1902

Illustrissime Domine,

Cum itinere prospero perveni die septima februarii usque ad residentiam Patris Ni qui nondum terminavit autumnalem administrationem, habet enim adhuc aliquot kong so nondum visitata in districtu Phyeng-san ubi nunc incipit conversio paganorum, et etiam in territorio Hoang-tjyou sat multi sunt catechmeni, sed hi duo districtus nimis distant ab residentia Patrum.

Transeundo Song-to intravi ad Patrem Rouvelet qui bene se habet et dormivi una nocte apud eum. Hic omnes Patres, quos nondum potui visitare, bene sese habentes, jamjam proficiscuntur ad visitationem vernam;

Pater Le gac, quem audiveram in Seoul infirmari apud Patrem Wilhelm, sanatus abhinc aliquot diebus profectus est ad kong so vernum faciendum. Pater Ni habet multa kong so et praecipua in duabus districtibus Pong san et Sye heng numero circiter 50 in aliis territoriis autem habet aliquot parvas christianitates tantum. Etsi pagani aliquando veniunt ad Religionem Catholicam non pura intentione, et etiam aliquando non desunt negotia temporanea; attamen videtur praedicatio Evangelii sat florere, et hoc anno Pater Ni jam habet 400 baptismata.

Hic non tam fertur rumor de fame et de latronibus, sed injustiae[injustitiae] praefectorum et vexatio portitorum(pou sang) satis audiuntur.

Valeatis Reverendissime Domine! Bonam valetudinem vobis peroptans brevi proficiscar unacum Patre Ni ad vernam administrationem sacramentorum.

Vester indignus filius Paul. Han

Mutel Docu. 1902-73

† J. M. J.

Ex Hoang-tjou Oi nam pou, die 5 Junii 1902

Illustrissime ac reverendissime Domine!

Jam a die 19ᵃ Maii sum in hoc pago vocato Oi nam pou extra partem meridionalem civitatis Hoang-tjyou, domus quam emerunt christiani 1100 ligaturis yep, etsi parum vetusta satis est magna (sunt enim 30칸) ita ut christiani faciliter possint assistere Missae sacrificio.

Hic sunt christiani numero decem cum duabus mulieribus, circa civitatem autem sunt satis multi et veniunt ad Missam in diebus dominicis; tum neophyti tum catechumeni sensim redeunt ad praxim religionis, nam multi cessaverunt practicare religionem propter vexationem paganorum praesertim praetorianorum.

Habitare in civitate quamvis sit injucundum pro me, sed debui quasi coacte manere hic saltem ad tempus, nam in aliis kong so non invenitur locus aptus nec domus praeparata et insuper christiani omnes desiderabant ut maneam hic; attamen si nimis sentiam difficultatem, potero migrare in alium locum.

Nam tam longe disto ab aliis Patribus: cum Patre Faurie 8 leucis, cum Patre Le merre 10 leucis, cum P. Oudot 6 leucis, cum P. Le gac 8 leucis, cum P. Kim Aug. 7 leucis et cum P. Ni pariter 7 leucis; etetiam non habebo forsan kong so ultra quinque vel sex leucas ex oppido Hoang-tjyou.

Audivi nuper Patrem Le Gendre migrasse in civitatem Eun ryoul post Dominicam Pentecostes, omnes Patres Hoang hai to bene sese habent ut audio a christianis.

Praefectus Hoang tjyou nuper venit ad me salutandum, quem prius salutaveram per unum christianum mittendo nomen meum; hic mandarinus videtur favere christianis, forsan non quia amat christianos, sed quia timet ne aliquis ex christianis faciat reclamationem contra eum in Seoul. Dux militum qui erat hic judicatur in Song-to eo quod multa patraverit contra justiam[justitiam], accusator ejus est nomine catechumenus eo quod sit filius christiani, en praecipua nuntia provincialia.

Valeatis reverendissime Domine, Suppliciter peto a Vobis speciale auxilium precum et benedictionem ut possim bene laborare in hac vinea Domini!

Valeatis Illustrissime Domine!

Vester indignus servus Paul. Han

Mutel Docu. 1902-112

† J. M. J.

Ex Oppido Hoang tjyou, die 4ᵃ Jul. 02

Salve Reverendissime Domine,

In quantum conabor ad vitandum negotium saeculare postquam veni in hanc civitatem, sed hac vice obligor Vobis unum negotium deferre: in die 24ᵃ Junii circa horam 11ᵃᵐ pomeridianam adversarius christianorum jam ab anno praeterito, nomine Pac tjyeng-mo(朴貞模) exitatis[excitatis] multis nequissimis hominibus et lanioninus tenentibus cultros et baculos venit ad domum meam destruendam et vexandum et expellandum me et christianos.

Sed ego et 4 vel 5 christiani qui dormienbant in domo mea non exivimus ad resistendum eis et nihil omnino diximus nec etiam monuimus praefectum et ducem militum; interea pagani cognati et amici christianorum furtim veniebant et monebant christianos de periculo imminenti, et christiani responderunt: si Pac tjyeng-mo et alii volunt destruere sacellum et occidere nos, faciant ad libitum eorum. nos nihil timemus.

Tandem illi nebulones non ausi sunt intrare domum, extra in via faciebant strepitum dicendo occidamus, mittamus ignem in domum etc. et projiciebant lapides omnino prope cubiculum in quo manebam, attamen feliciter non accepi lapidem in meo corpore; postea illi seditiosi sensim disparuerunt.

Die sequenti non statim scripsi ad profectum ad explorandum animum ejus de hac re quomodo sentiat, et putabam illum venturum ad me vel saltem missurum epistolam; sed minime venit nec scribit quamvis certe cognoverit illam turbationem in nocte. Itaque vespere ego coacte scripsi ad mandarinum et narravi omnia, et ille respondit: equidem heri nocte audivi Pac tjyeng-mo pugnare cum aliquo christiano, sed tale factum nefandum omnino nesciebam; unde nunc comprehendam et puniam illum Pac malefactorem, sed iste Pac minime manet in carcere econtra deambulat ubique et tamen dicitur captivus.

Ille Pac est valde favorabilis apud mandarinum et est dux satellitum, dux pousang et dedit filiam suam Song tjyeng-syep qui propter negotium insulae ouel mi to venerat in exilium; et ita confidens amicitiae madarini, auctoritati Song seung-tjy quotidie aperte faciebat latrocinium apud populum sciente mandarino et forsan volente, et tamen nemo poterat resistere illi Pac.

Sed hoc tempore crescente numero christianorum et catechumenorum iste Pac non potest furari sicut antea, unde furiosus contra christianos jam ab anno elapso, in quantum potest persequitur fideles; haec est vera causa propter quam voluit destruere domum meam et expellere me, et non fuit alia causa.

Mandarinus autem quamvis propter urbanitatem ostendat mihi benevolentiam, videtur tenere partem Pac tjyeng-mo, hoc bene apparet ex modo agendi ejus nam praefectus dicit se carceravisse et severe punisse illum Pac malefactorem, sed nunquam carceratur et punitur iste Pac; unde impossibile est illum reum punire in Hoang-tjyou.

Quamvis sit injucundum pro Vobis audire et curare de negotiis temporaneis attamen impossibile est evitare negotium omni tempore praesertim pro Hoang hai to. Enixe rogo vestram Paternitatem ut scribatis tantum unam epistolam ad gubernatorem Hai tjyou ut ipse capiat et puniat Pac tjyeng [mo] in Hai tjuou, si non postestis tractare hoc negotium in Seoul.

Nescio an gubernator sive antiquus sive novus jam descenderit in Hai tjyou, gubernator antiquus si nondum est depositus ex Seoul bene poterit curare hoc nostrum negotium et melius audiet vestram epistolam, ipse nolens deponi ab officio portavit sigilum guberatorium usque ad Seoul et ex Seoul melius administrare audivi.

Non ex intentione vindictam sumendi contra adversarium vel tolendi meum mang-sin sic imploro vestrum auxilium, sed pro bono communitatis Hoang-tjyou quia tum christiani tum praesertim pagani injuste vexantur ab illo Pac tjyeng-mo qui hac vice si non punitur postea magis insolentius mala patrabit. Scripsi ad Patrem Wilhelm ad petendum consilium et auxilium pro hoc negotio sed nondum accipio responsum ejus.

Nuper visitavi Patres Oudot et Wilhelm et alios qui bene sese habent et non habent magnam difficultatem, ego autem cum incipiam novum districtum satis habeo kyek tjyeng, sed Deo adjuvante bonum districtum fore spero. hic pluvia incepit cadere a vigilia festi Sti Joannis Bapt. sed nondum est satis pro oryzariis.

Valeatis Illustrissime Domine!

Vester indignus servus Paul. Han

Mutel Docu. 1902-197

✝ J. M. J.

Hoang-tjyou, 5 9^{br}. 1902

Pater reverende!

Quomodo valetis? Quoad me nihil possum dicere, fere aliquando perdo mentem, et timore incutior terribili. Quoad anxietates nihil possum narrare. Valete et orate et adjuvate pro me.

Totus vester P. Han.

[편지 상단의 메모]

+ J.M.J.

Reçue hier. Que veut dire le pauvre Père? J'essaye depuis quatre mois de faire qq chose pour lui sans résultat bien appréciable - J. Wilhelm 20 nov 02

Mutel Docu. 1903-5

† J. M. J.

Ex Hoang-tjyou, die 6ᵃ Jan. 1903

Illustrissime Domine!

In novo anno quomodo est vestra valetudo? Servus vester autem satis bene valens terminavi kong so autumnale et mox incipiam vernum kong so. Omnes Patres bene sese habent quos vidi nuper.

Habeo quosdam casus consulendos sed hac vice nimis occupatus non possum deffere Vobis; proxima vice consulam Vos de quibusdam rebus.

Valeatis reverendissime Domine!

Vester filius humillimus Paul, Han

Mutel Docu. 1903-43

✝ J. M. J.

Ex oppido Hoang-tjyou, die 28 Jan. 1903

Reverendissime Domine!

His diebus bis accepi vestras epistolas, in prioris epistolae involucro haerebat quidem ouphyo sed intactum id est non maculatum, sed suspicor quod Ni tcham pong tradiderit vestram epistolam D. Tjyo pyeng sic et hic transmisit ad filium suum.

In illa epistola Tjyo pyeng sic nihil aliud continetur nisi mendatium; nam christiani omnes non tantum solvunt tributum antea designatum et hoc anno auctum (solvunt pro 1 kyel yep 116,20 ligaturas) sed etiam solvunt omnes collectiones secundum statutum mandarini (Kouan-tjyel-moc) scribo litteris europeis quia kouan soc saepe aperiunt epistolam et examinant; mandarinus nec semel reclamavit apud me quod christiani non solvunt tributa, econtra ipse antequam adscenderet Seoul venit ad me et omnino suppliciter rogabat me ut suaderem meis christianis ne facerent reclamationem in Seoul contra mandarinum ipsum vel contra Hyang soc et kouan soc; ipse aperte confitebatur antea manducasse pecuniam populi injuste.

Respondi illi ego in quantum potero prohibebo christianos ne faciant aliquid contra te mandarinum, tantum bene vigila super omnes kouan soc qui semper vexant christianos ad furandum sive directe sive indirecte; vere Hoang tjyou kouan soc sunt pessimi sicut Pac tjyeng-mo et numerosi fere sunt 500; nuper quoque illi kouansoc divulgaverunt falsum rumorem dicendo quod omnes Patres Hoang hai to capti fuerint a miltibus et soun kem Seoul et ducti fuerint in Seoul ad occidendum; et hujusmodi verba divulgando sive in civitate sive in pagis percutiebant christianos et exigebant pecuniam ab eis.

Hoc tempere kouan soc magis insolescunt propter Hai tjyou kouan tchal sa qui tribus vicibus misit ad omnes subpraefectos Houn ryeng specialiter contra christianos et in quantum postest quaerit causam capiendi christianos; unde in omnibus rebus caveo et adhibeo omnem prudentiam ut non accidat mihi malum negotium.

Etsi insurgant omnes contra Religionem Catholicam, non possum non praedicare Verbum Dei videndo fervorem christianorum et conversionem paganorum qui ardentissime petunt fieri christianus. Post 4 dies proficiscar ad kong so vernum.

Nuper volebam consulere Vos de aliqua re scilicet: catechumenus quidam nomine Kim habens uxorem legitimam duxit concubinam et quacum vivit abhinc 40 annis, uxor vero legitima habitat in diverso pago cum filiis et non ivit ad alium maritum; tres simul sunt senes schilicet concubinarius. concubina et uxor legitima (plus 60 annorum) concubinarius cum concubina paratus ad baptismum petit baptizari.

Secundum privilegium Paulinum videtur posse duos simul baptizare et cum interpellatione ad uxorem legitiman conjungere in matrimonium; sed timeo ne detur novis christianis falsa idea retinendi concubinam post baptismum; quia hic catechumenus Kim post baptismum et post matrimonium cum interpellationem[interpellatione] ad primam uxorem debet tamen sustentare antiquam uxorem et providere et curare ejus sekansari cum non possit expellere antiquam uxorem admodum senem ex familia sua. Habeo hujusmodi casus duos omnino similes; usque nunc distuli eorum baptismum.

Valete semper reverendissime Domine, me minimum filium vestrum commendo sacris precibus Vestris.

Vester humillimus filius Paul. Han

Mutel Docu. 1903-143

† J. M. J.

ex Hoang Tjyou Song kok, die 17 Feb. 1903

Reverendissime Domine!

Cum gratiarum actione nuper accepi litteras vestras; quoad accusationem mandarini Tjyo, sic respondeo: christiani non faciunt difficultatem mandarino nisi quando satellites injuste capiunt, percutiunt et exigunt peccuniam.

Quoad tributa christiani solverunt tributa et acceperunt Tchyek-moun(charta testificans solutionem) et etiam solverunt kouan-tjyel-mok(statutum mandarini) pro stipendio Hyang tjyang et omnium kouan sok; in hoc casu non possum obligare christianos ad solvendum innumera mou-myeng-tjyap-sye, nam populus non sunt tam divites ad solvendum debitum sine titulo.

Mandarinus nec semel relamavit[reclamavit] apud me quod christiani non solvant tributa et nec potest dicere apud me sicut apud Vos locutus est. Nec misi ad eum catechistam antequam adscenderet ipse in Seoul et nec commisi catechistae aliquid pro negotio tributi, unde mandarinus mentitus est apud Vos.

Ut audio Hai tjyou kouan tchal sa fecit pacem cum Patre Wilhelm fraudulentam, nam sequenti die misit soun kem usque ad cubiculum P. Wilhelm ad capiendum An Camillum Catechistam Patris; ejus animus est semper opprimendi christianos et diffamandi de Missionariis; quidquid sit providete unum Patrem pro Hoang tjyou, quia numerus christianorum de die crescunt.

Valete illustrissime Domine!

Vester humillimus filus P. Han

Mutel Docu. 1903-38

† J. M. J.

Hoang tjyou, die 4ᵃ April. 1903

Reverendissime Domine!

Jam audivistis de tribulatione christianorum Hoang hai to, christiani Hoang tjyou quoque maxime persequuntur sive a satellitibus sive a pou sang unde multi aufugerunt in varia loca et non poterunt facere agriculturam.

Omnino inutile est reclamare ad mandarinum, quia omnes mandarini sunt dolosi, mendaces et hostes christianorum.

Est magna miseria pro novis christianis qui nunquam viderunt persecutionem et non habent tantam fidem ad bene sustinendum et facile negant fidem dum crudeliter percutiuntur, expoliantur pecuniis et etiam domus destruuntrur.

Mandarinus hic non facit aperte contra christianos, sed clam per satellites et per pou sang vexat christianos; unde ordinarie non incarcerat christianos et etiam non ducit captivos in mandarinum. Clarius poteritis audire a Kim Joanne qui ascendit Seoul sperans auxilium Vestrum.

Valete Illustissime Domine! Meipsum et omnes christianos commendo vestris sanctis precibus.

Vester inutilis servus P. Han

Mutel Docu. 1903-45

☦ J. M. J.

Honag tjyou, 21 April. 1903

Illustrissime Domine!

Putabam me posse ascendere Seoul pro secessu, sed hic et nunc fere impossibile est ut relinquam Hoang tjyou.

Primo quia mea absentia magis reddet christianos timidos et tristes. Sedundo non habeo ullum hominem qui custodiat domum et res missales; quidam christiani frequentant urbem sed non possunt et non audent ad me venire propter timorem pou sang.

Aliquot christiani qui sunt in urbe nocte furtim veniunt ad videndum me et narrant miserias christianorum; unde jam fere duabus mensibus (et forsan amplius) omnino solus cum uno famulo remaneo, et aliquando kouan soc et pou sang veniunt ad vexandum me.

His diebus quoque pou sang sive in via sive in pagis vexant christianos ad extorquendum pecuniam et non permittunt observare Dominicam.

Mitto Vobis folium administrationis; anno sequenti non multi remanebunt sive christiani sive catechumeni, jam magna pars christianorum aufugerunt in Phyeng an to et Kang ouen to et in varia loca.

Valete reverendissime Domine! Omnes miseros christianos commendo vestris sacris precibus.

Vester filius indignus Paul. Han

Mutel Docu. 1903-67

✝ J. M. J.

Hoang tjyou, 10 Jun. 1903

Reverendissime Domine!

Nuper accepi epistolam vestram per Kim Joseph missam; his diebus christiani multo minus vexantur quam antea; attamen ubique auditur christianos deficere, vix veniunt ad me quamvis saepe frequentant civitatem, tempore autumnali forsan non inveniam christianos multos.

Praesertim hoc tempore nimis incommodum est manere in civitate solus, sed non possum invenire aliquem locum in quem possim migrare, non invenitur aliqua christianitas satis firma neque domus kong so aedificata, jam providebam aliquem locum pro residentia, sed post illam tribulationem omnia mutata sunt praesertim homines.

Antea si aliquis Pater iret in aliquem pagum etiam paganum ad manendum. omnes pagani libentissime recepissent Patrem; nunc autem ipsi neophyti vix videntur agnoscere Patrem, forsan quia non amplius habent sperandum de Patre.

Post aliquot dies forsan ibo ad aliquem Patrem pro recreatione, sed nec unum hominem habeo cui possim committere domum.

Valete illustrissime Domine! et orate, quaeso, pro neophytis Hoang hai to.

vester indignissimus P. Han

Mutel Docu. 1903-95

† J. M. J.

Hoang tjyou, die 25 Jul. 1903

Reverendissime Domine!

Heri accepi litteras vestras; dummodo si christiani in fide perseverarent, quascumque miserias adhuc libenter sustinerem; sed ut nunc video fere omnes (exeptis puacissimis) deficere a fide, non est consolatio; paucissimi et rarissime veniunt ad recipiendum Sacramenta.

Christiani Hoang tjyou multo minus passi sunt relative ad christianos Se heng, Pong san etc. et quidam nullo modo passi sunt damnum; attamen defectio eadem est ac in aliis locis.

Fere omnes post aliquot dies fugae redierunt ad suam familiam et fecerunt agriculturam, pauci autem usque nunc persequuntur a nebulonibus; usque nunc maneo hic ad consolandum et confortandum neophytos; sed non video quemdam effectum. Vere magna gratia nasci ex parentibus christianis, habeo in toto districtu 2as familias antiquas christianas, quae usque nunc persequuntur quamvis antea nullo modo fecerint ineptias sicut quidam neophyti, attamen huc illuc mendicando nunquam omittunt officia christiana et furtim veniunt ad Sacramenta.

Quoad filum bombycinum puto non posse inveniri in quacumque quantitate et quocumque pretio, antea nunquam audivi vendi hujusmodi filum, nunc non possum videre homines quos interrogem. Quoad folliculos puto posse inveniri in hieme vel in verno per aliquot modios et pretium nescio; audivi anno praeterito a christianis: quando aliquis nobilis vel dives volunt habere 야견쥬 ambulant de pago ad pagum ad emendum folliculos solvendo 3 vel 4 sapeccas pro singulis folliculos; et ita colligunt plures modios.

Quamvis in tota Corea inveniantur arbores 가죽, occidentalibus 兩西 tantum inveniri hujus modi bombyces. Audivi hoc modo colere 야견츙: verno tempore mittunt papiliones natos ex folliculis in arbores 가죽 假椿(quia habetur adhuc 참죽 眞椿, iste 椿 caracter proprie significat arborem fabulosum quia dicitur viviere per 8000 annos, sed Corea in isto caractere utuntur ad significandum 가죽, 참죽, vel 둘베나무) et aliquando filo ligantur papiliones in arbore, ne forte fugiant, arbores quoque funiculo inter se ligantur, et saepe trahunt funem ad abigendas picas quae veniunt ad mactandum papiliones vel postea vermes bombycinos;

Vermes in arbore sine cura bombynatoris manducant folia ex arbore 가죽 et suo tempore aedificant folliculos; tempore autumnali quando folia cadunt, tunc bombycinator sumit folliculos qui inveniuntur inter folia sive qui adhuc haerent in arbore. En bombycultura satis primitiva. Europei qui habent variam scientiam forsan melius poterunt colere tales bombyces; arbores 가죽 ordinarie abundantius inveniuntur in regionibus prope mare.

Valete illustrissime Domine! Oro et orabo semper pro Vobis qui forsan magis desolamini quam illi qui sunt in provinciis, nam nos portamus singuli unam vel alteram difficultatem, Vos autem innumeras difficultates totius Missionis portatis, negotio H.H.T. adhuc supervenit negotium Asan. Timeo ne aliud negotium adhuc superveniat.

Vester indig. servus Paul. Han

Mutel Docu.

Kem sou ouen, die 9ᵃ Aug. 1903

Reverendissime Domine,

Die 4ᵃ in via ex Hoang tjyou ad Kem sou summo cum dolore audivi a christianis descendentibus ex Seoul nuntium triste de morte SS^{mi} Patris Leonis XIII, dicebant mihi venisse telegramma nuntium obitum praelaudati Summi Pontificis die 5ᵃ lunae 6^{ae}.

Jam diu volebam venire in Kem sou ad consolandum christianos P. Ni, sed propter varia impedimenta praesertim invidiam inimicorum Nominis christiani usque huc non potui satisfacere voto tum meo tum christianorum Kem sou; maneo hic dando Sta christianis et redibo hoang tjyou ante festum Assumtionis B.M.V. Hic invenio christianos multo plures quam putabam, veniunt ex variis kong so ad sacramenta ita ut aliquot centenas confessiones potuerim audire. In singulis kong so remanent aliquot boni et fideles christiani, et quaedam kong so fere intacta remanent.

Transcendo civitatem Pong san accepi injurias a kouan soc inter quos erant catechistae, christiani et catechumeni qui insolenter me in via retinuerunt et dixerunt mihi ut descendam de equo, sed dicendo berva[verba] pacifica pergi iter meum.

Audivi Hai tjyou kouan tchal sa descendisse sed nescio utrum verum sit. Non spero reparationem damni temporalis quod passi sunt christiani, esset magnum beneficium pro christianis residuis si illi nebulones kouan soc et pou sang relinquerent pusillum gregem in tranquilitate; nunc quoque in quantum possunt quaerunt ansam vexandi christianos.

Pro 야견사 statim rescripsi Vobis, sed nescio utrum interea alata[allata] fuerit illa epistola per postam.

Valete Illustrissime Domine!

Vester indignus P. Han

Mutel Docu. 1904-150

†

Hoang tjyou, die 21 Sept. 1903

Reverendissime Domine,

Uno animo Vobiscum celebrando hodiernum festum anniversarium Consecrationis Episcopalis Vestrae Deum toto corde oravi ut Vobis gratias omnes necessarias misericorditer largiatur per multos annos pro felicissimo regimine hujus Vicariatus.

Nuper cum gratiarum actione recepi epistolam vestram missam per occationem Patris Melizan revertentis. Quoad statum christianorum hujus regionis, ut jam pluries Vobis retuli, sensim magis deficiunt miserabiles neophyti. Vere nescio quid faciendum sit tempore administrationis.

In quibusdam kong so remanent 2 vel 3 christiani senes vel pauperimi quasi furtim practicantes, sed non possunt vel non audent invitare Patrem propter contadictiones et varia impedimenta ex parte adversariorum.

Hoc tempore pagani et alii nebulones omni modo exigunt contributionem superstitiosam a christianis vel etiam trahunt ad superstitionem ita ut non possint practicare Sanctam Religionem.

Christiani Patris Ni impatienter expectant eum, nam illi fere uno anno non potuerunt recipere sacramenta. In districtu Seheng christiani magis perseverant in fide ubi fuit tribulatio atrocior et diuturnior. Nuper quoque ex Se heng christiani et etiam christianae venerunt usque ad me ad sacramenta accipienda. Si Pater Ni diu non venit, forsan adhuc semel ibo ad eos.

Valeatis Illustrissime Domine! Commendo vestris sanctis precibus meipsum et totum Hoang hai to.

Inutilis servus vester Paul, Han sac.

Mutel Docu. 1904-30

Hoang Tjyou, 29 Febr. 1904

Illustrissime Domine,

Nuper accepi vestrum mandatum, certe timendum sub omni respectu; coactus reliquo hoc oppidum, et migrabo in pagum Tjyek eun tong, prope Tchel to, tribus leucis ab oppido distantem; quia remanendo hic nec potero christianis dare sacramenta et gratis vexabor.

Domum meam relinqo[relinquo] vacuam et pono unum christianum ad vigilandum, sed nescio utrum fideliter vigilabit; forsan erit caupona extraneorum in foro Heng sou ouen quod distat decem ly a Kem sou ouen.

Domus kong so occupata est pro statione militum, nec Pater Ni neque christiani reclamaverunt quum viderent omnino inutile reclamare.

Autumno visitavi 5 kong so sed non multos christianos, vere autem duo vel tres tantum potero visitare, omnia impediunt pacem christianorum. Tum pagani tum christiani turbantur vexantur migrant huc illuc die ac nocte.

Pro secessu si potero ascendam parum citius ut possim visitare familiam Kim Magdalenae (meae paic-mo) quae anno elapso plena meritis et annis obiit in Domino, cujus nec morti neque funeribus potui adsistere.

De caetero valete reverendissime Pater!

Vester servus inutilis Paul. Han

Mutel Docu. 1904-49

†

Tjyek eun tong, die 5 April 1904

Reverendissime Domine!

Ex mandato vestro certior factus sum quod non possit fieri hoc anno secessus spiritualis in communi in Seoul.

Ante Pascha Resurrectionis D.N.J.C. visitavi kong so, sed christiani magis deficiunt quam autumno; et nec spes conversionis tum neophytorum tum catechumenorum; omnia turbantur ubique vexatio extraneorum et etiam rumor Tong hac.

Mittimus unum hominem cum Patre Ni ad asportandum olea sacra et vinum pro Missa. Puto omnes Patres hujus provinciae bene sese habere, quoad nuntia nihil novi potui audire.

Valeatis Illustrissime Domine! Commendo vestris sacris precibus me humillimum filium vestrum et omnes christianos. Valete!

Vester humillimus filius Paul, Han sac.

Mutel Docu. 1904-151

✝ J. M. J.

Tjyek eun tong, die 19 Sept. 1904

Illustrissime ac reverendissime Domine!

Appropinquante festo Sti. Mathei simul et anniversaria solemnitate Pontificatus Vestri Vobis offero has litteras summopere Deum deprecans ut gratias innumeras largiatur Vobis qui tot et tantis curis totius Missionis gravamini.

Hoc anno Pater Faurie tradidit mihi aliquot ex suis kong so ex mandato Vestro, ego cum non habeam hic tam multos christianos potero visitare illa kong so.

Quoad numerum kong so possem circuire bis et amplius, sed forsan non potero omnes christianistates bis visitare, nam christiani dicunt jam: nos ibimus ad recipiendum sacramenta annualia apud patrem et pater non debet venire apud nos bis, haec verba ex more asiatico idem valent non possumus recipere patrem bis, quidquid sit non poterunt omnes venire ad me ad accipienda sacramenta.

Hic nihil novi Vobis relatu digni; in Hoa syek si japonenses aperiunt portum jam multae domus aedificatae, et via ferrea incipit perfici, jam ponuntur ferra parallela; huic portui japonenses indiderunt novum nomen 兼二浦; de bello autem nihil omnino audio

Valeatis Illustrissime Domine, jam tribus annis Vestra praesentia privatus sum, numquid anno sequenti eritne tempus tranquillum ut possim adire Seoul pro sacri secessu? Deus disponat!

        Vester servus inutilis Paul Han sac.

Mutel Docu. 1905-81

✝ J. M. J.

Tjyek eun tong, die 21 Jul. 1905

Illustrissime Domine,

Quaenam est vestra valetudo in hoc tempore maximi caloris et diuturnae pluviae? Hoc anno vere nimis pluit ita ut ubique fuerit inundatio. Quid faciendum est de domo mea antiqua quae est in civitate Hoang tjyou? Si judicatis illam domum fore utilem et adhuc posse inservire Missioni, non est vendenda, si autem non est utilis pro Missione, melius videtur ut vendatur, quia sensim domus deperditur.

Antea propter bellum nullus volebat illam domum emere, nunc autem coreani sperantes pacem de bello intrant in civitatem, unde nunc forsan potest inveniri aliquis emptor.

Patres qui sunt in hoc parte, ut puto, bene sese habent, et Pater Son postquam descendit visitavit aliquot kong so postulantibus christianis qui non potuerunt recipere sacramenta in verno tempore.

Praeterea hic non sunt nova Vobis relatu digna; his diebus propter rumorem de mutandis monetis vix fit commercium et res quae venduntur carissime venduntur. Mercatores coreani facto consilio non utuntur yen japonico, sed tantum paik thong, et prohibent ne vendatur vel ematur charta papyrea jap. inter coreanos.

De caetero semper bene valeatis illustrissime ac reverendissime Domine!

Vester filius humillimus,
Paul Han sac.

Mutel Docu. 1905-120

† J. M. J.

Ex Tjyek eun tong, die 20 Sept. 1905

Illustrissime ac reverendissime Domine,

Cras cum sit festum S^{ti}. Mathei simul et anniversaria festivitas Unctionis Episcopatus Vestri, has litteras Vobis offero, salutoque toto affectu filiali Vestram Amplitudinem reverendissimam, praesertim cras Deum misericordiarum toto corde deprecabor pro Vobis, ut conservet Vos diu sospitem cum omnibus prosperis.

Audivi ex diario Patris Villemot duos novos Patres ex Gallia venire in Coreanam Missionem, jam perveneruntne cum bona peregrinatione? Si omnes neophyti ex Hoang hai to perseverassent in fide, possem sperare adhuc Patrem alium in Hoang hai to mitti; Sed proh dolor! Illi tepidi non redeunt in pristinam fidem.

Nunc christiani etiam pagani pariter multi migrant in aliam regionem ad evitandum laborem in via ferrea vel in aliis constructionibus extraneorum, unde conditio Coreanorum sensim fit pejor quamvis nunc dicatur de fine belli.

Peropto Vobis reverendissime Domine optimam valetudinem, et meipsum projicio in auxilium orationum vestrarum, profecturus sum enim ad kongso facienda circa lunam decimam.

Valeatis Illustrissime Domine!

Amplitudinis vestrae filius humilis,
Paul. Han sac.

Mutel Docu. 1906-120

†

Ex Tjyek eun tong, 11a Julii 1906

Illustrissime Domine,

Versionem libri quem acceperam tempore secessus sacri ad interpretandum coreanice, jam diu terminavi, et usque modo quaero occasionem Vobis transmittendi, sed non invenio; liber est satis magnus fere 90 foliorum, non audeo mittere per postam, erit enim magnum pretium et praesertim timeo ne perdatur liber et labor meus in via. Quoad dicenda quaedam de versione dicam Vobis quando referam Vobis illam versionem[.]

Hic nihil novi aliquid habeo Vobis relatu digni. Omnes Patres Hoang hai to bene sese habent; pluvia pluries et satis abundanter cecidit, unde agricultura usque nunc bene succedit. His diebus ex mandato praefecti et subpraefecti populus qui habent aliquot sapeccas invite coguntur intrare in societatem quae vocatur rong sang eun haing, et tenentur salvere aliquam argenti quantitatem secundum divitias uniuscujusque.

Valete Illustrissime ac Reverendissime Domine! exopto Vobis optimam valetudinem tote tempore tanti caloris. Valete!

Vester filius indignus P. Han

Mutel Docu. 1906-120

†

Tjyek eun tong, die 12 Aug. 1906

Reverendissime Domine,

Nunc tantum mitto Vobis meam versionem. Traduxi illum librum omnino secundum originale, sed aliquando aliquod vocabula addidi ad exprimendum clarum sensum et aliquando omisi aliquot caracteres minus utiles; quosdam expressiones sinicas (verum mountjya sinicum) traduxi non de verbo ad verbum, sed aequivalenter tantum nam si illae expressiones literaliter verterentur coreanice non bene sonabat et aliquando erat ridiculosum. Non ausus sum ponere multa moun tjya nisi coacte et rarissime quando non habebam alia vocabula apta quam moun tjya sed usu acceptata.

Quoad textum scripturae strictissime secutus sum protestantium, etiam si sit aliquando erranter, male et minus recte versus, aliquando aliquid omissum sit; quoad orthographiam em moun usus sum nostra orthographia, forsan fuisset melius si adhibuissem orthographiam saecularem seu paganorum; sed prima non attendi illud nisi post totam factam versionem. Explicationes parvae quae interdum inveniuntur in textubus debuerunt mutare loca sua et vocabula, cum mutentur ipsi textus.

Multum haesitavi propter vocabulum ye sou kio, nam quavis istud vocabulum sit simplex denominatio, attamen forsan offenderent aures christianorum, qui (ut puto) certe nollent vocare illos haereticos ye sou kio, unde si non scandalizarentur saltem mirarentur quod in nostro libro vocaremus illos protestantes ye suo kio seu yesuitas.

Unde hoc modo traduxi: in textubus, in objectionibus et in aliis phrasibus tanquam a protestantibus prolatis adhibui ye sou kio et caetera vocabula protestantium omnino more protestantico; in responsionibus et in propositionibus autem catholicorum dixi ryel kio loco ye sou kio, tjyong to loco sa to, tjyou kio loco kam tok etc; et revera vocabulum ryel kio est magis aptum quam ye sou kio, quia ryel kio designat omnia gerera haereticorum sed forsan non vice versa ye sou kio designat omnes haereticos.

In textubus kou yak quaedam nomina propria v.g. Josue, Samuel, Malachias etc, posui latine quum ignorem angelice quomodo diceretur. In aliquo folio explicui nomina librorum novi et vestris testamenti qui citantur in illo libro ut possint christiani aliquam ideam de Scriptura Sacra habere.

Post totam factam versionem iterum atentius legendo multo debui corrigere, unde sunt hyep se satis multa; volebam iterum transceribere, sed propter calorem non ausus sum transcibere, de caetero non est necesse ut liber sit correctus, utetur enim tantum pro impressione.

Valeat Illustrissimus ac reverendissimus Dominus!

Vester filius Paul. Han sac.

Mutel Docu. 1906-177

†

Tjyek eun tong, die 21 Sept. 1906

Salve Reverendissime ac Illustrissime Domine,

Hodie cum sit festum Sancti Mathaei Apostoli simulque anniversaria dies Episcopalis unctionis Vestrae, his litteris Vobis offero vota mea etsi humillima; corde toto Deum oravi et oro pro Vobis ut gratiis innumeris perfruamini ad multos annos.

Versionem libri jam Vobis oblatam esse credo, miseram enim per occasionem Patris Oudot petentis Seoul ad curandum vulnus suum in manu, utrum nunc sanatus sit[?]

Jam diu dixi Patri Son ut mittat suam versionem S^{ti} Evangelii sive per occasionem aliquam sive per postam, puto eum jamjam transmisisse Vobis.

Huper accepi a Patre Demange epistolam communem de diario catholico publicando; pluries locutus sum christianis de illo diario, sed illi agricolae rustici parum cogitant de emendo diario, unde puto non fore multos accipientes.

Ecce instat tempus visitationis christianorum pro me autem non multorum; proficiscar circa finem lunae 9^{ae} vel initio 10^{ae} lunae; praesertim in hoc tempore me committo sanctis precibus vestris ut possim afferre aliquem fructum.

Valeatis illustrissime Domine! Peropto Vobis optimam valetudinem.

Vester filius Paul. Han sac.

Mutel Docu. 1907-17

✝

Tjyek eun tong, 12 Febr. 1907

Reverendissime Domine,

Transmitto Vobis versionem Evangelii S^{ti} Marci. Cum debuissem traducere litteraliter de verbo ad verbum, non potui plus ornare quoad stylum coreanum in ipsa versione, attamen stylus non reputabitur adeo vilis ut puto.

Quaedam vocabula hebraica vel graeca v.g. Pascha, Sabbatum etc. etc. non verti, quia christiani jam sunt assueti illis vocabulis loqui; et etiam si vertatur non erit commodius quam ipsum vocabulum haebraicum, in versione latina et quovis europeana versione non fuerunt traductum, unde non est ratio ut coreanice vertatur.

Quoad summarium capitis, dividendo posui in superiori margine paginarum, quia putavi hoc fore jucundius christianis quam omnes titulos totius capitis simul ponere in initio capitis.

Quoad explicationes, puto me posuisse sufficienter pro christianis lectoribus, et non remisi ad Stum Mathaeum, quia fere inutile est remittere ad alterum librum; christiani quando habent ante occulos aliquid legendum, tunc legunt, sed quando remittitur alibi multi negligunt quaeritare.

Aliquid novi introduxi in litteratura coreana scilicet pausam inter singula vocabula, distinctionem tonorum et punctuationem; haec tria omnino sunt necessaria ad bene legendum et bene intelligendum. Sine his regulis etiam instructi lectores coreani saepe haesitant, male legunt contra sensum et contra doctrinam; et aliunde 聖經 debet scribi cum omnibus formalitatibus litteraturae.

De caetero versionem jam secunda vice transcripsi, attamen sunt multae correctiones et additiones propter easdem terminationes repetitas et propter frequentata puncta finalia ᄒᆞ니라 ᄒᆞ더라 etc. Orthographia nostra praesens indiget multis correctionibus, sed non ausus sum ipsemet mutare et corrigere.

Habetote me excusatum; quoniam puto me non clare scripsisse hanc epistolam. Aegrodavi per plures dies 감긔 et usque nunc non sum perfecte sanatus, dolor capitis gutturis non recedit complete.

Valeatis Illustrissime Domine! Valeatis!

Vester filius P. Han sac.

P.S.

Accepi litteras vestras per Patrem Aug. Kim missas cum gratiarum actione, et mitto Vobis versionem S^{ti} Evangelii.

Mutel Docu. 1907-89

†

Tjyek eun tong, die 7ª Aug. 1907

Reverendissime Domine!

Versionem Evangelii S^{ti} Joannis jamjam perfeci et iterum correctius transcripsi, et data bona occasione Vobis transmittam. Versio hujus Evangelii erat magis difficilis quam alia Evangelia in quibusdam locis, in quantum potui, adhibui conatum ad rectius vertendum.

Hic quotidie audio mala nuntia pro gubernio coreano! Utinam Deus adjuvet miseram patriam nostram! In Phyeng yang et Hoang tjyou pariter omnes milites coreani dimisi[dimissi] sunt munitiones expoliatae[exspoliatae]. Unde magnus tumultus in populo et desperatio.

Agricultura autem satis bene fit saltem in his regionibus cum hoc anno Deus bonam pluviam frequenter largitus sit. De caetero nihil novi extraordinarii habeo.

Valeatis semper bene, Illustrissime Domine! Exopto Vobis optimam sanitatem praesertim in his temporibus tanti caloris.

Filius vester humilis Paul. Han sac.

Mutel Docu. 1907-135

✝

Ex Tjyek eun tong, die 21 Sept. 1907

Reverendissime Domine!

Reveniente anniversario festo sacro Unctionis Episcopalis Vestrae, quamvis viva voce non valeam Vobis congratulari corde tamen toto vota mea humillima a longe Vobis offero, simulque specialius quam soleo, oro Deum tum in Missae sacrificio tum in precibus, ut Vobis dignetur multas gratias largiri.

Dixeram Vobis me transmissurum versionem Evangelii sancti Joannis, sed usque modo non invenio ullam occasionem, et cum sit liber magnus (pro 250 paginae in papyro europea grassa) non audeo mittere per postam, unde si non invenero tutam occasionem postea ipsemet asportabo.

Usque nunc feliciter non sunt ei-pyeng in provinciis Hoang-hai et Phyeng-An, sed puto forsan ei-pyeng venturos ex parte Kang ouen to. Jam diu promulgatum est edictum imperiale de sectione capillorum, sed nullus secat nisi il-tjyn-hoi. Ex jussu mandarinorum ubique colliguntur sclopeta ne surgant ei pyeng; sed latrones erunt valde contenti, nam latrones non poterant intrare in quibusdam pagis ubi habebantur sclopeta.

Valeatis Illustrissime et Reverendissime Domine, peropto Vobis optimam sanitatem et me indignum commendo sanctis precibus vestris.

Vester filius Paul. Han sac.

Mutel Docu. 1907-143

✝

Tjyek eun tong, 1 X^bris 1907

Reverendissime Domine,

Cum sit fere impossibile ex Tjyai ryeng ad Tjyek eun tong una die pervernire per viam terrestrem, nam una via brevior constat plusquam 100 ly longissimis cum uno 나루 valde incommodo, altera autem 120 ly cum 3 parvis 나루; unde cogor mittere unam navem cum 5 hominibus quorum 4 sunt nautae; ad Vos recipiendum deberem egomet ire usque ad Tjyai ryeng, sed parcite mihi qui magis curo de me quam de urbanitati.

Certe est valde injucundum ambulare per navem hoc tempore, sed si ascenditis navem ex 신황포 circa 7 horam mane, pervenietis hic vespere ante occasum solis.

Peto a Deo tempus favorabile pro navigatione vestra, utinam sit dies serena! et non ventus contrarius et frigus! Peropto Vobis iter prosperum!

Vester filius Paul. Han sac.

Mutel Docu. 1908-4

Tjyeck eun tong, 2 Jan. 1908

Salve Illustrissime Domine!

Post longam et laboriosam peregrinationem quomodo valetis? Habuistis magnam fatigationem praesertim in fine visitationis ut audivi a Patre Son qui nuper venit apud me et dixit christianos Sa ri ouen post perditam peccuniam adhuc vexari a japonensibus non quidem aperte et directe, sed indirecte, id est saepe huc illuc vocando et interrogando tot quaestiones, videtur hoc facere, ut non reclament pecuniam jam solutam.

Nunc incipio legere Tjyn kio sa phai, sat in multis sunt imperfectiones contra regulam grammaticae et litteraturae Coreanae lectoribus injucundae, et etiam sunt aliquando contra sensus; haec omnia notabo ut dixistis et tempore sacri secessus Vobis offeram.

Multi moriuntur praesertim senes morbo quasi iem pyeng, christianus qui accepit Extr. Unctionem nocte quando eratis apud me, jam abhinc plusquam uno mense incepit aegrodare[aegrotare], et tamen nondum perfecte sanatus est.

Peropto Vobis, reverendissime Domine, annum novam felicem, optimam sanitatem et omnia prospera!

Vobis devotus filius Paul. Han

Mutel Docu. 1908-34

Tjyek eun tong, die 29 Martii 1908

Reverendissime Pater,

Hoc anno cum diferatur secessus sacer ad aliud tempus propter absentiam Illustrissimi Domini, folium administrationis pariter estne congludendum in illo tempore quando fiet secessus? Vel sicut antea congludendum in mense majio et transmittendum Vobis mox in mense majio?

Habeo quoque unum dubium Vobis proponendum circa matrimonium celebrandum jux novam legislationem decreti Ne temere v.g. habetur unum matrimonium celebrandum in propria residentia sacerdotis die 5^a Januarii cogitur relinquere suam residentiam propter causam aliquam et proficiscitur ad longinquam regionem, et certo certius revertetur in suam residentiam nisi die 10^a Februarii; in hoc casu sacerdos potestne dare permissionem ut illud matrimonium celebretur die statuta coram catechista et testibus, cum nullus sacerdos sit qui possit assistere illo matrimonio?

Certe erunt multae difficultates praesertim in matrimonio christiani cum pagana, in tali matrimonio sponsa pagana non faciliter veniet ad sacerdotem pro matrimonio contrahendo; Deus disponat!

Toto corde doleo audito nuntio de Patre Baudounet quod graviter vulneratus fuerit a japonensibus! Fuitne interea illud negotium bene successum?

Hic autem feliciter nondum faciunt tumultum homines Tjya oui dan, utinam semper ita sit! Eui pyeng quoque nondum sunt in hac parte, sed quotidie auditur nuntium de eui pyeng.

De caetero valete Pater Reverendissime! Peropto Vobis optimam sanitatem!

Vester humillimus Paul Han sac.

Mutel Docu. 1909-99

✝

Ex Tjyek eun tong, die 27 Dec. 1908

Reverendissime Domine!

Nuper recepi, cum gratiarum actione, directiones et leges Hac-pou circa scholas liberas et epistolam vestram datam die 16 Decembris; et nunc fabrico petitionem in ka, et cum non possim invenire hic Hac-pou in-tchal-tjy, petii a Patre Kim, ut ipse emat ex Seoul hanc payprum et mittat mihi.

Et cum proxime novus annus inchoandus sit, offero Vobis corde toto vota mea humillima, et Deum optimum supplex rogo ut Vobis multas gratias et optimam sanitatem largiatur in toto anno 1909.

Valeatis Illustrissime Domine!

Vester filius humilis Paul. Han

Mutel Docu. 1910-1

✝

Tjyek eun tong, 3 Jan. 1910

Illustissime Domine,

Anno renascente offero Vobis vota mea etsi humillima simulque peropto bonum annum et felicem. Putabam me posse post visitationem autumnalem kong so ascendere Seoul, sed non est tam facile relinquere domum et caetera negotia.

Quoad Evangelium S^{ti} Joannis fere transscripsi et data occasione transmittam Vobis vel ipsemet asportabo tempore sacri secessus.

De caetero denuo exopto optimam valetudinem in toto anni decursu!

Valeatis reverendissime Domine!

Vester filius humilis Paul. Han sac.

Mutel Docu. 1910-1

✝

Tjyek eun tong, 11. Feb. 10

Reverendissime Domine,

Hodie tandem transmitto versionem catechismi cum imaginibus; mittite meam versionem Evangelii S^{ti} Marci et quinque capita ultima S^{ti} Mathaei, id est a capite XXV usque ad finem, ex versione Patris Son providebo enim notas pro Sancto Mathaeo et Sancto Marco; non erit tempus aptum hujus modi labore praesertim pro Vobis ante secessum, post pascha enim Patres jam incipiunt adscendere Seoul, et non erit tranquillum ad laborandum.

Valeatis Illustrissime Domine!

Filius vester Paul Han sac.

Mutel Docu. 1910-96

†

Tjyek eun tong, die 9 Julii 1910

Illustrissime Domine,

Die 7 perveni in domum meam per domum Patris Son qui bene se habet. Et interea una christiana vedula[vetula], cui jam dederam Stum Extremae Unctionis tempore kong so verno, obiit in Domino!

Remitto Vobis 디젹보고 Patris Alix sigilo meo munito; hic agricultura sat bene succedit cum pluvia oportuna saepe cadat.

Valete reverendissime Domine!

Verster filius Paul. Han

Mutel Docu. 1910-100

✝

Tjyek eun tong, 20 Julii 1910

Reverendissime Domine,

Remitto Vobis tria documenta Patris Alix impressa sigilo meo, sed 報告書 desunt nomina et sigila 面長 et 里長; quae debebit Pater Alix curare ut notetur et imprimatur; et in 略圖 omissus est unus caracter 字 inter 葛潭面 et 細洞 similter et in 報告書 et 略圖 quae jam misi Vobis per postam.

Valete Illustrissime Domine!

Vester filius P. Han sac.

Mutel Docu. 1910-48

✝

Tjyek eun tong, 8 Sept. 10

Reverendissime Domine,

Epistolam Pastoralem vestram omnibus kongso distribui et in festo Assumptionis omnibus christianis dixi de quaerendis scripturis Martyrum Berneux et Daveluy sed usque nunc nihil invenerunt.

De caetero his diebus desolatione desolatus sum propter patriam perditam!

Valeatis illustrissime Domine!

Vester filius Paul Han. sac.

Mutel Docu. 1910-174

†

Tjyek eun tong, 26 Sept. 1910

Illustrissime Domine,

Distuli Vobis scribere in die festo Sancti Mathaei, attamen Deum pro Vobis specialiter oravi, ut Vobis permultas gratias largiri dignetur! Volui enim simul transmittere versionem Regularum Sti Pauli Sororum, quam nuper totum transcripsi et mitto Vobis per postam cum 등긔 illam versionem cum textu Gallico et cum prima versione; mitto autem per postam quam primum, ne forte expectetis pro impressione.

De caetero valeatis bene semper reverendissime Domine!

Vester filius P. Han sac.

Mutel Docu. 1910-202

✝

Tjyek eun tong, 18 Octobris 1910

Illustrissime Domine!

Gratias permultas Vobis ago pro Missis mihi missis; non subii expensas nisi aliquot sapeccarum quas quamvis ego pauper deberem sustinere pro Santa Dei Ecclesia.

Simul transmitto exemplaria Patris Alix cum impressione mei sigili. Prope meum pagum novem homines mortui sunt colera, ex quibus unus tantum potuit frui beneficio baptismi! Hoc modo contraxerunt coleram: iverant enim ad secandas arundines 갈 casu invenerunt cadaver horribili fedore tabescens ex illo fetor infecti inceperunt aegrodari et mori; Venerunt decem polisman cum uno medico et in pago manentes curant de aegrodantibus; spero quod sensim dispareat iste morbus tam pestilens.

Incipiam visitationem kong so die septima Novembris. Valeatis reverendissme Domine!

vester filius Paul Han sac.

Mutel Docu. 1910-245

†

Tjyeck eun tong, die 21 Decembris 1910

Illustrissime Domine,

Audio Vos jam rediisse ex visitatione pastorali nondum quidem finita propter infelicem casum in itinere! Sed Deo gratias! qui manibus suis tenuit Vos ut non incideretis in magnum periculum et etiam donavit Vos sanitatem pristinam ut toto corde spero.

Jam accepi versionem Evangeliorum impressam 수수 셩경 et semel legi, inevitabiliter sunt quidam errores typographici non quidem magni momenti nisi apud Sanctum Joannem in capite XVII numero 4 et 5, sed haec omnia corrigentur in secunda editione; esset bonum ut commendetis omnibus Patribus, ut perlegant hanc versionem et examinent et investigant loca male vel minus recte versa, inveniant vocabula et expressiones magis aptiora, hoc modo in secunda editione erit veriso correctior, versio praesens cum sit primum opus, forsan erunt quaedam corrigenda quae Patres poterunt invenire.

Omnes christiani valde sunt contenti quod nunc habeant 수수셩경 et bene emunt et legunt.

Utrum possim vendere protestantibus libros catholicos? Nam unus protestans coreanus (titulum habens 조수 助事) valde desiderat emere unum 요리강령, utrum ad praeparandum objectionem contra nos? Nescio. Dicit tamen, propter imagines et bonam dispositionem doctrinae velle se emere; attamen non vendidi ei dicendo me non vendere libros catholicos nisi religionem catholicam profitentibus.

Quum novus annus prope instet, sincero corde offerro Vobis vota mea humillima; sanitatem optimam cum omnibus gratiis. Valeatis reverendissime Domine!

Vester filius inutilis Paul. Han

Mutel Docu. 1911-114

Tjyek eun tong, 1 Aug. 1911

Illustrissime Domine,

Etsi pluvia humectatus bene tamen perveni ad Patrem Son qui bene se habebat, et post unam diem perveni in Tjyek eun tong et inveni omnes christianos bene sese habentes. In Hoang hai to multo minus et tardius pluvia cecidit quam in Seoul, unde nullum damnum ex pluvia secutum, et agricultura in genere bene succedit, pluvia fuit tantum 15 diebus.

Mitto Vobis quaedam errata quae inventa sunt in 슈슈셩경, quae portaveram tempore secessus, sed oblitus fui Vobis offerre. Sicut ostendi Vobis meipsum, animo paratus sum valedicere hoang haito et laborare in Seoul secundum vestram voluntatem, et expecto vestram jussionem.

De caetero valeatis Reverendissime Domine!

Vester filius humillimus Paul Han sac.

Mutel Docu. 1911-130

†

Ex Tjyek eun tong, 28 Aug. 1911

Reverendissime Domine,

Postquam descendi ex seoul, statim scripseram Vobis dicendo me esse paratum manere in Seoul juxta voluntatem vestram; sed illa epistola non pervenit forsan ad Vos; miseram enim illam epistolam (cum erratis 수수셩경) per aliquem paganum ad civitatem Hoang tjyou, sed forsan ille paganus non transmisit.

Vere et sincere desidero manere in Seoul juxta dispositionem vestram, et expecto vestrum mandatum, unde si vocatis me ad Seoul, valedicta Hoang hai to libenter ibo in Seoul. Pater Son bene se habet qui fuit apud me his diebus.

Valeatis Illustrissime Domine!

Vester indignus filius Paul Han sac.

Mutel Docu. 1911-140

Ex Tjyek euntong, 13 Septembris 1911

Illustrissime Domine,

Jam recepi litteras vestras die 29 Augusti datas. Sicut dixi Vobis, propter insufficientiam peccuniae me non audere aedificare sacellum; ecce unus christianus Aloysius Ri, qui olim anno 1902 prima vice me duxit ex Seoul in Hoang Tjyou, satis dives sua sponte promittit mihi se aedificaturum sacellum et me sustentaturum in pago 원동. Sed ego dixi ei me non amplius remansurum in Hoang haito nisi hoc anno juxta dispositionem Domini Episcopi, attamen Aloysius dixit etiam in hoc casu se velle aedificare sacellum pro spe obtinendi unum sacerdotem semper in Hoang tjyou, ita ut etiamsi tu destineris in alium locum, Dominus Episcopus dabit alium Patrem pro Hoang tjyou; et ego acceptavi ejus promissionem, et intendo migrare in 원동 et aedificare sacellum; de hoc quomodo sentitis Reverendissime Domine?

Certissime non ex intentione evitandi meam destinationem in Seoul vel in alium locum, intendo migrare et aedificare in 원동, sed pro solo bono christianorum Hoang tjyou, ut possint semper habere unum Patrem.

Aloysius Ri quamvis sit juvenis 25 annorum est homo fidelis et intelligens, qui fuit baptizatus cum tota sua familia a Patre Ni Paulo, defuncto suo patre, post turbationem Hoang hai to, migraverat in Mai hoa tong apud P. Oudot, et frequentando scholam et eundo in Japoniam satis consumpsit pecuniam et postea migravit in Chinampo apud P. Lereide, et nunc redit in suam patriam 원동 ubi habet suas proprietates. Mater ejus est Tchoi Maria vidua circiter 50 annorum, devota christiana et digna matrona.

Pagus 원동 distat 30 li ab oppido Hoang tjyou ad orientem, unde cum P. Son distabo tantum 50 li; hic et nunc in 원동 non sunt multi christiani, hi enim faciebant kong so cum christianis oppidi, pagi domus sunt circiter 40 ex quibus sunt multi tepidi, quoad 토질 non est multum, sed ordinarium est sicut in tota Hoang hai to[.]

Nuper propter pluviam in oppido Hoang tjyou circiter 100 domus sunt destructae, ex quibus 2 domus christianorum pariter destructae sunt! et ab heri adhuc pluit.

Valeatis reverendissime Domine!

Vester filius Paul. Han sac.

Mutel Docu. 1900-142

Ex Tjyek eun tong, 14 7^bris 1911

Reverendissime Pater,

Heri scripsi Vobis me migraturum in pagum 원동, et hodie audio Aloysium jam emisse materias, pro aedificando sacello, vili pretio ex destructione 감리영 in Chinampho. Intendo migrare ex hoc circa diem 10 lunae octavae; pro nunc jam est domus satis magna et tegulata Aloysii, quae utetur pro me et pro christianis pro Missa. Sicut dixi Vobis, non pro me praeparo sacellum et domum Patris, sed pro alio Patre qui veniet post me, memor vestri verbi quod dixistis: ubi sacellum est et domus pro Patre bene praeparata sunt, certe occasio est obtinendi Patrem.

Hodie etiam audio malum nuntium, scilicet domum sororum in chinampo esse destructam per pluviam, domus erat aedificata lateribus siccis, et pluvia penetravit in pariete et totam domum destruxit et nunc modo coreano aedeificant.

Valete illustrissime Domine!

filius vester Paul Han sac.

Mutel Docu. 1911-153

†

Ex Tjyek eun tong, 20 Sept. 1911

Illustrissime Domine,

Quum sit cras festum Sancti Mathaei simulque anniversaria Solemnitas Consecrationis Pontificatus vestri, toto et sincero corde offerro Vobis vota mea filialia, itemque Deum misericordissimum enixe deprecor ut Vobis gratias multas et speciales abunde infundat!

Feria secunda proxima migrabo in Ouen tong per Kem sou visitato P. Son, eadem die etiam migrat in Ouen tong ex Chinampo ille juvenis Aloysius bonae voluntatis.

Putans bonum fore christianis scire historiam primitivae Ecclessiae, miracula, praedicationes, itinera etc. Apostolorum, traduxi coreanice Actus Apostolorum et nuper terminavi, et data occasione Vobis offeram, si judicatis bonum fore, potest addi in fine 수수셩경 quando illud secunda vice edetur.

Pate Villemot mihi pluries commendavit, ut corrigam seu potuis iterum vertam coreanice (quia versio jam facta a Seminario Ryong San non potest uti, nimis mendosa) meditationes Avancini de vita et doctrina D.N.J.C. praesertim pro Sororibus, opus non minumum quod non potest terminari nisi post diuturnum tempus.

De caetero valeatis Reverendissime Domine! Peropto Vobis optimam valetudinem et me commendo vestris precibus sanctis.

Vester filius Paul Han sac.

Mutel Docu. 1912-1

†

Ouen tong, 1ª Januarii 1912

Reverendissime Domine,

Anni renascentis occasione, toto corde Vobis offero vota mea humillima, simulque Deum optimum et maximum deprecor ut dignetur Vobis largiri sanitatem optimam in toto decursu anni hujus.

His diebus numquid melius se habet Pater Bodin? Vere misereor ejus qui tam diu et graviter patitur dolores! Salus infirmorum ora pro eo!

Ante festum Nativitatis Domini redii ex visitatione christianitatum, hoc anno fuit malum tempus pro itinere kong so, fere semper debui ambulare inter pluviam et viam lutosam, tamen Dei gratia non habui morbum nisi aliquam fatigationem.

Quoad notandam conversionem haeredicorum in folio administrationis, notanda estne conversio protestantium in genere? vel tantum conversio protestantium qui acceperunt 세례 in protestantismo?

De caetero valeatis Illustrissime Domine!

Filius vester Paul. Han sac.

Mutel Docu.

†

Ex Ouen tong, 19 Jan. 1912

Illustrissime Domine,

Epistola christianorum Kem sou ad Vos directa, cor paternum vestrum summo dolore vulnerasse procul dubio credo; ego pariter dolens et flens has litteras scribo. Heri unus christianus venit ad me cum epistola Patris Son, qui sua in epistola dicit christianos Kem sou scripsisse ad D. Episcopum ad expellendum se ex Kem sou, et rogat me ut veniam ad eum, et nihil aliud addidit in sua epistola.

Ego attonitus interogavi illum christianum (famulum P. Son Kim Antang qui olim fideliter servierat Patri Ni Paulo devoto sacerdoti) quid factum accidit in Kem sou? Qui dicit Ryang Maximum (qui est catechista actualis in Kem sou, et homo fidelis, et semper aegrodus quasi 반신불슈) et Ni Joseph (qui est magister scholae P. Son, pariter homo fidelis, sed hi duo non tam amant Patrem Son sicut alii christiani kemsou propter objurgationes etc Patris Son) scripsisse ad Dominum

Episcopum ut mutet Partem Son in alium locum quia rumor pessimus et sorditus[sordidus] fertur contra Patrem Son.

Ego prima vice et omnino inopinate audiens tale malum nuntium accurate interrogavi Kim Antoang qui (ut puto) sincere dixit mihi quidquid ipse sciebat; rumor malus est hujusmodi: praesertim una mulier (16 vel 17 annorum pagana cujus maritus Kim Paulus 13 annorum studet in schola P. Son et semper dormit in domo Patris ad thorum sperandum, nam parentes ejus pagani filium suum matrimonio conjungerant ante aetatem matrimonialem) difamavit P. Son sive christianis sive paganis de inhonestate morum, scilicet Patrem Son dixisse sibi verba inhonesta vel turpia! Kim Antang dicit pariter mulieres et puellas contra fas frequentasse domum Patris ad studendum 언문 etc. ita ut offenderentur piorum christianorum occuli!

Ex verbis Kim Antang et aliis circumstantiis spectatis potest putare Patrem Son (Salva tamen charitate erga eum) aliquam imprudentiam ostendisse sive loquendo sive sese gerendo. Ante 20 dies iveram in Kem sou, de tali rumore neque Pater neque christiani omnio nihil dixerunt mihi neque potui habere suspisionem de hac re! Ipse hac vice debebat venire ad me, sed non venit ad me et vocat me, ibo feria 2^a proxoma ad eum, sed qua facie videbo christianos Kem sou, infinite doleo et fleo!

Valeastis reverendissime Domine!

Vester filius P. Han sac.

Mutel Docu. 1912-20

Ex Ouen tong, die 26 Jan. 1912

Reverendissime Pater,

Heri rediens ex Kem sou recepi et aperui epistolam vestram die 22 hujus mensis datam, quae venerat in mea absentia, et quam primum juxta vestrum mandatum scripsi et misi Patri Son et christianis ejus ut fiat concordia inter Patrem et fideles et pax inter fideles; hanc concordiam fore possibilem credo et spero si non ponatur impedimentum ex parte Patris, melius fuisset cum mea praesentia illam reconciliationem institure[instituere], sed jam redivi ex Kem sou! Quando eram in Kem sou, habebam talem intentionem illos reconciliandi et fere volebam vocare illos christianos qui Vobis scripserunt, sed non ausus fui quia nondum habebam aliquod mandatum vestrum et nec sciebam vestram intentionem quomodo componendi illud negotium gravissimum, unde meo libitu non potui potius non debui talem rem componere.

Sicut dicebam Vobis in meo epistola praecedenti me iturum in Kem sou feria 2a praecedenti (22 Jan.), revera ivi et redivi solus ne fore[forte] malus ille rumor exportetur in meum pagum; et antequam irem ad Patrem Son scripsi sat longam epistolam, in qua valde commendavi ut non temere aliquid faceret ipsemet, v.g. facere inquisitionem vel aliquod judicium, quia illud munus est solius Episcopi in tali casu; sed manere omnino tranquiliter et orare Deum ut eum liberet de talis calumniis.

Ego pariter, ivi ad eum, sed nihil omnino fui, neque aliquis christianus ex Kem sou mihi locutus fuit de hac re nisi Kim Antang famulus Patris mihi dixit quod Pater interea vocavisse duas mulieres, unam, unam et forsan aliquid commendasse eis! (sed sunt oculi multi, non vident?) revera christianos jam cognovisse quid commendaverit eis Pater cognoscere dixit Kim Andang coram Patre et me et Pater nihil potuit dicere.

Pater interea etiam notavit omnia quaeque ferebantur contra se, et voluit facere sa sil (inquisitionem) ad se justificandum (pal myeng) et flagitavit me atque iterum flagitavit per duos dies; sed numquid ego sum Episcopus? numquid non video negotium quomodo sit?

Unde impedivi et prohibui cum multis rationibus, argumentis, et tandem terrendo et minando eum vix prohibui, vere pro me fuit tormentum, pariter pro eo fuit tormentum quia ego non consentii.

Unum retracto ex eis quae dixi Vobis in mea epistola parecedenti, scilicet mulier seu futura uxor Kim Pauli non est mulier mala et calumniatrix quamvis ex ira, quidem justa coram aliis aliquid narraverit et male dixerit.

Certe, non credebam christianos Kem sou tam acriter tam mordaciter scripsisse Vobis, erant vere furiosi et prae iracundia quasi amentes, si Pater Son sciret hoc modo scriptam epistolam, pariter prae ira mentem perderet; puto illos scripsisse die 14 vel 15 Jan. nam die 14, die Dominica Pater fecit magnum jatan expellendo magistrum scholae et increpando christianos etc. etc. propter negotium scholae ut ipse Pater mihi narravit. Patet bene illos scripsisse illam epistolam denuntiatoriam magis ex invidia diuturna proxime autem ex odio et ira contra Patrem, quam ex intentione impediendi damnum Religionis; illi rumores mali et calumniae (ordinarie in tali negotio multa sunt falsa quam vera) incepisse pariter ex invidia et odio.

Juxta mandatum vestrum faciam correctionem fraternam meo socio, sed mea correctio fraterna numquid aliquid valebit? Vel efficax eritne non possum praedicere, attamen puto eum quod in posterum multum cavebit. Quoad scholam mulierum vel puelarum quandonam inceperit vel ipsemet fecerit nesciebam, sed nuper audivi ipsemet aliquid docere incepisse et postea ex monitione suae coquae (bona mulier) cessasse; de tali schola etiamsi me consuluisset non dedissem consilium, sed remissisem ad Dominum Episcopum consuledum.

Quoad migrationem in aliud locum locutus est mecum, et dixi ei nimis difficile esse transferre sacellum, aliunde non poteris obtinere permissionem ab Illustrissimo, attamen potest consulere eum; certe christiani Kem sou non erant contenti de migratione, attamen puto eos cognovisse Patrem non migraturum antequam scriberent illam epistolam denuntiatoriam.

De caetero ne nimium contristetis, post concordiam sensim adducuntur in meliorem frugem illi, mali rumores pariter cessabuntur.

Valeatis Illustrissime Domine!

filius vester Paul. Han

Mutel Docu. 1912-28

†

Ouen tong, 5a Febr. 1912

Illustrissime Domine,

Heri recepi vestras litteras die 31 Jan. Quoad negotium christianorum Kem sou, sicut creditis bene compositum esse et ipse credo.

Quoad epistolam secundam christianorum Kem sou ad Vos directam, utrum ipsi sua sponte scripserint vel ex aliqua insinuatione scripserint Patris non sum certus. Dixit autem Pater Son mihi per epistolam diei 28 Jan. se observaturum omnes monitiones vestras per me communicatas, et addit christianos suos scripsisse secunda vice ad Vos dicendo se leviter credidisse illis accusationibus etc. etc. omnino eodem sensu quo refertis mihi in epistola vestra data die 31 Jan. Dixit quoque suos christianos paratos esse venire ad Patrem pro postulatione veniae die 29 Jan. Et revera die 29 Jan. Ryang Maximinum et Ni Joseph venisse ad Patrem et petiisse veniam, et se condonasse eis et sic totam rem bene compositam esse dixit Pater Son per epistolam diei 31 Jan. et valde contentus agit gratias Deo.

Illi christiani Ryang Maximinus et Ni Joseph pariter scripserunt mihi die 29 Jan. dicendo seipsos penitere eo quod nimia levitate ejusmodi epistolam scripserint; et denuo scribendo ad Dominum Episcopum primam retractasse. Decebant etiam seipsos scripsisse primam epistolam ad D. Episcopum non ex ira neque ex odio neque etiam ex intentione damnandi Patrem, sed ex sola intentione solvendi famam S^{tae} Religionis; quomodo poterimus irrisiones et insultationes paganorum sustinere! Et iterum scripsi eis consolando eos et aliquot media docendo extinguendi paganorum irrisiones et insultationes.

De caetero valeatis Reverendissime Domine! Me commdendo in sanctis precibus vestris.

Vester filius minimus, P. Han

Mutel Docu. 1912-68

†

Ouen tong, 30 Maii 1912

Reverendissime Domine,

Heri accepi litteras vestras datas die 25 hujus mensis et impressi meum sigillum in folio petitionis et illud remitto Vobis.

Pater Chabot petit a me unum ministrum, et volebam ei mittere Youn Pium ex Tjyoung hoa Yeng tjyu meum catechistam ambulantem, sed ille dicit se non posse ire Kem sou propter familiam et agriculturam jam inceptam; unde mittam Ri Lucium meum magistrum scholae, et hic mox ibit in Kem sou.

Valeatis Illustrissime Domine!

Vester filius, Paul. Han

Mutel Docu. 1912-144

†

Ouen tong, die 20 Sept. 1912

Illustrissime Domine,

Cras cum sit festum Santi Mathaei simul solemnitas anniversaria Consecrationis vestrae, his litteris vos alloquor et Deum misericordissimum deprecor ut Vobis permultas gratias donare dignetur.

Jam ante unum mensem recepi vestram epistolam et nuper versionem Actuum Apostolorum; et illam versionem iterum considero et corrigo, et data occasine[occasione] Vobis remittam.

Sacellum et domus mea plusquam dimidia parte aedificata sunt, sed heu carpentarius Kim Joseph ex Phyeng-yang jam fere toto accepto pretio non laborat jam abhinc duobus mensibus! Unde hoc anno dificile erit terminari.

De caetero nihil novi extraordinarii; Pater Chobot, quem nuper visitavi, bene sese habet.

Valete bene semper! reverendissime Domine, exopto Vobis optimam valetudinem in toto tempore visitationis pastoralis!

Vester filius indignus, Paul Han sac.

Mutel Docu. 1917-15

†

Yem theuy, 21 Febr. [1917]

Illustrissime Domine,

Perveni hic hodie 1a hora cum dimidia, Pater gravissime aegrodat! Erat jam multum fatigatus tamen profectus est die 15 hujus (mensis) et venit hic 17 et incepit aegrodare 18; morbus autem ita est: dolet capite, dolet omnibus membris, 속이답〃ᄒ고, 담이결니고, 가리춤이만히나고 et habet maximum calorem etc. ...

Ipsemet prius petiit muniri Sacramento Extr. Unct. unde hodie mane dixi Missam pro eo. Dedi S. Communionem et Ultimum Sacramentum; Si esset sicut in Seoul, per peritum medicum posse eum salvare, sed hic in montibus 5 familiae christianae, in angustissimo cubiculo, nulla medicina nisi 약 coreanicum quod emitur ex civitate 文義 distante 10 li et Pater non potest moveri nec potest portare in alium locum etc.

Medicus et christiani dicunt esse morbum 염병 quidem valde fortem! Loquitur bene, habet mentem, manducat fere nihil nisi 미음 parum.

Cum mediis humanis eum difficile poterimus salvare tantum divinum auxilium imploro! Si possitis mittere hic aquam miraculosam de fonte Lurde! Mittete parum.

忠北 淸州郡 龍興面 文德里 九十番地 金明三 殿

Vester filius indignus, P. Han

P.S.

Heri perveni in 芙江 hora 7 cum 10 minut. inveni christianos qui recepto telegrammate bene fecerunt me expectando. Hora 7 1/2 ex 芙江 profectus hic perveni hodie 1 hora cum 1/2.

Mutel Docu. 1917-17

†

Yem theuy, 22 Feb. 1917

Reverendissime Domine,

Pater Ri parum melius se habet, sicut dixi in telegrammate 뎐스; per 7 dies non fecit majorem necessitatem; sed heri per medicinam aliquam potuit facere necessitatem majorem; nunc morbus principalis videtur esse in pulmone; nempe ad spuendum phlegma(건담) valde conatur, et sic pluries et saepissmime conatur ad spuendum 건담 patitur, sudat et dolet in pectore et pulmone! Dixi medico coreano ut illud 건담 deleret sed medici coreani quid possunt facere de hoc! Quidam dicunt esse 염병 quidam dicunt esse 장감 quidquid sit morbus protrahetur diu. Hic et [nunc] non est periculum mortis.

Non audeo et non possum relinquere eum solum, et ipse non vult me dimittere. Valeatis Reverendissime Domine!

Vester filius indignus, Paul. Han sac.

Hic christiani figuli puaci sunt, ex aliis kong so vocati christiani faciunt 신부림 etc. cubiculum angustissimum est nec possum faciliter intrare et exire et dormire, christiani multum patiuntur ad curandum Patrem.

Mutel Docu. 1918-82

Ex Haing tjyou, 9 9^{bris} 1918

Illustrissime Domine,

Pater Kim valde graviter aegroadat. non est tamen periculum; incipit jam a 6 diebus aegrodare influenza valde feroci quam ordinaria, debebat multum praecavere, sed heri summo mane dixit Missam cum frigore etc. unde magis captus est a morbo; cum magna difficultate thusitat semper, spuit flegmata, sentit 담" in pectore, dolet omnibus membris praesertim renibus, semper sentit vomitum, sed fere nihil evomit.

Sumpsit medicinam coreanam etc... sed non potuit multum sudare; videtur diu protrahi morbus; debeo manere usquedum melius valeat. Hodie hora 2^a cum dimidia post noctem tantum potui pervenire hic, nam veniens in 기고랑 non potui invenire navem et nautam, debui regredi iterum in ferriviam et sic cum magna difficultate perveni.

Valeatis! Commendo Patrem infirmum vestris sanctis precibus.

Vester filius P. Han

Mutel Docu. 1918-83

✝

Ex Haing tjyou, 11 9^{bris} [1918]

Illustrissime Domine,

Tota fiducia sperabam Patrem Kim sanaturum, sed non audeo eum amplius sanitati rediturum spere[sperare]! Ut dixi quia summo mane exivit et dixit Missam, propterea fortiter captus est iterum morbo et videtur non posse sanari nisi ex miraculo. Heri nocte dedi ultimum sacramentum cum esset plena mente; et sensim perdidit mentem, dicit delirium, vult exire in aream propter tap tap!

Pater ejus nondum redit ex Kang ouen to, ad eum debeo mittere telegramma. Dignemini mittere hoc modo telegramma.

Cum certo moriturus sit, bomum est praeparare feretrum (관) ex Seoul, quia ex hoc praeparare difficile est et non sunt multi christiani etc.

Valeatis!

Vester filius P. Han

Mutel Docu. 1918-107

Haing yjou, 12 [Novembris 1918]

Illustrissime Domine,

Pater Kim obiit hodie (12) hora 7^a 1/4! Christiani volunt sepelire die 13^a lunae, ad expectandum parentes etc.

Ut dixi feretrum ex Seoul conficiatur, et in via occasionis christianorum mittantur.

Requiescant [in] pace! Non bene scio qua pecunia debet uti. Ego non portavi pecuniam et hic non habetur.

Mutel Docu.

✝

Ex Kobe, 18. 5. 25. (hora 9^a A.M.)

Illustrissime Domine,

Vestra benedictione fultus bonum iter habui usque ad Kobe, gratias!

Heri vespere recepi vestram epistolam die 15^a missam; non statim scripsi Vobis postquam perveni hic volens scribere tantum die profectionis meae.

Navis vaporea die 18 proficiscetur post meridiem, inde hodie circa horam 3^a p.m. conscendam navem 'Abboise'.

Die qua profectus fui perveni in Fusan 8^h cum 30 minutis, et statim ascendi navem pro Simonosaki et perveni in Kobe hora 9 cum dimidio; R. Pater Rey venit ad stationem ad me quaerendum! Intravi in procuratorium et inveni RR. Archiabbadem Norbertum et ejus secretatrum R. P. Petrum qui sequenti die profecti sunt ad Coream.

Die 13 venit R. P. Duthu ad quaerendum me, et ivi cum eo in Kyoto, ibi inveni circiter 50 christianos coreanos, qui sunt omnes ex civitate 젼쥬, et labrant in fabricandis clavis (텰뎡), dedi 33 personis sacramenta et feci kong so in sacello Kyoto; inter eos erat frater minor patris Jos. Ri in Kim Tjyen.

Patres Kyoto mihi dixerunt bonum esse visitare Illustr. D. Castanier redeundo Kobe, et ivi in Osaca, sed non inveni Illustr. D. Episcopum, nam iverat cum Delegato apost. in Kobe; visitatis scholis et sacellis in Osaca redii in Kobe.

Inveni intrando Kobe Delegatum apost. et R.R. Dominum Episcopum; Delegatus dixit mihi se profecturum ex Japonia 30 Junii et per Americam petiturum Romam.

Reverendi Patres Kobe, Kyoto et Osaca bene sese habent, sed R. Pater Nagata in Osaka valde graviter aegrotat! quem visitavi, videbatur non posse resurgere! Omnes R. Patres me optime et humanissime receperunt et tractaverunt! Deo gratias!

In Kobe non inveni catholicos coreanos nisi Pak Catharinam ex Kim Tjyen quae studet apud moniales SS. Cordis Jesu.

Mirum est quod neque in Fusan neque in Japonia nec Seoul a me petit 'Passeport', nescio hodie conscendendo navem utrum aliquis petit a me dictum passeport, nullam habui difficultatem huc illuc ambulando.

Huic includo aliquid pro 잡지, erit jucundum pro lectoribus scire de ecclesiis et de scholis Japoniae etc...

Haec Pauca, Reverendissime Domine et pissime Pater. exopto vobis optimam valetudinem iterum petendo a longe vestram paternam Benedictionem. Maxime gaudeo et consolor quod Pater Sin de die in diem convalescat!

Valeatis Illustrissime Domine!

Vester inutilis filius Paul. Han sac.

Mutel Docu.

✝

Schanghai 22. 5. 25.

Illustissime Domine,

Sicut dixi Vobis in praecedenti epistola mea, profectus fui ex Kobe die 18 hujus, hora 5ª P.M., fui solus tum in cubiculo tum in refectorio, nam solus fui in 2ª classe, in 1ª classe erant 2, unus europeus et alter Japonensis; in conscendendo navem nullus a me petiit 'Passeport', unde nec semel exhibui dictum documentum.

Mare fuit satis tranquilum, tamen non potui dicere Missam, quia nec altare nec res missales potui habere. Nautae dicunt nostram navem 'Ambiose' perventuram in Manilliam die 25 Junii.

In die festo Ascentionis quidem intravi in procuratorium, nec potui dicere sanctam Missam; quia nimis sero descendi ex navi. Navis debebat pervenire in Schanghai hora 6ª

A.M. diei 21 hujus, sed propter varia impedimenta non potuit pervenire nisi hora 1ᵃ post meridiem. Nam in 우송 seu 吳松, ubi olim diaconus Kim Andreas primum pervenit ex 황히도 per navem coreanam, propter aquae penuriam per plures horas fluxum maris expectavimus, et in portu Schang hai propter locum debuimus expectare diu donec locus inveniatur per alterius navis discessum; haec omnia meum Missam impediverunt.

Volebam visitare sacellum in quo olim Diaconus Kim ordinatus fuit sacerdos, sed R.R. Patres dicebant mihi esse importunum; nam est interdicta illa christianitas 긴가함, et negotium nondum omnino terminatum est: negotium ita fuisse dicebant: missionarius qui erat in 긴가함 a superiore revocatus et missus fuit in alium locum, sed christiani 긴가함 non contenti de hoc forsan insurrexerunt contra superiorem et propterea fuerunt interdicti etc...

Hic omnes R.R. Patres bene sese habent, et video illum R. Patrem ex 만쥬 qui de equo cadendo fregit suum humerum seu brachium, fere sanatus non semper manet in hospitali, sed saepe venit hic procuratorium.

Die 23 iterum conscendam navem, dicitur unum Patrem Franciscanum in meam navem conscendere, habebo ergo unum socium.

Haec Pauca, semper optime valeatis Reverendissime Domine! Peto iterum vestram benedictionem et orationem ut possim semper bene pergere meum iter cum omni prosperitate. Saluto ex indimo[intimo] corde omnes R.R. Patres! Valeatis!

Vester humillimus servus Paul. Han sac.

P.S.

Audio quod R. Patrem Byrne venisse in Chang hai ducendo moniales 2 aegrotantem vel aegrotantes in hospitali, sed eum non potui videre.

Audio pariter 2os Patres Franciscanos et unum RR. D. Episcopum lazaristam (gallos) per navem Amboise ituros in Marseille, unde habebo tres socios.

Mutel Docu.

✝

Ex mare prope Formosam, die 26. 5. 25.

Illustrissime Domine,

Cras quamvis descendam in Hong kong, post aliquot horas debeam redire in navem; scribo Vobis hanc epistolam ex mare. Mansi in Chang hai per duos dies, sed nihil potui visitare; R.R. Patres procuratores nimis occupati non habebant tempus me ducendi in 시가웨 vel in aliquam ecclesiam etc.

Ex Chang hai Illustris, Dominus Raymond cum suo assistente sacerdote in 1^{am} classem ascendit, et unus R. Pater Franciscanus, Pater Marcellus ex Hou-pe(형쥬) ascendit et mecum in eodem cubiculo manemus; et 5 moniales Franciscanae in 2 classem ascenderunt. Illustris. Dominus raymond celebrat Missam in 1^a classe, et nos tres autem in 2^a classe potuimus jam bis dicere Missam.

RR. Dominus habet suum altare, et ejus assistens habet pariter suum altare, et sic nos tres invicem ministrando bene possumus dicere missam, moniales praeparant altare etc... Illae moniales ex variis locis, 1ª ex Japonia, et 1ª ex 청도, et 1ª ex Chang hai etc. congregatae ire in Europam dicebant: in refectorio in eadem mensa nos 7 personas sedere fecerunt, et Pater Marcellus dicebat: 7 nationes simul in eadem mensa manducamus! Belga, Coreanus, Hispana, Hibernia, Austriaca, Galla et Russiaca; illae moniales omnes lingua gallica loquebantur sicut galli.

Mare usque huc semper fuit satis tranquilum, non habeo nauseam, bene manduco et bene valeo. haec peregrinatio videtur pro mea sanitate optima, certe multo melius valeo quam Seoul.

En haec pauca, Illustrissime Domine! exopto Vobis optimam sanitatem! et peto iterum vestram benedictionem et orationem. Puto et sine dubio credo Patrem Sin melius et melius convalescere. Valeatis semper optime!

                    Vester inutilis servus Paul Han sac.

Mutel Docu. 1902-34

†

Saikon 31. 5. 25.

Illustrissime Domine,

Die 29ª hujus, post meridem discenedi ex nave et intravi in procuratorium unacum Illustris. D. Raymond et ejus socio et R. Patre Marcello; et ibi inveni R. Patrem Bodin cum ingenti gaudio! qui jam a 2 diebus pervenerat hic et expectat occasinem navis.

Visitavi Ecclesiam Cathedralem ex hoc non longe distantem, et seminarium visitavi, sed R.R. Patres cum occuparentur in scholis faciendis, non potui invicem salutare, neque potui videre seminaristas, et conventum monialem Sancti Pauli visitavi et per aliquot minuta salutavi.

Hic calor non est quidem maximus, sed propter humiditatem satis difficile est sustinere, quotidie cadit pluvia, et perpluries in die pluit, unde calor semper est humidus. En hoc pauca, Illustrissime Domine, non habeo alia Vobis relatu digna. valeatis semper optime!

Vester servus inutilis Paul Han sac.

Mutel Docu.

†

Ex prope Malacam, Die 2 Junii, 1925

Illustrissime Domine,

Cras (3 Junii) quamvis descendam in Singapor non habebo tempus scribendi epistolam, unde ex mare scribo has aliquot litteras. Dominicam Pentecostis in Saigon transivi, et illius diei vespere ascendi iterum navem quae profectura erat die sequenti, hora 7^a ante meridiem.

In Saigon saltem aliquot ecclesias potui visitare ex gratia illustris. Raymond qui emit 마챠 pro nobis et nos quatuor simul visitavimus 4 ecclesias. Ex procuratorio nihil novi audivi; in nostro cubiculo adhuc unus intravit, unde sumus tres simul. Ex Saigon permulti ascenderunt, 1^a et 2^a plena; unde in ponte vix possumus commode manere, tamen omnes propter calorem ascendunt et dormiunt. Ex procuratorio Singapor petam vinum Missae, hostias et cereos, quia haec deficiunt.

Valeatis, Reverendissime Domine! Me commendo vestris orationibus.

Vester servus Paul. Han

Mutel Docu.

†

Ex oceano Indico 7. 6. 25

Illustrissime Domine,

Heri mane mente assistiti Ordinationi neosacerdotum et Diaconorum; semper bene valeo nec sentio nausiam, Deo gratias! Cras (8. Junii) nocte nostram navem perventuram in Columbo, et per aliquot horas tantum stare, non descendam, quia neminem cognosco, nec tempus satis est. Postquam intravimus in oceanum indicum, tempestas magna est, multi viatores evomunt, saltant, titubant etc. Mei socii R. Pater Marcellus et alter saecularis sentiunt nauseam.

Ex Singapor habuimus adhuc unum socium sacerdotem, R. Patrem Bernardum, missionarium in Borneo, ex Missione ad extros London, natione Holandus qui vadit in suam patriam ad visitandum suam matrem octogenariam; non loquitur gallice, latine valde dificiliter loquitur.

Illustrissimus Reymond et ejus socius bene sese habent. Hodie cum dificultate potuimus celebrare Missam, quia navis movetur sat fortiter, multi viatores, pleni in 1a et 2^a classe, multi cum sua familia tota videntur ire in galliam. In nave nihil novi possum audire. Calor non est tantus, sed propter humiditatem valde molestum est!

Valeatis Illustrissime Domine! Me iterum commendo in vestris precibus sanctis. Saluto omnes RR. Patres ex corde.

Vester servus inutilis, Paul. Han

Mutel Docu.

✝

Die 16. 6. 25. ex mare indico et aden

Illustrissime Domine,

Dicunt cras (17 Junii) nostram navem perventuram in Dji bou ti et per aliquot horas stare; intendo descendere et facere kou kyeng per aliquot horas. Semper bene valeo et non sentio dificultatem, nisi calorem praesertim in refectorio. Quia refectio durat fere per unam horam propter multitudinem viatorum, 1^a et 2^a et 3^a classis plenissimae sunt!

In Colombo descendi cum R. Patre Marcello ad faciendum spectaculum. Illustris. Reymond et ejus socius autem non descenderunt quia nullus venerat ad invitandum. Intravi in Archiepiscopium et salutavi illustris. Archiepiscopum, qui videbatur plus 50 annos habere et aliquos Patres ejusdem societatis oblationis Mariae et 2 Patres indigenas indicos; qui interrogabant de R. Patre Bordin et de 2 seminaristis Tai kou qui eundo Romam intraverunt in Archiepiscopium.

In Colombo sunt 50,000 259,000 catholici, et sunt 5 Missiones seu Vicariatus; duo pertinent ad Patres oblatos, duos ad Jesuitas et unus ad Benedictinos. Moniales Franciscanae habent plura opera, orphanotrophia, opera manualia varia, et multae moniales in hospotali gubernii curabant infirmos etc.

Mare semper est satis tranquilum, quotidie celebramus Missam; fere dimidium iter feci semper fruor bona sanitate, Deo gratias!

Valeatis semper optime!

Vester servus inutilis, Paul Han

P.S.

Unus viator mortuus in navi; unus gallus (52 vel 3, ann.) ex Chang Hai ascendit in 1 classem, prope Illustris. Reymond, dicitur ingenieur; et habebat febrim, medicus prohibuit sumere quidquid frigidi, sed ille contra prohibitionem bibit glaciem etc..., et nocte diei 13, circa horam 11^{am} nescientibus omnibus solus mortuus est! Non potuit sacramenta suscipere! et mane diei 15 ejus corpus projectum fuit in mare! Illustrissimus cum aliis Patribus dedit absolutionem. Et postea ego vidi in capsa ejus nomen scriptum "Gestreaud" forsan est ille gallus ingenieur qui fuit in Corea pro aurifodinis gallorum.

Mutel Docu.

†

Ex mare rubro 21. 6. 25.

Illustrissme Domine,

Ex mare rubro prope montem Sinai haec pauca Vobis scribo; in Dji bouti cum navis nostra per 15 horas staret, descendi et intravi ad R. Patrem Capucinum ordinis Sti Francisci, unus Pater (50 ann.) solus habitabat, sacellum et domus erant non pulchrae, habebat socios sui ordinis in Aden 1 Episcopum et 2 sacerdotes; dicebat hic conversionem indigenarum esse difficillimam et fere impossibilem proper musulmanos et alia impedimenta etc. habebat domesticos ex alia regione. Quam tristis regio! Nec herba nec arbor! Ille Pater dicit, se vidisse semel tantum pluviam intra 3 annos!

Illustrissimus Reymond cum suo socio non descenderat, sed ille Pater Capucinus invitavit; erant invicem ejusdem regionis in Gallia. Post prandium redivimus in navem, et iterum profecti sumus hora 4 P.M. versus suez. Mare rubrum est valde tranquilum, et calor minor quam in oceano Indico, ventus parum frigidior, et dicunt omnes hoc esse extraordinarium!

Hodie P.M. perventuram nostram navem in Suez, et ante ingressum in Suez, fieri examen medicale de sanitate viatorum ab Anglis. Si navis staret sat diu intendo descendere in terram ad faciendum Kou kyeng. Haec pauca, valeatis semper optime Illustrissime Domine! In Masillia poterone audire nuntium de Corea?

Vester servus Paul. Han

Mutel Docu.

†

Romae 13 Julii 1925

Illustrissime Domine,

Die 30 Junii perveni in civitatem sanctam et aeternam cum bona sanitate, Deo gratias! Die 5 Julii hora 10 A.M. nostrorum martyrum beatificatio cum maxima solemmnitate celebrata fuit, assisterunt 6 Cardinales et 10 Archiepiscopi vel Episcopi, Praelati, Canonici etc..., et multitudo autem videbatur fere 만명.

Ego cum RR. Patre Guinand et Tjyang Ludovico in loco (주리) parentorum Beatorum sedendo optime potuimus videre omnia. Fratres Tjyang sicut ego die 30 Junii hic pervenerunt. Sed Joannes aegrotando non potuit assistere Beatificationi, sed vespere in Benedictione Sanctissimi Sacramenti assistere potuit.

Vespere hora 6a solemnior fuit festivitas in benedictione SS. Sacramenti! Papa concessit Illustrissimo nostro privilegium dandi benedictionem SS. sacramenti, ipse autem fecit incensationem more solito, ego autem tanquam fui minister Illustrissimi pro mitra etc. Unde duo coreani fuimus prope altare et prope Papam. Adfuerunt 16 Eminentissimi Cardinales et 15 Episcopi etc. Quoad multitudinem assistantium fere implebatur Basilica, forsan 이만여명.

Diebus 7, 8, 9 celebratum fuit triduum in Ecclesia Jesu (Jesuitarum Ecclesia) quotidie hora 10 Missa pontificalis et vespere 7^a rosarium et sermo. Prima die noster illustrissimus, 2^a die Demang[Demange] et ultima die Eminent. Cardinal 반로슘 Praefectus S.C. Propag. Fidei missam pontificalem celebravit. Quoad Benedic. SS. Sacramenti, 1^a die Eminent. Carcinal 본사노, 2^a die Eminent. Cardinal 에를노, 3^a die Eminent Cardinal 빅고 Praefectus S.C. rituum dedit Benedic. SS. Sacramenti. Quoad sermonem 1^a die, R. Pater Jesuita per unam horam cum 5 minutis italice ardentissime locutus est, 2^a die Illust. Demange gallice per 30 minuta fecit concionem et tertia die adhuc unus R. Pater Jesuita italice per unam horam cum 10 minutis pulcherime concionatus est. Potui intelligere circiter sermonem italicum, cum multa vocabula latina et gallica mixta sint, et de rebus coreanis agantur.

Quoad audientiam, bis vel ter potuimus admitti. Die 4^a audientia privata fuit; primo illustrissimus noster per 20 minuta (forsan plus) solus cum Papa locutus fuit (Papam interrogasse dicit Illustrissimus de omnibus rebus Ecclesiae coreae) et postea RR. Pater Guinand et ego ita tres simul fuimus; stans Papa non permisit suum pedem osculari sed dabat suam manum, et clementissime et paterne locutus est, ipsemet legit epistolam cleri coreani; uno verbo ostendebat se tamquam piissimum patrem et in fine dedit suam benedictionem.

Postea Illustrissimus Demange solus et postea cum R. Patribus Couvreur et Gerard[Gérard] simul fuerunt in Audientia. Die autem 6^a fuit audientia generalis; 4 Episcopi et omnes Missionarii Patres et ego et 3 Aspirantes et unus frater coadjutor et 2 fratres Tjyang (25) simul fuimus, Papa semper eodemodo piissime tractabat, distribuit numismata et toto corde suam benedictionem largitus est.

In die Beatificationis post Benedictionem SS. Sacramenti statim coram altare, 3 Episcopi cum aliis Patribus obtulerunt Papae Reliquiarium pretiotissimum cum floribus etc... et locuti sumus aliquantulum et recepimus iterum benedictionem Papae.

Quid dicam de rebus coreanis in expositione vaticana! Vos cum tanto labore et sudore illas res praeparastis et misistis; sed non apparent nisi 대궐, 죠션집, 유리 aliquot, 의쟝, 두쥬, 인형은느러노치도아니ᄒᆞ고; quaedam res confuse sunt intra 의쟝 et 두쥬. Dicitur res minis tarde pervenisse, unde in fine rerum sinicarum, in una parte aliquot tantum expositae sunt! Unde nec habet cubiculum speciale pro rebus coreanis. Videtur multas res perditas esse, illa carta statisca quam Pater Poyaud fabricavit, nec potui invenire. Visitatores non sunt multi, nec pii peregrini numerosi, unde sive in via sive in Basilicis homines non sunt multi.

Obtinui 할인권 pro pretio navis (50 per 100). Monsigneur Director Expositionis libentissime concessit etiam titulum addendo (Delegatus Coreae) quia jam concessit duobus Illustrissimis coreanis (tamquam Delegatis Missionis Seoul et Taecou). Dicitur, visitatoribus autem (30 pro 100) concedere 할인권; est magnum beneficium pro nobis pauperibus! Deo gratias!

Heri et hodie omnes D. Eposcopi et Patres profecti sunt ex procuratorio, ego et R. Pater Adeux remanemus, hunc Patrem sequar pro Parsiis eundo, post aliquot dies. R.R. Pater Guinand vult visitare, mense Septembri, Lurdes et circa finem Octobris proficisci ex Masillia pro Corea et in Port-said descendendo ire in terram sanctam visitandam; ego sequar illum Patrem hoc ordine.

Telegramma a Vobis missum sequenti die (6 Julii) meridie (post 24 horas) pervenit hic et dixit (Telegramme reçu homages[hommages]).

Dei 12 Julii, fuit beatificatio Sacerdotis Eymard, assistiti in Beatificatione et in Benedictione SS. Sacramenti, in Benedictione SS. Sacr. fuerunt numerosi Cardinales et multitudo assistentium multo major quam in Beatificatione Coreana.

His diebus fatigor, et remanebo per 2 dies tranquiliter, et postea visitabo Ecclesias et Catacomvas etc. Pretium hotel non est carum quam putabam, in proprie dicto hotel nescio, sed apud Religiosas pro una die 50 vel 45 lire; ergo una die 5 yen, fratres Tjyang manserunt apud moniales Sanctae Crucis et per diem solverunt 45 liras. hic unum yen japonicum valet plus 10 liras.

En haec pauca, et non habeo alia nuntia Vobis relatu digna. Valeatis semper obtime, oro et orabo pro Vobis semper. Valeatis! Recepi 잡지 3 exemplaria 15 et 31 Maii in Masilia, diei autem 15 Julii Romae. Pater Sin quomodo se habet? Numquid perfecte sanatus est?

A longe ex corde toto saluto omnes et singulos RR. Patres! Nimis preoccupatus et distractus hanc epistolam male scripsi; parcatis mihi. Imagines nostrorum beatorum in genere non bene, quia pictor non bene cognovit habitum et lineamenta coreana; Illustrissimus noster vult iterum fabricare melius etc... Tamen portabo aliquot exemplaria. Valeatis!

Vester servus Paul. Han sac.

Mutel Docu.

†

Romae 21 Julii 1925

Illustrissime Domine,

Die 24 hujus ex hoc proficiscar ad parisiensem urbem unacum Patre Adeux. Interea nihil novi, visitavi multas Ecclesias et catacombas, tamen ad ambulandum requiruntur expensae et ductor etc... Omnes R. Patres profecti sunt ex procuratorio; semper bene valebam, sed hic nuper per tres dies male valelui[valui] propter defatigationem etc...

Triduum pro Beatificatione in Parisiis fore dicunt in mense X^{bri} post festum Sancti Francisci ut jam forsan scitis; forsan non potero assistere huic caeremoniae. Hic audio in Corea centrali fuisse maximam inundationem et in qua multos homines periisse!

Nuper in triduo, Missa Beatorum nostrorum fuit sic: Missa 'Sapientiam' de pluribus martyribus cum 'Gloria et

Credo' oratio tantum noviter composita et quidem optime includendo mirabilem introductionem catholicissimum in Coream, gloriosam confessionem martyrum et eorum intercessionem etc...

Oremus Deus, qui in Coreanam regionem Fidem Catholicam mirabiliter invexisti, et gloriosa confessione Beatorum martyrum Laurentii, Petri, Jacobi, Andreae et sociorum illustrare dignatus es, eorum intercessione concede, ut ad veram fidem propagandam, evangelici operarii multiplicentur. Per D. amen.

Post beatificationem nostrorum martyrum in Basilica S^{ti} Petri maximum furtum patratum fuisse cognoverunt; furtum certe jam diu patratum fuit, sed cognoverunt post multos dies, fures videndo in tecto aliquid reparari, hac occasione tectum tam gravissimum perforando furati sunt ostensorium etc... 9 objecta pretiosissima! Feliciter illi omnes fures capti sunt vendendo et omnes res 9 totaliter recuperatae sunt.

Non sunt alia nova communicanda. Valete semper optime, Reverendissime Domine! Ora pro Vobis et orate pro me!

Saluto omnes RR Patres sincerrime!

Vester servus Paul. Han

P.S.

Nuper contra urbanitatem, sed causa parcendi pecuniam, multas chartas misi Vobis ad distribuendum Patribus; parcatis mihi; hac vice pariter huic includo aliquot chartas; per An Marcum curate ut mittantur ad destinationem.

Hic calor non est tantus, in domo vix sentio calorem, tamen multi eunt ad loca refrigerantia, romani sunt delicati in hac re. Pretium Hotel non est carum quam putabam. in proprie dicto hotel nescio, tamen apud religiosas Sorores, una die 50 lirae vel 45 lirae; fratres tjyang apud soreres Stae Crucis, pro una die 45 liras solvendo manserant; Soror RR. Patris Guinand apud moniales 50 liras pro die solverunt.

Valeatis semper optime! Illustrissime Domine!

Vester servus Paul. Han sac.

Mutel Docu.

†

Parisiis 10. 8, 25

Illustrissime Domine,

Quomodo valetis in tanto calore et in tantis laboribus? Et de inundatione quantum habetis kektjeng? Forsan agri seminarii qui sunt in 동격이 destructi sunt? Audivi de hac inundatione, sed nuntium clarum usque modo non potui audire.

Ego semper satis bona sanitate facio peregrinationem; die 24 Julii ex Roma profectus perveni parisiis die 2 Augusti, et hic inveni Illustrissimum Mutel bona valetudine fruentem.

In itinere a Roma ad Paris multa sacra loca et monumenta visitavi; visitavi Stum Franciscum et Stam Claram in Assisia, et horum sanctorum sacra vestigia oculis aspiciendo maxime commotus fui. In Florentia multas ecclesias visitavi. Visitavi etiam Beatum P.Y. Eymard in cubiculo ubi ipse natus et pie mortuus fuit. Ecclesia in qua ille Beatus baptizatus et primam communionem recepit, instaurabatur.

De Basilica N.D. de la Salettet in monte 1800 metris alto aedificatur vere admiratus fui! Vidi ibi plura centena piorum peregrinorum, cum lanternis et hymnis et canticis fidem et devotionem manifestabant! Ibi casu inveni R. Patrem Bred[Bret], fratrem R. Patris Bred[Bret] nostri missionarii jam felicis memoriae, magna cum laetitia conversati fuimus cum eo.

Adhuc pergendo meum iter visitavi Sanctum parochum d'Ars, fiebant Triduanae solemnitates diebus 2, 3, et 4 Augusti, cum ecclesia sit non magna, altare praeparabatur in area, in area pariter non posse caper[capere] 4 milia hominum videbatur, dicebant 2 Cardinles et 15 Episcopos congregaturos. In civitate Lyon descendi per aliquot horas visitavi Basilicam et Cathedralem et domum Prado, ibi multi Patres interrogabant de RR. Patre Vermorel Provicario Taikou.

Haec mea peregrinatio certe care constavit, tamen volui visitare haec omnia sacra monumenta et vestigia sanctorum, erat pro me unica occasio hujusmodi visitandi, numquid ego iterum potero ire in Europam?

Quando eram Romae, unus R. Pater, cujus nomen ego non interrogavi, Illustrissimus Mutel et R. Pater Guinand cognoscit quia recepit chartam ejus, qui dicebat se fuisse professor Illustissimi Devred, valde contentus nobis cum loquebatur et altera vice in Basilica Sti Petri illum Patrem inveni et iterum locuti fuimus cum magna laetitia.

Hic inveni unum catholicum coreanum Xaverium-Benedictum Ri Ho (李浩), natus ex 安州, ante 7 annos reliquit Coream et hic studet scientiis politicis, hospitatur apud quamdam matronam piam, ille hic conversus et baptizatus est ab Illustissimo Episcopo Auxiliario Cardinalis; Juvenis simplex et fidem habere videbatur, ducam illum ad salutandum Illustrissimum Mutel, ille juvenis dicit parisiis esse 30 circiter coreanos, ex quibus 20 faciunt 고학 partim laborando lucrarantur expensas studii.

En haec pauca, Illustrissime Domine, hac vice non possum mittere 회보, nondum enim scripsi, habeo multa scribenda, postea scribam. Valeatis! Saluto ex intimo corde omnes R.R. Patres! Visitabo Lurdes cum RR. Patre Guinand et simul redibo. Valete!

Vester servus Paul. Han sac.

P.S.
Reverendissime Domine, huic includo epistolas ad Patres dirigendas.

P. Han

Mutel Docu.

†

Parisiis 24, 8, 25

Illustrissime Domine,

Quomodo valetis his diebus inter calamitates inundationis? Vere terribilis fuit inundatio ut legi diaria a Vobis missa! Post festum Assumptionis B.M.V. Visitavi Lourdes unacum R. Patre Lefèvre, 3 dies et 2 noctes transivi cum maxima consolatine, antea vidi Lourdes litteris, hac vice occulis! Devotio et fides vere manifestabatur, plura hominum milia extensis brachiis coram statua apparitionis orabant! Nunc expecto aliquem socium pro Jerusalem, Illustrissimus Rayssac et unus Missionarius Siam eunt in Jerusalem 9 Octobris, si non invenio socium ante illos, sequar illos et sic redibo.

Pareterita Dominica, 23 hujus, hic fuit festum decorationis Illustrissimi, Minister Dominus 베르쏘 venit hic et cum laudibus obtulit numisma decorationis et fuit prandium, de hoc mitto 회보 pro 잡지 et correctis corrigendis ponatis in 잡

지. Illustrissimus Fumasoni venit hic et manet aliquot diebus et rediet in Americam. Recepi folium historicum Missionis Seoul et Cantum de beatis nostris; gratias! Alia nuntia non scio vel non audio. Huic includo 1 chrartam ad P. Thom. Ri et relationem pro 잡지. Semper optime Valeatis! Oro pro Vobis sicut oratis pro me. Valeatis!

vester servus Paul. Han sac.

Mutel Docu.

†

Parisiis 20 Sept. 25

Illustrissime Domine,

Recepi Vestram epistolam diei 17 Aug. die 6 Septembris, gratias multas ago Vobis! Die 28 Septembris proficiscar ex Parisiis et in Masillia visitata spelunca Santae Mariae Magdalenae 9 Octobris conscendam navem 'André-Lebon' et descendam in Port-said et visitata Palestina circa diem 28 Octobris iterum conscendam navem 'Paul-Lecat', utrum obtinebo cubiculum?

Valde dificile est emere 션표 propter multitudinem viatorum, a duabus mensibus vix obtinui unum locum! R. Pater Bechet[Béchet] qui mecum ibit in terram sanctam jam mense Maio emit 션표. Nondum solvit pretium navis R. Pater Gerard[Gérard] sed tantum locutus est cum societate navigationis, tamen spero me profecturum 9 Octobris ex Masillia.

Hic nihil novi audio, Illustrissimus Noster nunc vacat exercitiis spiritualibus apud Jesuitas, prope civitatem Paris.

Illustrissimus Demange heri venit hic bene valens, R. Pater Guinand nunc est apud R. Patrem Alix. R. Pater Mollimard certe ante me perveniet in Seoul. Valde doleo quod non possim assistere Triduo neque in Seoul neque in Paris!

His diebus visitavi Santam Theresiam a Jesu Infante unacum R. Patre Guinand et cum sorore ejus, sacellum pulchrum sed nimis parvum non poterat continere multos visitatores pios, mane cum maxima difficultate vix penetravi ad altare ad dicendam Missam, diximus Missam in altare sepulchri Sanctae Teresiae.

Visitavimus Priorissam Carmelitarum et obtinuimus reliquias Santae Teresiae, vocem tantum audivi loquentis monialis, utrum Priorissa sit vel altera vel soror Sanctae Teresiae sit nescivi. Dicitur Priorissam seu sororem Sanctae Teresiae nunquam recipere hospitem et loqui directe cum hospite.

Visitavi domum et multa objecta Sanctae Teresiae quae commevebant visitantis animum!

Haec pauca, non habeo aliquid relatu dignum; circiter post duos mensis invicem conveniemus, Illustrissimi et R. Pater Guinand anno sequenti tantum profecturi videntur.

Valeatis semper optime! reverendissime Domine, quando visitabo Terram Sanctam specialiter orabo pro Vobis, interea orate pro me ut prospero itinere perveniam in Seoul. valeatis!

Vester servus in X^{to}, Paul Han sac.

Mutel Docu.

✝

Shang hai 29 Nobembr. 1925

Illustrissime Domine,

Heri verspere perveni hic, sicut Vobis jam dixeram, visitata terra sancta redux in Port-said die 27 Octobr. conscendi navem die 29 et navigationem pergendo cum bona sanitate in Singapor reccepi diarium Patris Jaugey a Vobis missum, legendo illud diarium audio Patrem Legendre aegrotare graviter! Et hic Shang hai intrando pariter recepi dictum diarium cum vestra epistola; adhuc audio RR. P. Poisnel gravissime aegrotare! Oro et orabo pro illis Patribus infirmis, salus infirmorum, ora pro eis! Utinam uterque cito convalescant!

In toto itinere semper bene valebam, sed ex Hong-kong propter frigus repentinum post maximum calorem non tam bene valeo, sed hic quiescendo per aliquot dies melius valebo.

Dei 5 Decembr. navis nostra proficiscetur ad Kobe, et forsan die 9 perveniam in Kobe et post unam diem versus ad Seoul pergam iter et die 13 (dominica) intendo pervenire in Seoul.

Non habeo aliquid nuntium Vobis relatu dignum, in procuratoriis omnes reverendi Patres bene sese habebant, in navi habui multos socios missionarios, unus nauta repente mortuus fuit in nave!

Semper optime valeatis inter innumeras solicitudines! Oro semper pro Vobis, Illustrissime Domine!

Vester servus Paul. Han sac.

Pervenit hic Vicarius
cum Dimidia, Pater quartissi[mus?]
dat! erat jam multum [la]
tamen profectus est die 1[?]
et venit hic 17 et incepi[t]
ne 18; morbus autem ita
et capite, dolet omnibu[s]
, 속이 답답호고, 곰이 결니고
ㅅ 쓴히 나고 et habet m[?]
b[?] ite....
Ipsemet [?]

한기근 신부의 여행 여정 일람표

날짜	국가	지역	행적 및 방문처	연재 번호
5월 11일(월)	한국	서울	오전 10시 출발	(1)
		부산	오후 8시 30분 도착	
5월 12일(화)	일본	시모노세키(下關)	오전 7시 도착, 오전 10시 출발	
		산노미야(三宮)	오후 9시 도착	
5월 13일(수)~14일(목)		고베(神戶)	예수 성심 성당, 성 헨리코 성당	(2)
		교토(京都)	조선 교우에게 고해성사 집행 오전 5시 30분 조선 교우들과 미사 봉헌	(3)
5월 15일(금)		오사카(大阪)	성 프란치스코 하비에르 성당, 오사카 대성당, 명성(明星)상업학교	
5월 16일(토)			오후 5시 고베 귀환	
5월 17일(일)		고베(神戶)	교황대사와 오사카 주교 방문, 예수 성심 성당 미사, 예수 성심 성당 주일 미사, 성 요셉 학교, 부스케 신부 성당 심방	(4)
5월 18일(월)				
			오후 3시 고베 출발	
5월 20일(수)		동중국해(東中國海) 해상	아침 제주 앞바다 항행	(5)
		오송(吳淞)	밤 12시 오송 도착	
5월 21일(목)	중국	상해(上海)	오후 1시 상해 하륙 당가 사무실에서 육백홍 씨 상봉 오전 11시 상해 출발	
5월 22일(금)				
5월 23일(토)				
5월 24일(일)		해상	선상에서 주일 미사	(6)
5월 25일(월)			항행	
5월 26일(화)		홍콩(香港)	오전 9시 홍콩 도착	
5월 30일(토)	베트남	사이공	오후 5시 사이공 도착 사이공 주교좌 성당, 신품 학원, 성 바오로 수녀원	(7)
5월 31일(일)			사이공 주교좌 성당 미사, 사이공 시내 성당 4곳 배관, 성 필립보 성당, 예수 성심 성당, 성모 그리스도의 도움 성당, 성 프란치스코 성당	
6월 1일(월)			오전 6시 사이공 출발	

날짜	국가	지역	행적 및 방문처	연재 번호
6월 3일(수)	싱가포르	싱가포르	오시(午時)에 싱가포르 도착	
			수 시간 후 승선	
6월 5일(금)		믈라카해협	아침 페낭 앞바다 항행	
6월 9일(화)	스리랑카	콜롬보	오전 7시 콜롬보 도착 콜롬보 대주교 주교관 심방, 성 프란치스코 수녀회 수예관 오후 7시 승선	
6월 10일(수) ~16일(화)		인도양	항행	
6월 17일(수)	지부티	지부티	밤 12시 지부티 도착 오후 4시 승선	
6월 18일(목)		홍해	항행	
6월 19일(금)			선상에서 예수 성심 대축일 미사 봉헌	
6월 20일(토)			항행	
6월 21일(일)	이집트	수에즈	오후 6시 수에즈 운하 진입	(8)
6월 22일(월)		포트사이드	오전 8시 포트사이드 항구 도착 수 시간 후 승선	
6월 23일(화)		지중해	항행	
6월 24일(수)			오전 7시 크레타섬 앞바다 항행	
6월 25일(목) ~26일(금)			항행	
6월 27일(토)	프랑스	마르세유	정오시에 마르세유 도착	
6월 28일(일)			로마로 출발	
6월 30일(화)	이탈리아	로마	로마 도착	
7월 1일(수)			포교성 비서 마르케티 주교 방문	
7월 4일(토)			교황 비오 11세 제1차 특별 알현	
7월 5일(일)			오전 10시 시복식, 오후 6시 성체 강복 교황 비오 11세 제2차 알현	
7월 6일(월)			12시 제3차 알현 후 기념촬영	
7월 7일(화) ~9일(목)			매일 오전 10시 주교 대례 미사 매일 오후 7시 매괴경, 강론, 성체 강복	
7월 10일(금) ~12일(일)			성 베드로 대성전	(9)
			바티칸, 바티칸 도서관, 바티칸 박물관, 시스티나 성당, 교황의 매일 미사 성당, 성 바오로 대성전, 성 바오로의 세 샘, 성 마리아 대성전, 성 요한 라테라노 대성전	(10)

날짜	국가	지역	행적 및 방문처	연재 번호
7월 10일(금)~12일(일)	이탈리아	로마	성제 성당, 성 라우렌시오 성전, 천신들의 성모 성당, 성 요한과 성 바오로 성당, 성 안셀모 학원, 성 알렉시오 성당	(11)
7월 13일(월)			카타콤 참배	(12)
7월 17일(금)			알렉시오 성당 미사 참례 성 갈리스토 카타콤	
7월 24일(금)~27일(월)		아시시	아침에 로마 출발 5시간 후 아시시 도착 생가, 선종 성당, 성 오상 프란치스코 성전, 성녀 클라라 성당	(13)
		피렌체	두오모 대성당 배관 기차를 타고 알프스를 넘어 프랑스로 향발	(14)
7월 28일(화)	프랑스	그르노블	발전 기계 박람회 관람	
7월 29일(수)		라 무르	복자 예마르 생가, 성 데오프레 성당	
7월 30일(목)		라 살레트	라 살레트 성모 성전 라 살레트에서 유숙	(15)
7월 31일(금)			라 살레트 출발	
		리옹	아침에 리옹 도착, 프라도 자선회 방문	(16)
8월 1일(토)		아르스	성 비안네 성당	
8월 2일(일)		파리	파리 도착 파리 외방전교회 본부, 신품 학원	(17)
			비에브르 신품 소학원	(18)
8월 12일(수)			예수 성심 성전	(19)
8월 15일(토)			파리 성모 성당 대축일 미사, 승리의 성모 성당, 성 빈첸시오 수녀원 성당, 성 쉴피스 성당, 성녀 막달레나 성당, 성 디오니시오 성당, 성 프란치스코 하비에르 성당	
			오후 7시 파리 출발	
8월 16일(일)		루르드	오전 8시 루르드 도착	(20)
			마사비엘 동굴, 영적의 샘	
8월 17일(월)			원죄 없이 잉태되신 성모 대성전, 루르드 산상의 14처, 베르나데트의 집	(21)
8월 18일(화)			오후 4시 성체 거동, 9시 제등 행렬 예수 성심 성당 밤차로 파리로 출발	(22)

날짜	국가	지역	행적 및 방문처	연재 번호
8월 23일(일)	프랑스	파리	뮈텔 주교 훈장 수여식 참석	(9)
9월 14일(월)			선교사 발정식	(18)
9월 16일(수)		리지외	리지외 도착	(23)
9월 17일(목)			성녀 데레사 성당, 데레사 성녀 생가, 성 베네딕토 수녀원, 카르멜 수녀원장 심방	
9월 20일(일)		파리	파리 도착	(24)
9월 25일(금)		라 프레네	라 프레네로 떠나는 뮈텔 주교 수행	
9월 28일(월)		마르세유	마르세유 도착	
9월 29일(화) ~10월 8일(목)			성 라자로 지하 성당, 마르세유 성모 마리아 대성당, 호위 성모 성당, 보메 굴	
10월 9일(금)			마르세유에서 승선	
10월 10일(토) ~15일(목)	지중해 항행		6일 만에 포트사이드 항구 도착	(25)
10월 16일(금)	이집트	포트사이드	오후 5시 포트사이드에서 기차로 출발	(26)
		칸타라	수에즈 운하를 건너 칸타라 도착	
10월 17일(토)	이스라엘	카이파	카이파 도착 카르멜 수도원 성당, 엘리야 굴	(27)
		나자렛	카르멜 수도원 여관 유숙, 오후 4시 나자렛 도착, 나자렛 카사노바 유숙	
10월 18일(일)			나자렛 성모 영보 성전, 성가정 성당, 그리스도의 식상, 성모 전율 경당, 타보르산, 시리아 교우의 성당	
		갈릴래아	마리아의 샘	(28)
			카나 도착 카나 프란치스코회 소속 기념 성당, 성 바르톨로메오의 집	
		티베리아스	겐네사렛 호수 경유 저녁에 티베리아스 도착	
10월 19일(월)		막달라	성녀 막달레나 거처 심방	(29)
		벳사이다	성 베드로와 성 안드레아 형제의 본촌	
		카파르나움	옛 회당 폐허 터	
		티베리아스	티베리아스 출발	
10월 20일(화)		예루살렘	예루살렘 도착	
			예수 성묘 성전	

날짜	국가	지역	행적 및 방문처	연재 번호
10월 20일(화)	이스라엘	예루살렘	예수 성시를 염하던 자리, 갈보리산	(30)
			요셉 아리마태아 묘소, 성녀 막달레나 제대, 성녀 헬레나가 십자가 보목을 파내던 자리, 십자성로 14처, 건립 성체 교당, 시온산 성모 선종 성전	(31)
			금문, 시온 수녀회, 구세주 성전, 팔레스티나 신학원, 시리아 교회 신학원, 그리스 교회 신품 학원, 벳자타 못	(32)
			옛 성전 터, 오말 모스크, 성모 자헌 성전, 유다인의 통곡의 벽, 올리브산	(33)
			겟세마니 성전, 승천 바윗돌, 갈릴래아 사람들아 교당, 도미누스 플레비트 경당	(34)
			주 기도문 교회, 내가 천지를 조성하신 경당, 겟세마니 동산 성모 무덤	(35)
			키드론 시내, 여호사팟 골짜기, 베타니아, 라자로, 벳파게, 하켈 드마	(36)
10월 21일(수)		베들레헴	식전에 예루살렘 출발하여 베들레헴 도착 예수 성탄 성당, 예수 성탄 굴, 성모 젖 굴	(37)
10월 22일(목)~25일(일)			안나 성전, 베들레헴 교구 성당 예루살렘으로 귀환	(38)
10월 26일(월)		예루살렘	아침에 예루살렘에서 출발	(39)
10월 27일(화)	이집트	포트사이드	야밤에 포트사이드 도착 성 프란치스코회 성당 아침 미사 오후에 '폴 르카'호 승선	
10월 28일(수)~12월 9일(수)	항해			
12월 10일(목)	한국	서울	오전 8시 명동 대성당 도착	

> 부록 1 『경향잡지』에 연재된 한기근 신부의 「로마 여행일기」

한기근 신부의 「로마 여행일기」

> 제565호(1925년 5월 15일), 198~202쪽
> **논설 : 로마를 향하여 떠나면서**

친애하온 독자 제공(諸公)[1]은 이미 다 아심과 같이 우리 존경하올 치명자들이 금년 성년에 복자로 반포되실 터인바 일전(에) 민 주교[2] 각하의 전보에 의하건대 우리 치명자들의 시복식(諡福式)은 양력 7월 5일에 거행될 줄로 여기나이다.

금년에 거행될 바 시복식과 시성식(諡聖式)은 합 12차라 하는데 시성식은 7차에 성인 성녀가 합 9위이시며, 시복식은 5차에 복자와 복녀가 합 100여 위가 되리라 하나이다.

이 시성식과 시복식을 금년 사백주일(卸白主日)부터 시작하여 매 주일과 파공 첨례(罷工瞻禮)[3]마다 거행하여 내려가다가 6월 하순에는 두어 번 빠지는 고로 우리 치명자들의 시복식이 7월 초순에 거행될 줄로 추측하나이다.

---

1 '여러분'을 문어적으로 이르는 말.
2 뮈텔(G. Mutel, 閔德孝, 아우구스티노, 1854~1933) 주교 : 제8대 조선 대목구장. 파리 외방전교회 선교사.
3 '의무 축일'의 옛말이며, '파공'이란 주일과 의무 축일에 육체노동을 하지 않는 것을 말한다.

금년 성년에 시복식과 시성식을 많이 거행하고 매 주일에 거행함은 성년 경축을 더욱 성대히 지내기 위함이오, 또한 반포되는 복자 복녀와 성인 성녀들의 친척과 동 민족들이 참예하기 쉽게 되는도다. 대저 성년 전대사를 입기 위하며 바티칸 전교 박람회를 전람하기 위하여 로마부[4]에 구름같이 모여 가는 사람들 중에는 자기 친척과 자기 동 민족이 복자나 혹 성인으로 반포되시는 경사에 참예하기를 어떻게 기다리며 어떻게 즐거운 마음으로 용약하여 다라가는고.[5]

그러나 우리 조선 복자와 복녀의 경사를 참예하기 위하여 가는 자는 어디 있으며, 언제 떠나는고. 소식이 캄캄하도다. 로마는 조선에서 어찌 멀리 있는고. 수로 육로 수만 리가 격(隔)하였도다. 조선 교우는 어찌 그리 가난하여 천여 원의 노비(路費)를 판비(辦備)하지 못하므로 거룩한 체면도 차리지 못하는고. 로마의 상거가 수천 리만 되어도 참예하러 가는 교우가 몇 명 있을 것이요, 시베리아철도의 형편이 대전쟁과 같아도 참예하러 갈 교우가 혹시 있으련마는 백합[6]과 같이 날아갈 수도 없고 붕새의 날개를 얻을 수도 없도다.

본탁(本鐸)은 본월 11일 경성에서 발정(發程)하여 16일에 고베(神戶)에서 기선을 타고 한 40여 일 후 로마에 도착할 예정이외다. 수륙 험로 누만 리에 위험이 불소(不少)하오니[7] 6천 독자 제공은 열심히 기구하여 주시어 (하여금) 목적지에 무사 득달하여 복된 경사에 위불(爲不)없이[8] 참예케

---

4 '부(府)'는 일제강점기에 군(郡)보다 위의 등급으로 설치한 지방 행정 구역으로, 지금의 시(市)에 해당한다. 이하에서는 '로마'로 용어를 통일하였다.
5 '다라가다'는 '달려가다'의 옛말.
6 사람의 집에 사는 비둘기를 통틀어 이르는 백합(白鴿)이거나, 혹은 백학(白鶴)의 오자로 보인다.
7 적지 아니하오니.
8 틀림이나 의심이 없이.

하소서. 치명자를 위하여 가는 여행에 편안함을 찾는 것은 부끄러운 일이오나 인도양에서부터 홍해, 수에즈, 지중해 등 바다에는 더위가 극심하여 선객 중에 죽는 사람도 간혹 있다 하나이다.

우리 치명자들의 시복식이 순히 거행되기 위하여 간절히 기구하시려니와 시복식 당일에는 더욱 특별히 기구하사이다. 조선은 동편에 있고 로마는 서편에 있는 고로 지방시(地方時)의 차별이 대략 8시간이니 로마성 베드로 대성전에서 우리 치명자의 시복식을 가령 오전 10시에 거행하면 조선에서는 그날 오후 5시 30분가량이 되나이다. 이러므로 우리 치명자의 시복식을 7월 5일에 일정 거행하면 그날 오후 5~6시 그사이에 우리 공경하올 치명자들이 금세에서 비로소 복자의 칭호와 영광을 받으시는 줄로 생각하여 감사하며 칭송하며 용약하며 허다한 감동지심을 발하사이다.

오호라, 복자 되실 치명자들이여, 우리는 무슨 말로써 당신네 치명공로를 축하하리이까. 무슨 노래로써 당신네 붉은 화관을 읊으리이까. 87년 전에 새남터에서 천주를 위하여 칼 밑에 목을 늘이(우)시고 천주께 생명을 바치시던 사실을 금년 성년에 천주가 예수 그리스도의 대리자 교황[9]의 입으로 판결되어 조선 성교회 및 파리 외방전교회 내에 반포되리로다.

기해년 치명자 범 주교[10]여, 당신은 조선 주교로는 제2위이시나 조선에 들어오신 주교로는 제1위로서 정유년에 조선에 들어오시어 3년 동안 허다한 고초와 불편함을 받으시며 사람의 영혼을 구하시다가 기해 8월에 생명을 희생 삼아 새남터에서 천주를 위하여 치명하셨도다. 로 신부

---

9 교황 비오 11세(Pius XI, 1857~1939 : 1922~1939 재위).
10 앵베르(L. Imbert, 范世亨, 라우렌시오, 1796~1839) 주교 : 성인. 제2대 조선 대목구장.

[11]는 을미년에 조선에 들어오시어 조선에 제1위 전교 신부가 되시고 정 신부[12]는 병신년에 들어오시어 둘이 한가지로 3~4년간 위험 중에 전교하시다가 범 주교와 더불어 동일 동시에 피를 흘려 예수 그리스도를 증거하셨도다.

정 바오로[13]여, 당신은 존귀한 가족의 출신으로 천주를 위하여 북경 가는 사신의 노복이 되어 그 험악하고 위태함을 무릅쓰고 8, 9차나 내왕하여 조선 성교회를 돌아보다가 유(劉) 아우구스티노[14]와 조 가롤로[15]와 더불어 새남터에서 위주치명(爲主致命)하시고, 유 아우구스티노는 역관의 직임을 이용하여 정 바오로와 함께 북경에 내왕하며 조선 교중 일을 돌아보시고, 조 가롤로는 마부의 전력(前歷)을 이용하여 정 바오로와 유 아우구스티노와 한가지로 일심 합력하여 조선 교중 일을 돌아보다가 한 날한시에 치명 화관을 받으셨도다.

그 외에 존귀한 궁녀와 동정녀들과 노인과 소년과 13세 동자까지 신덕을 굳게 지키고 용덕을 발하여 만고 중에라도 흔희용약(欣喜踊躍)하여 감수 치명하셨도다.

병오년 치명 김 신부[16]여, 당신은 10여 세의 동자로서 고국을 떠나 오문(澳門, 마카오)에 가서 공부하시고 20여 세에 주교·신부를 조선에 인도하기 위하여 얼마나 간고(艱苦)를 당하셨나이까. 의주 변문(義州 邊門)과 훈춘(琿春) 국경에 수만 리 험로를 발섭(跋涉)하시다가 성공치 못하시고 일엽편

---

11   조선에 입국한 최초의 서양인 신부인 모방(P. Maubant, 羅伯多祿, 베드로, 1803~1839) 신부이므로, '로' 신부가 아니라 '나' 신부이다.
12   샤스탕(J. Chastan, 鄭牙各伯, 야고보, 1803~1839) 신부 : 성인.
13   정하상(丁夏祥, 바오로, 1795~1839) : 성인.
14   유진길(劉進吉, 아우구스티노, 1791~1839) : 성인.
15   조신철(趙信喆, 가롤로, 1796~1839) : 성인.
16   김대건(金大建, 안드레아, 1821~1846) 신부 : 성인.

주로써 고 주교[17]를 모셔 오던 고생은 황해 바다가 널리 증거하는도다. 필경은 황해도에서 피착되시어 형조와 금부의 혹형을 당하시고 26세 청춘 묘령의 소년 탁덕(鐸德)으로서 새남터에서 칼을 받으셨도다.

현 가롤로[18]여, 당신은 신유년, 기해년부터 군난에 쫓겨 다니시며 주교 신부의 명령으로 『기해일기』 치명사적을 기록하신 것은 금일까지 보배로이 보존되어 금년 시복식에 그 목적을 이루겠나이다. 치명자의 사적을 힘써 기록하다가 당신도 치명하사 당신보다 7년 전에 먼저 치명하신 이와 함께 복자의 칭호를 받으시리니 이 어떠한 영광인고.

본 신부는 이와 같이 영화로운 치명자의 시복식에 참예하러 가고자 하오니 바다의 별이신 성모 마리아여! 평해(平海)를 주시며 순풍을 주시어 무사히 왕반(往返)하게 하소서.

제566호(1925년 5월 31일), 225~231쪽
로마 여행 일기 [1]

5월 11일 경성역에서 로마를 향하여 출발할 때 유 주교[19]의 강복을 받고 여러 신부들의 전별과 회장들과 모든 교형(敎兄)[20]의 악수 송별을 받으며 "잘 가거라 잘 있거라" 하는 동시에 무정한 기적 일성은 행객(行客)을 호령하여 차에 오르기를 재촉하더라.

---

17 페레올(J. Ferréol, 高, 요한, 1808~1853) 주교 : 제3대 조선 대목구장.
18 현석문(玄錫文, 가롤로, 1797~1846) : 성인.
19 드브레드(E. Devred, 兪世竣, 에밀리오, 1877~1926) 주교 : 서울 대목구 보좌 주교.
20 '교우'의 높임말.

▲ 승강대에 올라서 피차 쳐다보며 눈으로, 모자로, 형용으로 마지막 이별을 표시하고 차에 들어가 앉아 「성직자의 여행경」을 염하며 경본을 외우고 혈혈단신으로 다만 나의 호수천신과 행객의 동무 되시는 라파엘 대천신을 의지하여 이전에 소(小) 토비야를 인도하심[21]과 같이 나를 인도하여 주시기를 바라며, 광야에서 이스라엘 자손을 인도하던 밤에 불기둥이며 낮에 구름 기둥은 나를 로마까지 지도하기를 절망(切望)하였노라.

▲ 금일 오후 7시에 나의 사랑하는 형제 신부들은 피정 신공을 시작하거늘 나는 이 거룩한 신공에 참예치 못하고 원행(遠行)을 시작하니 섭섭하기 측량(測量) 없으나 천주를 위하여 천주를 떠남도 가하다는 생각 중에 또 크게 안심 위로되는 사정은 바오로 신 신부[22]의 위중하던 증세가 차도 있음이니 몇 달 후에 환국하여 반가이 상봉할 희망이라라.

▲ 차 중에 봉고인(逢故人)[23] 옛사람은 천리타향에 봉고인으로 위로를 삼았거니와 나는 천리 차 중에 봉고인이었도다. 차 안에는 덥고 복잡하기도 하며 가히 더불어 담화할 사람도 없는지라 항상 출입 문간 승강대 가까이 나가 서서 연로(沿路) 각처에 지나가는 모든 공기를 고루고루 마시며 있더니 그 문간은 식당차와 주방이 가까운지라 주방에서 음식 예비하는 사람 5~6인이 머리에 흰 수건을 두르고 요리를 예비하던 중, 소년 하나가 나와서 나를 보고 반가이 인사하니 이는 요셉 하춘하 씨로다.

21	토빗기 5장 참조.
22	신인식(申仁植, 바오로, 1894~1968) 신부.
23	옛 친구를 만남.

▲ 요셉 하춘하 씨는 경성 교우로서 전부터 친절히 알던 교우인데 경부, 경의 특별 급행열차 식당의 사무원이라. 의외에 상봉하여 가끔 그 문간에 가서 피차 담화함으로 위로가 불소하였도다.

▲ 일본 요리로 석반(夕飯)을 대접

하 요셉 "신부님 저녁에는 일본 요리로 한번 대접하겠습니다." 신부 "아 그처럼!"

과연 저녁에는 일본 음식을 가져왔는데 밥은 과연 좋으나 모든 반찬에는 사탕을 섞은 고로 나의 못생긴 비위는 그것이 역하다고 고추장이나 김치를 달라 하나 이것은 차 중에서 구지부득(求之不得)이라. 소금을 청하여 간신히 나의 비위를 무마하였도다.

▲ 요셉 박봉로 씨 상봉

조치원역에 도착하여 몇 분간 차가 서는 고로 내려가서 거닐 때 양복 입은 어떤 단아(한) 신사가 나를 보고 인사하는데 나는 본디 눈정신[24]이 불량한 고로 인사 답례를 하면서도 누구인지 확실히 알지 못하여 의아해하면서 누구이신지 자세히… "서울서 누차 뵈었는데 모르십니까? 박봉로이올시다." 과연 여러 번 보았을 뿐 아니라 약현 성당 내 가명보통학교장 박영조(朴永祚) 씨의 서랑(壻郞)[25] 되는 줄도 알고 식산은행 조치원 지점장 대리로 있는 줄까지도 알았으나 나의 못생긴 눈은 즉시 깨닫지 못하였도다.

---

24 눈으로 본 것을 잊지 않고 잘 기억하는 재주.
25 남의 사위를 높여 이르는 말.

▲ **부산에 도착**

그날 오후 8시 30분에 부산에 도착하니 차에서 내려 즉시 배에 오르게 마련하였더라. 종선(從船)도 타지 아니하고 불과 몇십 보만 행하여 배에 들어가는 것인데 나는 여행에 졸업장을 아직 얻지 못한 고로 공연히 서서 지체지체하며 보니 모든 사람들이 마치 정거장에서 차표 사러 들어가는 모양으로 일자로 늘어서서 가는데 1~2등 객이 오르는 사다리도 따로 있고 3등 객이 올라가는 사다리도 따로 있는 것을 모르고 한참 섰다가 보니 모든 이(가) 거의 다 올라가고 노동꾼과 허루(虛漏)한 사람들만 아직 올라가더라.

가까이 가서 보니 1~2등 객은 벌써 다 올라가고 3등 객은 본디 수다한 고로 아직도 올라가더라. 눈이 둥그레지면서 1~2등 객 오르는 곳에 가니 사다리를 거의 다 떼어간다. 어찌할꼬. 경계 없이 책망하기를 "나는 2등 객인데 어떻게 오르라고 사다리를 벌써 다 떼었소." "아- 미안합니다. 저편 3등 객 오르는 데로 가십시오." 아 못생긴 행객. 제자리도 찾지 못하고. 3등 객 오르는 편으로 가서 3등 객이라도 제일 말째 3등 객 행세를 하면서 배에 올랐더라.

▲ 배에 들어가 보니 2등 실이라 하는 것은 서양 배와 같이 차리지 아니하고 마치 방 한 칸씩처럼 경계를 마련하고 다다미를 깔았는데 한 10인씩 앉게 하였고 행객이 많지 아니한 고로 제일 사람 적은 칸에 가서 앉아 있으니 차도 갖다 주고 주소 성명도 기록하여 가고 가방도 수험(搜驗)하고 차표 겸 선표(船票)도 조사하더라.

▲ 가방에 기대어 앉아 염경하고 그대로 밤을 지내고자 하였으나 한참 지낸 후는 불편하여 그 모양으로는 온밤을 지내지 못하겠는지라. 할

일 없이 눕지도 앉지도 아니하는 모양으로 새우잠을 자려 하나 잠이 나를 사양하고 오지 아니하더라.

▲ 5월 12일 그럭저럭 밤을 지나 오전 7시경에 시모노세키(下關)에 도착하매 즉시 기차를 타고 고베로 갈 줄로 헤아렸으나 그렇지 못하고 3시간을 기다리는데 그 옆에 큰 호텔(여관)이 있으니 조반 사 먹기가 순편(順便)하건마는 말도 능통치 못하고, 부끄럽고 수줍은 연고로 호텔에 들어가지 못하고 변변치 못한 밥집에 들어가서 돈은 한 50전 허비하였으나 먹은 것은 별로 없었다.

▲ 기차를 3시간 기다리는 동안에 인력거를 타고 그 근처 예수회 신부 댁을 찾아갔다가 와도 넉넉할 것인데 이도 생각지 못하고 혼자서 이리저리 거닐다가 거의 10시경에 최대 급행표를 2원에 사 가지고 차에 올랐는데, 만일 서울에서 산 표만 가지고 고베까지 가려 하였다면 완행뿐이니 큰 실수를 할 뻔하였도다. 시모노세키역의 조선 안내자가 그 이허(裏許)[26]를 가르쳐 주었으니 이는 라파엘 천신이 지시하신 줄로 여겨 감사하였노라.

▲ **시모노세키에서 고베까지 경치**

근 10시(간) 동안 가는 연로(沿路)에 큰 들은 다만 고베 근처에(서) 한 곳밖에는 보지 못하겠고, 식목은 어디든지 힘써 하여 수목과 수풀이 무성하나 연포지목(連抱之木)은 없고 가끔 바다 옆과 벼랑과 호숫가로 지나는 데가 많고 벼랑과 해변이 많으니 힘써 식목한 이유를 자연 깨닫기 쉽더라.

---

26   겉으로 드러나지 아니한 속마음이나 일의 내막.

▲ 고베에 도착

고베역과 산노미야(三宮)역은 마치 경성역과 용산역 같은데 산노미야역에서 당가(當家)²⁷에 가기가 가깝고 순편한 고로 서울서 산노미야역까지 가는 차표를 샀도다. 오후 9시경에 산노미야역에 도착하여 가방을 들고 차에서 내리니 고베 부(副)당가 레이 신부²⁸가 나를 찾으려 벌써 나와 기다리시다가 나를 인도하여 당가에 함께 들어왔노라. 고베까지 무사히 도착함을 위하여 천주께 감사하며 나의 호수천신과 라파엘 대천신께 사례하나이다.

제567호(1925년 6월 15일), 253~255쪽
로마 여행 일기 [2]

▲ 성 오틸리아 대원장 각하를 상봉함

백동(栢洞)²⁹ 수도원에서 벌써부터 대원장을 고대하는 줄은 서울서부터 알았거니와 고베 당가에 들어가니 노르베르토³⁰ 대원장 각하와 그 시종 베드로 신부와 서반아인(西班牙人, 스페인인) 성 도미니코회 수사 갈리스토 신부는 필리핀 대학 교수로서, 이 3위 행객은 나보다 몇 분 전에 이 당가에 도착하셨더라.

---

27 일가의 재정을 맡아본다는 뜻으로, 현재의 경리 및 재정 담당을 말한다.
28 레이(J. Rey, 1862~1928) 신부.
29 지금의 서울 혜화동(惠化洞)으로, 베네딕도 수도원이 1927년 함경남도 덕원(德源)으로 이전하기 전까지 이곳에 자리 잡고 있었다.
30 성 베네딕토 수도회의 노르베르토 베버(N. Weber, 1870~1956) 총 아빠스로, 당시 한국과 연길 선교지를 방문하기 위하여 여행 중이었다.

▲ 5월 13일

일본의 각처 성당을 의론컨대 보통으로 말하면 성당은 다 크고 굉장하지 못하며 도회처에는 땅값이 한 평에 수천 원 혹은 만여 원씩 하는 고로 성당 기지(基地, 터)는 다 옹색하나 속치장은 다 화려하게 꾸미고 정결하니 이는 일본 풍속대로 신을 신고 들어가지 아니함이러라.

▲ 고베의 예수 성심 성당

고베에 소(小)교구가 둘이니 하나는 예수 성심 성당의 파즈(Fage) 신부는 오사카(大阪)교구의 부감목이요 예수 성심 성당의 주임 신부 겸 수석 당가이며 30여 년 동안 고베에 주재하신 근로로 연전에 크고 화려한 성당을 건축하였으며, 당가의 사무실도 다 화려하게 건축하였더라. 이 소교구는 외국 사람들의 교구이니 미국인, 포도아인(葡萄牙人, 포르투갈인), 법인(法人, 프랑스인), 영(국)인 이런 외국 교우들의 성당인 고로 성당 속치장이 매우 화려하며 아주 정결하더라. 17일 주일에 미사 참례하는 외국인 교우들은 한 400명가량이며 영성체와 열심 기구하는 정성이 외모에까지 드러남을 보니 내 심중에 큰 위로를 감동하더라.

▲ 고베의 성 헨리코 성당

위에 말한 예수 성심 성당 외에 또 그 근처에 성 헨리코 성당이 있으니 이 성당 주임 신부는 파랭(Parin) 신부와 그 보좌 베르제(Berger) 신부가 계시더라. 고베 부당가 레이 신부는 나를 인도하여 이 성당을 배관(拜觀)[31]하게 하셨는데 성당 기지와 신부실 기지는 옹색하나 성당은 비록 적고 낮을지라도 속치장은 극히 찬란하며 아주 정결하더라. 이는 다만 일

---

31 소중한 물건 따위를 공경하는 뜻을 가지고 봄.

인 교우들만 위하여 정한 소교구인데 파랭 본당 신부는 근 40년간 이 교구에 주재하여 장구한 근로로써 이와 같은 화려한 성당을 건축하셨더라.

▲ 84세의 노인 빌리옹(A. Villion) 신부[32]

고베 예수 성심 성당에는 부감목 파즈 신부, 부당가 레이 신부 외에 84세 되신 빌리옹 신부가 나라(奈良)에 은거하시는데 이 신부는 조선에서 병인년에 치명하신 신부들의 동접(同接)[33]이라. 병인년에 일본에 나와 지금까지 60년간 전교하신 신부시라. 나를 이끌고 친절히 담화하며 우리 병인년 치명 신부들의 사정을 많이 설화(說話)하였는데 우리 치명 신부의 이름을 나더러 법어(法語, 프랑스어)로 대라 하여 내가 법어로 그 이름을 다 댄즉 아니다 그렇지 않다 하여 비컨대 볼리외(徐) 신부[34]는 그 별명이…이러이러하다 하고, 또 도리(金) 신부[35]는 그 별명이 이러이러하다 하여 그 여러 치명 신부들의 별명까지 다 아시더라. 아직도 기력이 강건하시며 식사도 잘하시고 안경도 없이 글을 쓰시며 책을 보시니 아직도 더 많이 사실 줄로 여기노라. 나더러 당신은 늙지 마시오. 내가 지금 늙었음에 소년들이 나를 놀려대고 노망을 피운다 하며 성화를 시킨다고 우스운 말씀을 하시더라.

---

32 빌리옹(A. Villion, 아마토, 1843~1932) 신부 : 파리 외방전교회 선교사로, 1867년 일본에 입국하여 1873년 금교령이 해제될 때까지 박해를 받았다. 1924년 고베에서 은퇴하였으나, 이듬해인 1925년 나라(奈良) 교회를 맡게 되었다(『한국가톨릭대사전』 6권, 3839~3840쪽 참조).
33 같은 곳에서 함께 공부한 사람. 동창생(同窓生).
34 볼리외(B. Beaulieu, 徐沒禮, 베르나르도, 1840~1866) 신부 : 성인.
35 도리(P. Dorie, 金, 베드로, 1839~1866) 신부 : 성인.

로마 여행 일기 [3]

▲ 5월 13일 교토(京都)에 가서 조선 교우에게 성사를 줌

경성에서 떠나기 전에 교토(일본 예전 도읍) 본당 주임 뒤튀 신부[36]께서 내게 편지하시기를 이곳에 조선 교우가 한 50명 되는데 나는 조선어를 모르고 그들은 일어를 몰라 성사를 받지 못하니 고베에 지나갈 기회에 잠깐 와서 성사를 줌이 매우 좋겠다고 청하셨더라.

내가 답장하기를 기회가 있으니 가마(라)고 허락하였더니 내가 고베에 도착하던 그 익일(翌日) 13일에 뒤튀 신부가 나를 데리러 고베에 오신 고로, 그날 오후에 함께 가는데 고베와 교토의 상거(相距)는 멀지 아니하여 기차나 전차로 한 3시간가량이면 넉넉히 갈 만하더라.

▲ 교토 성당 내의 조선 교우 공소

교토에 가서 조선인 교우들을 만나보니 인명 수는 해동(孩童)까지 한 50명가량이라. 남교우 18명, 여교우 13명, 합 33인에게 고해성사를 주었는데 오사카 주교 각하께서는 내게 미리 신권(神權)을 보내어 당신 교구에 있는 조선 교우에게 성사 주기를 허락하셨더라.

▲ 그곳에서 1일을 묵으면서 오는 대로 고해성사를 주고 그 익일 15일 오전 5시 반에 일찍이 미사를 지내는 동안 한 20분 동안 강론으로 수계

---

[36] 뒤튀(J.-B. Duthu, 세례자 요한, 1865~1932) 신부 : 파리 외방전교회 소속 선교사로, 1889년 1월 일본에 입국하여 히로시마(廣島)·고치(高知)·교토(京都) 등지에서 사목하였다.

(守誡)³⁷ 타당히 하기를 권면하고 영성체를 하여 주었는데 새벽인 고로 일인 교우는 하나도 없고 다만 조선 교우 한 40명과 조선 신부 1인이 성사 주는 것은 마치 조선에 공소 하는 것과 흡사하여 교토 성당으로써 조선 공소를 만들었더라.

▲ 그곳에 있는 조선 교우들은 거의 다 전주 구 신부[38] 본당 전주읍 사람들이며 황해도 은율읍 홍 필립보 씨는 이곳에 유학생이 나와 함께 탁덕품을 받으신 아우구스티노 이 신부[39]의 셋째 조카를 또한 만나 성사를 주었으며, 그 사람들의 사업은 남녀가 다 못(철정[鐵釘]) 만드는 데 가서 일하고 품값을 받는데 가옥도 작만(作滿)[40]치 못하고 남의 협호(夾戶)에 세를 주고 거처하더라. 일본에 와 있는 조선 교우가 각처에 있겠지마는 교토에서만 위에 말한 교우들을 만나보고, 고베에서는 김천(에)서 온 박 가타리나 예수 성심회 수녀들이 경영하는 학원에서 공부하는 이를 만나 보았을 뿐이오. 길에서도 조선 교우들이 나의 복장을 보고 알은체를 하였으면 알았겠지마는 하나도 알은체하는 이가 없더라.

▲ 5월 15일 오사카 주교를 심방(尋訪)[41]함

교토 신부 말씀이 오사카가 멀지 않고 또 고베로 가는 역로(驛路)이니 오사카 주교를 찾아 뵈옴이 좋다 하며, 교토 성당 보좌 유피아 신부와 함께 오사카 성당에 이르니 주교 각하는 교황대사와 함께 고베에 가셨더라.

---

37 『한불자전』에 의하면, 종교를 믿고 행함, 계명을 지킴, 교우로서의 본분을 다함 등을 의미한다.
38 전주(全州, 현 진동) 본당 제2대 주임 라크루(M. Lacrouts, 具瑪瑟, 1871~1929) 신부.
39 이내수(李迺秀, 아우구스티노, 1862~1900) 신부.
40 '장만'을 한자를 빌려서 쓴 말.
41 방문하여 찾아봄.

▲ 교토의 성 프란치스코 하비에르 성당

성당 기지는 다른 데보다 조금 넓고, 성당은 약현 성당만 하고 또한 좋은 성상(聖像)을 많이 모셨으며 다른 성당들과 같이 또한 정결하며 수녀 4인이 일본 여아들 수십 명을 데리고 침선(針線, 바느질) 같은 것을 교수함 같더라.

▲ 오사카 성당과 학교를 심방함

15일에 교토 성당 보좌 유피아 신부와 함께 오사카 성당에 도착하니 주교는 교황대사와 함께 고베에 가셨으며, 오사카 주교의 대성당은 크지 못하나 매우 정결하며 다른 성당에는 다 종을 보지 못하였으되 여기는 적은 종이 있어 3종을 보(保)하더라.

▲ 명성(明星)상업학교

마리아회 수사들이 경영하는 명성상업학교를 가보니 학교가 굉장하고 운동장이 극히 광활한데 마침 그날 대운동(大運動)을 하더라.

교장은 운동장에 나가 있는 고로 담화치 못하고 다만 그 학교에 마리아니스트 신부만 상봉하였으며 학도 수효는 한 800명가량인데 교우 학도가 한 30명 된다 하더라.

▲ 나가타(永田) 신부를 심방함

오사카의 한 소교구는 일(본)인 나가타(永田) 신부가 주임이요, 또 일인 신부와 둘이 주재하는바 나가타 신부는 지금 64세에 불행히 가슴막염병[42]으로 매우 위중하게 앓아 병상에 누운 이를 문병하였노라. 아직 정

---

42 예전의 '늑막염(肋膜炎)'을 말한다.

신도 있고 말도 프랑스어와 라틴어를 하기는 하나 매우 어려워하는 고로 몇 분간 문병하고 나왔는데, 그곳 주교와 다른 신부들의 말을 들은즉 회생할 바람이 없는 줄로 말하더라. 그 성당은 비록 협착하나 매우 정결하고 또한 아름답게 꾸몄으며 또 성당 기지 내에 여학원이 있다 하는 고로 그 여학교(를) 주관하는 원장 수녀를 심방하며 수 분간 담화하는 중 여학도 수효는 80여 명이라 하며 벌써 하학(下學)하고 학생들은 다 돌아가고 없으며 교실 같은 것은 구경을 시키지 아니하는 고로 보지 못하였으며, 그 수녀회는 베르나데트[43]가 수도하던 같은 회인 고로 그 원장 수녀의 말이 "우리 베르나데트는 6월 14일 주일에 복녀로 반포된다." 하며 즐거워하는데 나는 그 시복식에 불참됨을 매우 섭섭히 여긴다 하였노라.

▲ 고베로 돌아옴

15일 오후에 오사카에서 다시 고베로 돌아올 때 오사카 한 소교구의 본당 반이으 신부는 수년 전에 조선 경성을 심방하고 돌아갈 때 내가 남대문 정거장까지 전송하였노라. 반이으 신부가 나를 고베까지 데려다주마 하는데 나는 만 번 사양하여도 그 신부 말이 내가 연전에 서울 갔다 올 때에 당신이 나를 남대문역까지 배행(陪行)하였으니 나도 당신을 고베까지 인도하겠노라 하며 기어이 나를 데려다주는 고로 하릴없이 함께 왔는데 내가 천만 감사하며 속으로 생각하되 품갚음[44]을 받음이 미안하나 가만히 헤아린즉 데려다줌이 매우 다행하니 대저 차를 갈아탐과 차표를 교환하는 그런 일에 매우 순편하였음이로다.

---

43   루르드의 베르나데트(Bernadette de Lourdes, 1844~1879) 성녀 : 1858년 2월 11일부터 7월 16일까지 루르드에서 18회에 걸쳐 동정 성모 마리아의 발현을 체험하였다. 1925년 6월 14일 시복되고, 1933년 12월 8일 시성되었다.
44   남에게 도움을 받은 것을 그대로 갚음.

로마 여행 일기 [4]

고베, 교토, 오사카 여러 신부들이 나 같은 자를 이같이 후대하여 기차표와 전차표 그런 것도 다 당신네가 자당(自當)하여 주며 각처에 관람할 만한 곳을 다 구경하게 하니 매우 미안하고 또한 황송하여 감사하였노라. 반이으 신부는 나를 고베까지 데려다주시고 저녁때에 다시 오사카으로 회정(回程)하셨는데, 그 신부는 오사카 신부로서 경도제국대학[45]의 프랑스어 교원이 되어 가끔 교토에 내왕하기가 매우 곤란할 줄로 생각하노라.

▲ 교황대사와 오사카 주교

15일 저녁때에 고베에 돌아와 교황대사와 오사카 주교를 만나 수십 분간 담화하였는데 교황대사 각하는 6월 30일에 일본에서 떠나 미국으로 경유하여 로마에 귀조(歸朝)하겠노라 하시며 혹시 로마에서 상봉치 못할 듯하게 됨을 서운(하게) 여기노라. 양위 각하는 저녁 차로 오사카를 향하여 떠나시니라.

5월 16일. 재영복(再永福)[46] 날은 성모를 특별히 공경하는 날이요 또 성모 성월인 고로 이 예수 성심 성당에서 특별한 미사가 있고 또 성체 강복이 있는데, 다수한 외국 교우들이 참례하며 성사 받는 것을 보고 매

---

[45] 1897년 6월에 설립된, 지금의 교토대학(京都大學)을 말한다.
[46] 춘하추동 사계절마다 한 번씩 지키는 四季(사계) 소재(小齋)로, 수요일은 초영복(初永福), 금요일은 재통고(再痛苦), 토요일은 재영복(再永福)이라 칭하였다.

우 흠감(歆感)히 여기며 위로를 얻었노라.

　5월 17일 주일. 예수 성심 성당의 주일 미사는 우리 서울과 같이 8시, 10시 두 번인데 외국인 교우가 성당에 가득하며 수사와 수녀들은 성가를 창(唱)하고 미사 중 강론은 마리아회 수사 신부(미국인)가 영어로써 열절(熱切)히[47] 하는데 내가 비록 알아듣지는 못하나 알아듣는 모든 교우들과 함께 참례하였노라. 성당과 그 장식이 아름답고 훌륭한 것도 보기 좋거니와 그 교우들의 열심한 거동과 모양이 나의 마음을 크게 위로하며 감사하였도다.

▲ 성 요셉 학교 심방

　오후에 파즈 신부와 레이 신부가 나를 데리고 학교와 다른 신부 댁을 구경시키셨는데 요코하마(橫濱)에서 학교를 경영하던 마리아회 수사들은 연전에 참혹한 지진 중에 모든 것을 다 잃어버리고 고베에 피난하여 가옥을 얻어 가지고 여기서 임시로 성 요셉 학교를 계속하는데 신부 1위, 속형(俗形) 수사[48] 10여 인이 학도 140여 명을 교수하는바 학도는 거의 다 서양인인바 서울(에)서 와서 유학하는 마르첼리노 학도도 그중에 있더라. 교장은 연전에 자기 학생을 데리러 안동현(安東縣)[49](으로) 내왕할 때 내가 서울(에)서 상봉하였던 고로 나를 친절히 대접하였으며 임시로 옹색하게 거처하는 고로 성당도 없이 거처하는 방 한 편에 미사 칸[間]을 정하고 성체를 모셨는데 수사들이 "우리 성당을 배관하라." 하면서 휘장

47　열렬(熱烈)하고 간절(懇切)하게.
48　일반 세속인의 모습으로 사는 수도자.
49　중국 랴오닝성(遼寧省)에 위치하며, 지금의 단둥(丹東)이다. 압록강을 사이에 두고 신의주와 마주하고 있다.

을 여니 곧 공부방 겸 응접실의 한 편 칸이러라. 우리 조선에서도 공소에서나 혹 성당을 건축하지 못하던 시대와 흡사함을 깨달았노라. 그다음에는 고베에서 한 40리 되는데 부스케(Bousquet) 신부[50]의 성당과 신부실 그런 것을 심방하고 주인 신부도 아니 계신데 우리 3인이 석찬(夕餐)을 지내고 돌아왔는데, 그 본당 신부는 필경 18일에 고베에 와서 우리를 찾아보리라 하고 돌아왔는데 나는 객인 고로 당가 신부 2위가 끌고 다니는 대로만 따라다녔을 뿐이로다.

▲ 이상 진술의 결론

우리는 어디를 다니든지 언짢은 것은 다 물리쳐 버리고 관람하던 모든 것 중에서 좋은 것만 취함이 관람의 좋은 목적이로다. 내가 일본 각처에서 구경한 것 중에서 제일 좋은 것은 첫째는 각처 성당이 다 화려하고 찬란하게 꾸몄음과 아주 깨끗함이라. 우리 조선 교우들도 할 만한 대로 성당을 아름답고 정(淨)하게 꾸며 누구든지 한 번 보면 천주 공경하는 생각이 자연 발하게 할 것이오, 둘째는 이런 성당을 배관할 때에 보니 교우들이 성체 조배를 하는데 외모에까지 정성이 크게 드러나 고요하고 열심스러운 모양은 천신들이 천주 대전에 모심과 같고, 미사 때나 무슨 예절 시에 아이들의 울고 요란한 거동이 조금도 보이지 아니하니 나는 이 모든 좋은 것을 보고 기뻐하며 감동하여 우리 조선에도 이와 같이 아름답게 되기를 바라고 바라노라. 5월 18일 오후에 고베에서 배를 타고 서양으로 향하나이다.

---

50 부스케(S. Bousquet, 실베리오, 1877~1943) 신부 : 파리 외방전교회 선교사로, 1901년 6월 23일 사제 서품을 받고 7월 31일 일본에 파견되어 주로 오사카(大阪)에서 사목하였다.

제570호(1925년 7월 31일), 326~330쪽
로마 여행 일기 [5]

▲ 5월 18일 고베에서 등선

이날 오후 3시에 고베 부당가 레이 신부와 함께 종선을 타고 큰 배에 들어가니 그 배는 닻을 감으며 떠나기를 준비하더라. 레이 신부는 나를 배에까지 인도하시고 돌아가시니 이제부터는 나 혼자 남아 나의 호수천신 및 라파엘 대천신으로 동무를 삼고 의지하게 되었더라.

▲ 선명(船名)은 앙부아즈(Amboise)

이 배는 프랑스의 유명한 상선인데 선인(船人)에게 배의 장광(長廣)과 돈수(噸數)[51]와 속력 그런 것을 물어보고 조선 척수(尺數)와 이수(里數)로 회계하니 그 배의 장은 목측(目測)으로 530여 척이요 광은 60여 척이요 속력은 매 1시간에 2백여 리요, 짐 싣는 힘은 1만 6천여 돈이요, 선객은 1, 2, 3등에 도합 350인을 수용할 만하고 선인은 선장, 사무원, 사공, 격군(格軍),[52] 하인 다 합하여 150인이라 하더라.

처음 올라서 배가 떠나기 전은 2등 객이라도 1등 객의 처소를 구경할 만하다 하는 고로 내가 두루 다니며 대략 구경하여 보니 매우 찬란하게 꾸며 마치 작은 대궐 같더라. 침실 따로, 담배 피우고 담화하고 노는 방 따로, 거니는 처소도 길고 또한 높고 광활하더라.

고베에서 상해까지는 1등 객이 다만 2인, 2등 객은 나 하나뿐이라. 식당에 들어가 보면 백여 명이 앉게 마련한 식당이나 3일 동안은 나 혼자

---

51 '톤수'의 음역어.
52 사공(沙工)의 일을 돕던 수부(水夫).

있었으며, 음식은 3시 외에 오후 4시에 차와 과자 같은 것을 주어 매우 선대(善待)하더라.

방은 거의 다 3인이 동거하게 마련하였는데 나의 침방에도 양편 벽에 붙박이 평상이 한편에는 1개 또 한편에는 2개를 두었으며, 다 정결하고 조밀하게 꾸몄더라. 나의 방의 번호는 259호이니 누가 만일 나를 심방하고자 하거든 "무변대양에 앙부아즈 배의 2등 실 259번 실로 찾아오십시오." 고베에서 상해까지는 나 혼자 거처하니 매우 순편하거니와 선인의 말을 들은즉 상해(에)서부터 특별히 사이공(Saigon, 안남[安南])에서 선객이 많이 오르리라 한즉 내 방에 낯모르는 세속 사람 2인이 더 들어오게 되면 매우 불편하게 되리로다.

미사는 궐(闕)함

배에 제대 칸과 미사 물건이 없고 또 나는 미사 물건이 없고 또 나는 미사 제구(祭具)를 가지고 다니지 아니하니 하릴없이 매일 궐할 수밖에 없도다. 바다가 평정하여 배가 크게 요동치지 아니하니 미사 제구와 동무 신부가 있으면 미사 드리기가 어렵지 아니하겠도다.

2등 객의 처소도 매우 넉넉하고 순편하여 선창에 거닐 곳도 있고 응접실 같은 것도 있어 앉아 있기가 좋더라. 혹은 나더러 동무가 없어 적적(寂寂) 심심하리라 하겠으나 나의 성미는 친절한 벗이나 혹 신부 같은 이가 있으면 담화하고 그렇지 아니하여 서름서름한 이와 한가지로 담화하기는 즐기지 아니하니 말벗이 없는 것을 괴로이 여기지 아니하며 또 요긴한 사정을 다 통할 만하니 아무 걱정과 근심이 없도다.

▲ 나의 방 복사

그 얼굴을 보니 인도인이 아니면 일정코 아프리카인인데 매우 영리하며 프랑스어도 매우 잘하고 또한 양순하여 '어느 때든지 무슨 심부름시킬 것이 있거든 전령으로 부르십시오.' 하나 나는 심부름시킬 것이 별로 없으니 아마 이로 인하여 매우 더 고맙게 여김 같더라. 식당에 복사하는 이는 다 프랑스인인데 매우 양순하여 혹시 무엇을 물어보면 극진히 대답하여 가르쳐 주며 자기 형도 신부로서 주교를 모시고 있다 하더라.

▲ 5월 20일

오늘 아침결에는 제주도를 지나갈 터인 고로 여러 번 나가서 살펴보았으나 불행히 비가 조금 오는 고로 제주도를 볼 수 없어 다만 그편을 바라보고 성당과 잡지 독자 및 모든 교우에게 인사하였노라.

○ 나는 지금 상해를 향하여 갈 때에 대궐 같은 기선에서 호강스럽게 아무 걱정 없이 가는도다. 생각을 돌이켜 80년 전 사정을 생각하고 감동지심(感動之心)을 금치 못하노니 이는 안드레아 김 부제가 1844년에 혈혈단신으로 천신만고 중에 조선에 들어와서 8년 전에 하직한 자기 모친도 찾아보지 아니하고 급히 조선 배 하나를 마련하고 사공 12명과 한가지로 상해에 가서 주교·신부를 영접하여 오던 역사는 볼 때마다 그 용덕과 열심을 흠선(欽羨)[53]치 아니할 수 없도다.

금일에는 황해도에서 상해를 가려 하면 기선을 타고 2일 만이면 넉넉히 득달하거늘 안드레아 김 부제는 1845년 음력 3월 24일에 황해도에서 떠나 3주일 동안 바다에서 구사일생하면서 먼저 오송[54]에 이르고 그다음에 상해에 득달하였도다.

---

53   우러러 공경하고 부러워함.
54   오송(吳淞, 우쑹)은 1898년에 무역항이 되었고, 1959년에 상해시에 병합되었다.

안드레아 김 부제는 항해술도 모르고 다만 변변치 못한 지남철(指南鐵) 한 개만 가지고 12명 사공 중에 4인만 생선잡이 하던 어부요, 그나마(는) 당초에 큰바다에 들어가 보지도 못하였고 항해술에 아주 생소한 사람이러라. 이러므로 황해도에서 떠날 때에 김 부제는 어디로 가는 것도 가르쳐 주지 아니하고 다만 나의 가르치는 대로 향하여 가자 하였는데 사공들 생각에는 김 부제가 항해술에 용한 줄로 믿고 떠났더라.

떠난 후 하루 동안은 순풍을 만나 잘 가고 그 후 3일 동안은 험악한 풍우를 만나 치[55]가 부러지고 돛대가 부러져 하릴없이 배에 있던 물건을 바다에 내버리고 천주께만 의탁할 뿐인데 사공 중 예비 교우 하나가 있더니 그 위험 중에 김 부제 가히 세(洗)를 주었더라. 배에 있던 이가 다 죽게 되매 사공들이 원망하며 우리를 죽을 곳으로 인도하였다 하여 울며 부르짖을 때에 김 부제는 성모 상본(像本)을 저들에게 보이며 "성모님이 여기 계시다. 어찌하여 겁내느냐? 울지 말고 가자." 하시니 사공들이 그제야 안심하여 근심을 물리치더라.

김 부제의 배는 이름이 라파엘이니 이는 라파엘 대천신을 주보로 삼아 소(小) 토비야[56]와 같이 그 보호하심을 받고자 함이러라.

이와 같은 위험 중에 진실로 라파엘 천신의 보호하심을 의지하여 죽음을 면하고 먼저 오송에 이르고 다음에 상해에 득달하였는데 포구에 이르러(서)는 청국 관인과 순사의 성화를 견딜 수 없어 영국 군함에 가서 함장의 보호를 애걸하고 영국 영사의 두호(斗護)함을 또한 청하여 무사하였더라.

---

55 '키'의 방언(강원, 전라, 충청, 함경)으로, 배의 방향을 조종하는 장치.
56 토빗(Tobit)의 아들(토빗 1,9 참조).

1845년 8월 17일에 고 주교께서 상해에서 한 20~30리 되는 김가항(金家巷)이라 하는 동리 성당에서 안드레아 김 부제에게 탁덕 성품을 주시고, 라파엘 배를 다시 수선한 후 조선을 향하여 떠나기를 예비하시더라.

나도 금일 5월 20일 밤중에 안드레아 김 부제가 천신만고 중에 득달하던 오송에 득달하였다가 명일(明日) 예수 승천 첨례 미사를 상해 성당에서 드리고자 하노라. 오송과 상해의 상거는 기선으로 4시간이라 하더라.

라파엘 배를 다 고치고 모든 것을 준비한 후 양력 9월 초순[57]에 안드레아 김 신부가 비밀히 고 주교와 안 신부(후에 안 주교)를 배에 모시고 조선으로 향하여 떠났는데 돌아올 때에도 황해도에서 떠나오던 때나 다름없이 고생을 당하셨더라.

그 곤란 당한 것은 다 기록하지 못하거니와 고 주교께서 파리에 편지[58] 하신 것을 보면 라파엘 선의 현상을 가히 알리라. 그 편지에 일렀으되 "우리 라파엘 선은 장이 25척(목측)[59]가량이요, 광은 9척, 깊기는 7척이며 이 배를 만든 것을 보니 쇠못은 하나도 없고 돛은 자리닦기[60] 2개로 만들고 배 닻줄은 볏짚으로 비비 튼 동아줄인데 반쯤 썩어서 여름 축축할 때에 자디잔 버섯 났던 것이 그저 붙어 있고, 그 끝에는 나무로 만든 닻을 달았으며 배 바닥이 조밀치 못하여 물이 항상 스며들어 오는 고로 한 사람이 가끔 바가지로 퍼서 밖에 내버리지 아니하면 배 안에 물이 가득하겠으며 조선인 항해술은 아주 유치하여 항상 육지 근처로만 다니

57　정확히는 1845년 8월 31일이었다.
58　페레올 주교가 1845년 10월 29일 강경(江景)에서 파리 외방전교회 신학교의 바랑(J. Barran) 지도 신부에게 보낸 서한을 말한다(『페레올 주교 서한』, 수원교회사연구소, 2012, 325~349쪽 참조).
59　목측(目測)이란 눈대중으로 어림잡아 재는 것을 말한다.
60　수원교회사연구소의 『페레올 주교 서한』에서는 가마니나 짚으로 된 멍석 등으로 풀이하였다.

고, 비가 오면 자리닦기 같은 것으로 지붕처럼 만들고 그 안에서 비 그칠 때까지 기다리는도다.

우리 라파엘의 선장(도사공[都沙工])은 안드레아 김 신부요 사공과 격군(格軍)은 12인인데 목수 1인, 고기잡이하던 어부 몇 명이요 그 외에는 다 농부(이)로다. 배와 사공이 이러하니 어찌 마음을 놓으리오. 치도 몇 번 부러지고 초석으로 만든 돛도 다 찢어져 몇 번이나 죽을 위험을 당하였는지 모르나 천주의 격외(格外) 은혜[61]로 1845년 양력 10월 12일에 조선 남편 강경이(江景伊)라 하는 곳에 닻을 두고 머물렀노라.

우리를 밤중에 비밀히 데리러 왔는데 가져온 조선 의복을 보니 갓[62]은 무슨 풀로 걸러서 만든 것이며 대단히 커 마치 서양 우산을 반쯤 편 것 같고 그 갓의 가[63]는 양편 어깨까지 내려와 덮게 되었으며 겉옷은 대단히 길고 넓은데 굵은 생베[64]로 만든 것이요, 손에 쥐는 것은 굵은 젓가락 같은 것 2개에 또한 베를 붙여 꿰맨 것이 마치 족대[65] 그물같이 되었는데 이것으로 얼굴을 가리(우)라 하더라." 하셨더라.

위에 말한 조선 배의 모양과 조선인의 상복(喪服)은 어떻게 생긴 것인지 우리가 아는 것이로되 이것을 서양말로 설명한 것을 보면 매우 이상하게 보이는도다.

5월 21일 예수 승천 첨례날에 상해에 도착

내가 탄 배는 5월 21일 오전 6시에 상해에 도착할 터인데 이전 안드

---

61 보통의 격식이나 관례에서 벗어난 은혜.
62 예전에 주로 상제가 밖에 나갈 때 쓰던 방갓으로, 상립(喪笠)을 말한다.
63 경계에 가까운 바깥쪽 부분.
64 천을 짠 후에 잿물에 삶아 희고 부드럽게 처리하는 과정을 거치지 아니한 삼베.
65 물고기를 잡는 기구의 하나.

레아 김 부제가 황해도에서 조선 배를 타고 20여 일 만에 도착하던 오송(吳淞)에 밤중 12시에 도착하였으나 여기서부터는 물이 깊지 아니한 고로 조수가 들어와야 제시간에 상해에 도착할 터인데 불행히 조수가 다 나가고 뻘물이 밀기를 여러 시간 동안(에) 기다렸으며, 또 상해 포구에 이르러는 우리 배 댈 곳에 다른 배가 아직 나가지 아니한 고로 그 배 나가기를 기다려 선창에 대느라고 수 시간을 또한 기다린 고로 오후 1시에 (만) 하륙하였노라.

대재(大齋)만 지키고 미사는 못 드림

금일은 예수 승천 큰 첨례인 고로 당가에 들어가 미사를 드리기로 예비하다가 오시(午時)⁶⁶가 넘어가기까지 하륙하지 못하므로 점심을 먹고 하륙하였으니 매우 섭섭하였노라. 당가 신부가 자동차를 가지고 나를 데리러 나오셨는데 당가의 사무실은 포구에서 자동차로 한 10여 분 동안 걸리는 곳에 있고, 당가는 그보다 대단히 멀리 있더라.

안드레아 김 신부의 탁덕 승품하시던 성당도 배관하지 못함

상해는 동양의 극대한 도회처(都會處)(이)라 하나 구경할 생각도 별로 없고 먼지 먹는 것도 귀찮게 여겼노라. 그러나 상해에서 한 20~30리 되는 김가항 동리에 있는 성당은 우리 조선 성교사기(聖敎史記)에 기념적 성당이니, 대저 이 성당에서 고 주교께서 당신을 모시러 천신만고하며 애쓰던 당신 부제 김 안드레아에게 탁덕 성품을 주시던 성당이로다.

---

66 십이시(十二時)로 따지면 오전 11시~오후 1시 사이, 이십사시(二十四時)로 따지면 낮 11시 반~12시 반 사이.

이러므로 나는 다른 것 구경하기는 원치 아니하고 이 성당이나 심방하고자 하여 당가 신부와 상의하여 본즉 대답하시기를 김 신부가 승품하시던 성당은 그 옆으로 옮겨 짓고 그 성당 자리는 지금 학교가 되었는데 새 성당과 그 자리를 배관함도 가(可)하나 그러나 근일에 그 성당 동리에 불편한 사정이 있으니 배관하기가 적당치 못하다 하시기로 하릴없이 내 원의를 채우지 못하였노라. 이제는 홍콩 가서 편지하겠기로 이만 그치노라.

제571호(1925년 8월 15일), 347~351쪽
로마 여행 일기 [6]

5월 23일 오전 11시에 상해(에)서 다시 발행(發行)

상해 당가에 들어와 시간으로는 만 2일을 체류하였으나 각처 성당은 배관하지 못하였으니 대저 당가 신부는 4~5인이 계시나 다 각각 사무에 골몰하여 나를 인도하여 각처 성당이나 학교 그런 것을 구경시켜 줄 겨를이 없고, 또 나는 혼자서 모르는 데를 찾아다니기를 싫어하며, 또한 먼지 먹기를 원치 아니하며 복잡한 길거리로 다니기를 원치 아니하여 서가회(徐家匯) 대성당[67]과 천문대도 구경치 못하였노라.

---

67 아편전쟁 후 예수회가 1910년에 서양 건축 양식을 본떠서 지은 성당으로, 최양업 신부가 사제 서품을 받은 장소로 추정된다.

▲ 육백홍[68] 씨를 상봉함

우리 잡지에도 누차 말하였거니와 상해 육백홍 씨는 성교 사업에 대단 진력하므로 성상(聖上)[69] 폐하께 포장 및 훈장을 받았더라.[70] 상해 당가 사무실은 항구 근처에 있는지라 다시 배에 오를 차로 이 사무실에 들어가니 한 머리 깎고 청복(淸服)[71]한 청인(淸人)이 내게 와서 프랑스어로 인사하는데 누구인지 물으니 육백홍이로라 하며 몇 분간 담화하였노라.

그곳 신부들에게 물어보니 참으로 놀랍도다. 육 씨가 독당(獨當)하여 설시 유지하는 병원이 2처, 여러 학교, 고아원, 양로원 그런 사업이 거대 번창한데, 그 사람이 큰 부자인가 물어보니 대답하기를 자기 재산도 있거니와 각처 재산가에게 기부를 청하여 이와 같이 천주의 영광을 드러내고 인생에게 혜택을 베푼다 하더라. 그 나이는 50여 세라 하는데 아직 건강한 청년이요, 프랑스어뿐 아니라 영어도 잘한다 하는데 본월 25일에 미국에 가서 두루 다니며 성교회 사업을 위하여 기부를 청하리라 하는데, 신부들의 말씀이 우리 같은 신부가 다니며 청하는 것보다 기부금을 더 많이 얻을 줄로 여기더라.

상해 당가 신부와 함께 자동차를 달려 배에 다시 들어오니 선창과 배 안에 인산인해를 이루어 대단히 복잡하며, 배 떠날 임시(臨時)[72]에 선창에서 청인들이 지포(紙砲) 몇천 개를 한 번에 폭발하여 마치 큰 전장에 접

---

68 육백홍(陸伯鴻, 요셉, 1875~1937) : 본명은 육희순(陸熙順). 근대 시기의 중국 기업가이자 자선가.
69 살아 있는 자기 나라의 임금을 높여 이르는 말로, 여기서는 교황을 말한다.
70 『경향잡지』제563호(1925년 4월 15일), 161쪽에 북경 주재 콘스탄티니 대주교가 교황에게 주달(奏達)하여 성 실베스테르 교황 훈장을 받게 하였다는 기사가 실려 있다.
71 중국 청나라 사람들이 입는 옷.
72 정해진 시간에 이름. 또는 그 무렵.

전하는 형상 같더라. 나는 그 이유를 자세히 몰라 다른 신부에게 물어보니 역시 자세히 모르노라 하는데, 아마 1등 실에 청인 몇이 올랐는데 그 청인을 전송하는 예식 같더라.

꽃을 던져 전송

서양 부인 몇이 또한 배에 올랐는데 그 전송하러 나왔던 양녀(洋女)·청녀 수십 인은 배 밖에 서서 서로 쳐다보고 있는데 배에 오른 부인이 좋은 꽃 한 광주리를 가지고 들어왔는데 그 꽃송이를 꺾어서 배 밖에 있는 부인들에게 연하여 던지면 선창에 섰던 부인들이 집어서 다시 배 안에 던지고 이와 같이 한참 하다가 배가 떠나기 시작하니 피차 수건을 내두르며 작별하는 것이 가관이더라.

고베에서 상해까지는 이 배에 신부가 하나뿐이더니 상해(에)서부터는 주교 1위, 신부 3위, 수녀 5인이라. 주교는 상해 근처에 주재하시는 성 빈첸시오회 수사(라자리스트) 레이노 각하[73]이신데 금년 72세에 기력이 강건하시고 체격이 장대부대(壯大富大)하여 위풍이 늠름하신데 청국 모든 주교 중에 제일 오랜 주교라 하며, 그 회 신부 1위는 함께 모시고 가는데 2위가 다 프랑스인이며 1등에 거처하시는 고로 자주 담론하지는 못하였노라.

1등과 2등에 선객이 많이 오르므로 내 방에 신부 1위가 또 오르셨으니 지금은 둘이 거처하노라. 고베에서 올 때부터 배의 총무보고 말하기를 할 수 있는 대로 내게 방 하나를 따로 주기를 바라며 혹 선가(船價)를 더 물지라도 혼자 거처하기를 원하노라 하였더니 대답하기를 선객이 많지 아니하면 그리하기를 허락하며 또 혹 선객이 많아서 당신 방에 사람

---

73 레이노(P.-M. Reynaud, 趙保祿, 바오로, 1854~1926) 주교를 말한다. 성 빈첸시오 아 바오로회 선교사로, 중국 저장성(浙江省)과 닝보(寧波)의 대교구장을 역임하였다.

을 더 둘 수밖에 없는 경우에는 다른 사람을 두지 않고 신부를 두게 하겠노라 하더니 상해(에)서부터 성 프란치스코회 수사 마르첼리노 스테르켄드리에스 신부를 내 방에 들게 하였더라.

이 신부는 비국인(比國人, 벨기에인)인데 프랑스어를 자기 나라말과 같이 하시며 금년 61세에 기력이 강건하며 호북성(湖北省) 형주(荊州)에 전교한 지 수십 년이며 벨기에, 프랑스, 청국 훈장 합 3개를 찼는데 청국 훈장 받은 사실은 대단히 긴 것인데 몇 마디로 말하면 호북성에서 청인들이 서로 싸울 때에 거기 사는 만주인 3만 명을 호북 사람들이 도륙하고자 하는 것을 마르첼리노 신부가 중개하여 피차 무사케 함이러라.

▲ 식당의 한 상(床)에 앉은 7인은 7국인

식당 주임은 마르첼리노 신부와 나와 성 프란치스코회 수녀 5인 합 7인을 따로 한 상에 앉게 예비하였는데, 마르첼리노 신부 말씀이 여기 앉은 우리 7인은 다 같이 수도자이나 다 각 나라 사람이로다 하며 이 수녀는 애란인(愛蘭人, 영국인), 이 수녀는 오국인(墺國人, 오스트리아인), 이 수녀는 스페인인, 이 수녀는 노국인(露國人, 러시아인), 이 수녀는 프랑스인, 당신은 조선인, 나는 비국(인)이라 하더라.

그 수녀 5인은 다 같은 회 수녀이나 한 지방에서 오는 이가 아니고 하나는 일본(에)서, 하나는 상해(에)서, 하나는 청도(靑島, 칭다오)(에)서, 이와 같이 각 지방에서 모여서 함께 동행하는 모양이며 항상 서로 프랑스어로만 말하는 것을 보니 국적은 다 다를지라도 어려서부터 프랑스에서 자라고 프랑스 말로 공부한 것 같더라.

▲ 5월 24일 승천 후 주일에 선상에서 미사

마르첼리노 신부와 나는 여행 제대와 미사 제구가 없으나 1등 실의

레이노 주교와 그 시종 신부는 다 각각 여행 제대와 미사 제구를 가지고 오신지라. 그 제대 하나는 2등 담화실에 꾸미고 빈첸시오회 신부, 마르첼리노 신부, 나 3인은 오전 5시 30분부터 서로 복사(服事)하며 미사를 드리는데 수녀들은 제대도 차리고 참례하며 영성체하였더라.

1등 실에는 주교 제대를 풍류실에 꾸미고 8시 반에 주교께서 미사를 드리시는데 신부 3위, 수녀 5인 및 근 30명 선객 교우들이 참례하였더라. 배는 과히 요동치지 아니하나 제대가 너무 낮아서 미사 드리기가 거북하나 그러나 어찌 대양 가운데서 육지 성당을 얻을 수 있으리오. 그러나 이제부터는 매일 미사를 궐할 염려가 없으니 다행하며, 바다만 안정하면 매일(에) 미사를 드릴 수 있도다.

▲ 5월 26일 홍콩에 도착

오전 9시에 이 항구에 도착하매 홍콩 당가 비날 신부는 레이노 주교 각하 일행을 영접하러 배에 나오셨더라. 주교 각하 일행과 마르첼리노 신부와 나와 합 4인이 홍콩 당가에 들어갔는데 홍콩(에)서부터는 대단히 더운 고로 배에 있는 것보다 매우 곤란하였노라. 수녀 5인은 하륙하지 아니하고 배에 있는 것을 매우 잘한 줄로 여겼나니 대저 하륙하여 오래 머물지도 못하고 공연히 땀 흘리며 왔다 갔다 하는 것이 아무 유익도 되지 못하였도다.

▲ 마카오를 심방치 못함

마카오는 홍콩(에)서 기선이나 혹 기차로 불과 몇 시간에 내왕하는 곳이요, 또 우리 조선 성교 역사에 기념적 항구인 고로 홍콩에 하륙한 기회에 기어이 심방하고자 하였더니 배가 불과 몇 시간만 머물고 또는 친절히 인도할 사람이 없는 고로 심방하지 못함을 원통히 여겼노라.

마카오가 우리 성교 역사에 기념적 지방 됨은 다 아시거니와 금년에 복자로 반포되신 안드레아 김 신부가 여기서 신품 공부를 하셨도다. 금년에 김 신부와 함께 복자 되신 나 신부가 처음 조선에 나오시어 조선 소년 3인을 뽑아 신품 공부를 시키려 마카오로 보내셨으니 곧 김 안드레아, 최 토마스,[74] 최 프란치스코[75]이러라. 이 최 프란치스코는 공부하다가 불행히 병들어 그곳에서 선종하였는데 조선 성교사기에는 정 프란치스코라 하였으나 나라 사기에는 여러 곳에 다 최 프란치스코라 하였더라.

나 신부는 조선에 들어오신 외방전교회 신부로는 첫째시라. 즉시 합당한 소년 3인을 간택하여 신품 공부를 시키므로 조선인 수선 탁덕(首先鐸德) 2위를 얻으셨으니 곧 안드레아 김 신부와 토마스 최 신부라. 조선에 첫 전교 신부로서 조선인 첫 신부를 나게 함이 또한 기이하도다.

▲ 5월 20일[76] 사이공에 도착

이날 오후 5시에 우리 배가 사이공 항구에 도착하니 이 항구에 당가 제레 신부[77]는 레이노 주교 각하 일행을 영접하러 미리 선창에 나와 기다리시더라. 주교 각하와 그 시종 신부와 마르첼리노 신부와 나는 당가 신부를 따라 그 당가에 들어오니 이전 당가로 계시던 아르디프 신부는 지금 82세의 노인으로 이 당가에 은거하시고 당가 일은 별로 도와주지 못하시니 제레 신부는 혼자서 대단히 분주하게 지내시더라. 동행하던 수녀 5인은 성 바오로 수녀원으로 들어가니라.

---

74 최양업(崔良業, 토마스, 1821~1861).
75 최방제(崔方濟, 프란치스코 하비에르, 1820?~1837).
76 '30일'의 오기.
77 제레(J.-B. Gerey, 藍, 세례자 요한, 1887~1948) 신부 : 파리 외방전교회 선교사로, 1910년 9월 24일 사제 서품을 받고 11월 30일 홍콩으로 파견되었다.

▲ 변 신부[78]를 상봉함

서울(에)서부터 변 신부가 다시 조선으로 향하여 양력 7월 초순에 경성에 도착하실 줄은 이미 알았으나 노중(路中)에서 상봉할 줄은 기필(期必)치 못하였더니 이 당가에 들어와 뜻밖에 상봉하니 매우 즐겁도다. 만리타국에 봉고인(逢故人) 하니 어떻게 즐겁고 반가우리오. 그 기력이 강건하기만 구하고 바라노니 우리 치명자들의 전구 전달하심으로 전쾌(全快)의 영적을 구하사이다.

▲ 마닐라 신부와 스페인 신부를 만남

이 당가에 들어오니 마닐라(여송[呂宋][79]) 신부(인) 레메디오스 레 신부는 로마로 향하는 길에, 스페인 신부 1위는 마닐라에 여행하다가 회로(回路)에 둘이 함께 동행하여 이 당가에 들어와 며칠간 체류하더라.

▲ 사이공 대성당을 배관함

사이공 근처에 성당이 10여 처라 하나 다 배관치 못하고 변 신부와 동행하여 이 당가에서 지근지처(至近之處)에 있는 주교(좌) 대성당을 배관하니 매우 굉장하며, 장광(長廣)이 서울 우리 대성당보다는 조금 적은 듯하나 대단히 찬란하게 꾸몄더라. 홍콩에서부터 성당이나 가옥이나 유심하여 살펴보면 굉장하고 정밀하게 꾸몄으나 그 건축 제도는 아무쪼록

---

78 보댕(J. Bodin, 邊若瑟, 요셉, 1886~1945) 신부 : 파리 외방전교회 선교사로, 1910년 8월 14일 한국에 입국하였고 제1차 세계대전 발발로 징집되어 참전 중 심한 독가스에 중독되어 여러 차례 요양하였다. 어학 실력이 뛰어나 1923년 가을 페낭 신학교 교수가 되었으나 고온다습한 기후로 폐 기능이 악화하여 1925년 5월 그가 평소 바라던 서울교구로 전임되어 가는 중이었다.
79 여송(呂宋)은 필리핀 군도의 북부에 있는 가장 큰 섬인 루손(Luzon)섬을 말한다. 마닐라(Manila)의 음차는 마니랍(馬尼拉).

태양의 열을 피하기로 주장하였음에 가옥이나 성당이 항상 침침하고 충충한 형태를 피하지 못하며, 태양의 열과 광을 피하기로만 도모하였으니 공기 유통과 광선이 매우 부족하더라.

이 대성당의 종은 참으로 찬미하염직함[80]

거대한 5개의 연합 종인바, 예샷날에는 3종이나 혹 다른 종을 5개 중 제일 적은 제5종으로만 치는 소리가 서울 우리 대성당 종소리보다 대단히 크고 웅장하며, 주일과 파공 첨례날에는 기계로써 5개를 연합하여 치는 소리는 참으로 듣기 좋고 웅장하더라.

▲ 신품 학원을 심방

변 신부와 함께 신품 학원에 가니 마침 토요일이요 또한 공부 시간인 고로 신사든지 신생[81]이든지 면회하지 못하고 다만 그 성당에 들어가 잠시간 성체 조배만 하였으며, 그다음에는 성 바오로 수녀원을 심방하여 몇 분 동안 담화한 후 그 성당에 들어가 성체 대전에 조배하고 돌아왔노라. 여기는 일기가 극렬한 고로 오전에 덥기 전에만 행보하여 다니기가 적당하더라.

홍콩(에)서부터 더위가 대단하나 습기 때문에 무덥고 축축하고 답답하여 사람이 견디기 어려우니 만일 조선과 같이 간조(乾燥)한[82] 더위라면 어렵지 아니하겠으되 무덥기 때문에 심히 괴롭도다. 그 무더운 연고는

---

80 찬미할 만함, 또는 찬미할 만한 가치가 있음.
81 신사(神士)는 신학교 교수 신부, 신생(神生)은 신학생을 말한다.
82 '건조(乾燥)한'의 원말.

하루에도 30분간씩 격(隔)하여 소낙비가 연하여 오는 고로 자연 무덥게 됨이러라.

사이공까지는 2등 선객이 50명에 불과한 고로 내 방에는 다만 마르첼리노 신부와 둘이만 거처하거니와 만일 또 1인이 들어오면 대단 불편하게 되리로다.

제572호(1925년 8월 31일), 375~378쪽
로마 여행 일기 [7]

▲ 5월 31일 성신 강림 대첨례[83]를 사이공에서 지냄

이 첨례는 어느 지방에(서)든지 대파공[84] 첨례(이)라 사이공 각처 성당에서 견견쟁쟁하는 모든 종소리를 들으니 실로 천주 성교가 이 지방에 대행 종교 됨을 스스로 증거하더라. 마르첼리노 신부와 함께 주교(좌) 대성당에 가보니 그 성당 좌우에 자동차가 즐비하여 있고 인력거도 허다하니 이는 미사 참례하러 온 교우들이 타고 온 것이러라. 성당에 들어가 보니 양인, 미국인뿐 아니라 제일 유표(有表)[85]하게 보이는 이는 인도인, 아프리카인, 마래인(馬來人)[86]인데 그 면상의 검음으로써 알아보기 쉽더라.

---

83 지금의 '성령 강림 대축일(聖靈降臨大祝日)'.
84 파공에는 대파공(大罷工)과 소파공(小罷工)이 있는데, 예전에 한국에서는 4대 축일(주님 성탄 대축일, 주님 부활 대축일, 성령 강림 대축일, 성모 승천 대축일)에 대파공을 지켜야 했다.
85 여럿 중에 특히 두드러지거나 얼른 눈에 뜨임.
86 말레이반도를 중심으로 그 부근 섬에 사는 토착인.

성당에서 보니 어떤 흑인 여교우가 성모상 앞에서 열심으로 기구한 후 갈림시하여서는[87] 손으로 성상을 만지고 그 손으로 즉시 자기 얼굴의 이마나 뺨이나 고루고루 만져 마치 손으로 물을 찍어다가 자기 얼굴에 바름같이 하더라. 처음 볼 때에는 조금 우습기도 하나 그러나 즉시 생각하기를 이는 성상을 존귀하게 여기며 자기에게 무슨 복을 요구함인 줄을 깨달았노라. 이는 처음 보는 것인 고로 당가에 돌아와 저녁 먹을 때에 여러 신부들에게 이 사정을 말하니 그 신부들의 말씀이 당신은 처음 보는 고로 이상히 여겼겠으나 우리는 다 아는 고로 이상할 것이 없고 또 이 풍속은 흑인 교우뿐 아니라 스페인 같은 나라에서도 교우들이 그와 같이 한다 하며, 이 풍속으로 인하여 아름답게 채색한 성상을 이와 같이 여러 번 만지기 때문에 고운 성상이 미구에 언짢게 된다 하니 실로 그러할 듯하더라.

▲ 사이공에 4처 성당을 배관함

사이공 시내와 지근지처에 있는 대소 성당이 합 12처인데 당가 신부의 말씀이 이 성당들을 두루 다 배관하려면 5~6일간 다니며 배관해야 넉넉히 자세히 보리라 하시더라. 그러나 이는 할 수 없는 일이로다. 우리 동행 중 레이노 주교께서 말씀하시기를 내가 한턱하마 하시고 당신 돈으로 4인승 양두마차(兩頭馬車)를 사용하여 비가 퍼붓는 것을 상관치 않고 주교, 그 시종 신부, 마르첼리노 신부, 나 합 4인이 타고 4처 성당을 잠깐잠깐 배관하였으매 기사(記事) 할 것도 넉넉히 물어보지 못하였노라.

87　'소리가 나도록 문지르듯 하여서는' 정도로 추측됨.

▲ 성 필립보 성당

사이공 시외에 있는 성 필립보 성당에 가니 그 본당 신부는 나이 50여 세 되어 보이는 안남인(安南人)[88]이러라. 아마 성체 강복을 다 지내고 교우들도 다 가고 조금 편안히 앉았을 즈음에 뜻밖에 우리 4인이 비를 맞고 들어가니 필경 피차간 미안하였을 줄은 불문가지로다. 몇 마디 수인사 후 즉시 성당에 모든 전등을 켜고 배관하였는데, 이 성당은 안남인 필립보 모 씨가 혼자 독당하여 건축한 성당이며, 필립보 씨 부부가 죽은 후 그 두 시체를 대제대(大祭臺) 뒤에 안장하고 옥돌로 기이하게 꾸몄으며, 그 무덤 위에는 각각 그 생존하였던 형체를 본형대로 옥돌로 만들어 모로 누운 형상을 새겨 안치하였더라.

필립보 부부도 그처럼 열심하여 성당을 독당 건축하였거니와 그 아들도 또한 열심하여 사이공 시내에 거기 돈으로 3만여 원을 들여 자기 부모가 지은 성당보다 더 찬란한 성당을 건축한다 하니 그 열심과 자선심은 가히 부전자전이니 실로 흠감한 일이러라.

▲ 예수 성심 성당

수 분간 성 필립보 성당을 배관하고 즉시 마차를 달려 예수 성심 성당을 찾아가니 그 성당 주임 로랑(Laurent) 신부는 프랑스인이요 그 보좌 신부는 안남인 소년 신부러라. 수인사 후 그 성당의 모든 전등을 다 켜고 배관한 후 그 본당 신부는 그 옆에 있는 안남인 수녀원장에(게)로 인도하더라. 이 성당은 성모 그리스도의 도움 성당인데 수녀들의 사사(私私) 성당인 고로 굉장하고 크지는 아니하나 화려하고 찬란하게 꾸몄더라. 역시 모든 전등을 켜고 고루고루 배관하였노라. 이 수녀회는 성교회에

---

88   인도차이나반도 동부에 거주하는 남방계 몽골족의 한 분파.

서 공식으로 준정(準正)한 수녀회가 아니요 오직 그 교구 주교께서 준정하신 수녀회라. 순전히 안남인 여교우로만 조직하였으며 허원 수녀는 한 100여 인인데 안남 흑(黑)복장에다 고상을 가슴에 모셨고, 연습 수녀는 한 50여 인인데 다 백(白)복색을 하고 청원자는 순전한 안남 복색이러라.

우리 일행이 들어가니 즉시 종을 치고 모든 수녀가 모였더라. 주교와 함께 다 공청(公廳)에 들어가니 일제히 인사하고 다 각각 주교의 가락지를 친구(親口)하는데 모두 열심이 드러나고 수도자의 태도가 외모에 자연 나타나더라. 수녀들의 목적은 학교를 주관하여 우몽한 이를 가르치며, 병자를 치료하는 그런 자선 사업인데 이와 같은 수녀원이 또 3처나 있다더라. 말은 직접으로 못 하고 다 통변(通辯)으로 하는데, 친절한 모양으로 묻기도 하고 대답도 하였는데, 우리 4인 중 3인은 성교회 본 복장을 하고 마르첼리노 신부는 더위를 많이 타는 고로 청국 백색 주의(主衣)를 입은 고로 거기 연습 수녀들과 같이 보이는지라. 우리들이 마르첼리노 신부를 보고 웃음엣말[89]로 이르기를 당신 복장이 저 연습 수녀들과 똑같으니 저 연습 수녀들 편으로 가라 하며 이런 말을 안남 신부로 하여금 통변하여 수녀들에게 알게 하니 일시 박장대소가 일어나더라. 그다음은 피차 하직하고 나왔노라.

▲ 성 프란치스코 성당

즉시 마차를 달려 성 프란치스코 성당을 찾아가니 그 본당 주임은 청국인이며 나이 60여 세 되어 보이는데 보통으로 프란치스코 신부라 부르더라. 수인사 후 성당의 모든 전등을 켜고 들어가 조배하였는데 성당 벽상(壁上)에 성경 말씀이나 혹 좋은 말 구절을 명필로 써서 마치 조선에

89　웃기려고 하는 말.

서 주련(柱聯)⁹⁰을 써 붙이는 것같이 하였으니 누구든지 중국 풍속을 아는 이는 한 번 보면 청국인의 성당인 줄을 알기 쉽고, 청국의 풍광과 성질을 알아볼 만하더라. 그 지방 신부들의 말씀을 들으니 사이공 시내·시외에 청국인이 20만 명이 넘고 큰 상업자들이 많은즉 자연 청인 교우들이 많으매 청인 신부가 또한 주재하는 것이 자연한 일이러라.

▲ 6월 1일 사이공에서 발정

위에 말함같이 성신 강림 첨례날에 4처에 모모한 성당을 심방하고 돌아오니 당가 신부는 즉시 우리에게 배 떠나는 시간을 보하여 이르되 명일(6월 1일) 오전 6시에 배가 떠난다 하는 고로 석반(夕飯)을 먹은 후 서서히 4인이 4인승 마차를 타고 다시 배에 돌아오니 배가 서서 있는 고로 공기 유통이 없어 대단히 답답하고 더운 것은 설명치 아니하여도 짐작하리로다.

▲ 마르첼리노 신부의 계책이 무효

사이공에 하륙할 때에 마르첼리노 신부가 자기 짐 속에서 좋은 대(大, 큰)고상을 꺼내어 자기 평상 위에 안치하더라. 내가 묻기를 "이는 무슨 뜻이오?" 대답하되 "마귀 쫓아내기(로) 위함이외다.", "무슨 마귀를 쫓고자 합니까?", "하하, 당신은 여행에 문리(文理)⁹¹가 아직 나지 아니하였소. 우리들은 다 같이 신부인 고로 한방에 거처하여도 아무 흉허물이 없거니와 폐(弊)로운⁹² 세속 사람이 우리 방에 들어오면 불편하여서 어떻게 지

---

90 기둥[柱]에 시구(詩句)를 연하여 걸었다는 뜻으로, 기둥이나 벽에 세로로 써 붙이는 문구를 말한다.
91 사물의 이치를 깨달아 아는 힘.
92 성가시고 귀찮은, 또는 성질이 까다로운.

낸단 말이오. 큰 고상을 이렇게 놓아두면 세속 사람이 들어와서 보고는 신부가 이 방에 거처하는 줄을 알고 다른 데로 간다오. 당신은 이런 계교를 모릅니까?" 내가 대답하되 "당신 계책대로 되면 오죽 좋겠소."

성신 강림 주일 저녁에 둘이서 땀을 흘리며 우리 방에 들어와 보니 마르첼리노 신부의 계책이 무익하게 되었도다. 어떤 신사가 다수한 가방을 갖다가 늘어놓고 앉았더라. 그 사람도 우리 2인이 거처하는데 들어오기가 싫었겠지마는 선객은 허다하고 방은 부족함이러라. 그러나 그 사람은 속인이라도 폐로운 사람이 아니요 아주 얌전하여 매우 고맙게 굴고 자기가 우리 둘이 거처하는 데 들어옴으로써 우리에게 불편함을 끼칠까 (봐) 조심하고 아주 얌전하게 행동을 하니 이도 다행하도다.

사이공에서 행객들이 어떻게 많이 들어왔는지 1등, 2등에 가득히 찼도다. 서로 말하는 것을 들으니 행객이 이렇듯이 많은 이유는 사이공에는 이제 큰 더위가 시작하는 고로 프랑스에 가서 피서하고 가을에 돌아올 의사라 하더라. 선객이 이렇듯이 많은 고로 갑판이 넓지 못한 데서 대단히 옹색하게 지내며, 또한 부인과 아이들이 많은 고로 더욱 불편하도다. 그러나 더위가 대단하므로 방에는 얼마 있지 아니하고 거의 항상 갑판에 나가서 복작거리며 제일 어려운 것은 음식 먹을 때니 한 10여 분 동안에만 먹을 양이면 땀을 그렇게 많이 흘리지 아니하겠지마는 백여 명이 함께 먹는 고로 3객이 넘어가는도다. 아직도 남은 길이 더 많고 홍해, 지중해의 극렬한 더위가 남아 있으니 앞길이 망연하도다.

제573호(1925년 9월 15일), 387~403쪽
로마 여행 일기 [8]

▲ 6월 3일 오시(午時)에 싱가포르에 도착

사이공에서 발선(發船)한 지 2일 만에 싱가포르에 득달하니 그 항구에 주재하시는 우리 당가 우이용 신부[93]는 우리 일행을 영접하러 배에 나오셨더라. 레이노 주교 각하와 그 시종 신부와 나와 합 3인이 당가 신부의 인도함으로 자동차를 달려 당가에 들어가 수 시간 쉬었으나 시간 촉박하므로 그 항구의 4~5처(에) 성당을 하나도 배관치 못하고 잠깐 담화하다가 다시 배(에)로 돌아왔노라.

이 항구에 배가 서 있는 동안에 마래인 혹 흑인들이 이상한 소라껍데기, 자개로 만든 각색 괴물(怪物) 그런 것을 선창에 벌여 놓고 혹은 가지고 배 안에 들어와 팔기를 요구하더라. 또 한 가지 장관의 구경은 마래인들이 나막신짝만 한 작은 배를 타고 우리 배에 가까이 다니며 돈을 버는데, 돈을 어떻게 버는고 하니 그 흑인들이 갑판에 서서 내려다보는 선객들을 쳐다보고 프랑스어로 "돌날을 던지시오. 20전이나 10전을 던지시오. 내가 물속에 들어가 주워 옵니다." 선객들은 그 무자맥질하는 것을 구경하기 위하여 20전 혹(은) 10전을 바다에 던지면 흑인들이 마치 물새와 같이 바다에 텀벙 빠져들어 가 수십 묘 혹 과즉(過則)[94] 일 분 만에 그 돈을 집어 가지고 나와서 보이더라.

가만히 살펴보니 돈이 수십 길 되는 바다 바닥에 떨어진 후에 집어 오

---

[93] 우이용(J. Ouillon, 胡, 요한, 1879~1947) : 파리 외방전교회 선교사로, 1902년 6월 22일 사제 서품을 받고 7월 23일 홍콩으로 파견되었고, 1922년부터는 말레이시아와 싱가포르 선교를 담당하였다. 1925년 당시에는 싱가포르에서 재정을 맡고 있었다.
[94] '기껏해야'를 예스럽게 이르는 말.

는 것이 아니요 오직 돈이 전후좌우로 요동하면서 물속으로 낮아져 가는 것을 붙잡아 한 수십 묘 만에 다시 나오니 어떻든지 용한 것은 그자들이 물속에서 마치 개구리같이 임의용계하여 물속에서 돈을 보고 찾는 것과 헤엄치는 것은 매우 용하며, 또 어떤 이는 동전 같은 것을 던지면 당초에 집으러 들어가지도 아니하고 적어도 10전짜리라야 집으러 들어가며, 어떤 이는 (일)부러 멀리 던지나 그러나 돈이 떨어지는 곳만 보면 한 번도 실수 없이 집어 가지는데, 우리 배 가까이서 그와 같은 재주로 돈을 버는 자가 한 7~8인 되는데, 각각 한 1원 50전씩은 벌었을 줄로 여기노라.

마르첼리노 신부가 고상을 내어놓음으로 속객(俗客)을 피하고자 하던 이야기를 다시 하노니, 사이공 항구에서 수일간 하륙 체류할 차로 내려갈 때에 마르첼리노 신부는 자기 방에서 큰 고상을 꺼내어 자기 평상 위에 놓고 또 묵주 한 벌을 평상에 걸어둠은 세속 행객이 이 방에 들어와서 큰 고상과 묵주 그런 성물을 보고 기겁하여 다른 방을 얻어 가기를 바람이러라. 사이공에 며칠 체류하다가 올라가 보니 우리 뜻과 같이 되지 않고 한 30여 세 된 신사가 자기 짐을 다 갖다 놓고 들어앉았더라.

우리 두 신부가 돌아와 보니 우리 뜻대로 되지 않았음을 원통히 여기나 하릴없이 서로 인사하고 차차 다정하게 지내기를 시작하였도다. 그 사람인즉 파리(에) 사는 알폰소라 하는 사람이요 외양(에)도 순량하여 보이며 차차 흉허물이 없이 담화도 하는데, 마르첼리노 신부가 자기 계책 베푼 것을 그 사람에게 설화하니 알폰소 씨가 웃으면서 이르되 과연 처음 이 방에 들어와 보니 이 평상에 큰 고상과 묵주 한 벌이 있습데다. 그러나 나는 신부를 싫어서 피하는 사람이 아니요, 전에도 신부와 한방에서 여행하여 본 고로 조금도 싫어하고 서름서름하게[95] 지내지 아니하

---

[95] 사이가 자연스럽지 못하고 매우 서먹서먹하게.

였습니다. 나도 어려서부터 20세까지 마리아회[96] 수사들에게 공부하며 교육을 받았나이다.

사이공(에)서부터는 신부 1위가 더하니 주교 1위, 신부 4위, 수녀 5위로다. 사이공에서 신부 한 위가 배에 오르니 곧 베르나르도 신부시라. 이 신부는 영국 런던 외방전교회 신부러라. 이 외방전교회는 시작한 지가 25~26년가량이라 하며 회의 주보는 성 요셉이시며, 이 전교회 총장은 영국 런던 대주교 홍의 재상(紅衣宰相)[97]이시니, 이 전교회의 모든 신부는 다 이 홍의 재상에게 속하며 복장은 성교회 신부 본 복장에 다만 붉은 띠를 띠었더라.

이 전교회 지방은 우간다, 콩고, 노바젤란디아,[98] 티베트, 보르네오 등 7~8처라 하며 베르나르도 신부는 보르네오(대양주)섬에 전교한 지 20여 년이요 연세는 54세이나 대단히 늙어 보이며 본디 화란(和蘭, 네덜란드) 사람인데 80세 되신 그 모친의 경축에 참예(參預)하러 간다 하며, 보르네오 지방에 그 회 신부는 20여 위, 수녀 22인, 교우 총수는 만 명가량이라 하더라.

보르네오섬에는 각색 인종이 많아 마래인종, 청국인, 서양인, 이와 같이 섞여 살고 말은 영어를 주장하고 농사는 벼와 수수 그런 것을 주장하고, 이 지방에는 한 야만 종류의 인민은 목 베는 자라 부르는데 재물을 탈취함도 아니요 원수를 갚음도 아니라. 다만 그저 다니다가 공연히

---

96   1817년 10월 12일 샤미나드(G.J. Chaminade, 1761~1850) 신부가 개인의 성화(聖化)와 세계 복음화를 위하여 프랑스 보르도(Bordeaux)에서 설립한 수도회. 1817~1848년에는 파리 외방전교회의 선교사 84명이 마리아 신심회 준회원으로 있었고, 1888년부터 일본에 진출하기 시작하였다.
97   '추기경(樞機卿, cardinal)'을 달리 이르는 말.
98   1642년 이 섬을 발견한 네덜란드의 타스만(A. Tasman)이 자기 고향 '제일란트'의 이름을 따 새 제일란트라는 뜻으로 '노바젤란디아(Nova Zeelandia)'라고 하였다. 이 말의 영어식 명칭이 '뉴질랜드(New Zealand)'이다.

남의 목을 베는 야만 인종이 있어 몇 해 전에 양인 둘을 이와 같이 죽였는데 그 대신에 이 야만 2,000명을 잡아 죽였더니 그 후부터는 그런 야만의 악행(이) 없어졌다 하더라.

이 지방에 또 한 가지 이상한 풍속은 어려서부터 귀를 뚫어 점점 넓어지게 하여 그 귀 뚫은 구멍이 어떻게 넓게 늘렸는지 자기 머리통이 능히 그 귀 뚫은 구멍으로 지나가기를 마치 무슨 올가미 속으로 머리통이 지나감 같다 하더라.

그런 섬에 혹시 조선인을 만나 보셨나이까 하니 몇 해 전에 조선인 3인이 영어도 잘하며 인삼 장사하러 다니는 것을 보았노라 하더라.

우리 식상(食床)에는 이제 8인이 앉았는데 신부 3위, 수녀 5인 합 8인이 다 각각 국적이 달라 8국 사람이 함께 앉았도다. 베르나르도 신부는 프랑스어를 모르고 영어는 잘하시며 라틴어는 매우 어렵게 하시며 네덜란드 말과 벨기에 말은 서로 같다 하여 마르첼리노 신부와 항상 플랑드르(Flandre)[99] 말로만 담화하더라. 네덜란드, 벨기에, 독일, 오스트리아 그런 나라 말은 다 플랑드르 말로 주장을 삼는 고로 서로 담화할 만하다 하는도다.

우리 배가 빈낭[100] 도(島)에서 다만 몇 시간이라도 서거든 44년 전[101]에 가서 공부하던 학원을 심방하고자 하였더니 6월 5일 오전에 그저 빈낭 앞으로 지나가기만 하고 조금도 서지 아니하더라.

---

99 벨기에 서부를 중심으로 네덜란드 서부와 프랑스 북부에 걸쳐 있는 지방.
100 말레이시아 서북부에 있는 항구 도시 페낭(Penang, 檳榔)을 말한다. 1807년 파리 외방전교회가 아시아 지역의 현지인 사제 양성을 위해 이 섬에 신학교를 세웠다.
101 한기근 신부는 1884년 2월 7일 유학을 떠나 7월 10일 페낭에 도착하였고, 12월 10일 토혈증으로 귀국하였다. 그리고 1925년 6월 5일 이곳을 지났으니 44년이 아니라 '41년 전'이다.

이러므로 갑판에 나서서 빈낭 학원을 바라보고 멀리서 인사하였노라. 조선 신(학)생 21인[102]이 이 학원에 가서 공부한 중 11인[103]이 탁덕품을 받았는데 지금 생존한 이는 경성교구에 5위, 대구교구에 2위로다.[104]

▲ 6월 9일 오전 7시에 콜롬보(Colombo)[105]에 도착

콜롬보는 인도 남편에 실론[106]이라 하는 큰 섬에 있는 유명한 항구이니 온 인도 지방과 같이 영국령(英國領)이라. 이 항구에는 우리 당가가 없으나 그러나 배가 12시간이나 서는 고로 내려가서 교중 형편이나 관광하고자 하여 마르첼리노 신부와 함께 마차를 타고 콜롬보 대주교 댁에 들어가 대주교를 심방하니 그 주교는 연세가 한 50여 세 되어 보이고 부감목과 당가 신부와 다른 서양 신부 3위와 인도 본토인 신부 2위가 함께 거처하더라.

여기는 주교실 겸 당가이며 작은 성당이 있고, 주교(좌) 대성당은 적이 요긴한 데 따로 있어 무슨 큰 예절이 있으면 대성당에 가서 거행하신다 하더라. 주교실 겸 당가 옆에는 신학 소학과 신학 대학이 있다 하나 관람치는 못하고 그 신부들의 말씀을 의거하건대 신학 소학원에는 신

---

[102] 1차(1882년 12월 20일 페낭 도착) 유학생 7명, 2차(1883년 12월 7일 페낭 도착) 유학생 6명, 3차(1884년 7월 10일 페낭 도착) 유학생 4명, 4차(1884년 12월 9일 페낭 도착) 유학생 4명, 도합 21명.

[103] 1차 : 강섬삼(라우렌시오)·이내수(아우구스티노), 2차 : 강도영(마르코)·김성학(알렉시오)·김원영(아우구스티노), 3차 : 정규하(아우구스티노)·한기근(바오로)·이종국(바오로), 4차 : 김승연(아우구스티노)·김문옥(요셉)·홍병철(루카).

[104] 경성교구 강도영(마르코)·김성학(알렉시오)·김원영(아우구스티노)·정규하(아우구스티노)·한기근(바오로) 신부와 대구교구 김승연(아우구스티노)·김문옥(요셉) 신부이다. 선종한 이는 1900년의 이내수(아우구스티노) 신부, 1903년의 강섬삼(라우렌시오) 신부, 1905년의 이종국(바오로) 신부, 1913년의 홍병철(루카) 신부였다.

[105] 스리랑카(Sri Lanka) 실론섬의 서남쪽 기슭에 있는, 스리랑카의 수도.

[106] 스리랑카의 옛 이름이 실론(Ceylon)이었다.

(학)생이 한 60명 되는데 다른 세속 학문은 다 관립 학교에 가서 공부하고 신학원에서는 라틴어 및 성교(聖敎) 학문에 관한 것만 공부한다 하며, 신학 대학원에는 신(학)생이 한 30명 된다 하나 대·소 신학원을 다 구경시켜 주지 아니하는 고로 구태여 관람하기를 감히 청하지 아니하였노라.

 콜롬보에 천주 공교의 형편을 대략 물어보니 주교 교구는 5처인데 마리아 봉헌회 주교 교구가 2처인바 하나는 대주교 교구 곧 우리가 찾아 들어간 대주교의 교구요, 예수회 교구가 2처, 성 베네딕토회 교구가 1처(이)라 하며 성당은 도합 15처요, 주교·신부는 다섯 교구에 도합 40~50명가량인데 서양인 신부와 본토인 신부가 절반씩이라 하며 본토인 신부는 주교 댁에 있는 2위밖에는 상봉치 못하였는데, 다 영어에 능통하고 1위는 프랑스어도 적이 통하며 라틴어도 어렵지 않게 통하더라. 우리 변 신부께서 여기서 몇 달 동안은 병환 치료하신 고로 그 소식을 물어보며 또 대구 신학생 2인[107]이 로마 내왕 시에 이 성당에 거쳐 간 고로 그 소식을 물어보며 둘 다 불행히 성공치 못하고 하나는 로마에서, 하나는 환국하여 일찍이 사망한 일을 원통히 여기더라.

 인도 본토인 신부는 대주교 교구에 30위가 있어 제일 많고, 예수회와 성 베네딕토회에는 몇 위씩밖에 없다 하며, 이 대주교께서는 본토인 신부 양성에 극력하여 대·소 신학원을 구비하고 전교의 성적이 제일 초등(超等)하므로 성상 폐하께 칭찬을 받았다 하며, 교우 총수는 5처 대교구에 도합 36만가량인바 대주교 교구에 제일 많고 26만가량이러라.

---

107 신학생 전 아우구스티노는 1922년 5월 11일 협심증으로 사망하여 로마 시내의 묘지 캄포 베라노(Campo Verano)에 안장되었고, 송강정(宋康正, 안토니오)은 결핵에 걸려 1922년 4월에 한국으로 돌아온 뒤 이듬해 5월 7일 사망하였다.

▲ 콜롬보에 성 프란치스코 수녀회

이 지방의 다른 수녀회는 심방하지 못하였거니와 마르첼리노 신부는 성 프란치스코회 수사 신부인 고로 성 프란치스코 수녀회와 관계가 다른 이보다 긴절(緊切)한 고로 그 신부와 함께 다니며 심방하고 본 바와 들은 바를 대략 말하노라. 성 프란치스코(회) 수녀들이 간호하는 나창(癩瘡)[108] 병원은 적이 멀리 있다 하는 고로 심방하지 못하였고, 원장 수녀의 말이 "우리 수녀들이 나창자 및 허다한 전염병자들을 간호하며 치료하되 지금까지 하나도 전염되지 않음은 천주가 드러나게 보호하심을 혁혁(赫赫)히 보노라." 하니 그 말을 들으매 애덕의 사업을 천주가 어떻게 귀히 여기며 보호하심을 더욱 깨닫고 탄복하였노라.

성 프란치스코회 수녀들이 주관하는 수예관을 먼저 심방할 때 그 원장 수녀는 나와서 인사하며 내가 동국인 치명자들의 시복식에 참례하러 감을 복된 줄로 말하고 그 사업을 차례로 구경시키는데, 그 양육하는 고아들은 한 2백 명가량이요 각색 수놓는 데는 수십 명(의) 인도 여아들이 별별 가지를 놓으며 실로 재는 망사 각색을 짜며 양말 짜는 데도 있고 제의 만드는 데도 있고 가화(假花)[109] 만드는 데도 있고, 세탁소와 갖가지 기구를 다 훌륭하게 차려놓았더라.

병원을 주관하는 수녀원을 가서 방문하니 수녀원장의 말이 우리가 거처하는 수녀원과 수녀원 성당은 다 영국 정부에서 지어준 것이니 우리 소유가 아니요, 우리가 병원을 간호하는 동안은 우리가 거처하며 병원도 관립 병원이며, 우리 수녀들은 한 50명이 매일 병원에서 병자를 간호·치료하고, 의사는 다 관의인데 본토인 교우들도 있고, 수천 명 환자

---

108 나병 환자의 살갗에 생기는 부스럼.
109 종이, 천, 비닐 등으로 인공적으로 만든 조화(造花).

를 수용할 만한 병원은 대단히 광활하여 마치 한 읍내만 한데 간호부는 온전히 수녀들뿐이요 타인은 하나도 없다 하더라. 수녀원장은 병실로 인도하여 다 구경시키는데 환자는 다 인도인뿐이며 다 같이 인생이로되 모양이 검고 탈 난 것은 처음 보기에 흉하게 보이나 그 영혼은 다 우리와 같음을 생각하니 자연 측은지심이 발하더라.

 정부는 열교(裂敎)를 종교로 삼는 고로 수녀들이 병자를 간호할 때에 대세 줄 기회가 있으면 비밀히 가르치고 대세 주며 그 장사는 성교 예절로 하지 못하고 이단을 하든지 무슨 예절을 하든지 버려두노라 하더라. 이상한 일은 영국 같은 정부에도 제 나라 간호부를 얻지 못하고 성교회의 수녀들을 고빙(雇聘)함은 세속 간호부는 재물만 위하여 간호 사무를 보니 그 효력이 적고, 성교회 수녀들은 비록 월은(月銀)[110]을 받을지라도 애주애인(愛主愛人)의 초성(超性)한 위자(慰藉)[111]로 하니 어느 방면으로 추측하든지 유익한지라. 이러므로 다른 병원에서도 수녀 간호부를 사용하기로 수녀들에게 청하나 수녀들은 인원수가 부족하여 응답할 수 없다 하더라. 간호부 수녀들은 다 서양 여자요 본토인 수녀는 다만 수녀원에서 하나만 보았노라.

▲ 6월 12일 인도양에서 앙부아즈(Amboise) 선객 3백여 명이 항해술을 연습

 대양에 다니는 큰 배에는 대소 종선 여럿을 실어 가지고 다니니 이는 뜻밖에 파선을 당하면 모든 사람이 그 종선을 타고 생명을 구하기 위함

---

110 월급으로 주는 돈.
111 인간의 본성을 초월한 위로와 도움.

이요, 또 각 방에는 굴피[112]로 만든 헤엄하는 기계가 하나씩 있으니 이도 또한 불행히 파선을 당하거든 헤엄하여 살아나기를 위함이러라. 그러한데 6월 12일에는 우리가 인도양에 행선(行船)하여 우리 갈 길의 반이나 행하였더라. 어느 날에 선장은 배의 규칙대로 모든 선객으로 하여금 그 방에 있는 헤엄치는 기계를 각각 자기 가슴에 잡아매고 항해술을 연습시킬 때 각 선객에 이름을 다 불러 점고(點考)[113]하고 가슴에 헤엄치는 기계 잡아매는 법을 가르치며 만일 파선을 당하거든 이 기계를 이와 같이 가슴에 잡아매고 헤엄하라 하더라.

그러한데 선객들이 하나도 빠지지 않고 부인들까지 아이들까지 다 이 기계를 각각 가슴에 매고 늘어선 것이 가관이요, 주교, 신부, 수녀들도 다 그 모양으로 헤엄치는 기계 잡아매고 연습장에 출석하였더라. 헤엄치는 기계는 굴피(서양 병마개 만드는 굴참나무 껍질)로 한 것이니 이것을 가슴에 잡아매고 물에 들어가면 사람의 몸이 자연 뜨게 한 것이러라.

6월 13일 선객 1인 사망

상해에서 한 52~53세 되어 보이는 프랑스인 기사 하나가 일등에 올라 레이노 주교 방 가까이 거하고, 또 전에 주교와 안면이 있던 프랑스인이러라. 불행히 학질 같은 열병이 있는 고로 배의 의사는 얼음이나 그런 냉수 먹기를 금하였으나 다른 사람들의 말대로는 그 사람이 얼음냉수와 찬 맥주 같은 것을 먹었다 하더라. 그 연고인지 모르거니와 13일 밤 11시가량에 아무도 알지 못하는 동안에 혼자서 종명(終命)한 줄을 14일 아침에 알았도다. 아깝도다. 주교와 신부가 그 옆 방에 계시니 그 위험한

---

112 참나무의 두꺼운 껍질.
113 명부에 일일이 점을 찍어 가며 사람의 수를 조사함.

줄을 알았더라면 일정코 성사를 받았으리로다. 15일 아침에 수장(水葬)을 한다 하는 고로 주교께서 신부들과 한가지로 사도경 예절을 행하신 후 배 전에 널판 위에 놓았던 신체를 물에 던지니 몇 분간 둥실둥실 뜨다가 이내 보이지 아니하더라. 시체를 땅에 묻으나 물에 묻으나 일반이지마는 그 모양이 매우 보기 좋지 못하였도다. 여러 사람의 말을 들은즉 그 사람은 조선에서 프랑스인 금광에서도 기사로 있던 제스트레앙[114] 씨러라.

아라비아 남편 스코트라(Socotra)섬[115] 근처(에)서부터 대풍파가 일어나 배가 매우 요동하매 토하는 사람이 허다하고 식당에 불참하는 사람도 많고 밥 먹다가 나가는 사람이 허다하도다. 그러나 나는 나를 위하여 기구하는 사람이 많음으로 지우금(至于今)[116] 기력이 강건하고 구역(嘔逆)[117]도 없고 수질(水疾)[118]도 없으니 나를 위하여 기구하여 주시는 모든 이에게 감사하고, 나도 바다 가운데서 그 모든 은인을 날마다 기념하며 또한 기구하나이다. 아직도 홍해와 지중해를 지나려면 13일 동안을 견뎌야 하겠나이다.

인도양에서 구경스러운 것은 소위 비어(飛魚, 날아다니는 물고기)가 새떼처럼 한참씩 날아가다가 다시 빠지고 또 수십 척씩 되는 상어(흑상어)(가) 수면으로 지나가며 뛰는 것이 또한 가관이러라.

---

114 우리나라 최대 금광의 하나인 대유동(大楡洞) 광산(鑛山) 지배인으로 있던 프랑스인 제스트레앙(Gestreaud)을 말한다.
115 인도양 남동부에 있는 섬으로, 1886년부터 영국의 보호령이 되었다가 1967년 영국으로부터 독립한 남예멘에 귀속되었고, 1990년 남북 예멘이 통일하면서 예멘의 영토가 되었다.
116 예로부터 오늘에 이르기까지.
117 토할 듯 메스꺼운 느낌.
118 배를 탔을 때 어지럽고 메스꺼워 구역질이 나는 일. 또는 그런 증세.

6월 17일 밤중 12시에 지부티(Djibouti)[119]에 도착

지부티는 아프리카 동남편에 있는 항구이니 프랑스 영지(領地)라. 이 항구에 아는 이는 비록 없으나 새벽에 마르첼리노 신부와 함께 하륙하여 마차를 타고 성 프란치스코회 수사 신부를 찾아 들어가니, 그 신부는 방금 미사를 지내는데 참례하는 이는 무슨 수도자 같은 여자 4인 및 다른 사람 하나 합 5인이 참례하며, 영성체를 하는 중이더라. 그 영성체하는 것을 보니 백포 외에 은으로 만든 길고 네모진 쟁반을 받들고 영성체하며, 연하여 그다음 사람에게 전하여 주어 이렇게 하니 성체가 만일 그 쟁반 위에 떨어지면 즉시 닦기는 매우 편리하겠더라.

우리 두 사람은 다 그 신부와 초면인 고로 성교 법대로 각기 본 주교의 증명서를 내어 보이고 미사 지내기를 청하니, 그 신부는 그 증명서를 펴 보지도 아니하고 즉시 제의를 준비하여 주는 고로 각기 미사성제를 드렸노라. 그 신부는 한 50여 세 되어 보이며 성 프란치스코회 카푸친(Capuchin) 수사 신부이니 대저 성 오상(五傷) 프란치스코 수도회가 3부로 구별되어 1은 성 프란치스코 소제회(小弟會)[120]요, 2는 성 프란치스코 선족회(跣足會, 평생에 발 벗고 다니는 회)[121]요, 3은 성 프란치스코 카푸친회[122]이니, 그 신부는 곧 이 제3부에 속한 수사요 나와 동행하는 마르첼리노 신부는 성 프란치스코 소제회 수사 신부러라.[123]

---

119 홍해에서 인도양으로 통하는 바브엘만데브해협에 있다. 1896년부터 프랑스령(領) 소말릴란드가 되었다가 1977년 5월 아프리카에서 50번째의 독립국이 되었으며, 수도 이름도 '지부티'이다.
120 아시시의 프란치스코가 맨 처음에 직접 조직한 지금의 '작은 형제회'를 말한다.
121 지금의 '꼰벤뚜알 작은 형제회'를 말한다.
122 지금의 '카푸친 작은 형제회'로, '카푸친'이란 중세 시대의 후드가 달린 웃옷을 말한다.
123 프란치스칸(Franciscan)이라고 불리는 수도 공동체는, 프란치스코가 맨 처음에 직접 조직한 작은형제회를 1회, 클라라 성녀와 함께 세운 클라라 수녀회를 2회, 프란치스코의 뜻에 동참하고 있는 수도 3회와 율수 3회, 재속 프란치스코회를 통틀어 3회라 한다. 그리고 프

그 신부는 혼자서 이 항구에 거하는데 작은 성당과 신부실은 다 굉장하고 화려하지 못하여 마치 우리 조선에 시골 신부의 성당과 거처와 방불하더라. 이 근처에 그 동회(同會) 수사는 다만 아라비아 서남편 끝에 아덴(Aden)[124]이라 하는 항구에 주교 1위, 신부 2위가 있어 서로 상종한다 하며, 지부티 지방의 전교 형편은 아주 불호(不好)하니, 대저 본토 아프리카인은 다 회회교(回回敎, 이슬람교)에 속한 고로 회두(回頭)[125]하기가 매우 극난하고, 그중에 이슬람교보다도 더 조당(阻擋)되는 것이 있다 하며, 이전에 이곳에 속형 수사들이 학교를 경영하더니 부득이 퇴각을 당하고 그 신부의 복사와 하인들도 다른 곳에서 데려온 교우라 하며, 양인들은 한 백 명 되는데 거의 다 관인과 사무원이며 상고(商賈)[126]들은 몇 명 아니 되는데 다 그리스인이라 하더라.

이 지방은 열대 지방이요 모두 모래땅이오. 1년 동안에 비가 한 번도 오지 아니하는 고로 풀과 나무는 당초에 없고, 그 신부는 3년 동안에 비 오는 것을 다만 한 번만 보았노라 하며, 자기가 작은 나무 몇 주를 심고 매일 2차씩 물을 주어 겨우 생장하나 크지 못하였으며, 다른 관청 앞에도 작은 나무 몇 개씩 있어 매우 힘들여 기르나 그러나 크지 못하였더라. 그 신부 말씀이 관청과 부자들은 초목을 보기 원하는 뜻으로 쇠로써 창창한 나무 몇 개씩 만들어 세웠으며 멀리서 보는 이는 실지 수목으로 속기 쉽다 하더라. 전교 신부들은 다소간 다 곤란 중에 지내나 이런 지방에 전교 신부는 그 곤란이 우심(尤甚)하리니, 그 공로도 더욱 많

란치스칸 1회는 작은형제회, 꼰벤뚜알 작은형제회, 카푸친 작은형제회로 나뉜다.
124 아라비아반도 남쪽 해안의 예멘에 있는 항구 도시. 당시는 동인도회사령(東印度會社領)이었는데, 1937년부터 영국의 직할 식민지가 되었다.
125 '회개(悔改)'의 옛 용어로, 배교(背敎)하였다가 다시 돌아오거나 개종(改宗)의 의미로 쓴다.
126 장사하는 사람.

을 줄로 여기노라.

레이노 주교와 그 시종 신부는 하륙하지 아니 하셨더니 이 항구 신부는 그 주교와 동향 사람인 고로 즉시 편지와 사람을 보내어 청한 고로 주교와 신부가 오시어, 우리 4인이 함께 점심으로 후대함을 받고, 마차를 달려 배에 돌아와 그날 오후 4시에 다시 행선하여 떠나니 곧 홍해를 발섭(跋涉)함이로다. 홍해는 남북으로 길어 우리가 이 기선으로 5일간 항해하여야 수에즈 운하(Suez Canal)에 이를 것이요, 홍해가 동북으로는 좁은 고로 우리가 매일 지나가는 기선과 풍범선(風帆船)을 보노라. 홍해는 어찌 붉은 바다라 하느뇨. 여러 학자의 말이 다 같지 아니하여 혹은 이르되 홍해 근처 사람의 얼굴이 붉은 고로 홍해라 하고, 혹은 홍해 양변에 나문재127 같은 붉은 풀이 있는 고로 홍해라 하는 이도 있으나 그 설명이 둘 다 흡족하지 못하도다. 우리 동양에 황해는 황토물이 해변에 많은 고로 황해라 하거니와 서양의 백해, 흑해, 홍해는 그 자세한 소자출(所自出)128을 알지 못하겠도다.

홍해는 어찌하여 홍해인지 모르거니와 성서 역사상뿐 아니라 인류와 세계 역사상에 유명한 기념적 바다이니, 우리가 다 알거니와 모세 성인이 이스라엘 백성 수십만 명을 영솔하고 돌아올 때에 이 홍해를 당하여 뒤에는 적군 장졸이 쫓아오고 앞에는 이 홍해를 당하여 진퇴유곡(進退維谷)으로 함몰할 대환(大患)을 당하였더니, 천주의 영적으로 이 바닷물이 양편으로 성같이 갈라지고 큰길이 열려 마른 발로 이 홍해를 건너온 사기는 감략129에 자세히 실렸도다. 또 한 가지 큰 기념적 지방은 시나이

---

127 명아줏과의 한해살이풀로 바닷가 모래땅에서 자란다. 이와 비슷한 식물로 열매가 작은 해홍채(海紅菜)가 있다.
128 어떤 사물이 나온 근본이나 출처.
129 프랑스 라자로회의 중국 선교사 들라플라스(L.G. Delaplace, 田類斯) 주교가 1866년 북경

(Sinai)산이니, 시나이산은 천주가 십계를 반포하시던 산인 줄을 다 알거니와 우리가 6월 21일에 이 시나이산을 우편에 두고 바라보며 수에즈 운하를 지나가리로다.

6월 19일 예수 성심 대첨례를 홍해 바다에서 지내면서 조선 각처 성당에서 거행하는 모든 기구와 예절에 함께 참례하며, 함께 기구하여 성교회의 광대한 통공지은(通功之恩)으로써 예수 성심 안에 함께 모임을 잊지 아니하노라.

전에 듣기를 홍해를 지날 때에 제일 더위가 극심하다 하였으나 이번 우리는 천주의 특은을 입어 오히려 적이 서늘함을 누리니 매우 감사하노라. 일정코 인도양보다 더위가 덜하고 또 다른 데서는 바람이 있어 항상 덥고 후덥지근하고 무거운 바람인 고로 바람을 쐬어도 시원한 감각이 없었으되 홍해의 바람은 비교적 서늘하여 매우 상쾌하도다.

나로 말하면 기질이 건강치 못하되 한 번도 토하지 아니하고 수질도 없고 기운이 서울(에) 있을 때보다 오히려 나은 모양이니 주 성모께 감사하며, 나의 친절한 벗들이 나를 위하여 열렬히 기구하여 줌을 천만 사례하노라. 다른 사람들은 토하기도 하고 음식도 못 먹고 고생을 당하며, 나와 한방에 있는 마르첼리노 신부와 알폰소 씨도 여러 번 토하고 누워서 일어나지 못하거늘 나는 이런 고생을 당하지 아니하니 이 어떠한 은혜인고. 항상 감사 감축지정(感祝之情)을 간단(間斷)치 아니하노라. 부끄러운 말이나 서울(에)서 떠날 때에 수질의 구역을 방비할 뜻으로 양로원 김 마리아 부인에게 고춧가루를 얻어 짐에 (넣어) 가지고 왔으나 한 번도

에서 간행한 성경 해설서 『성교감략(聖敎鑑略)』을 말한다. 이 책은 1883년 블랑(J. Blanc, 白圭三) 주교가 우리말로 번역하여 널리 보급하였다.

고춧가루를 먹을 필요가 없었도다. 이 말을 듣는 이는 필경 나를 대하여 한 번 웃으리로다.

▲ 6월 21일 수에즈 운하 어구에 도착

이날 오후 3시경에 수에즈 운하로 들어가는 어구에 무사 도착하였노라. 본디 홍해를 지날 때에는 극렬한 더위로 인하여 제일 어렵다 하는 곳이나 이번에는 서늘한 바람으로 인하여 4일간 홍해를 지날 때에 제일 순편하게 지났도다. 마치 예전에 히브리 백성같이 순순히 홍해를 발섭하여 수에즈 운하로 들어가는 어구에 득달하니 수에즈는 본디 아시아 서북 끝과 아프리카 동북 끝을 연하던 해간작지 혹 지협(海間作地 혹 地峽은 두 바다 가운데서 벌의 허리 같은 육지가 두 대륙을 연하는 땅)이니, 이전에 수에즈 지협과 파나마(Panama) 지협은 세계의 유명한 지협이었는데 인력으로써 이 지협을 끊어 유명한 운하가 되었으니 운하(運河)는 인력으로 판 강이란 말이니라.

▲ 동양에는 청국에 만리장성 쌓은 것과 천리 운하를 판 것이 있어 이 두 가지는 동양에 제일 큰 역사(役事)라 하고, 서양과 아메리카에는 수에즈 운하와 파나마 운하를 제일 큰 역사로 일컫는도다. 수에즈 운하를 판 이는 프랑스인 페르디낭 드 레셉스(F. de Lesseps)[130] 씨인 고로 그 동상을 굉장하게 만들어 수에즈 운하로 들어가는 어구에 우뚝하게 세웠더라. 포트사이드(Port Said)[131] 항구와 수에즈 운하는 영국 권리에 속한 고로

---

130 페르디낭 마리 드 레셉스(Ferdinand Marie de Lesseps, 1805~1894) : 프랑스의 외교관이자 기술자. 수에즈 운하를 계획하고 이집트 부왕(副王) 사이드 파샤(Said Pasha, 1822~1863)의 인가를 얻어 1859년부터 1869년까지 10년에 걸쳐 완성하였다. 1888년에 파나마 운하도 계획하였으나, 재정 및 정치적 곤란으로 포기하였다.
131 이집트의 수에즈 운하 북쪽 끝에 있는, 지중해 쪽 출입구에 위치한 항만 도시. 지명은 운하를 건설한 레셉스의 지지자인 사이드 파샤에서 따 왔다.

우리 배가 수에즈 어구에 도착하여 잠시 멈추고, 영국 관리가 배에 올라와 일반 선객의 신체 건강을 검사하여 전염병자는 통과하지 못하게 한다 하여 모든 선객이 식당에 모여 한 시(간) 동안이나 기다렸는데 관의는 올라와서 선장과 오랫동안 담화하고 건강 검사를 아니하노라 하였으매, 선객 일반은 극심한 더위를 무릅쓰고 한 시(간) 동안이나 앉았다가 그저 나오면서 원망이 적지 않더라.

▲ 6월 21일 오후 6시에 우리 배가 수에즈 운하로 들어가는데 그 운하 판 자리는 산이 아니요 오직 간사지(干沙地, 개펄)이며 광은 근 백 척가량이매 아무리 큰 기선이라도 넉넉히 지나가게 하였으나 둘이 나란히 지나가지는 못하겠는 고로, 만일 이편 끝에서 배가 떠났으면 저편 끝에서는 서로 향하여 오지 못하고 불가불 기다려야 하겠고, 만일 양편에서 배가 서로 향하여 오다가 만나면 하나는 조금 옆으로 비켜서서 하나가 지나간 다음에라야 지나가겠더라. 이 운하를 14시(간) 동안에 통과하였으니 그 길이는 6~7백 리 되겠고 배는 대양에서처럼 빨리 닿지 못하고 매우 천천히 조심하여 가더라.

▲ 6월 22일 오전 8시에 포트사이드 항구에 도착

14시(간) 동안 수에즈 운하를 통과하여 포트사이드 항구에 득달하니 이는 소아시아 서북 끝에 있는 항구인바 영국령지(英國領地)더라. 레이노 주교를 모시는 신부와 더불어 둘이 하륙하여 성 프란치스코 소제회 수사를 찾아가니 그 성당에서는 예수 성심 첨례를 위하여 21일 주일에 성체 거동을 거행하고 그 장치하였던 것을 뜯으며 거두기로 매우 분망하게 지내는 연고로, 간신히 인사만 받고 응접실로 들어가자는 말이 없으니 그곳 성교 형편을 탐문할 염치가 없어 아무 사정도 감히 물어보지 못하였노라. 교우 총수며 성당 수효며 자선 사업이며 도무지 아무것도 알 수 없으나 그 지방 전교 사업은 성 프란치스코 소제회에서 맡은 것 같더라.

포트사이드 항구에서도 선객이 많이 올랐는데 신부 3위도 올랐으니 1위는 수에즈 어느 학교 교사 신부요 교육회(의) 신부이며, 그 회의 회원은 1만 6천 명이나 된다 하고 자기가 교수하는 학교의 학도 수효는 2백 명가량이요 모두 서양인이라 하더라. 그 외에 2위는 마다가스카르(Madagascar)섬[132] 동편에 있는 레위니옹(Réunion)섬[133]과 모리셔스(Mauritius)섬[134]의 전교 신부인데 프랑스로 여행 가는 역로에 둘이 한가지로 예루살렘 성지를 심방하고 오노라 하며, 그 성지에 여러 수도회가 있고 성지를 심방하기가 그다지 어렵지는 아니하나 여행 공문 두 장을 얻어 가져(가)야 한다 하더라.

▲ 6월 24일 성 요한 세례자 탄생 첨례일에 크레타(Creta)섬[135]을 지남

지금 우리가 행선하는 지중해는 성 바오로 종도(宗徒)[136]가 전교하실 때에 이 바다를 몇 번이나 행선하셨으며 몇 번이나 풍파를 당하시고 파선을 당하셨는고. 이 지중해 상에 성 바오로 종도의 발자취를 목도함 같도다. 또 금일 오전 7시경에는 그리스 남편에 있는 큰 섬 크레타를 지나

---

132 아프리카 남동부에 있는 섬나라로, 세계에서 4번째로 큰 섬이다. 1896년부터 프랑스 식민지로 있다가 1960년 봄에 독립하였다.
133 마다가스카르섬 동쪽 해상에 있는 섬으로, 프랑스 해외주(海外州)이며 주도(主都)는 생드니(Saint-Denis).
134 마다가스카르섬 동쪽에 위치한 섬나라로, 수도는 포트루이스(Port Louis). 1598년 네덜란드의 식민지가 되었다가 프랑스령을 거쳐 1810년부터 영국의 지배를 받은 뒤 1968년 독립하였다.
135 에게(Aegean)해 남단부 중앙에 있는, 지중해에서 다섯 번째로 큰 섬이다. 터키의 지배를 받다가 제1차 세계대전 후 그리스령(領)이 되었다.
136 사도(使徒)의 옛말.

니 이 섬도 또한 성 바오로 종도의 전교 지방이라. 종도행전과 성 바오로 종도의 서간경[137]을 볼 때에는 정신으로써 이 섬을 생각하였거니와 이번에는 이 근처로 지나갈 때에는 더욱 간절히 감동지심(感動之心)이 발하는도다. 그러나 배가 이 섬 가까이 지나지 않으므로 목도하지는 못하고 오직 우리 배의 우편 갑판에 나서서 멀리 바라보았노라.

▲ **6월 27일 정오시(正午時)에 프랑스 남편 큰 항구 마르세유(Marseille)[138]에 도착**

서울(에)서 5월 12일[139]에 떠났으니 조선을 떠난 지는 46일이요 큰 배에 오른 지는 40일이나, 각 항구에서 체류한 일자를 제하면 행선한 일자는 36일이로다. 이와 같이 지리한 누만 리 해로를 무사 발섭함은 주 성모의 특은이요 또한 모든 이가 열절히 기구하여 주심을 힘입음이니 천만 감사하나이다.

▲ 이 항구에 도착하니 이곳 부당가 신부와 이 당가에 객으로 계신 청국 운남(雲南)[140] 전교 신부와 전에 봉천(奉天)[141] 교구 전교 신부로서 지금

---

[137] 바오로 사도의 서간 14편(로마 신자들에게 보낸 서간, 코린토 신자들에게 보낸 첫째·둘째 서간, 갈라티아 신자들에게 보낸 서간, 에페소 신자들에게 보낸 서간, 필리피 신자들에게 보낸 서간, 콜로새 신자들에게 보낸 서간, 테살로니카 신자들에게 보낸 첫째·둘째 서간, 티모테오에게 보낸 첫째·둘째 서간, 티토에게 보낸 서간, 필레몬에게 보낸 서간, 히브리인들에게 보낸 서간)을 말한다.

[138] 프랑스에서 두 번째로 큰, 남동부의 항구 도시. 유럽, 중동과 아프리카를 비롯한 아시아를 연결하는 교통의 요지이며, 역사적인 도시이다.

[139] 5월 12일이 아니라 5월 11일 월요일 오전 11시 경성역을 출발하여 오후 8시 30분 부산에 도착하였다. 그리고 배를 타고 일본 시모노세키에 도착한 것이 5월 12일이었다.

[140] 중국 서남지구 남부의 윈난성(雲南省)으로, 성도(省都)는 쿤밍(昆明)이다. 미얀마·라오스·베트남과 접경해 있다.

[141] 현재 만주 랴오닝성(遼寧省)의 선양(瀋陽)을 말한다.

파리 학당[142]에 계신 제라르 신부[143]가 배에 나오셨도다. 제라르 신부는 만주 계실 때에 경성에 두 번이나 오시어[144] 익은 안면이 있는 고로 더욱 반가워하였노라. 여기 와(서) 들으니 우리 치명자들의 시복식은 전에 말과 같이 7월 5일에 거행될 것이요, 민 주교 각하께서는 안 주교[145] 각하와 동반하시어[146] 6월 15일에 파리에서 로마로 향하노라 하시는 서간을 여기서 받아보았노라.

▲ 로마로 향하는 동행을 얻음

위에 말한 제라르 신부도 로마에 가실 차로 작일(昨日)에 여기 오시어 내일 로마로 발정하시는 고로, 나도 금일에 여기 하륙하여 적이 곤(困)하나 동행이 좋은 고로 함께 동행하여 6월 28일에 로마로 향하노라.

▲ 7월 5일 시복식

수만 리 해륙 원로를 무사히 발섭하여 6월 30일에 로마에 도착하여 당가에 들어가니 조선 주교 양위와 본회 총장 광(光) 주교[147] 각하와 안

---

142 1664년에 설립된 파리 외방전교회 신학교를 말한다.
143 제라르(E. Gérard, 施阿蘭, 에드문도, 1874~1951) 신부 : 파리 외방전교회 선교사로, 1899년 6월 25일 사제 서품을 받고 1899~1921년 만주에서 선교하였다. 1921년 파리로 돌아가 파리 본부의 중앙 참사회에서 한국과 만주 선교지 대표 및 경리직을 맡았다.
144 제라르 신부는 1911년 6월 드망즈 주교 성성식 때와 1921년 6월 프랑스 파리로 돌아갈 때 경성을 방문하였다.
145 드망즈(F. Demange, 安世華, 플로리아노, 1875~1938) 주교 : 파리 외방전교회 선교사로, 1898년 6월 26일 사제 서품을 받고 10월 8일 한국에 입국하였다. 1911년 4월 8일 초대 대구 대목구장에 임명되어 36세의 젊은 나이로 아드라스(Adras)의 명의 주교가 되었다.
146 뮈텔 주교는 1925년 3월 17일 대구에서 드망즈 주교와 함께 출발하였다.
147 게브리앙(J.-B. Guébriant, 光若翰, 세례자 요한, 1860~1935) 주교 : 파리 외방전교회 선교사로, 1885년 7월 5일 사제 서품을 받고 10월 7일 중국 사천성으로 파견되었다. 1910년 11월 29일 주교로 승품되었으며, 1921년에는 파리 외방전교회 총장으로 선출되었다.

남 엘로이 주교[148] 각하와 20여 위 신부는 벌써 내림하셨으며, 당가에서는 수(개)월 전부터 복자들의 행적을 프랑스어, 이탈리아어로 수천 권씩 인쇄·발간하였고, 복자들의 상본도 대·소 수만 장을 인쇄하였으며, 白, 靑, 紅, 一, 二, 三 등의 입전권(入殿券) 수만 장을 인쇄하여 무료 분급하는데, 청구하러 오는 이가 매일 답지하여 당가 사무실이 대단(히) 분망하며 사무원들은 밤을 새우면서 시무하더라. 백(白)색 1등 입전권은 본디 '복자의 친척'이라 기록하였는데 복자의 정말 친척은 1인도 없었고 진 신부,[149] 한 신부, 루도비코 장발[150] 씨 3인이 복자 친척

시복일에 베드로 대성전 성 베드로 어좌 제대 위에 걸어놓았던 79위 치명자 성상(『경향잡지』 제572호, 표3).

---

148 엘로이(A. Eloy, 안드레아, 1864~1947) 주교 : 파리 외방전교회 선교사로, 1888년 7월 15일 사제 서품을 받고 1894년 8월 29일 통킹으로 파견되었다. 1912년 12월 11일 주교가 되었으며, 1947년 7월 30일 선종할 때까지 베트남에서 선교하였다.

149 기낭(P. Guinand, 陳普安, 바오로, 1872~1944) 신부 : 파리 외방전교회 선교사로, 1895년 6월 30일 사제 서품을 받고 10월 14일 한국에 입국하였다. 1899년 4월 용산 예수성심신학교 교수가 되었고, 이듬해 9월 제6대 교장으로 임명된 후 1930년 6월까지 40여 년간 한국인 성직자 양성에 힘썼다. 건강 악화로 1925년 2월 16일 휴양차 프랑스로 귀국하였다가 시복식에 참석하게 되었다.

150 장발(張勃, 루도비코, 1901~2001) : 한국 최초의 성화가(聖畫家)로, 장면의 바로 아랫동생. 장면이 유학하고 있던 뉴욕으로 건너가 1923년 겨울부터 컬럼비아 대학교에서 미술과 역사를 수강하였다.

조선 치명자 시복일 저녁 예절에 교황 폐하께옵서 운좌(雲座)를 타시고 베드로 대성전에 임하시는 광경(『경향잡지』 제573호, 399쪽).

뒤에 들어오시고, 그 후(에)는 대례 미사 거행하실 주교가 모든 복사와 한가지로 들어오사 다 좌정하셨더라.

▲ 시복 칙령 낭독

이와 같이 좌정한 후 고등 성직자 1위가 제대 좌편에 예비한 높은 대상에 올라서서 금상 폐하(今上陛下)의 칙령을 낭독하니 이는 금상 폐하께서 조선 치명자 79인을 복자로 반포하시는 칙령(勅諭)이러라. 이 칙령은 대단히 장황한 고로 지금 번역하지 못하고 이후 번역하겠노라. [153]

---

151 장면(張勉, 요한, 1899~1966) : 제1공화국 부통령. 1921년 메리놀 외방전교회 도움으로 미국 유학을 떠났고, 1925년 맨해튼 대학 졸업 후 귀국 길에 한국 천주교 청년회 대표로 시복식에 참석하게 되었다.
152 '여러분'을 문어적으로 이르는 말.
153 이후에 한기근 신부가 칙령을 번역하였는지는 불분명하다.

▲ 영광을 발현

 치명자들의 큰 상본을 다섯 가지로 그려서 5처에 매달았으니 1은 대제대 뒤 벽상에, 2, 3은 대제대에서 한참 나와서 양편 기둥에, 4는 성전 정문 위에, 5는 성전 문루 강복대(교황이 보세만민[普世萬民]에게 강복하시는 높은 대상)에 매달았더라.

 ▲ 시복 칙령을 낭독하기 전에는 아직 복자가 아닌 고로 그 상본들을 다 포장으로 가리고, 칙령을 다 읽은 후는 복자인 고로 칙령을 다 읽은 후에 대제대 뒤 벽상에 매단 치명 상본(을) 가렸던 휘장을 즉시 없어지게 하고, 전광(電光)으로써 비추매 그 상본이 찬란하게 드러나니 이를 영광이라 일컫는도다.

▲ 사은 찬미가 테 데움(Te Deum)

 이에 복자로 반포되고 영광이 드러났으매, 천주께 감사하는 뜻으로 대풍금을 갖추어 테 데움을 읊고, 또한 복자의 축문을 창(唱)하시더라.

▲ 주교 대례 미사

 연하여 그 성전 주교 1위가 대례 미사를 드리시는데 높은 창대에서 대풍금을 갖추어 읊는 성가는 실로 천상 노래가 아닌가 의심하겠더라. 미사 시에는 홍의 재상과 열위 주교께 복자의 행적 1권씩, 상본 1장씩 바치고 다른 모든 고등 성직자 및 신(학)생들과 모모한 사람들에게도 그 행적과 상본을 분급하더라. 시복식과 대례 미사를 마치니 시간은 정오시(正午時)요 참례한 인중(人衆)은 근 만여 명(이) 되겠더라. 신부들의 말을 들은즉 시복식에는 사람이 많지 아니하나 오후 성체 강복식에는 성상께서 친림(親臨)하시는 고로 참례하는 인중이 많으리라 하더라.

▲ 오후 6시에 성체 강복

시복식 일에 성체 강복은 본디 교황께서 거행하시는 것인데 특별 은혜로 민 주교에게 거행하기를 허락하셨으며, 본 신부는 민 주교의 시종으로 함께 제대 가까이 있고 성상 폐하 가까이 있어 참례하였노라. 성당 내에 장졸과 헌병과 순사 그런 군인이 무기를 가지고 시위(侍衛)하는 것은 교우들의 생각에 합당치 않게 여길 듯하나 교황은 천주 예수 그리스도의 대리이실 뿐 아니라 또한 황제이시니 시위 장졸이 항상 따라 옹위함인 줄로 여길지어다.

▲ 교황 입전

정각이 되기 전부터 모든 참례자가 다 모이고 성당 정문에서부터 대제대 가까이(에)까지 담총(擔銃)[154]한 시위 군인이 2열로 열입(列入)[155]하고 은나팔 부는 곡호수(曲號手)[156]들도 차례로 열입하고, 찬란하고 기이한 복장(을) 한 헌병, 순사들도 군도를 빼어 들고 나열한 후, 성상께서 연(輦)을 타고 들어오시는데 상하 홍색 비단으로 입은 연꾼[輦軍] 16명이 연을 어깨에 메었으매, 성상은 어디로 지나시든지 모든 사람 위에 출중하게 보이며 들어오실 때와 나갈 때에 항상 강복하시며, 이와 같이 제대 앞까지 오시는 동안은 대단히 오랜데, 그동안은 은나팔 곡호수들은 연하여 나팔을 부니 그 나팔 소리는 대단히 듣기 좋더라.

---

154 어깨에 총을 멤.
155 도열(堵列)하여 입장(入場)함.
156 조선 시대에, 군대에서 나팔을 불던 병정.

▲ 박장과 만세성(萬歲聲)은 성전을 진동할 듯

본디 성당 내에서 손뼉을 치며 만세를 부르며 수건을 내두르는 것은 합당치 못하고, 또한 금할 일이나 수만 신자들이 교황 성부를 보매 자연(自然)한[157] 인정에서 격동되는 즐거움을 금치 못하여 손뼉을 치며 수건을 둘러 교황 만세를 부르며 즐거움을 발표하더라. 그러나 온 성전 내 모든 이가 일시에 이같이 하지 아니하고 교황을 면대하는 곳마다 각각 박수 만세성이 가끔 일어나더라.

▲ 성체 강복

성상께서 제대 앞에 들어오신 후(에)는 고요하여지고 성체를 제대 상에 봉안한 후 교황께서 어좌에서 제대에 오사 두 번 다 향을 드리시고, 그 후(에)는 항상 어좌에 꿇어 합장 대심하시고 열심으로 기구하시는 형상은 모든 이의 열절(熱切)을 감동케 하더라. 민 주교께서는 제대 좌편에서 축문을 창하셨으며, 그다음에는 규구(規矩)대로 민 주교께서 성광(聖光)을 들고 강복하시니라. 교황을 모시고 다니신 홍의 재상은 16위, 주교는 15위, 여러 고등 성직자와 시종은 허다하더라.

▲ 예물 봉헌

성체 강복을 마친 후 성상께서 아직 제대 앞에 계실 때에 게브리앙 주교와 조선 주교 2위와 여러 신부들이 보배로운 성해대(聖骸臺)와 다른 책과 꽃 그런 예물을 교황께 봉헌하였는데 복자의 성해(를) 모시는 성해대는 마치 작은 감실 모양으로 만든 것인데 대단히 크고 귀한 것이러라.

---

[157] 저절로 되어 억지나 거짓이 없는.

▲ 성상 환궁

다시 연을 타시고 환궁하시는데, 들어오실 때와 같이 수만 신자들은 다시 박수 만세로써 즐거움을 발표하였으며, 이 성체 강복 시에 모인 인중은 대단히 많아 2만여 명이나 될 듯하더라.

▲ 3일 동안 감사 기도

시복식을 거행한 후 이 막대한 은혜를 천주께 감사하기 위하여 3일간 대기도를 거행할 때, 성당은 로마(의) 대략 중앙 되는 예수 성당으로 정하고 모든 장치를 그 성당에 위임하여 성당 내외에 기기묘묘한 전등과 극품(極品) 화려한 장치로써 꾸미게 하였더라. 7, 8, 9, 3일 동안 매일 오전 10시에 주교 대례 미사(복자들의 미사경)를 거행하고 오후 7시에는 매괴경(玫瑰經),[158] 강론, 성체 강복이 있었는데 7일의 미사는 민 주교께서 진 신부, 한 신부 및 본회 신부와 더불어 미사를 드리시고, 8일에는 안 주교께서 거행하시고, 9일에는 전교성성[159] 장관 반 로쑴(W. van Rossum) 홍의 재상 전하께서 드리셨으며, 성체 강복은 7일에는 본자노(G.V. Bonzano) 홍의 재상 전하께서 거행하시고, 8일에는 에를레(F. Ehrle) 홍의 재상 전하께서 거행하시고, 9일에는 예부성성[160] 장관 비코(A. Vico) 홍의 재상 전하께서 거행하셨는데, 시종과 복사는 흔히 조선 신부와 본회 신부들이 거행하였더라.

---

158 '묵주 기도'의 옛 용어.
159 1599년 교황 클레멘스 8세가 설립한 '포교성(布教省)'을 1622년 교황 그레고리오 15세가 '포교성성'으로 재설립한 것으로, 1965년에 '인류복음화성성(人類福音化聖省)', 1988년 교황청 개편 때 '인류복음화성'으로 이름이 바뀌었다.
160 1588년 교황 식스토 5세에 의해 설립된 '예부성성(禮部聖省)'은 1969년 교황 바오로 6세에 의해 '경신성(敬信省)'과 '시성성(諡聖省)'으로 분할되었다.

▲ 3일간 강론

제1일은 예수회 신부가 이탈리아어로 1시(간) 5분간 강론하시고, 제2일에는 안 주교께서 프랑스어로 반 시간 강론하시고, 제3일에는 예수회 신부가 이탈리아어로 1시(간) 10분간 격렬히 강론하셨는데, 청중은 만여 명이나 되어 열심잠심(熱心潛心)으로 들으며 그 큰 성당에 충만히 모였더라. 라틴말에서 내려온 것인 고로 같은 말이 많고 또한 프랑스어도 많이 섞인 고로 대략 알아들을 만하였으며, 그 강론하는 거동과 열성만 보아도 특별히 조선인의 심정을 크게 감동하더라. 우리 조상들이 만고(萬苦)를 받으며 치명하실 때에는 천하만국에서 다 알지 못하였으나 이 시복식 일과 이 강론 할 때에는 모든 나라 사람들이 자세히 알고 복자들을 공경하였으니 이는 천주를 위하여 목숨을 버린 고로, 천주가 이와 같이 보세(普世)에 반포하심이로다.

▲ 복자들의 미사

복자들의 미사경을 교황께서 준정(準正)하시고 3일 기구 하는 성당 및 로마에 있는 파리 외방전교회 당가 내에서 만 3일간 그 미사 지내기를 허락하셨도다. 이러므로 각처 신부들은 3일 기구 하는 성당에 와서 조선 복자들을 공경하기 위하여 그 미사를 지내었는데, 3일간 오시까지 지내는 미사는 매일 백 대가 넘었으며, 복자의 행적(이탈리아어)과 상본을 이 성당에서 전파하매 청하러 오는 이가 매일 답지하더라.

▲ 3차[161] 폐현(陛見)과 성상의 강복

7월 4일 시복식 전일에는 특별 폐현을 하였는데 조선 주교 2위와 진

---

161 '제1차'의 오기.

신부, 한 신부, 또 파리 신부 2위[162]가 궁내부에서 통지한 시간에 의하여 예궐(詣闕)하니, 궁궐에 들어가서 각 처소를 지날 때마다 시위대 병사가 주교를 보고 경례하며 여러 방을 지나가는 데마다 항상 친위대 헌병, 대전 별감, 그런 군인이 각색 융복(戎服)[163]을 갖추고 무기를 들고 시위 수직(守直)하며,[164] 교황 계신 궁궐 가까이 이르러 대장과 승지 그런 관인이 있어 들어와 폐현하기를 인도하며 지시하매, 먼저 민 주교께서 혼자 들어가서 폐현하시고, 그다음에 진 신부, 한 신부가 들어가 3인이 함께 폐현하였는데, 3차 한 무릎으로 조배하고 성상 앞에 가까이 가서 두 무릎으로 꿇어 그 발을 친구(親口)하는 법인데, 그때 성상께서는 마침 서서 계시다가 당신 손의 가락지를 친구케 하시며 일어나라 명하시는 고로 일어서니 지극히 자애로이 보시며 귀히 여기시며 총애하시어 머리를 수차(례) 만지며 이름도 물어보시고, 조선 신품(神品)[165]의 연명 상소를 드리니 친히 다 읽어보시며 기념패도 1개씩 친히 나누어 주시고, 또한 성경 말씀 기록한 쪽지(를) 한 장씩 주신 후 나중에 훈계하시며 강복하시기를 "짐은 조선 성교회의 모든 거룩한 사업과, 모든 신품과 모든 교우들에게 진심으로 강복하며 또한 그 심중에 원하는 좋은 사정에도 강복하노라. 이제 세계의 한 외롭던 구석(극동의 한 모퉁이 조선)이 치명록(致命錄)에 열입(列入)하게 됨은 성교회의 영광이요, 짐과 경 등의 동일한 즐거움이로다." 하시더라.

---

162 쿠브뢰르(N. Couvreur) 신부와 제라르(E. Gérard) 신부이다.
163 무관의 공식 복장인 철릭과 주립(朱笠, 융복 입을 때 쓰던 붉은색의 갓)으로 된 옛 군복.
164 건물이나 물건 따위를 맡아서 지키며.
165 신품성사를 받아 사제가 된 사람들의 총칭.

▲ 제2차 폐현

시복식 날 오후 성체 강복 끝에 성해대와 다른 예물을 봉헌할 때에 3위 주교와 모든 신부가 또한 폐현하고 성훈(聖訓)과 강복을 받았도다.

▲ 제3차 폐현

7월 6일 시복식 익일 12시에 4위 주교, 모든 신부, 파리 신(학)생, 수사, 장 요한 형제[166] 합 25인이 함께 예궐하여 공동 폐현을 하였는데 궁궐 내에 들어가서 오래 기다리며, 승지의 지휘대로 25인이 하나씩 원형으로 둘러서 있으매, 성상께서 들어오시는지라. 모든 이(가) 일제히 장궤하여 조배하니, 성상께서는 당신 어좌에 앉지도 아니하시고 즉시 각 사람(의) 앞으로 두루 다니시며 가락지를 친구시켜 주시고 일어서라 명하시더라. 장 요한 형제를 보시고 더욱 총애하시어 그 머리를 무마(撫摩)[167]하시며 영어로 말씀하시니라. 그다음에 조선 경성 천주교 청년회에서 성상께 상소[168]한 것을 장 요한 씨가 대표되어 복정하니, 성상께서 또

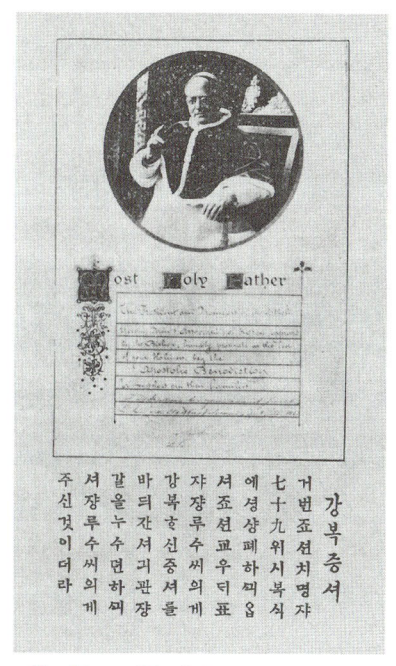

교황 비오 11세가 장발 루도비코에게 준 강복 증서(『경향잡지』 제572호, 표4).

---

166 장면(요한)과 장발(루도비코) 형제.
167 손으로 두루 어루만짐.
168 상소문은 『경향잡지』 제566호(1925년 5월 31일), 231쪽에 실려 있다.

한 친히 펴보시고 그다음에는 성훈을 내리시며 강복하시되 이제 극동 일우(一友)가 치명록에 입참(入參)됨을 감사하며,[169] 또한 신품이나 일반 평교우(이)나 다 전보다 더욱 열심을 분발하여 전교 사업과 모든 자선 사업에 힘쓰며, 도무지[170] 그리스도의 나라를 널리 전파하여 천주의 영광을 드러내라 하시는 (등) 여러 말씀을 하시고 전심으로 강복하신 후 승지로 하여금 기념패 1개씩을 분급하신 후 다른 이의 폐현을 받으러 가시니라.

▲ 기념사진

교황 궁궐에서 나와 하층 궁궐 퇴각에서 25인이 궁내부 근시 2인과 한가지로 기념사진을 박고 당가로 돌아왔으며, 장 요한 형제는 여관으로 돌아가니라.

1925년 7월 6일 교황청 트로네토(Tronetto) 홀에서 교황 알현 후 기념촬영. 둘째 줄에 장면·장발 형제와 한기근 신부가 보인다.

169 뮈텔 주교는 1925년 7월 5일 자 일기에 "교황은…성교회의 순교록의 이중으로 포개진 그 그림에 조선을 새 국가로 삽입한 데 대해 우리에게 감사하고 싶다고 말했다."라고 적었다.
170 이러니저러니 할 것 없이 아주.

▲ 전교 박람회[171]

바티칸 궁궐 내 동산에 진열한 물품을 수차 열람하였으나 조선 물품은 별로 말할 것(이) 없도다. 유 주교께서 그렇게 애를 쓰시고 땀을 흘려가며 예비하여 보내셨건만 고베(神戶)에서 수침(水沈)한 연고로 인하여 기한이 지난 후 도착하였도다. 이러므로 조선관은 당초에 따로 건설한 것이 없고 아마 건설한 것이 있기는 있었으나 정한 시(간)에 도착하지 아니하는 고로 다른 데 이용한 듯하며, 청국관 맨 끝 몇 칸에 몇 가지 조선 물건을 진열하였더라.

제574호(1925년 9월 30일), 417~421쪽
로마 여행 일기 [9]

▲ 민 주교 각하의 훈장 영수

존경하올 우리 민 주교 각하께서 프랑스 정부 훈1등에 서임(敍任)되심은 이미 보도하였거니와[172] 그 훈장 수여식은 8월 23일(주일) 상오 11시 30분에 파리 외방전교회 신학원 내 공의당에서 다음과 같이 거행되었더라.

이 신학원에 체류하시는 퐁디셰리 대주교 모렐 각하[173]와 청국 신두 지방[174] 레삭 주교 각하와 신학원 모든 신부 합 20여 위 신부와 민 주교

---

171 1924년 12월 21일 대림 4주일부터 로마 바티칸에서 개최된 박람회를 말한다.
172 『경향잡지』 제570호(1925년 7월 31일), 323쪽의 회보에 기사가 실렸다. 뮈텔 주교는 이날 프랑스 정부로부터 최고의 1등 훈장인 레지옹 도뇌르(Légion d'honneur) 훈장을 받았다.
173 모렐(Élie Morel, 엘리야, 1862~1948) 주교 : 파리 외방전교회 선교사로, 1887년 9월 24일 사제 서품을 받고 11월 16일 인도 퐁디셰리(Pondicherry)로 파견되었으며, 1909년 9월 주교 서품을 받았다.
174 현 쓰촨성 청두시(四川省 成都市)의 신두(新都).

각하의 친조카도 자기 삼촌 주교(가) 훈장 받으시는 영화에 참여하기 위하여 와서 함께 열좌(列坐)하였더라.

한 20여 년 전에 조선 경성에 주재하던 프랑스 영사 베르토(M. Berteau)[175] 씨는 지금 파리에서 대신 지위에 처한바 정부의 위임으로 서임장과 훈패(勳牌)를 가지고 와서, 수인사 후 먼저 민 주교 각하의 근 50년간 전교하신 이력과 고등한 재덕과 허다한 공훈을 극구 칭송한 후, 정부의 명의로 민 주교 각하 가슴에 훈패를 달아드리니, 주교께서는 겸손하신 마음으로 마치 무공무덕(無功無德)한 자격으로서 이 같은 영화(를) 받으심을 부끄러워하시며 정부의 깊은 총애와 후한 은혜를 감사하시는 뜻으로 답사하셨더라.

그다음은 모든 주교와 신부가 훈장 받으신 주교께 축하 인사를 드리고 오찬을 즐거이 지낼 때, 모렐 대주교 각하께서 모든 이를 대표하여 민 주교께 축하하시니 민 주교께서 또한 친절한 말씀으로 모든 이에게 답사하실 때 당신이 이 훈장 받으심에 대하여 수십 년 전부터 친절히 지내시던 베르토 각하의 후의를 사례하셨더라.

▲ 로마에서 성년 전대사(全大赦)를 얻어 입음

우리 조선에서는 내년에 3교구 주교께서 성년 전대사(를) 얻어 입는 규칙을 반포[176]하시려니와, 본탁은 이미 로마 영성에 득달하여 며칠 두류(逗留)[177]하는 고로 여기서 우선 성년 전대사(를) 받는 신공을 행하였노라. 로마 이외 각국에서 성년 대사 반포하는 규칙이 다르고 로마에서 반포

---

175 1902년부터 1906년 10월까지 부영사로 경성에 주재하였고, 1925년 당시는 프랑스 외무성에서 근무 중이었던 것 같다(『뮈텔 주교 일기』 7, 382쪽의 각주 21번 참조).
176 『경향잡지』 제586호(1926년 3월 31일), 121~126쪽에 실렸다.
177 객지에 가서 머물러 있음.

하는 규칙이 다른데, 로마에서는 성년 대사의 규칙은 이러하니, 고해, 영성체, 4대 성전에 10차 조배인데, 외국인으로서 로마에 와서 성년 전대사를 얻어 입는 이를 위하여는 10차 조배를 3차로 관면하는 격외 규칙이 있더라.

본탁은 우리 치명자의 시복식을 경하하기로 3일 기구를 거행하던 예수 성당에 가서 고해성사를 받고 그 고해 신부께 관면을 얻어 4대 성전의 조배는 3일 동안에 한 번씩 3차를 하였노라. 대성전에 들어가 조배하며 기구할 때에는 천주경, 성모경, 영광경 각 5번을 염하며 기구하고, 또 대성전에 들어갈 때에는 성년 때에만 열어 놓는 성문(聖門)으로 들어가는 법이나, 성문으로 들어가는 것과 주모경, 영광송 5차 염하는 것은 필요한 조건이 아니요 오직 어느 문으로 들어가든지 들어가서 교황의 의향대로 기구함이니, 교황의 두신 의향은 오주 예수가 생장하시며 성혈을 흘리시던 예루살렘 성지의 주관 권리가 성교회에 돌아옴과 천하만국이 글자와 말로만 서로 사랑할 뿐 아니라 진정으로 서로 화목하며 사랑함과 성교회 태평 대행함과 이단 사망이 소멸하는 그런 것이니, 이후 주교께서 다 자세히 설명하시리로다.

▲ 성전과 성당의 분별

우리가 다 알거니와 성전 혹 성당은 다만 천주를 공경하는 처소이니 곧 미사성제를 거행하며, 성교 도리를 강론하며, 각항(各項)[178] 거룩한 예절을 거행하는 곳이라. 우리 조선에서 공소 때에 사가(私家)에서 미사를 드리며 성사와 성례를 거행할 때에는 그 집이 성당과 같으나, 그 집에 사람이 거처하며 속사와 속무를 또한 하는 고로 성당이라 할 수 없고 경

---

[178] 각기 다른 여러 가지.

당(經堂)이라고도 할 수 없도다.

성전과 성당의 칭호와 분별이 매우 수다하나 다 설명하지 못하고 다만 몇 가지 말만 하노니 대성전, 소성전, 대성당, 성당, 교우 성당, 경당 이것만 말하노라. 성전은 대단히 굉장하고 화려한 성당을 대성전이라 혹 소성전이라 이름하는데, 성당이 아무리 굉장하고 화려할지라도 각 사람이 임의로 대성전이라 혹 소성전이라 칭호를 주지 못하고 오직 성교회에서 준정하여 주시는 법이니라. 대성당은 어느 주교의 본 성당을 이름이니 조선에는 경성, 대구, 원산에 대성당이 있으며 교구 성당은 그 교구 내의 교우를 위하여 쓰는 성당이니 그 성당에서 교우들에게 성사를 주며 각항 성무를 처리하는 성당이요, 각 수도원 내에 있는 성당(과) 또는 교우들을 상관치 아니하는 성당 그런 성당은 아무 수도원 성당이라 할 뿐이며, 성당은 마치 작은 성당이니 조선의 각 공소에 가옥을 지어두고 춘추 공소 시에 미사성제와 각항 성례를 거행하고 그 외에는 주일과 첨례날에 교우들이 모여 신공하고 속사와 속무를 위하여는 쓰지 아니하는 처소이니 교우들이 흔히 강당(講堂)이라고도 하는도다.

▲ 로마의 성전과 성당

로마의 주민 총수는 대략 75만 명이라 하니, 곧 경성 인구의 2배가 조금 더 되는데 성전과 성당은 합하여 193처이며 그중에 대성전이 4처, 성전이 5처, 교우 성당 혹 성전이 합 43처이며, 외국인의 성당이 20처이러라. 어떤 곳에는 두 성당이 지척(지)에 아주 가까이 이웃하여 있으니 이는 거룩한 기념 사정으로 인함이라. 가령 어느 곳에서 어떤 성인이나 성녀가 치명하신 고로 그곳에 성당을 세웠는데 또 그 옆에 무슨 거룩한 기념적 사정이 생긴 고로 또 성당을 세움이러라.

▲ 성 베드로 대성전

먼저 대성전 앞의 마당을 말하건대 극히 광활하여 수십만 명이 가히 용신(容身)할 만한데, 그 한가운데에는 천하에 유명하게 높고 또 네모진 석주(石柱, 사기에 유명한 오벨리스크)가 서 있고, 그 좌우 옆에는 큰 분수기가 각각 있어 항상 물을 뿜어내는데, 어떤 때 석양에 와서 보면 그 세미한 물 분자가 서편에 기울어진 일광에 비추어 마치 무지개에 현출(現出)하는 7색 광채가 훌륭하더라. 성전 정문 좌·우편에서부터 휘우듬하게[179] 나가면서 건축한 석벽과 석주 사이에는 모두 홍예(虹霓, 아치)이며, 그 석벽 위로 나가면서는 실지 인형만큼의 각항 성상이 드문드문 서 있더라.

▲ 강복대(降福臺, 로지아[loggia])

성전 정문 위에는 강복대가 있으니 교황이 큰 경사를 만나서 그 아래 광활한 마당에 부복(俯伏)하여 있는 수십만 군중 및 보천하(普天下)[180]에 강복하려 하시면 성전 좌편에 있는 당신 궁중에서 모든 홍의 재상으로 호위하여 그 강복대에 친림하사 그 아래 마당에 부복하여 있는 수십만 군중 및 보천하 만민에게 강복하시는 전례러라.

▲ 성전 내부는 돌아다니며 볼수록 더욱 광활함

내가 조선에서부터 이 성전이 극히 광대하다 함을 듣고 생각하기를 큰 읍내만 하리라 하였더니 처음으로 성전 안에 들어가 보니 크기는 크나 마음에 생각하던 것보다는 같지 아니하더라. 그러나 정문에서 대제대

---

179 조금 휘어져 뒤로 자빠질 듯 비스듬하게.
180 모든 하늘 아래. 『詩經』 北山 편의 "너른 하늘 아래가 왕의 땅 아닌 곳이 없으며, 너른 땅 끝까지 왕의 신하 아님이 없다"(溥天之下, 莫非王土, 率土之濱, 莫非王臣)에서 유래하였다.

까지 가는 상거(相距)가 대단히 멀고, 또 두루 다니며 볼수록 더욱 커 보이고 더욱 넓어 보이니, 이는 성전 좌·우편에 있는 여러 제대를 보는 연고이로다. 조선 성당에는 대제대 외에 옆 제대가 많지 아니하거니와 서양 성전이나 성당에는 대제대 외에 성당 좌·우편으로 내려가며 제대가 허다하며, 또 이 제대 칸 하나는 조선의 작은 성당 하나만큼씩 크니, 성전 가운데 서서 양편에 있는 여러 제대를 겸하여 보면 대단히 광활하게 보이는 고로 두루 다니며 볼수록 더욱 크게 보이고 더욱 넓게 보임이러라.

이 대성전에 나무로 만든 것은 한 조각도 없고, 모든 것을 심지어 성전 바닥까지 다 보석과 대리석으로 하고, 또 각색 보석으로 그림을 이루었으며 성전 천장에는 실지 인형보다도 더 큰 상본을 채색으로 그린 것이 아니요 오직 7색의 보석으로써 상본을 만들었으니 몇천 년을 갈지라도 항상 어른어른하게 윤택하며, 성전 천장을 쳐다보면 마치 천상 모든 신성들이 그 밑에 사람들을 내려다봄 같고, 성전 벽에나 혹 기둥에도 수십 편씩 되는 상본을 다 보석으로 꾸민 것이러라.

성전 벽에나 혹 기둥에 예전 열위(列位) 교황의 분묘를 보석 석함에 모시고, 그 위에는 그 교황의 석상을 또한 보석으로 새겨 안치하였으며, 그 외에 갖가지 성상은 이루 다 말할 수 없으니, 이탈리아는 보석이 많은 지방으로 천하에 유명하거니와 어디서 그런 크고 귀한 보석들을 모아들였으며, 또 그런 보석들을 구하여 오기는 쉽다 하려니와, 그 많은 성상과 각색 그림을 어떻게 다 조각하여 새겼으며, 수백 년 혹 수천 년 동안에 새겨도 못다 새겼을 것 같아, 마치 인력으로 새기지 아니하고 천주의 전능으로 꾸민 것같이 보이더라.

▲ 성전 좌편에 성 베드로의 철상(鐵像)

이 철상은 대단히 크게 만든 것인데, 우리 치명자 시복식 본일에는 붉은 카파[181]를 입혀드리고 교황의 면류관[182]을 씌우고 교황의 복장을 입혀드려 교황은 곧 성 베드로의 계승인 됨을 표시하였더라. 성전 지하실에 내려가 보니 비오 제10위[183]와 베네딕토 제15위[184]의 시체는 석함에 모시어 아직 임시로 거기 모셔 두었더라.

▲ 교황 제대

교황께서 예샷날에는 궁중 성당에서 미사를 드리시고, 큰 예절로 대례 미사를 드리실 때에만 대성전에 친림하시어 당신 제대에서 미사를 드리시는데, 교황 제대는 그 위치가 다른 제대와 같지 아니하여, 성전 머리에서 한참 나와서 기묘한 네 기둥과 기묘한 천개(天蓋) 밑에 훌륭한 제대를 배설하였는데, 이 제대를 라틴말로 '콘페시오 상티 페트리(Confessio Sancti Petri)'라 부르니 곧 교황의 제대이며, 4대성전[185]에 있는 교황 제대에는 교황만 미사를 드리고 다른 이는 드리지 못하는 법이러라. 4대성전 외에 다른 성당에도 교황 제대(가) 있는 것을 여럿 보았으니 성 요한 (성당), 성 바오로 성당, 성 알렉시오 성당, 성 갈리스토 카타콤에 교황 제대가 있더라. 예전에는 교황이 임의로 사방에 내왕하시어 다른 성당에서도 미사를 드리시던 고로 교황 제대 있는 성당이 여럿이 있더라.

다른 이가 미사 지낼 때에는 미사 드리는 이나 미사 참례하는 이나

---

181 카파(cappa, [영]cape)란 성직자가 행렬할 때나 다른 거룩한 행위 때 입는 망토를 말한다.
182 면류관(冕旒冠)이라기보다는 교황의 '삼중관'이 맞는 표현일 것이다. 3개의 층은 교황의 3가지 직무 즉 통치권, 신품권, 교도권을 의미한다.
183 비오 10세(Pius X, 1835~1914, 재위 1903~1914) : 성인. 제257대 교황.
184 베네딕토 15세(Benedictus XV, 1854~1922, 재위 1914~1922) : 제258대 교황.
185 교황 제대가 있는 로마의 대성전(basilica) 4곳은 성 베드로 대성전(Basilica di San Pietro in Vaticano), 산 조반니 인 라테라노 대성전(Basilica di San Giovanni in Laterano), 산타 마리아 마조레(Basilica di Santa Maria Maggiore) 대성전, 산 파올로 푸오리 레 무라 대성전(Basilica di San Paolo fuori le mura)이다.

다 한 모양으로 얼굴을 향하여 제대의 고상을 쳐다보되, 교황이 미사 드리실 때에는 교황과 미사 참례하는 이가 얼굴을 서로 쳐다보게 되며, 또 교황은 제대의 고상을 면대하여 쳐다보시려니와 미사 참례하는 이는 제대 고상의 뒤만 쳐다보게 되는지라. 내가 교황 제대를 볼 때마다 유심히 살펴보니 어떤 교황 제대에는 고상 둘을 등지게 하여 모셨음에 미사 지내는 이나 참례하는 이나 다 고상을 면대하여 쳐다보게 마련하였더라.

이 대성전의 광대함과 기묘함과 보배로움은 이루 다 측량할 수 없으니 어떤 미국인이 이 대전을 배관하고 말하기를 미국의 모든 돈과 모든 보화를 다 합하여도 이 성전 보배의 상당한 가격이 되지 못하리라 하였으니 실로 옳은 말이로다. 성 마리아 대성전도 화려 광대하나 그 광활함과 보배로움이 성 베드로 대성전만 못하고, 성 요한 라테라노 대성전도 기묘한데 이 성전은 보천하 모든 성전과 성당 중에 제일 오래되어 수석의 성전이니, 곧 콘스탄틴 대제[186]가 회두한 후 자기 대궐과 한가지로 교황께 봉헌한 것이며, 이 성전 옆에 있는 궁궐은 교황의 본 궁궐이러라.

| 제581호(1926년 1월 15일), 17~21쪽
로마 여행 일기 [10]

회로(回路)에 팔레스티나 모든 성지에 참배한 기사를 기록하고자 하나, 그러나 이탈리아와 프랑스 등지에서 보고 들은 모든 기사를 차례대로

---

[186] 콘스탄틴 대제(Magnus Constantinus, 280?~337) : 로마 제국 내에서 그리스도인들에게 신앙의 자유를 최초로 허용한 인물로, 324년 라테라노 대성전을 지어 봉헌하였다. 가톨릭에서는 매년 11월 9일을 '라테라노 대성전 봉헌 축일'로 지낸다.

기록하노라. 예루살렘 성지의 모든 사정을 다 기록하여 가지고 왔은즉 잊어버릴 염려가 없어 이후 차례대로 다 자세히 기록하겠노라.

▲ 바티칸(Vatican)

바티칸이라 하면 로마의 교황 궁궐을 가리키는 말이라. 어찌하여 바티칸 궁궐이라 하는고. 바티칸은 로마 서북편 끝에 있는 산 이름인데, 이 산에 성 베드로 대성전이 있고 이 성전과 연속하여 교황의 궁궐과 모든 성직자의 처소와 도서관과 박물관과 금번 만국 전교 박람회가 열렸도다. 바티칸 궁궐과 궁궐의 소속 모든 건축물과 화원과 동산 그런 모든 것이 다 함께 있으니 성전과 궁궐의 광활함은 마치 작은 읍내만 하더라.

▲ 바티칸 도서관

이 도서관에는 성교회에 관한 모든 서적뿐 아니라 모든 학문과 세계의 모든 역사 및 서책을 구비하며, 또 제일 귀하고 보배로운 것은 인쇄법이 발명되기 전에 손으로 쓴 책들이 지극히 보배로우며, 또 내 눈에 즉시 알아보기 쉬운 필적 하나가 있으니, 이는 근 40년 전에 로마(의) 어느 성전을 중수할 때에 조선 교우들도 기부를 바쳤도다. 흰 명주 수십 척을 윤택하게 도침(搗砧)[187]하고 그 비단에 조선 남녀 교우 기부자의 성본명[188]과 수결을 놓아 바쳤는데, 그 문적(文籍)을 지금까지 잘 보존하여 펴둔 것이 내 눈에 즉시 보이더라.

---

187 종이나 피륙 따위를 다듬잇돌에 올려놓고 다듬어서 윤기가 나고 매끄럽게 함.
188 성(姓)과 본명(本名)으로, 예전에는 세례명을 '본명'이라고 하였다.

▲ 바티칸 박물관

이 박물관의 모든 물품을 공부적으로 연구하여 보려면 몇 달을 허비하여도 다 자세히 못 할 터인데 나는 불과 몇 시간에 두루 다니며 볼 때에 그중 기이하고 보배로운 것만 내 눈에 띄었도다. 여기 진열된 물품은 천하 각국에 태곳적 물품과 또는 근래 물품이라도 유명한 것뿐인데, 제일 귀하고 보배로운 것은 어느 나라 제왕들이 기기묘묘한 보석으로 만든 형상과 그릇 그런 것이러라.

▲ 시스티나(Sistina) 성당

이 성당은 궁궐 내에 있는 성당 중 중요한 성당이니, 대저 교황이 승하하시면 새 교황을 간선하는 성당이라. 크고 굉장하지는 아니하며 매우 그윽하게 보이고 열위 홍의 재상들이 열좌하시는 교의가 구비하며, 성당 벽상과 천장에는 각색 상본들이 지극히 화려하더라.

▲ 교황의 매일 미사 성당

성 베드로 대성전에 교황 제대가 따로 있으나, 그러나 시성식이나 무슨 큰 예절을 행할 때에만 이 대성전 내 당신 본 제대에 친림하시어 대례로 미사를 거행하시고 그 외에 매일 예삿날에는 궁 내에 다른 작은 성당에서 미사를 드리시는데 작년 성년에 참배자들은 궁내부 허가를 얻어 교황 미사에 참례하는 자가 매일 수백 명씩 되더라.

▲ 성 바오로 대성전

로마에 성전과 성당이 근 2백 처요 대성전이 4처, 소성전이 5~6처 됨은 전에 벌써 말하였거니와 성 바오로 대성전은 로마 서남편 성 밖에 있으니 성 베드로 대성전과 더불어 서로 남북에서 향하더라. 이 성전은 읍내 밖 촌에 있는 고로 거기는 인가도 많지 아니하며 내가 처음으로 로마에 들어갈 때에 기차에서 다른 신부들이 외의(嵬嶷)한[189] 성당 고탑(高塔)을 가리키며 이는 성 바오로의 대성전임을 가르쳐 주더라.

이 성전도 성 베드로 대성전과 같이 굉장 화려하며 제일 유명한 것은 석주들이라. 성전 안에 좌·우편에 늘어선 각색 보석으로 만든 둥근 석주는 한 아름씩 혹 반 아름씩 되며, 높기는 두세 길씩 되는데 성전 안에 뿐 아니라 성전 정문 및 문밖의 문원(門院)은 터진 입구 자[190]로 성전 정문을 향하여 건축하였는데, 그 좌우에 또한 두 줄로 세운 보석 기둥이 극히 찬란하며 성전 안 천장에는 역대 교황들의 상본이 대단히 화려하더라. 이 성전은 본 신부의 본명 주보성인의 성전인 고로 한번 가서 미사성제를 드리고자 하였으나 머무는 당가에서 상거가 근 30리나 되는 고로 식전에 자동차를 타고 왕래하려면 부비(浮費)[191]가 적지 아니한 고로 원의대로 하지 못하고 그 근처에 바오로 성인이 치명하시던 곳에도 참배는 하였으나 미사는 드리지 못하였노라.

▲ 성 바오로의 세 샘

성 바오로 대성전에서 멀지 아니한 곳에 성 바오로 종도가 치명하시던 자리가 있고 그 머리가 떨어져 3차 뛰시던 자리에 세 샘이 솟음은 우리가 그 행적을 봄으로써 다 알거니와, 이탈리아말로 성 바오로의 트레폰타네(Tre Fontane, 세 샘)[192]라 하는 성지라. 그 성지에 가 보니 트라피스트

189　산 따위가 높고 큰.
190　匚(상자 방)으로, 부수명은 터진 입구 부.
191　무슨 일을 하는 데 써서 없어지는 돈.
192　바오로 사도의 목이 잘렸을 때 땅에 떨어져 세 번 튄 자리에 샘이 흘렀다고 해서 Tre(셋) Fontane(샘)라는 이름이 생겼다고 한다.

수사들이 그 성지를 수호하며 거처하는데, 바오로 성인이 치명하시던 자리에 제대가 있어 그 목을 베니 젖이 흐르는 큰 상본이 있으며, 그 옆에는 성인을 결박하여 매었던 석주가 있고, 세 샘이 흐르던 자리에는 성인의 머리를 세 곳에 각각 그려(서) 모셔 두었는데, 한 곳에는 생존한 모양으로 그리고, 둘째 곳에는 임종하는 모양으로 그리고, 셋째 곳에는 목 베어 죽은 형상으로 그렸더라.

세 샘은 상거가 서로 멀지 아니하여 목측으로 2~3척의 상거이며, 또 일자로 있으니 세 샘물이 한 근원에서 발함 같더라. 그런데 그 수사의 말이 첫째·둘째 샘은 물이 없고 맨 끝에 있는 셋째 샘에서는 물이 대단히 풍성하여 다 쓰지 못하고 바깥으로 흘러버리더라. 수사가 그 샘물을 떠주며 마셔보라 하기로 진 신부[193]와 한가지로 달게 마셨노라.

▲ 성 마리아 대성전

이 성전은 로마 동편에 있는데 대단히 굉장하고 화려하며 성전 안에 두 줄로 나가며 세운 석주가 성 바오로 대성전에 있는 석주와 같으나 많지 못하고, 또 이 성전 안에 양편으로 나가며 12종도의 석상은 실제 사람의 장대함과 같으며 모든 장치는 다른 대성전과 대동소이하더라.

▲ 성 요한 라테라노 대성전

이 성전은 세계 모든 성당의 원모(原模)와 머리라 하나니, 대저 제일 먼저 지어서 제일 오랜 성전이라. 대저 콘스탄틴 대제가 회두한 후 라테라노 자기 대궐을 대성전으로 변작(變作)하여 성교회에 바친 것이라. 이러므로 처음에는 콘스탄티니아나(Constantiniana) 대성전이라 부르더니 그 후는

---

[193] 기낭(P. Guinand, 陳普安, 바오로, 1872~1944) 신부를 말한다.

성 요한 라테라노 대성전으로 지금까지 부르나니라. 이 성전의 굉장하고 화려함과 광활함은 다른 대성전과 더불어 대동소이하더라. 성 베드로·바오로 두 성전도 콘스탄틴 대제가 영세한 후에 지은 것이며, 콘스탄틴 대제에게 성세(聖洗)를 주시던[194] 성 실베스테르 (1세) 교종이 축성하신 바이러라. 이에 4대성전을 말하는 기회에 세계에 제일 광대한 성당을 차례로 기록하노라.

▲ 세계에 제일 광대한 여러 성당

1. 로마의 성 베드로 대성전.   4만 5천 인을 용납
2. 이탈리아 밀라노의 대성당.   3만 6천 인
3. 로마의 성 바오로 대신전.   3만 2천 인
4. 독일 쾰른의 대성당.   3만 인
5. 영국 런던의 성 바오로 성당.   2만 5천 인
6. 터키 수도 콘스탄티노플의   2만 3천 인
   성녀 소피아 성당.(1453년부터 이슬람교 소유)
7. 로마의 성 요한 라테라노 대성전. 2만 2천 인
8. 프랑스 파리의 성모 성당.   2만 1천 인
9. 북미합중국 뉴욕 대성당.   1만 6천 인
10. 이탈리아 피사의 대성당.   1만 2천 인
11. 오스트리아 수도 빈의 성 스테파노 대성당. 1만 2천 인
12. 이탈리아 베네치아의 성 마르코 성당. 7천 인

---

[194] 실베스테르 1세 교황에게 세례를 받았다는 이야기는 역사적 사실과는 거리가 있다. 왜냐하면 콘스탄틴 대제는 실제로 그리스도교에 박해를 가한 적이 없고, 그리스도교로 개종한 직후 세례를 받지도 않았으며, 장소 역시 로마도 아니었기 때문이다. 또한 예비 신자로서 안수를 받지도 않았고, 사망할 무렵에야 아리우스파 주교인 니코메디아의 에우세비오(Eusebius Nicomediae, ?~342)로부터 세례를 받았음이 역사적으로 증명되고 있다(『한국가톨릭대사전』 8권, 5529쪽 참조).

제582호(1926년 1월 31일), 36~39쪽
로마 여행 일기 [11]

▲ 성제(聖梯) 성당

성 요한 라테라노 대성전 가까이 성제 성당이 있으니 이탈리아말로 스칼라 상타(Scala Sancta)라 하니 거룩한 사다리란 말이러라. 전에 우리 잡지에도 한 번 말하였거니와 오주 예수가 수난하실 때에 악관 앞에서 문초를 당하실 때에 오주가 친히 밟으시고 오주의 성혈이 묻은 뜰돌[階石] 하나를 지금까지 잘 보존하여 성제 성당에 모셔 두었도다.[195]

이는 지극히 거룩하고 귀한 돌인 고로 교황께서 교우들로 하여금 여러 층 사다리를 무릎으로 기어 올라가서 그 돌을 친구함으로(써) 많은 은사를 얻게 하셨도다. 로마에 참배 오는 이는 다 한 번씩 이 성제 성당에 가서 이 거룩한 돌을 친구하더라. 본 신부도 진 신부와 함께 가서 친구하고자 할 때 가서 먼저 살펴보니 사다리가 한 30층 되어 아득하게 높이 쳐다보이는지라. 이 여러 층 사다리를 어떻게 장궤한 무릎으로 기어 올라갈꼬 하여 겁이 나고 가슴이 두근거리더라.

사다리 광(廣)은 넓지 못하여 한 3~4인이 일자로 기어 올라갈 만한데 도미니코(회) 수사 2인, 한 50세 된 여교우, 한 14세 된 동자(童子) 합 4인이 벌써 무릎으로 기어 올라가기(를) 시작하여 자리가 부족하더라. 우리는 그 4인이 중간쯤 기어 올라간 후에 시작하고자 하여 잠시 기다리며 보니 그 네 사람들은 아주 열심하여 사다리 한 층을 기어 올라간 후(에)는 매번 사다리 바닥을 친구하고 한참씩 묵상하더라.

---

195 헬레나 성녀가 예루살렘의 빌라도 총독 관저에 있던 대리석 계단을 로마로 옮겼고, 교황 식스토 5세의 명으로 폰타나(Domenico Fontana, 1543~1607)가 설계하여 완성하였다.

이에 우리 둘이 장궤한 무릎으로 걸어 올라가기(를) 시작하여 몇 층을 올라가 보니 무릎이 아파 대단히 어려우나 오주의 고난을 공경하여 묵상하면서 다 올라가서 유리로 봉한 거룩한 뜰돌을 친구하였노라.

사다리 나무는 매우 단단한 나무이나 허다한 사람의 무릎으로 마찰하여 많이 파였더라. 이 신공을 다 마치고 내가 진 신부를 보고 말하기를 사다리 층수가 한 30층 되는 것 같다(고) 하니 진 신부 말씀이 내가 올라가며 세어보니 모두 28층이라 하시더라. 이에 그 성당에서 나와 다시 자동차를 타면서 무릎을 만지며 아파하는 모양을 보이니 자동차 운전사가 보고 또한 웃더라. 어떤 이는 이 신공을 행한 후 며칠 동안 무릎이 부어서 괴롭게 지내는 이도 있더라. 그 후 루르드(Lourdes)에 가보니 루르드 산상에 십자성로(十字聖路) 14처를 건설하였는데, 제1을 시작하기 전에 돌 사다리 7~8층을 장궤한 무릎으로 걸어 올라가서 제1처를 시작하게 하였으매, 이는 돌 사다리인 고로 무릎이 더 아플지나 몇 층이 되지 아니하므로 참아 견딜 만하더라. 이도 또한 교황께서 이와 같이 명령하신 바이며 그곳에, 교황의 명령서를 새겨 두었더라.

▲ 성 라우렌시오 성전

이 소성전도 대단히 화려하고 굉장하며 성전 벽이나 바닥이나 모두 보석으로 하였는데, 성전 벽은 각색 보석으로 꾸민 것이 더욱 찬란하고, 이 성전 안에 교황 비오 제9위[196]의 묘소가 있는데 극히 보배롭게 꾸몄더라.

---

196 비오 9세(Pius IX, 1792~1878, 재위 1846~1878) : 복자. 제255대 교황. 1857년 조선 순교자 82명을 가경자(可敬者)로 선포하였으며, 훗날 이 가운데 79위가 시복되었다.

▲ 천신들의 성모 성당

이 성당도 대단히 광대하여 허다한 사람을 용납할 만하며, 그 외에 어떤 성당은 온전히 둥글게 하고, 제대는 둥근 주위에서 나가서 건설하였으매 보기에 매우 기묘하고, 어떤 성당은 온전히 십(十)자 모양으로 지어 대제대는 십자 직목 끝에 두고, 옆 제대는 십자 횡목 좌·우 끝에 두었으매 또한 보기에 매우 기묘하더라.

▲ 성 요한과 성 바오로 성당

이 성당 자리는 이 성인 형제가 치명하시던 곳이니, 이 성당 좌편 중앙에 치명하시던 자리를 옥돌로 꾸미고 철 난간으로 둘렀으며, 옥석 판에 새겨 기록하였으되 "성 요한과 성 바오로가 치명하신 자리라." 하였으며, 이 성당 대제대는 교황 제대이러라. 4대성전의 교황 제대에는 교황만 미사를 드리시고, 홍의 재상이라도 교황의 특허가 없이는 교황 제대에서 미사를 드리지 못하나 다른 성당에 있는 교황 제대에서는 아무라도 미사를 드리는 법이러라.

▲ 성 안셀모 학원

로마 아벤티노(Aventino) 산상[197]에 성 안셀모 학원이 있으니, 이는 성 베네딕토회의 공번된 학원이라. 성 베네딕토회 신품 학생은 그 회의 규칙대로 여기 와서 신학을 공부할 만하고, 이 학원 원장은 모든 성 베네딕토회의 수석 원장이 되어 이 학원을 주관하며, 또한 그 본회의 모든 사무를 교황청에(서) 간섭하더라. 이 학원은 대단히 화려 굉장한데 본

---

[197] 산(山)이라기보다는 언덕에 가깝다. 로마에 있는 일곱 언덕 가운데 가장 남쪽에 있으며, 로마의 기원이 된 곳이다.

신부는 수차 심방하려(고) 갔으나, 그때는 마침 방학 시기라 다 향촌에 가서 한양(閑養)[198]하는 고로 학원 지키는 이 외에는 다른 이를 만나보지 못하고 그 성당과 수도원과 모든 화려한 건축물을 구경하였노라.

▲ 성 알렉시오(Alexius) 성당

성 안셀모 학원 지근지처에 성 알렉시오 성당이 있으니, 이는 성 알렉시오의 본집 자리[199]라. 그 집 자리에 성당을 세우되 성인이 선종하시던 사다리 밑을 성당 정문 안 우편에 있게 하고, 이전 사다리 2, 3층을 잘라서 유리 투겁[200] 속에 보존하여 2위 천신이 한 머리씩 받들되 경사되게 받들어 사다리 모양이 되게 하고, 그 밑에는 알렉시오 성인이 선종하시는 모양을 대리석으로 기묘하게 조각하여 모시고, 그 밑에는 성인의 제대를 건설하고 7월 17일 성인 첨례날에는 기이한 전등으로써 비추었더라.

제583호(1926년 2월 15일), 60~63쪽
로마 여행 일기 [12]

성 알렉시오 성당 대제대(교황 제대) 밑에는 성전 묘소에 그 유골을 모셔 두고, 성당 우편 중앙에는 성인 본댁의 우물이 지금까지 있어 잘 꾸며 덮었으며, 그 성당 수사가 우물 뚜껑을 열어 보이는데, 우물가에 있는

---

198 한가로이 몸과 마음을 안정하여 휴양함.
199 부유한 로마 원로원의 아들로 태어난 알렉시오(Alexius, ?~417?)는 시리아에 가서 청빈의 덕을 실천하며 성덕을 닦은 후 로마로 돌아왔다. 구걸하며 살아가던 중 자기 자식을 알아보지 못한 부친이 그에게 일거리를 주고 자기 집 계단 밑에 기거하게 하였다. 성 알렉시오 성당에 성인이 살았던 아버지의 집 계단이 기념물로 보존되어 있다.
200 가늘고 긴 물건의 끝에 씌우는 '두겁'을 말한다.

돌은 두레박 줄에 파인 자리가 지금까지 완연히 있더라. 그 성당은 교구 성당이 아닌 고로 대단히 크지는 아니하나 매우 화려하고, 수사들은 소경들을 거두어 교육시키는데 풍금도 가르치며, 소경이 능히 할 만한 모든 일을 가르치는데, 그 수효가 70명가량 된다(고) 하더라.

7월 17일 성인 본 첨례에 내가 특별히 그 성당을 찾아가니 그날 오전 10시에 대례 미사를 거행하는데, 소경들이 풍금과 성가를 창하고, 참례하는 교우들도 적지 아니하더라.

▲ 7월 13일 카타콤(catacomb) 참배

카타콤은 지중(地中) 묘소란 말인데, 이전 성교 시초 3백 년 군난 때에 교우들이 여기서 피신하면서 미사와 각 성사와 예절을 거행하였고, 또 무수한 치명자들의 시체를 여기(에) 장사하였으니, 이 카타콤은 우리 교우에 대하여 대단히 거룩한 성지요 감동지심으로 참배할 지방이며, 성교 역사상에 매우 유명한 문제이니라.

로마에 참배 오는 이는 누구를 물론하고 다 가서 성촉(聖燭)을 잡고 카타콤 속에 들어가서, 미사성제도 드리며 기구 묵상도 하며 성가를 창하며 각각 열심과 감동지심을 발하더라. 카타콤은 여럿이니 곧 성 갈리스토 카타콤, 성 세바스티아노 카타콤, 성녀 아녜스 카타콤이라. 성인이나 성녀의 이름으로 카타콤을 이름함은 그 성인이나 성녀의 치명한 시체를 그 카타콤에서 찾아낸 연고로 그와 같이 이름함이니라.

카타콤은 다 로마에서 30~40리 되는 성 밖에 있고, 수호하기는 트라피스트(회) 수사들이 하는데, 그 근처에 수도원을 짓고 거처하며, 카타콤 들어가는 옆에 작은 집을 짓고 수사들이 번차례(番次例)[201]로 와서 성

---

201 돌려 가며 갈마드는 차례.

촉을 나눠주며, 참배자들을 데리고 들어가서 두루 다니며 인도하며 설명하더라.

진 신부와 더불어 촛불을 켜 가지고 수사를 따라 들어가서 그 인도하는 대로 다니며 볼 때 무비(無備)²⁰² 예전 군난 때 기념 표적(標的)이 눈에 닥들여²⁰³ 마음을 감동케 하더라. 카타콤 들어가는 문은 하나이나, 들어가서는 상하 사방으로 사통오달(四通五達)하게 되어 땅속에 배치한 읍내 같고, 무덤은 벽에 층층으로 올라가며 시체 하나씩 용납할 광중(壙中)을 파고, 그 속에 시체를 넣은 후(에)는 돌판으로 봉하고, 그 돌판에는 글자로 성명이나 혹 성경 말씀이나 혹 무슨 도리에 관한 그림을 새겼더라.

어떤 데는 미사 드리던 작은 성당 모양이 지금까지 남아 있는데, 성당이 크지 못하여 불과 한 20명이 참례할 만하니 이는 돌로 홍예(虹霓)를 쌓지 못하고, 맨흙 속에 성당 모양으로 판 고로, 만일 넓게 하면 무너질 터인 고로 크게 하지 못하였더라. 어떤 데는 여러 사람의 뼈가 모두 함께 섞여 있는데, 이는 치명자의 해골들인지 어떤 사람의 해골인지 알지 못하므로 그저 거기 모아 두었더라.

성 세바스티아노, 성 갈리스토, 성녀 아녜스 같은 이의 무덤에는 일정한 표가 있는 고로, 아무 성인 성녀의 해골인 줄을 일정 알고 성당으로 옮겨 모셔 갔거니와, 아무 기록한 표적이 없으면 도무지 분별할 수 없더라. 그러나 이 카타콤에 있는 먼지와 흙은 일정코 치명 성인 성녀의 성시(聖屍) 썩은 것인 고로, 많은 참배자들은 카타콤의 흙을 종이로 조금씩 싸 가더라.

---

202 '방비나 준비가 없던' 의미로 여겨짐.
203 갑자기 마주 부딪치거나 갑자기 들이닥쳐 와.

각 곳으로 다니며 보니 무덤이 몇만 장인지 다 헤아릴 수 없는데, 그 인도하던 수사의 말이 무덤 수효가 수십만 장이라 하며, 지금이라도 어느 치명자의 유골인지 기록한 것이 분명하면 성당으로 옮겨간다 하더라.

카타콤 속이 대단히 복잡한 고로, 인도하는 이 없이는 일정코 혼자 다니지 못하겠고, 혼자서 다니다가는 다시 지면으로 찾아 나오지 못하겠더라. 전하는 말에 예전 3백 년 군난 때에 포교가 교우를 잡으러 들어왔다가 길을 찾아 나가지 못하고 그 속에서 자진하여 죽었다 하는 말도 있더라.

3백 년 군난 때에 허다한 교우들이 그 땅속에 웅거하여 지내는 줄을 악인들이 알았을 터인데 어찌하여 잡지 아니하였느뇨. 이는 그때에 로마 국법에 무슨 묘소든지 도무지 침범하지 못하는 고로, 교우들은 땅속에 장사하고 혹은 묘소를 수리하는 그런 빙자(憑藉)[204]로써 그 땅속에서 피신하였더라.

7월 17일 성 갈리스토 카타콤에 가서 성녀 체칠리아 제대에서 미사 성제를 드리고, 수도원에 가서 조반을 얻어먹었는데, 수도원 근처에 수사들이 농사한 것을 보니 실로 수사들의 농장과 농작물이리라. 밀밭을 보니 밭고랑도 규칙 있게 하여 보기 좋게 하고, 잡풀은 하나도 없으니 곡식이 아니 될 수 없으며 밀을 베었으되 밀대 뿌리에서 한 뼘가량을 나와서 베었으니, 이것이 무슨 뜻인고. 나의 미련한 생각에도 이는 밭에 거름이 되기를 위함인 듯하더라.

밭 가와 길가에는 포도를 어떻게 잘 가꾸었는지 포도송이가 대단히 탐스럽고, 또 말을 먹이는데 마방(馬房)을 어떻게 정결하게 하여 주었는지 그 마루가 반들반들하여 장판 방 같으며 조금도 더럽지 아니하고, 화원

---

204 말막음을 위하여 핑계로 내세움.

에 화초와 모든 식목한 것을 다 규칙 있게 하였으니, 실로 보기 좋으며 수도자들의 공부와 일이 자연 드러나더라.

제583호(1926년 3월 15일), 106~108쪽
로마 여행 일기 [13]

▲ 아시시 읍의 성 오상(五傷) 프란치스코와 성녀 클라라[205]를 심방

7월 24일 로마에서 떠남. 로마 영성[206]에서 24일 동안 체류하는 동안 모모한 성전과 성지에 참배한 후 파리로 향할 때, 역로에 모모한 성지를 배관하고자 하였노라. 7월 24일 아침에, 기차를 타고 로마에서 서북편으로 5시(간) 동안 행하여 한 정거장에 도착하니 여기는 아시시(Assisi) 읍이러라.

아시시 읍

우리가 성 오상 프란치스코의 『꽃송이』[207]를 여러 번 재미있게 읽고 항상 담화하거니와 아시시 읍내는 유명한 성 오상 프란치스코와 성녀 클라라가 생장하시고 선종하신 고향이라. 이 유명하신 성인 성녀는 지금으로부터 7백여 년 전에 이곳에서 생장하시며 성적(聖蹟)을 행하시어 세계에 유명하시도다. 이 읍내는 비록 읍내라 하나 산골 큰 동리에 지나지

---

205 클라라, 아시시의(Clara, Assisiensis, 1194~1253) : 성녀. 1212년 아시시에서 프란치스코 성인과 함께 관상 봉쇄 수도회인 '클라라회'를 창설하였다.
206 '영원한 성지[永聖]'의 뜻으로 쓰인 듯하다.
207 훗날 한국에서는 1958년에 유봉구 신부 번역으로 한국천주교중앙협의회에서, 1975년 1월에는 성 프란치스꼬회 한국 관구 번역으로 분도출판사에서 『성 프란치스꼬의 잔 꽃송이(Fioretti di san Francesco)』라는 제목으로 출간되었다.

못하여 주민 총수는 근 2만 명(이) 된다 하더라.

이 읍내 위치를 몇 마디로 말하건대 어중간한 산이 사방으로 휘둘러 있고, 그 가운데는 광활한 들인데 그때에는 여름인 고로 농작물이 무성하여 포도, 감람(橄欖, 올리브나무), 밀, 옥수수 이런 것뿐이오. 내 눈에 익은 벼와 논은 하나도 없더라.

기차에서 내려 여관을 정하고, 각 성당과 성지를 두루 찾아다닐 때 그때에 일기는 매우 덥고, 또 나의 사랑하지 아니하는 먼지는 어떻게 (나) 많은지 불과 몇 보만 다녀도 전신에 먼지가 가득한지라, 하릴없이 자동차를 타고 다녔어도 다소간 먼지를 먹었도다.

성 오상 프란치스코가 탄생하시고 자라시던 집을 찾아가니 7백여 년 전 집인 고로 매우 고적(古跡)의 가옥인데, 작은 경당으로 변작하여 미사를 드리고 기구하는 곳이 되었으며, 그중 마음에 제일 감동되는 바는 성인이 어렸을 때에 옥에 갇힌 형상이니, 그 부모가 자기 아들이 가사를 돌아보지 아니하고 영신 사정에만 골몰한다 하여 옥에 가두어두던 모상(模像)을 혁혁히 현술(現術)하였는데, 조선 칸으로 한 칸가량 되는 캄캄한 방 가운데 한 동자가 근심을 머금고 우두커니 서 있더라.

성인이 선종하시던 곳에는 큰 성당

아시시 광활한 들 가운데 큰 성당이 있으니 이름은 '천신들의 모후 마리아 성당'이라. 이 성당 자리는 성인이 생존하실 때에는 산림이었는데, 성인이 항상 이 산림에서 기구하시고, 또 3~4칸 되는 작은 성당 하나를 성인이 짓고 여기서 묵상 기구를 하셨더라. 이 성당이 지금까지 보존되어 이 큰 성당 가운데 있어 포르시운쿨라(porciuncula)[208] 은사를

---

[208] (프란치스코 수도회의 교회와 수도원에서 8월 2일에 받는) 대사(大赦).

얻어 입은 곳이니, 이는 누구든지 이 성당에서 꿇어 몇 번이든지 기구하면 전대사를 얻는 곳이며 포르시운쿨라 은사는 성년 때에도 정지되지 아니하느니라.

성인이 여기서 선종하셨는데, 그때 쓰던 고대(高臺)가 지금까지 이 성당에 보존되어 참배자들은 그 고대를 참배할 때에 크게 감동지심을 발하더라. 성인이 여기서 선종하셨으나 성시는 성 오상 프란치스코 성전에 모셨더라.

성 오상 프란치스코(의) 성전

아시시 읍에 성당은 대·소 성당이 6처인데, 성인의 성시(를) 모신 곳은 이 성전의 지하 성당이며 이 성전은 대단히 크고 또 3층 성전이러라. 성전에 연속하여 수도원이 있고 성 프란치스코(회) 수사들이 거처하더라. 이 읍내에서 1일은 유숙하는 고로, 이 성전에 가서 성인의 성시 모신 제대에서 미사성제를 드렸노라.

성녀 클라라도 이곳에(서) 생장하시고 수도하시고 또한 여기서 선종하시어, 그 성시는 성녀의 본 성당에 모셨더라. 성녀께서 수녀들과 더불어 경본(을) 보시던 경당에 들어가 보니, 교의(交椅)[209]와 책상은 아주 예전 것인데 판자 쪽으로 순박하게 만든 것이며, 그 식당을 벽돌 틈으로 들여다보니 아주 검소하여 고신극기(苦身克己)의 덕행이 그 물건에도 완연히 드러나더라.

성녀가 수도하시던 집은 지금도 성녀 클라라회 수녀들이 거처하며 은수(隱修)하니, 이 회는 속인과 상종이 없고 한 번 이 회에 들어가면 다시는 세상에 출입하지 못하고, 종신토록 그 수도원 안에 있는 법이니라.

---

[209] 사람이 걸터앉는 데 쓰는 의자로, 보통 뒤에 등받이가 있다.

성녀(가) 선종하시던 방에 들어가 보니 크게 감동지심이 발하며, 그 운명하시던 자리에는 꽃 한 병을 놓아두었고 성녀가 쓰시던 물건도 다 지금까지 보존하였는데, 제일 귀중한 것은 예전에 야만들이 그 읍내를 도륙하러 들어올 때에 성녀가 성체(를) 모신 성광(聖光)을 들고 나가서 야만들을 들어오지 못하게끔 하셨는데 그 성광을 지금까지 보존하여 두었더라.

제588호(1926년 4월 30일), 180~182쪽
로마 여행 일기 [14]

▲ 플로렌시아[210]를 관람

플로렌시아는 이탈리아 수부(首府, 서울)라. 지금 이탈리아 수부를 로마라 하나, 로마는 이탈리아 수부가 아니요 오직 성교회 교화황[211]의 수부로다. 대저 4세기 초에 서양에 성교가 태평대행(太平大行)할 때에 콘스탄틴 대제가 로마 및 그 부근 지방을 성교회 교화황께 봉헌하고, 자기는 콘스탄티노플로 도읍을 옮겼으니, 로마는 교황 나라의 수부(이)라. 그때부터 1870년까지 역대 교황이 항상 당신 대신과 관원을 두어 당신의 세속 나라를 다스리시더니, 1870년 9월 20일에 이탈리아 정부가 비리와 모범의 수단으로 교황의 나라와 그 수부 로마를 공격하여 탈취하고 교황이 거처하시던 퀴리날레(Quirinale) 대궐을 탈취하여 금일까지 57년간 이탈리아

---

210 피렌체(Firenze)를 말한다. 플로렌시아(Florentia)는 라틴어이고, 영어로는 플로렌스(Florence)이다. 1865년부터 1870년까지만 이탈리아 왕국의 수도였다.
211 '백성을 하느님께로 이끌어 감화시킨다'는 뜻의 '교화황(敎化皇)'은 1915년경부터 '교황(敎皇)'과 혼용되어 쓰이다가 1920년대부터 교황이 일반 용어로 정착되었다.

왕이 이 대궐에 거처하느니라.[212]

플로렌시아는 이탈리아 수부인 고로, 유명하고 광대한 성당이 많더라. 모든 성당을 다 배관하지 못하고, 주교의 대성당[213]을 찾아가 보니 그 굉장하고 화려함이 로마의 유명한 성전만은 못하나 대단히 크고 묘하더라. 여기서 반일 동안 유람한 후 다시 기차를 타고 온 서양에 유명한 알프스 산중으로 지날 때 수천 미터 되는 높은 산상에는 백설이 항상 있음이 가관이러라. 이런 산상 골짜기에는 햇빛이 7~8월에만 매일 몇 시(간) 동안 비치다가 미구에 다시 겨울이 되어 눈이 오는 고로 빙설이 사절(四節)에 항상 그치지 아니하더라. 이런 높은 산에서 내려오는 물을 잘 인도하여 수력 전기를 처처(處處)에 발용(發用)하며, 프랑스 그르노블(Grenoble)이라 하는 큰 읍내에는 박람회를 개최하였는데 가서 보니 특별히 전기에 소용되는 모든 기계를 진열하였더라.

▲ 복자 예마르[214] 본댁을 심방

작년 여름에 복자위에 오르신 베드로 율리아노 예마르 탁덕은 프랑스 그르노블 교구 라 무르(La Mure) 읍에서 생장하시니라. 7월 29일에 라 무르 작은 읍을 찾아가 보니 복자가 탄생하시고 또한 상사(常事)하시던 방은 작은 경당으로 변작하여 제대를 배설하였더라.

이 복자의 집에 들어가 보니 집도 또한 복되게 되어 사방에서 오는

---

212 1929년 2월 1일 라테란 조약을 통해 오늘날의 바티칸 형태로 귀결되었다.
213 산타 마리아 델 피오레(Santa Maria del Fiore) 대성당으로, 브루넬레스키(F. Brunelleschi, 1377~1446)가 만든 세계에서 가장 큰 조적(組積) 돔 때문에 '두오모(Duomo) 대성당'이라고도 불린다.
214 예마르(P.J. Eymard, 1811~1868) : 성인. 주님의 성체 성혈 대축일에 신비한 체험을 한 뒤 1857년 '성체 사제회'를 창설하였다. 1925년 7월 12일 시복되고, 1962년 12월 9일 시성되었다.

참배자가 연속부절(連續不絶)하고, 이 집은 이층집인데 과히 가난한 사람의 집은 아니며, 길가에 있는 고로 찾기도 쉽고, 복자 되신 지가 며칠이 아니 되는 고로, 길가로 향한 바깥 벽상에 "베드로 율리아노 예마르 복자의 집" 이렇게 새기는 중이러라.

그 탄생하고 상사하시던 방에는 그 쓰시던 물건을 진열하여 참배자들로 하여금 보게 하였는데, 복자가 친히 쓰시던 물건과 그 선종하시던 평상을 보니 마음이 자연 감동하더라.

그 읍에는 큰 성당이 있어 당장 쓰는 성당이요, 그 옆에 작은 성당 하나가 있어 거의 다 퇴락된 것을 방금 중수하니 이는 예마르 복자가 어려서 이 성당에서 성세를 받으시고 또한 첫영성체를 하시고 모든 성사를 받으시던 기념적 성당인 고로 퇴락한 것을 다시 중수하는 중이러라.

서양 각 성지에는 항상 큰 문부책(文簿冊)[215]이 있어 모든 참배자들이 그 책에 자기 주소, 시명, 직함, 참배 왔던 연월일을 기록하고 가는 법이러라. 나도 그 책에 기록할 터인데 그곳 신부들이 내게 말하기를 양서로 기록하지 말고 조선말로 기록하여 달라 하는 고로 이 아래와 같이 조선말로 기록하고 그 밑에는 양서로 간략하게 번역하였노라. "천주 강생 1925년 7월 29일에 조선 경성교구 바오로 한 신부는 조선인 모든 신품과 모든 잡지 독자 및 십여 만 명 조선인 교우들을 대표하여 복자 베드로 율리아노 예마르의 탄생하시고 또한 거룩히 사시고 거룩히 죽으시던 이 집을 참배하였노라." 하고, 또한 양서로 간략한 번역을 기록하였노라.

이런 글은 다른 참배자들이 살펴보기도 하나니 특별히 조선어로 기록하여 달라 함은 극동에 사는 동양인 신부도 여기까지 와서 참배하고 간 것을 보이고자 하며 기념을 삼고자 함이러라. 나와 함께 갔던 신부가

---

215 문서(文書)와 장부(帳簿) 책.

둘인데 1위는 전에 안남 동경 지방에(서) 전교하시던 아더 신부요, 1위는 라오스 지방에(서) 전교하시던 퐁스 신부인 고로, 이 두 신부는 안남 말과 라오스 말로 기록하였으나, 그 나라 글자로 쓰지 아니하고 그 나라 말을 서양 글자의 음으로 기록하여 주었는데, 조선인, 안남인, 라오스인, 극동 3국 인이 와서 참배한 빙거(憑據)를 그곳에 머물러 두었으매 그 성당 신부들은 매우 좋아하더라.

▲ 성 데오프레[216] 본당을 심방

복자 예마르 본댁에서 한 40~50리 되는 성 데오프레 본당 신부는 나와 동행하는 아더 신부와 친한 벗이라. 이러므로 역로에 그 본당에 들어가서 하루를 유숙하는데, 그 지방은 다 산중 지방인 고로 수목도 많고, 호수도 3처나 있고, 농작물은 밀이 제일 많으며, 산골짜기에 흐르는 시내와 개울 좌우의 수풀과 수목은 조선 산중과 온전히 같더라.

내가 서양에 여행할 때에 제일 부러운 것은 각처의 성당이라. 이곳에는 한 면(面)에 신부 본당이 13처(이)라 하며, 이 한 면 신부 13인은 매월 1차씩 각 본당으로 돌아가며 모여 친목회를 하는데, 한 달 동안에 각기 자기 교구에서 사업(을) 행한 것을 각각 진술하고, 또한 사업의 진행을 연구하며 서로 의논하니 참으로 아름다운 일이러라.

우리 일행도 그 친목회에 청함을 받아 점심을 함께 지내는데 극동에서 온 손님이라고 매우 반갑게 대접하며, 점심 후 담화 중에는 나더러 조선말로 천주경을 외우라 하는 고로 한번 얌전하게 외워드리니, 그 신부들이 하는 말이 서양말 천주경보다는 매우 길다 하고, 또 나와 함께

---

[216] 121년 하드리아누스 황제 때 일리리아(Illyria)에서 순교한 테오프레피오(Theoprepius) 성인으로 추측된다.

갔던 안남 지방 전교 신부더러 안남 말로 천주경을 외우라 하여 그 신부가 안남 말로 외우니, 그도 서양말 천주경보다 더 길다 하더라. 그 본당 신부들은 다 산중에 거처하며, 검소하고 가난함을 숭상하며 힘을 갈진(竭盡)히 하여 교구를 다스리는데, 어떤 신부는 본당을 둘씩 맡은 이도 있어 주일과 파공 첨례날에는 양처 교구에 미사를 드려주더라.

제589호(1926년 5월 15일), 200~206쪽
로마 여행 일기 [15]

▲ 라 살레트(La Salette)[217] 성모 성전에 참배

이 세상에서 제왕의 총애와 부모의 사랑을 받는 규례를 살펴보건대, 신하와 백성이 그 임금을 충성으로 섬기면 왕의 총애와 은혜를 많이 받고, 자녀들이 부모를 지극한 효성으로 섬기면 부모의 후한 사랑을 받는도다.

청컨대 묻노니 본성 사정에만 이러하뇨. 본성 사정(本性事情)에 뿐 아니라 초성 사정(超性事情)에도 그러하도다. 어느 나라에(서)든지 그 나라 백성의 신덕과 열심이 지극하면 천주가 일정코 그 나라에 초성한 은혜를 많이 베푸시어 공은(公恩),[218] 사은(私恩),[219] 외에 또한 특별한 격외 은총까

---

[217] 1846년 9월 19일 가르가스(Gargas)산 기슭에 있는 라 살레트에서 11살의 막시망 지로(Maximin Giraud)와 15살의 멜라니 마티유 칼바(Melanie Mathieu Calvat)에게 발현한 성모는 인류가 회개하여 하느님과 화해하지 않으면 큰 벌을 받으리라고 하였다. 사람들은 이 메시지를 무시하였으나 1846년 이래 대흉년으로 유럽에서만 백만 명 이상이 아사하고 1870년 보불전쟁이 발발하자 회개하는 순례객이 모여들기 시작하였다.
[218] 모든 사람에게 베푸는 하느님의 은혜로, 모든 이가 한가지로 받는 은혜를 말한다.
[219] 나 혼자 받는 은혜.

지 많이 베푸시나니 비컨대 오주의 발현, 성모의 발현, 유명한 성인 성녀를 많이 주시는도다.

천주가 프랑스 지방에 특별히 베푸신 여러 가지 발현을 보건대 그 지방 인민의 신덕과 열심이 특별하였음을 가히 알리로다. 오주의 발현을 말하건대 오주 예수가 프랑스 파레르모니알(Paray-le-Monial) 지방에서 성녀 마르가리타 마리아[220]에게 발현하시어 당신 성심을 열심히 공경하는 자들에게 12은총을 허락하셨으며, 예수 성심을 공경하는 예수 성심회도 그때부터 그 지방에서 시작하였도다. 예수 성심이 발현하신 이 성지를 찾아가서 참배하고자 하였으나 여비(旅費)의 관계로 참배치 못함을 원통히 여겼노라.

프랑스 지방에 성모의 발현을 의론컨대 4처(이)나 되니, 곧 파리(Paris),[221] 퐁맹(Pontmain),[222] 라 살레트, 루르드(Lourdes)[223]라. 퐁맹 성지는 참배하지 못하였거니와 그 외 3처의 발현 성지는 다행히 참배하였으매 그 참배의 순서대로 진술하겠노라.

라 살레트는 프랑스 그르노블 교구에 있으니 1,800미터나 되는 산상

---

[220] 알라코크, 마르가리타 마리아(Alacoque, margarita-Maria, 1647~1690) : 성녀. 예수의 발현과 환시를 체험하고 예수 성심 신심을 전파하는 데 크게 공헌하였다. 1864년 9월 18일 시복되고, 1920년 5월 13일 시성되었다.

[221] 1830년 11월 27일 파리의 뤼 뒤 박(Rue du Bac)에 있는 성 빈첸시오 아 바오로 사랑의 딸회 지원자였던 가타리나 라부레(C. Labouré)에게 발현한 성모는 당신의 발현 모습대로 메달을 만들어 지니는 사람은 큰 은총을 받을 것이라고 하였다. 그 후 메달 착용이 늘어나면서 수많은 기적이 일어나 '기적의 메달'로 불리게 되었다.

[222] 1871년 1월 17일 라발(Laval) 교구의 작은 마을 퐁맹에서 12살의 외젠느(Eug ne)와 11살의 요셉 바르베데트(J. Barbedette)에게 발현한 성모는 그리스도가 못 박힌 붉은 십자가를 양손에 잡고 나타나 프로이센 군대에 침략당한 프랑스를 위해 기도하라고 하였고, 1월 28일 보불전쟁의 휴전 협정이 조인되었다.

[223] 1858년 2월 11일부터 7월 16일까지 18회에 걸쳐 14살의 베르나데트(Bernadette de Lourdes)에게 발현한 성모는 당신을 '원죄 없이 잉태된 자(Immaculata Conceptio)'라고 밝히면서 기도와 보속, 회개를 촉구하고 특히 묵주 기도를 권장하였다.

이라. 이 라 살레트 산상의 성모 발현을 대략 말하건대 금일로부터 80년 전 곧 1846년 9월 19일 성모 칠고(七苦) 첨례 전날에 성모가 11세 된 막시망과 15세 된 멜라니 두 아이에게 발현하시니라.

이 두 아이는 그 산 밑에 사는 가난한 집 자녀로서 남의 고용이 되어 라 살레트산에 가서 짐승을 치다가 성모 칠고 첨례 전날 오후에 천상 광채가 기묘한 중에 발현하시는 성모를 뵈었는데, 성모가 발현하시어 작은 바위 위에 앉아 슬피 우시니 이는 세상 사람들이 냉담하여 천주의 계명을 지키지 않음을 슬퍼하심이러라.

성모가 이 두 아이들에게 하신 말씀을 상고(詳考)하건대 사람들이 신공을 궐함과, 주일과 파공 첨례를 지키지 아니함과, 대·소재를 지키지 아니함을 책하시고 그 지방 사람들에게 이런 말을 전하여 이후는 열심으로 수계하기를 부탁하시고 다시 하늘로 올라가시니라.

이 두 아이는 아주 가난한 고로 학교에 가서 공부도 하지 못하여 무식하고 경문과 도리도 변변히 배우지 못하였으나 순직하고 무죄한 고로 성모의 발현하심을 뵈옵고 그 부탁하신 명을 그 지방 사람들에게 전하였으며, 그 후 열심 수계하다가 선종하여 라 살레트 성모 성전 안에 장사하였는데, 내가 그 성전을 두루 다니며 참배할 때에 그 성전 신부가 그 무덤을 내게 똑똑히 가르쳐 주어 그 무덤을 보니 극히 감동되는 바는 이 세상에 살 때에도 함께 성모를 뵈옵고 죽은 후에도 서로 갈리지 아니하고 함께 한곳에 나란히 누워 있음이 매우 부럽더라.

그 지방 주교께서 이 발현 사건을 엄밀히 조사하신 후 로마에 보고하였고, 그 산에 큰 성전을 지었는데 이름은 라 살레트 성모 성전이러라. 이 산은 대단히 높고 험하여 사람들이 거주하지 못하며, 너무 추운 고로 수목은 자라지 못하여 도무지 없고 다만 풀만 겨우 났더라. 내가 그 성지에 참배 갔을 때는 양력 7월 그믐경인데 도무지 덥지 아니하고, 저

녘에는 오히려 추우며 그때에 겨우 지면에 풀이 푸르고 지극히 작은 꽃이 피기 시작하며 작은 벌레와 나비가 발동하기 시작하더라.

지방 형편이 이러하므로 사람들이 거처할 수 없고 다만 성전 하나만 있으며, 또 참배자들을 대접하기 위하여 여관 하나만 있는데, 이 여관은 영업하는 여관이 아니요 다만 성전에 속한 여관이니 곧 그 성전에서 수십 리 되는 촌에 내려가서 물건을 사다가 참배자들에게 음식을 공궤(公饋)[224]하더라.

이런 성지에 참배하러 가는 자는 본디 수고롭게 발로 걸어가는 것이 더욱 공로 되는 일이나, 그러나 나는 그때에 걸어갈 엄두를 내지 못하고 자동차로 갔었는데, 자동차로 가기도 매우 어렵고 위태하니 대저 담벼락같이 된 층암절벽(層巖絕壁)의 비탈로 길을 만든 것이 아주 불완전하여 매우 위태하더라. 이 길도 정부에서 닦은 것이며 또 길을 바로 내지 못하고 에둘러 내었는데 만일 자동차 운전사가 일 분 동안이라도 조심하지 아니하면 자동차가 전복되어 수십 길 되는 구렁에 떨어져 즉사하겠더라. 그런 고로 함께 동행하던 신부 및 다른 사람들과 서로 말하기를 고해성사를 받고 가든지 적어도 상등통회(上等痛悔)[225]를 발하면서 가자 하였노라.

길이 평탄치 못한 고로 자동차가 빨리 가지 못하고 마치 담벼락에 붙어서 가는 것같이 천천히 가는 고로 대략 한 시간을 허비하며 올라갈 때 험한 낭떠러지기의 경치가 놀라우며, 더욱 가까이 가 외외(巍巍)한[226]

---

224 규정에 의하여 관아에서 공식적으로 음식물을 제공함.
225 하느님에 대한 참된 사랑이 참회의 동기가 되어 하느님을 모든 것 위에 사랑하는 마음에서 나오는 통회로, '완전한 뉘우침'을 말한다. 상등통회를 '사랑의 통회(caritatis contritio)', 하등통회를 '두려움의 통회(contritio ex timore)'라고 한다.
226 산 따위가 매우 높고 우뚝한.

산상에 우뚝하게 서 있는 성모 성전을 쳐다보니 마치 천당 궁궐을 쳐다봄 같고, 한편으로 생각하니 성모를 사랑하는 공경과 열정도 지극하도다. 그 성전을 짓기 위하여 얼마나 재력과 심력을 허비하였을꼬. 빈 몸으로도 올라가기가 극난하거늘 하물며 모든 석재와 목재와 모든 물건을 어떻게 수운(輸運)하였는고. 성모를 사랑하고 공경하는 정성도 하지 못할 일이 없는 줄로 여겼노라.

때는 석양이라 서편에 기울어지는 해와 함께 성전에 이르니 그때에 참배자는 한 400~500인인데, 주교들이 당신 교구 교우들의 열정을 흥기(興起)하고자 하여 단체로 데리고 오셨으며, 뜻밖에 이전 원산(에)서 상사하신 백 신부[227]의 제씨(弟氏)[228] 백 신부를 만났노라. 내가 어찌 백 신부의 제씨 백 신부인 줄을 알았으리오마는, 그 백 신부가 라 무르의 예마르 복자 본댁에서 나의 주소 성명 기록한 것을 보고 조선 신부가 참배하고 간 줄을 알았는데, 라 살레트 성모 성전에 또한 참배하러 와서 나를 보고 조선인 신부인 줄을 알았더라. 조선 민족의 영혼을 구하기 위해 조선에 와서 많은 영혼을 구하여 주신 후 조선에서 생명을 마쳐 그 유골까지 조선 땅에 머물러 주신 신부의 제씨를 만나니 어찌 반갑지 아니하리오. 재미있게 서로 수작하고 또한 미구에 작별하였노라.

이 성모 성전에서 2일을 유(留)하며 성전 안과 밖을 다 자세히 살펴보니 매우 보배롭게 꾸몄으며, 성전 안의 제대나 강대(講臺) 같은 것은 타국

---

[227] 브레(A. Bret, 白類斯, 알로이시오, 1858~1908) 신부 : 파리 외방전교회 선교사로, 1882년 3월 4일 사제 서품을 받고 페낭 신학교 교수로 있다가 한국 선교사를 자원하여 1894년 4월 21일 한국에 입국하였다. 곧바로 원산(元山) 본당 제4대 주임(1894. 5~1896. 1)이 되어 사목하다가 원산교안(元山敎案)으로 용산 예수성심신학교 옮겼다. 다시 원산 본당 제6대 주임(1897. 5~1907. 9)으로 있다가 간도 용정(龍井)에서 본당 설립을 준비하던 중 갑작스러운 건강 악화로 1908년 10월 24일 선종하였다.

[228] 남의 남동생을 높여 이르는 말.

에서 열심 교우들이 봉헌한 것이 많으며, 성모가 발현하시어 앉으셨던 돌은 여러 조각을 내어 다른 곳에 예물로 보내기도 하였고, 한 조각은 그 성전에 보물로 보존하여 두었으니 성모가 친히 앉으셨던 돌을 모든 이(가) 공경하여 만지며 감동하는 마음을 발하더라.

 성전 종각은 매우 높은데 여러 개 대·소의 종이며, 저녁에 400~500명이 각각 촛불을 잡고 거동할 때에 주교가 행렬을 주장하시며 모든 이(가) 함께 성가를 창할 때에는, 높은 종각에서 여러 개 대·소의 종으로써 창가 곡조를 한 번 치고, 그다음에는 지면의 행렬자들이 그 곡조대로 성가 한 구절을 노래하여, 이와 같이 성모를 찬송하니, 반공(半空)[229]에 있는 종각 고탑에서 7~8개의 크고 작은 종으로써 성가 곡조를 치는 것은 마치 지극히 큰 피아노로써 곡조를 읊는 것 같아 듣기에 매우 기묘하고, 특별히 공중의 곡조인 고로 듣지 못하던 천상 곡조 같으며, 또 거동 길은 거동할 때에 행렬자들이 서로 쳐다보기 위하여 반 비탈 언덕에 그 길을 갈지자(一之字)처럼 구불구불하게 만들었으매 거동할 때에 둘씩 둘씩 촛불을 잡고 나가는 것을 서로 다 쳐다보기가 매우 기묘하더라.

 성모가 발현하시던 자리는 바로 성전 옆에 있게 마련하였는데, 그 자리에는 성모가 발현하사 작은 바위 위에 앉으시어 우시는 모양으로 철상을 만들어 모시고, 그 작은 바위 밑에서는 맑은 샘이 사시에 항상 곤곤히 흘러 그 물로써 영적(靈跡)이 많이 발하였고, 모든 참배자들은 그 성모상 앞에 꿇어 기구한 후 그 샘물을 마시기도 하며 기념품으로 병에 넣어 가기도 하더라. 그곳에서 조금 나와서는 성모가 서시어 막시망과 멜라니와 함께 수작하시던 형상대로 세 철상을 만들어 세웠으며, 또 조금 나와서는 작은 언덕에서 성모가 천상으로 다시 올라가시던 형상대로 철

---

229 땅으로부터 그리 높지 아니한 허공.

상을 만들어 안치하였으매, 모든 이(가) 그 앞에 꿇어 기구하며, 또 성모가 앉아 우시던 곳에서부터 승천하시던 곳에까지 그사이에는 성로 14처를 마련하여 건설하였으니, 모든 참배자들이 거기서 성로 선공(聖路善功)[230]을 행하기에 순편하게 하였더라.

성전 좌우에 있는 산들은 다 2천 미터 이상 높은 산인 고로, 그때에 양력 7월 그믐임을 상관치 아니하고 깊은 골짜기에는 빙설이 아직까지 쌓여 있어 유리같이 번쩍임이 가관이며, 이 빙설은 사절(四節)을 물론하고 녹아 볼 기회가 없더라. 이와 같이 신성한 성지에서 장구히 유숙할 수가 없으므로 7월 31일에 이 성모 성전을 떠나게 되고, 상약(相約)한 자동차가 왔으므로 하릴없이 이 산에서 내려올 때 마치 이전에 3위 종도가 타보르(Tabor)산[231]을 떠나 내려옴같이 서운한 마음으로 내려왔노라.

제590호(1926년 5월 31일), 219~223쪽
로마 여행 일기 [16]

▲ 7월 31일 리옹(Lyon)에 도착

프랑스 중앙에 있는 리옹 읍내는 그 나라에(서) 셋째(파리, 마르세유, 리옹) 가는 읍내라. 기차를 타고 지나다가 아침에 이 읍내에 도착하여 성전에 가서 미사성제를 드리고, 그 성전을 대략 돌아다니며 살펴보니 대단히 굉장하고 화려하며 또한 이층 성전이러라. 이 성전의 위치는 그 읍내의

---

230 가톨릭 옛 용어로, '십자가의 길' 기도를 말한다. 성로 신공(聖路神功)이라고도 하였다.
231 이스라엘 북부 이스르엘(Jezreel) 평원의 북동쪽에 있는 산으로, 예수가 거룩한 모습으로 변모한 장소(마태 17,1)로 알려져 있다. 3위 종도는 베드로와 야고보와 그의 동생 요한을 말한다.

제일 높은 곳인 고로, 그 성전에서는 온 읍내가 완전히 보이며 눈 아래 벌였더라.

이 읍내는 프랑스의 중요한 읍내인 고로, 홍의 재상이 계신지라. 동행하던 신부 및 다른 신부와 함께 홍의 재상을 심방하고자 하여 찾아갔으나, 재상께서 마침 그날에 출타하신 고로 뵈옵지 못하고 가옥만 대략 둘러보니 매우 크고 정밀하더라.

▲ 프라도(Prado) 자선회를 심방함

이 읍내에 프라도 자선회가 있으니 이는 시작한 지가 오래되지 못하였으되,[232] 그 행하는 자선 사업은 실로 훌륭하고 감탄할 바이더라. 이런 큰 읍내에는 부자가 많으나 극빈한 사람도 또한 적지 아니하여 해동(孩童)과 소년들을 가르치지 못하고, 또는 무의무탁한 아이도 많아 마치 버린 인생 같은지라. 이 회를 처음 설시(設施)하시던 신부[233]가 그 불쌍하고 처량한 처지를 보시고, 그 아이들을 거두어다가 먼저 도리와 경문을 가르치며 예비시켜 첫영성체를 시킨 후, 저 혼자 생활할 만하면 사업도 얻어주고 생애(生涯)[234] 거리도 붙들어주게 하였더라.

이 가난한 집에서 내게 오찬을 대접하여 감축한 마음으로 그 주관하는 신부들 및 그 불쌍한 소년들과 한 식방에 앉아서 보니 모든 것이 다 내 마음을 감동하더라. 내 마음을 감동케 하는 바는 좋은 방에서 좋은 음식으로 접대함이 아니라, 오직 식상(食床)은 다만 나무판자로 하고 음식도 아주 담박(淡泊)하며 그 선생 신부들이나 그 제자들이나 아무 분별

---

232 프라도 자선회(현 프라도 사제회)는 1860년 12월 10일에 시작되었으니, 65년 전이다.
233 프라도회 설립자 앙투안 슈브리에(Antoine Chevrier, 1825~1879) 신부로, 1986년 10월 4일 시복되었다.
234 『한불자전』에 의하면 생계를 위한 육체노동, 일자리, 생업 등을 의미한다.

없이 검소한 음식을 차렸더라.

거두어 가르치는 소년들은 80여 명이나 되며, 또 그때에 모든 학교에서는 방학하여 혹은 본집에 가서 여름을 지내고, 혹은 시골 정자에 가서 피서하며 한양(閑養)하는 때이로되, 이 소년들은 다른 데 가서 방학 때를 지내지 못하고 그저 본회에서 방학 때를 지냄을 보아도 내 마음에 감동지심과 측은지심이 발하더라. 이와 같이 자선한 집에서 그 자선한 신부들과 그 가련한 소년들과 함께 점심을 지내고 그 읍내를 한번 돌아다니며 관람한 후에 기차 시간이 촉박함으로 인하여 그 자선 신부들을 하직하고 기차에 올라 리옹을 하직하고 아르스(Ars) 본당을 향하여 진행하였노라.

▲ 8월 1일에 비안네[235] 성인을 심방함

작년에 성인품에 오르신 성인 중에 성 요한 비안네는 곧 아르스 소교구의 본당 신부로서 그 성덕이 천하에 유명하신 줄은 모든 이(가) 다 아는 바이로다. 이 아르스 본당은 리옹에서 멀지 아니하고 또 파리로 가는 역로인 고로, 내가 이 성인을 심방하게 됨을 다행히 여겼노라. 리옹에서 떠나 불과 몇 시간에 아르스 가까이 와서 정거장에서 내려 20분 동안 걸어 들어가니 아르스 본당이러라.

들어가면서 보니 아주 작은 촌이며, 인가도 많지 아니하여 드문드문 있으며, 근래에 참배자들이 매일 구름같이 모이는 고로 자연 여관 몇이 새로 건축되었더라. 먼저 성당에 들어가 성체 대전에 조배하고 즉시 비

---

[235] 비안네, 장 밥티스트 마리(Vianney, Jean Baptiste Marie, 1786~1859) 성인 : 본당 신부들의 수호성인. 성적이 좋지 못하여 퇴학당하였으나 신심과 성품을 인정받아 사제 서품을 받았다. 42년 동안 아르스에서 사제 생활을 하였고, 고해 신부로 명성을 떨쳤다. 1905년 1월 8일 시복되고, 1925년 5월 31일 시성되었다.

안네 성인의 제대 앞에 가서 기구할 때 그 시체 모신 것을 보니, 그 성인을 생존 시에 면대함과 같이 반가워하였노라. 얼마 동안 기구한 후에 성당 안과 제의실[236] 그런 데를 다 자세히 살펴보니 모든 것이 내 눈에 닥뜨리는 대로 좋은 감상을 일으키더라.

이 아르스는 작은 촌에 있는 작은 교구인 고로 성인이 수십 년 동안 거하셨으되, 성당은 매우 작고, 또 성인이 상사(常事)하신 지가 불과 몇십 년인 고로, 그 고해 주시던 고해소가 그대로 있는데 법대로 잘 만든 고해소가 아니오. 작은 제의실 옆에서 고해성사를 주셨으며, 제의실이나 고해소나 아주 신빈지덕(神貧之德)[237]과 검소한 덕을 드러내니, 대저 좋은 나무로 잘 만들지 못하고 아주 헐한 나무판자 쪽으로 거칠게 만들었으며, 한편이 깨어지기도 하고 험하여 보기는 아름답지 못하나 성인이 친히 쓰시던 것인 고로 온전히 그대로 보배같이 보존하여 두더라.

지금 당하여는 성당이 매우 협착(狹窄)한 고로 이전 성당의 제대 칸을 헐고 뒤로 조금 늘렸으나 몇백 명밖에 더 들어갈 수가 없어 많은 참배자들이 매우 옹색하게 지내었노라. 그때에는 3일 기도를 거행하기로 모든 것을 준비하는 중이니, 대저 그 성인이 성인품에 오르신 후 아직까지 3일 기구를 거행하지 못하고, 8월 2, 3, 4, 삼 일 동안에 감사하는 기구를 거행할 터인데, 홍의 재상 2위, 주교 15위가 오신다 하며, 그 본 지방 주교는 주인이신 고로 벌써 오셔서 모든 일을 지휘하시는데 찾아가 뵈오니 반가이 인사하신 후 성인이 거처하시던 집과 방과 그 모든 물건을 가르쳐 주시더라. 성당이 협착한 고로 대미사를 성당에서 드리지 못하겠는 고로, 마당에 제대를 꾸미는데 마당도 광활치 못하여 사람이 조밀하

---

236 원문은 '제의청'으로 되어 있으나 현행 표기인 '제의실(祭衣室)'로 바꾸었다.
237 하느님을 위하여 가난을 참는 덕.

게 설지라도 3천 명밖에는 더 들어가지 못하겠더라.

　내 마음을 제일 감동케 하는 바는 그 성인이 쓰시던 물건이라. 해어지고 검소한 수단 주의,238 쓰시던 갓,239 다른 의복, 순갈, 그릇 그런 모든 것은 다 신빈지덕과 고신극기의 덕을 드러내더라. 성인이 잡수시던 음식은 매일(에) 감자 삶은 것 몇 개와 냉수뿐이었다 하니, 성인들은 이와 같이 가난과 극기로 사셨거늘 우리는 어찌 호의호식을 탐하는고. 할 수 없이 당하는 가난과 주림을 감수할지로다.

　지금 본당 신부가 모든 참배자들에게 성인의 행적을 대략 진술할 때에 내가 제일 마음에 감동되던 바는, 성 비안네 신부가 고해성사를 주시던 사정이라. 성인이 생존하셨을 때에 벌써 성인인 줄을 모든 이가 아는 고로, 매일 고해자가 사방에서 모여오매 성인이 매일 고해성사 주신 시간은 10시(간) 내지 18시(간) 동안이었다 하니, 이 어찌 놀랍지 아니하리오. 이는 지극히 어려운 일이로다. 성인이 또 사람의 마음속을 통투(通透)240하시는 고로, 고해자가 혹 잊어버리고 고하지 아니하는 죄를 가르쳐 주시며, 혹 수십 년 냉담하다가 고해하러 온 자는 그 고해한 지 몇 해 된 것을 잊어버린 고로, 잘못 대면 성인이 그 고해한 지 몇 해 된 것을 다 똑똑히 대어 주셨다 하더라.

238　여기서 '주의'는 '主衣'로 추측되어, 사제복을 의미하는 듯하다.
239　성직자들이 전통적으로 착용하던 각진 사각형 모자라면 비레타([영]biretta)일 것이다.
240　사리를 꿰뚫어 환히 앎.

제591호(1926년 6월 15일), 250~253쪽
로마 여행 일기 [17]

▲ 8월 2일 프랑스 파리에 도착

파리에는 외방전교회 본부, 유명한 성전과 성당이 많으니 이는 다 차례대로 진술하려니와, 먼저 파리 시가의 화려하고 청결함을 말하건대, 이 도성은 세계 모든 대읍(大邑) 중에 제일 화려하고 정결하기로 유명한 읍내라. 궁궐, 관사, 상점들이 굉장하고 화려하거니와 도로는 가장 청결하여 오예물(汚穢物)[241]과 먼지가 도무지 없는 고로 아무리 바람이 불지라도 눈을 마음대로 뜨고 다니겠으며 신에 아무것도 묻는 것이 없더라. 그 길은 돌이나 벽돌 같은 단단한 것으로 하지 아니하고 오직 나무를 벽돌 같이 잘라서 타마유[242] 같은 기름으로 절여서 길바닥에 깔고 그 위에 무슨 진(津) 같은 것을 발랐으매, 마치 조선의 장판 방바닥 같고 사람이 그 위에 다닐 때에는 마치 고무판 위에 다님 같아 발바닥도 마치지[243] 아니하고 머릿골도 울리지 아니하더라.

지중(地中) 전차

이런 큰 읍내에는 인총(人總)이 많은 고로 만일 지면에 전차, 전간목(電杆木),[244] 전홧줄 그런 것을 설치할 양이면 대단히 복잡하겠는 고로 이 모든 것을 다 땅속에 배치하였더라. 이러므로 어떤 사람이 이런 배치를 모

---

241 지저분하고 더러운 물건.
242 석탄을 건류(乾溜)할 때 생기는 기름 상태의 끈끈한 검은 액체. 함석·철재 등의 방부제로 쓰인다.
243 몸의 어느 부분에 무엇이 부딪는 것처럼 걸리지.
244 전봇대.

르고 처음으로 파리에 와 보니 전차, 전화, 전간목 그런 것이 도무지 없는지라. 스스로 말하기를 파리가 유명하다 하더니 아직 전차, 전보 그런 것도 설시하지 아니하였다는 말도 있었다더라. 이런 모든 것을 다 땅속으로 장치하였으니 필경 시가에 다니기가 복잡하지 않을 듯하나 그럴지라도 사람이 어떻게 많고 자동차가 어떻게 많은지 마음을 놓고 다니지 못하였으며 큰 거리 골목 같은 데는 가끔 한참씩 머물다가 지나갔노라.

지중 전찻길은 지면에서 한 5~6길을 파 내려가서 만들었는데, 그 속에 들어가 보면 전등으로써 백주(白晝)같이 밝히고, 정류장과 차 바꾸어 타는 데가 다 있어 아주 편리하고, 이 전찻길은 보통 기찻길과 같이 넓으며, 전차가 떠나면 문이 저절로 닫히고 어느 정류장에 가서 서면 문이 또 저절로 열리게 마련하였으며, 또 지중 전찻길은 땅속에 있는 고로 길 양옆에나 혹 전차 다라가는[245] 앞에 도무지 아무것도 없어 조심할 것이 없는 고로, 극속력으로 행하여 기차나 자동차보다도 몇 배가 더 빠르더라. 한 가지 더욱 기이한 것은 파리 시가를 횡단하는 강[246] 하나가 있는데 이 강이 있는 데는 전찻길을 강바닥 밑으로 내었으매 다른 데보다 더 깊겠으며, 또 땅속인 고로 여름에는 서늘하고 겨울에는 덜 추울 듯하며, 이와 같이 땅속에 전찻길이 거미줄같이 있어 어떤 방면이든지 찾아갈 만하고 값도 비싸지 아니하여 불과 몇 전이면 온 시내를 돌아다니겠더라.

▲ 파리 외방전교회 본부와 신품 학원

파리 외방전교회는 성교회 역사상에 유명할 뿐 아니라 특별히 조선 성교회와 크게 관계가 있으니, 대저 조선 성교회의 첫 주교 바르톨로메

---

245 '달려가는'의 옛말.
246 프랑스 중북부를 흐르는 776km의 센(Seine)강으로, 프랑스에서 3번째로 길다.

오 소(蘇) 주교[247]로부터 금일까지 110여 위 신부들은 다 이 회의 신부로서 우리 조선에 와서 천신만고 중에 전교하다가 치명도 하시고 와서 종신도 하시어 그 유골까지 조선 땅에 붙여주셨도다. 이 회는 조선, 일본, 청국, 안남, 섬라(暹羅),[248] 면전(緬甸),[249] 인도 등지 37처 전교 구역(주교 교구)에 전교하고, 이 회의 총장 게브리앙 주교 각하는 이 본부에 계셔 신품 학원 및 37처 전교 구역을 지배하시더라.

이 파리 외방전교회는 강생 후 1658년 곧 268년 전에 창설되었으니 그 창설자는 다른 회와 같이 한 사람이 아니요 오직 3위 주교가 한가지로 창설하셨으니 곧 프란치스코 팔뤼[250] 각하, 베드로 랑베르 드 라 모트[251] 주교 각하, 이냐시오 코톨랭디[252] 주교 각하이며, 이 회의 본부 겸 신품 학원은 강생 후 1663년 곧 263년 전에 파리에 건설하였으니, 인하여 파리 외방전교회라 명칭하니라.

이 신품 학원은 근 3백 년 되는 기념적 건축물인데 대단히 굉장 광활하며 4~5층이나 되고, 동산도 넓으며 비록 대도회(大都會) 가운데에 있으

---

[247] 브뤼기에르(B. Bruguière, 蘇, 바르톨로메오, 1792~1835) 주교 : 1831년 9월 9일 초대 조선 대목구장으로 임명되어 조선 입국을 위해 애썼으나 뜻을 이루지 못하고 1835년 10월 20일 달단의 교우촌 마가자(馬架子)에서 선종하고 말았다.
[248] 시암(Siam)의 음역어. 1939년 6월 국호를 시암에서 '타이'로 고쳤으나, 1945년 9월에 다시 시암으로 되돌렸다가 1949년 5월 11일에 다시 타이로 고쳐 현재에 이른다.
[249] 미얀마(Myanmar)의 음역어. 1989년 6월까지는 '버마(Burma)'라고 하였다.
[250] 팔뤼(F. Pallu, 프란치스코, 1626~1684) 주교 : 파리 외방전교회 선교사로, 1658년 주교 승품 후 통킹의 대주교가 되어 라오스와 중국 남서부에서 활동하였다. 1665년에는 시암 왕국의 아유타야(Ayutthaya)에 성 요셉 신학교를 설립하기도 하였다.
[251] 랑베르 드 라 모트(P. Lambert de la Motte, 郎伯爾, 베드로, 1624~1679) 주교 : 파리 외방전교회 선교사로, 1655년 12월 27일 사제 서품을 받았고, 1660년 6월 11일 주교 승품 후 태국 시암, 통킹, 코친차이나 등지에서 활동하였다.
[252] 코톨랭디(I. Cotolendi, 이냐시오, 1630~1662) 주교 : 파리 외방전교회 선교사로, 1660년 7월 11일 주교 승품 후 중국 남경(南京)에서 활동하였다.

나 매우 고요하여 공부하기에 조당(阻擋)²⁵³이 없고 여러 층에 오르내리는 층층대는 돌이나 혹 양회(洋灰)로 만들었으되, 사람들이 수백 년 동안 오르내린 고로 움욱하게²⁵⁴ 파인 것을 보면, 그 가옥의 연령을 가히 짐작할 만하고, 집이 대단히 크고 넓고 또 여러 층인 고로 한집에서라도 서로 찾아보기가 매우 어려운 고로 종을 쳐서 서로 면회하게 하였는데, 온 집안 안에 가히 들릴 만한 종을 달아두고 누구를 만나고자 하면 그 종 있는 데 가서 만나고자 하는 사람이 거처하는 층수와 그 방의 번호 수를 치면, 호출된 사람이 알아듣고 그 종 있는 데 가서 면회하게 마련하였더라.

내가 이 학원에서 유숙하던 층은 제3층이요 방의 번호 수는 48번이니, 누가 만일 나를 보고자 하면 종 있는 데 가서 종을 땡땡 3차 치고 그다음에는 또 48번을 땡땡 치면 나는 곧 누가 나를 부르는 줄을 알고 그 종 있는 데 가서 면회하게 마련한 것이라. 이러므로 이 초인종 치는 소리가 나면 집안 각 사람이 조심하여 그 종 치는 소리의 번수를 세어보아 혹 자기를 부르는지 아니 부르는지 알더라.

이 신품 학원에서 신부 되어 각 전교 지방으로 나간 이는 처음부터 다 회계하면 아마 근 만 명이나 될 듯하며, 또 치명하여 이미 복자 된 이도 여러 위 되는지라. 이 치명 복자들이 전에 이 학원에서 거처하시던 방이 지금까지 다 있는지라. 어떤 방에 들어가 보면 네모진 대리석에 새겨 벽에 붙인 것이 있어 "이 방은 아무 치명 복자가 거처하시던 방이라." 하였는데, 조선에 오시어 전교하시다가 치명하신 주교나 신부의 방도 다 그와 같이 새겨 붙인 것을 보고 감동지심을 발하여 속으로 이르되 아무 주교와 아무 신부가 이 방에서 사시며 공부하셨구나 하였노라.

---

253 장애(障碍).
254 『한불자전』에 따르면, '오목하게'라는 뜻이다.

치명자들의 유물

이 집은 본회의 본부인 고로 전교 지방에 가서 치명하시고 복자 되신 이들이 쓰시던 물건, 형벌 받으시던 기계, 그런 모든 유물을 다 모아 정결한 방에 모셔 두고 각각 다 기록하여 붙였는데 조선에서 치명하신 주교·신부의 유물도 보았으니, 곧 충청도 공주 마곡사에서 찾은 성물과 안성 미리내 산에서 얻은 성작(聖爵) 그런 것도 다 여기 보존하여 두었더라.

신품 학원 성당

수백 명(의) 신(학)생들을 가히 용납할 성당이 있는데 매우 아름답고 성당 좌우 벽상에는 본회 치명 복자들의 상본을 크게 그렸으며, 신(학)생들이 앉는 걸상은 아주 붙박이로 튼튼하고 묘하게 마련하였고, 성당 끝에는 철 난간을 하였는데 그 철 난간 밖에는 세속 교우들이 와서 참례하게 하였는데 날마다 보니 많은 교우, 특별히 여교우들이 아침결에 무슨 사무나 무슨 생애(生涯)하러[255] 가기 전에 혹 지날 길에 이 성당에 들어와서 정성으로 성체 조배를 하고, 또 저녁때에도 이와 같이 와서 열심으로 조배함을 보니 내 마음에 즐겁고 많은 위로를 받았노라.

지하 성당

위에 말한 성당 밑에는 지하 성당이 있어 제대가 10여 처인데 본회 치명 복자들의 유골을 모셨더라. 내가 이 지하 성당에서 월여 간 미사를 드리고 동방 예절[256]의 아르메니아 예절로 지내는 대미사도 수차 참례하

---

255 『한불자전』에 의하면 '자신이 일을 하여 먹고 살다'는 뜻이다.
256 동방 교회의 전례 즉 동방 전례(東方典禮)는 안티오키아 형태와 알렉산드리아 형태로 나뉘는데, 아르메니아(Armenia) 예절은 전자에 속한다.

였노라. 파리 같은 대처(大處)[257]에는 천하 각국 사람들이 많은 중, 동방 예절 교우들도 적지 아니하더라. 들으니 동방 예절의 그리스 교우들은 따로 자기네 성당이 있으되, 아르메니아 교우들은 아직 자기네 성당을 따로 마련하지 못하고 신품 학원 지하 성당을 빌려 매 주일 오전 10시에 아르메니아 예절로 대미사를 드리는데, 아르메니아 교우들이 와서 참례하는 자는 남녀 교우가 한 70명 되는데 다 열심하더라.

제592호(1926년 6월 30일), 271~273쪽
로마 여행 일기 [18]

▲ 비에브르(Bièvres) 신품 소학원

파리 외방전교회의 신품 학원은 대·소 2부로 나누어, 신품 대학원은 이미 말함과 같이 파리 외방전교회 본부에 함께 배치하였는데, 신학생이 80명이요 신품 소학원은 파리에서 10여 리 되는 비에브르에 있는데[258] 신학생이 50여 명이러라. 내가 다른 신부와 한가지로 이 소학원을 심방하고자 하여 가서 보니 그 기지와 학원 건축물이 대단히 굉장하고 경처(景處)가 절승하더라. 그 학원 신사(神士)들의 말을 들으니 이 기지와 학원은 한 열심하고 부귀한 부인이 기부한 것이라 하는데, 이 기지는 대단히 광활하며 연포지목(連抱之木)[259]과 각색 수목이 성림(成林)하고 연못과 정자와 운동장과 채전(菜田)과 과원(果園)과 화원을 다 구비하였으며, 굉장한

---

[257] 사람이 많이 살고 상공업이 발달한 번잡한 지역.
[258] 1841년 파리 근교 뫼동(Meudon)에 세워졌다가 1890년에 비에브르로 이전하였다.
[259] 아름드리 큰 나무.

신품 학원도 그 부인이 자당(自當)하여 건축한 것이라 하니, 그런 부인은 참으로 애긍의 진복자이러라. 서울 대성당의 대리석 대제대도 그 부인이 봉헌한 바이니,[260] 그 관후광대(寬厚廣大)한 자선심은 자기 나라 지경 안에 충만하고 극변원방(極邊遠邦)에까지 넘쳤도다.

▲ 새 신부 발정식(發程式)[261]

파리 신품 학원에서 신학을 졸업하고 학덕 성품을 받은 후는 본회 총장에게 차정(差定)[262]함을 받아 각각 전교 지방을 향하여 발정하는데, 먼저 본향 본가에 가서 부모·친척을 마지막 하직하고 파리 학원에 돌아와 발정 준비를 다 한 후, 길 떠나는 날에 발정 예식을 거행하고 기차를 타고 마르세유로 향하여 기선을 타고 자기 전교 지방으로 향하더라. 내가 파리에 머무는 동안에 새 신부의 발정식이 2차례나 있었는데, 2차 다 감격한 마음으로 참례하였노라. 내가 이미 조선에서도 여러 신부에게 이 발정식의 아름다운 의미와 감동되는 사정을 들었더니, 작년에는 실지로 참례하여 보고 많은 감상을 발하였노라.

▲ 식당에서

길 떠나는 날에는 신품 소학원 신사와 신(학)생이 다 파리 신품 대학원에 들어와 함께 오찬을 지내는데, 본회 총장 이하 대·소 신학원 모든 신사와 신(학)생 및 객으로 머무시는 우리 민 주교, 안 주교와

---

260 『뮈텔 주교 일기』 2권, 1898년 5월 13일 자 일기에 체푸(芝罘)에서 도착한 제대를 설치하였다는 내용이 나온다. 그러나 봉헌한 부인에 관한 언급은 없다.
261 지금의 파견식을 말한다. 1차 발정식은 1925년 9월 14일 오후 3시 게브리앙 주교의 훈시로 거행되었고, 발정자는 13명이었다. 2차는 9월 21일 오후 3시 드망즈 주교의 훈시로 10명의 발정식이 거행되었다(『뮈텔 주교 일기』 7, 443~444쪽 참조).
262 사무를 맡김.

다른 주교 2위와 다른 신부들이 함께 앉아 오찬을 마칠 때, 길 떠나는 새 신부들은 각기 술잔을 들고 총장 게브리앙 주교 이하 모든 이에게 돌아다니며 작별을 아뢰며 피차 몇 마디씩 하직과 전송을 교환 진술하더라.

▲ 신학원 동산에서

오후 3시경에는 신학원 화원 가운데 있는 동양식의 독만 한 종을 치고 발정식을 시작하는데, 이 화원은 대단히 광활하며 아름다운 수목과 향기로운 화초가 만발한 가운데 작은 경당이 있으니, 이는 신(학)생들이 매 토요일 저녁에 성모를 찬송하는 경당이라라. 이 경당 안에 촛불을 켜고 길 떠나는 새 신부들은 이 경당 안에 들어가고, 본 학원 일반 신(학)생들은 밖에 있으며, 이 예식에 참례하러 온 안티오키아 총주교, 주교 4위, 신부, 수사, 각처 신(학)생, 새 신부들의 부모·친척, 모모한 신사 및 전교 사업을 귀중히 여기며 열심한 교우들이 허다히 회집(會集)하였더라. 이에 경당 안에 있는 발정할 새 신부들과 밖에 있는 이와 한가지로 서로 성가를 응(應) 하고 계(啓)[263] 하는데, 창(唱)하는 성가는 바다의 별이신 성모 마리아의 참 천주가 "바다의 별이시며", 성모덕서도문(聖母德敍禱文)[264]의 종도의 모후여, 치명자의 모후여, 그런 조목을 창하니 이는 무변대해(無邊大海) 만경창파(萬頃蒼波) 중에 보호하여 주시기를 기구함이라라.

---

[263] 공식적인 기도문이나 성가를 두 사람 이상이 서로 교송(交誦) 또는 교창(交唱)할 때의 그 첫 부분.
[264] 성모 마리아를 공경하는 여러 호칭을 부르며 성모에게 드리는 일련의 탄원 기도로, 현행 '성모 호칭 기도'를 말한다.

▲ 성당에서

 동산에서 성가를 마친 후는 모든 이(가) 다 일제히 신학원 성당에 들어가 착석한 후 총장 게브리앙 주교 각하께서 발정하는 새 신부들을 향하여 교훈하시는 강론은 대략 이러하니, 부모·친척과 고국산천을 떠나 수만 리 극변원방 외교 나라에 가서 복음을 전하며 천주의 말씀을 강론하여, 어둡고 캄캄하고 죽는 그늘 속에 앉아 있는 불쌍한 영혼들을 구함에는 천만 가지 곤란을 당하고, 또한 생명을 희생 삼기까지라도 할지니, 세상만사와 부귀영화와 모든 편익과 안일 및 자기까지 끊음이 필요하도다. 그런즉 그대 동 신부들은 라파엘 천신 및 바다의 별이신 성모를 의지하고 편안히 발섭하여 그대들의 목적되는 전교 구역에 무사(히) 도착하기를 바라노라 하는 그런 말씀으로 격렬히 강론하시더라.

▲ 발정 신부의 발을 친구

 강론이 마치매 발정할 새 신부들이 총장 주교 앞에 가서 꿇어 각각 강복을 받고 대제대 앞 첫 층에 일자로 늘어서더라. 발정 신부 10여 위가 대제대 앞 첫 층에 일자로 늘어선 후는 본회 총장 주교와 다른 주교와 신부들도 다 그 앞에 가서 꿇어 길 떠날 신부들의 발을 먼저 친구하고 다음에 그 얼굴을 친구하며 거룩한 말 몇 마디로 피차 서로 이별하는 것을 보면 아무 교우라도 마음이 감동하고 감격한 눈물을 흘리리라.

 이 예식의 뜻을 잠잠히 생각하면서 실로 감격한 정을 금치 못하였노니, 대저 길 떠나는 새 신부들은 울지 아니하고 오히려 웃고 즐거워하는 모양을 드러내나 이 신부들을 하직하며 친구하는 사람들은 노인이나 또한 작은 아이들도 우는 이가 허다하더라. 주교라도 그 앞에 가서 꿇어 겸손되이 그 발을 친구함은 대저 새 신부들은 10여 년 동안 공부하여 신부 된 후에 부모 및 모든 것을 다 버리고 만리원방(萬里遠邦) 타국 타향에 가서 복음을 전하기로 생명을 바쳐 치명까지라도 하기로 결심한 사람들이라. 이러므로 얼굴보다 먼저 그 발을 친구함은 그 발은 복음을 전하러 다닐 발이요, 천주의 도리를 가르치러 다닐 발이 됨이러라.

이와 같이 친구하며 하직하는 동안은 대단히 장황하여 내가 이 예식에 2차를 참례하였는데 두 번 다 2시(간) 반이나 되더라. 서로 하직하며 하는 말은 다 거룩한 말이요 신덕에서 발하는 말이니, 비컨대 평안히 가시고 항상 강건하여 전교 잘하십시오. 예 고맙소이다. 나를 위하여 기구하여 주시오. 언제나 다시 만날까요. 아주 하직이오. 천당에서나 서로 만납시다. 이와 같은 좋은 말로 피차 이별하니, 새 신부들은 하직하는 각 사람에게 불가불 몇 마디씩 대답을 하는 고로 여러 시(간) 동안에 이도 적지 아니한 곤란이 되겠더라.

이 장황한 이별을 하는 동안에 창대(唱臺)에서는 풍금을 갖추어 이 하직에 상칭(相稱)한 창가를 읊으니 곧 복음의 선을 전파하러 다니는 발과 복음의 평화를 전파하러 다니는 발은 어떻게 곱고 아름다운고. 우리는 그리스도의 군총(軍摠)이라 수고도 두렵지 않고 죽음도 두렵지 아니하노라. 하직이로다, 하직이로다, 아주 하직이로다 하는 그런 노래는 천주를 위하는 사상으로는 위로되고 즐거우나 육정으로는 슬프기도 하여 많은 사람의 자연한 눈물을 재촉하더라. 여교우들은 이 하직 예식을 하지 못하나 그 성당 끝의 철 난간 밖에서 보고 슬피 우는 이도 있는데, 그중에는 길 떠나는 신부들의 모친이나 자매들도 있었더라.

둘째 발정 예식은 9월 21일 성 마태오 종도 첨례날에 거행되었는데, 이번에는 대구 안 주교께서 길 떠나는 새 신부들에게 강론하실 때, 이날은 작년에 시복식을 받으신 복자 라우렌시오 범 주교[265] 및 2위 신부[266]가 치명하시던 날인 고로 이 사정을 인증하여 격렬히 강론하셨더라. 이와 같이 발정식을 마친 후는 모든 이(가) 일제히 정거장에 나가 기차를 타고 마르세유로 향하더라.[267]

제593호(1926년 7월 15일), 295~298쪽
로마 여행 일기 [19]

▲ 파리의 예수 성심 성전[268]

먼저 이 성전의 위치를 말하건대, 파리 북편 끝에 한 산이 있으니 이름은 치명산이라. 이 산상에 성전을 건축하였으니 이 성전에서 내려다보면 온 파리 시내가 눈 아래 벌려 있어 마치 예수 성심께 강복을 받음 같더라. 우리 서울 대성당에서 경성 시내를 내려다보는 것과 대략 같으나, 서울 대성당을 파리 예수 성심 성전에 비길 수 없고, 서울 시가를 파리 시가에 비길 수 없더라.

---

[265] 앵베르(L. Imbert, 范世亨, 라우렌시오, 1796~1839) 주교 : 성인. 제2대 조선 대목구장. 파리 외방전교회 선교사로, 1819년 12월 18일 사제 서품을 받고 중국 선교사로 임명되어 활동하다가 조선 선교를 자원하였다. 1837년 12월 31일 서울에 도착하여 활동하던 중 체포되어 1839년 9월 21일 새남터에서 순교하였다. 1925년 7월 5일 시복되고, 1984년 5월 6일 시성되었다.

[266] 모방(P. Maubant, 羅伯多祿, 베드로, 1803~1839) 신부와 샤스탕(J. Chastan, 鄭牙各伯, 야고보, 1803~1839) 신부를 말한다.

[267] 이날 10명의 선교사 중 베르트랑(Jules Bertrand, 韓聖年, 율리오, 1897~1987) 신부와 몰리마르(Joseph Molimard, 牟, 요셉, 1897~1950) 신부가 조선 선교사로 임명되어 1925년 11월 13일 입국하였다.

[268] 파리 몽마르트르 언덕의 사크레쾨르(Sacré-Coeur de Montmartre) 성당으로, 파리의 초대 주교였던 디오니시오(Dionysius, ?~258) 성인이 순교한 곳에 세워졌다.

이 굉장한 성전을 모두 대리석과 보석으로 건축하였는데 대제대 위의 천장은 마치 조갑지[269] 모양으로 옴옥하게[270] 꾸미고 예수 성심 상본을 크게 그렸는데, 예수가 두 팔을 벌려 마치 파리 인민과 온 프랑스 인민을 인자로이 안음 같으며, 대제대 위의 천장 전면에는 반달 모양으로 휘우듬하게 나가며, 큰 글자로 "예수 성심께 프랑스가 회개하며 효성하며 감사한다."[271] 하는 이런 뜻을 라틴말로 새겼고, 대제대에 촛대 놓는 첫 층 전면에는 옥석으로 12종도의 상을 한편에 6위씩 새겨 모신 것이 기기묘묘하더라.

허다한 옆 제대들도 다 보석으로 만든 것인데, 거기 기록한 한 글을 보면 무슨 단체에서 봉헌한 것이 많아 대장들과 사관들 그런 단체에서도 봉헌하였고, 파리 외방전교회에서 봉헌한 기념물도 있더라. 지하 성당에 내려가 보니 이 성전을 건축하기 시작하시던 파리 대주교 홍의 재상 기베르 전하[272]의 분묘와 또 그다음 대주교 홍의 재상의 분묘가 있으니, 이 성전을 건축하는 동안이 여러 해 됨을 가히 짐작하겠고, 역사가 본디 거대한 고로 석상과 동산과 도로 같은 것은 지금도 건축하는 중이러라. 진 신부와 함께 가서 이 성전에서 1차 미사성제를 드렸으니 조선 인물로서 이런 성전에 와서 미사 드린 것을 복된 줄로 여겼노라.

---

269 조개의 껍데기인 '조가비'의 강원·경남·평안도 사투리.
270 『한불자전』에 따르면, '움푹 파이게', '오목하게'라는 뜻이다.
271 라틴어는 "Sacratissimo Cordi Jesu Gallia Poenitens et Devota et Gratia."이다.
272 파리 대주교 조세프 기베르(Joseph Hippolyte Guibert, 1802~1886) 추기경.

▲ 파리 성모 성당[273]

이 성당은 파리에 뿐 아니라 온 프랑스에(서) 제일 크고 화려한 성당인데 이름이 '파리 성모 성당'이며 2만 1천 명이 들어가 참례할 만하니 그 광활함을 가히 추측할 만하도다. 마땅히 알지라. 어느 성당에 몇 명이 들어갈 만하다 함은 걸상 놓고 앉는 것으로 회계하지 아니하나니, 대저 걸상은 크고 작은 분별도 있고 드물고 조밀한 분별도 있음이라. 이러므로 성당 내부의 면적으로 회계하여, 비컨대 성당 내부 면적 1평에 몇 명씩으로 회계하나니, 이렇게 회계하면 공평하고 정밀함이라. 금년 1월 15일 잡지 '여행일기'에 세계에 제일 광대한 성전과 성당 12처를 게재하였거니와 프랑스 '파리 성모 성당'이 광활하기로 제8좌로 정령하였도다.

이 성당은 파리 대주교 뒤부아 홍의 재상[274] 전하의 본당인데 파리 같은 데는 본국 교우뿐 아니라 외국 교우들도 많은 고로, 대주교 홍의 재상 수하에 보좌 주교 2위가 계시며 보좌 주교 중 1위는 순전히 각 외국 교우만 관리하시더라. 서양 여러 성당을 배관할 때에 살펴본즉 큰 성당에는 고해소가 여럿이며 또 각 고해소에는 아주 써 붙이기를 '영어 고해소', '덕어(德語, 독일어) 고해소', '스페인어 고해소' 이렇게 각국 말의 고해소가 있으되 동양 말 고해소는 하나도 없어 조선어 고해소도 없고 일(본)어 고해소도 없고 한어 고해소도 없더라. 이를 보면 동양 교우가 서양에 많지 않은 빙거가 드러나니, 대저 조선 교우가 서양에 많을 양이면 일정코 조선어 고해소도 있으리로다.

---

273 파리의 노트르담 대성당(Cathédrale Notre-Dame de Paris)을 말한다. 나폴레옹의 대관식과 빅토르 위고의 소설 『노틀담의 꼽추』로 유명하다. 2019년 4월 큰 화재가 일어나 첨탑과 13세기의 목조 지붕이 소실되었다.

274 뒤부아(Louis-Ernest Dubois, 1856~1929) 추기경 : 1879년 9월 20일 사제 서품을 받고, 1916년 12월 4일 추기경이 되었으며, 1920년 12월 13일 파리 대주교로 임명되었다.

8월 15일 성모 몽소 승천 대첨례날에는 이 성당에서 홍의 재상 뒤부아 전하께서 오전 10시에 대례 미사를 거행하시는 고로 우리 민 주교 각하와 파리 우리 당가 제라르 신부와 함께 가서 참례하였노라. 그날은 대첨례인 고로 그렇듯이 광활한 성당 안에 교우들이 가득히 모였고, 창가대는 대풍금을 갖추어 성가를 창하며 대례 미사 끝에는 홍의 재상 전하께서 으레 전대사를 반포하시더라. 이 성당의 모든 것이 다 화려하거니와 성당 벽상에 오색 유리 창경(琉璃窓鏡)[275]은 아주 예전 것이며 또한 특별 제조된 고로, 일기가 청명한 날에 그 성당 안에서 보면 의외(意外)한 성당 좌우 벽상에 매괴화(玫瑰花)가 만발하였더라. 모든 신부의 말을 들으니 지금은 그와 같은 오색 유리 창경을 얻어볼 수 없다[276] 하더라.

▲ 파리 승리의 성모 성당[277]

예수 성심 성전에서 멀지 아니한 곳에 '파리 승리의 성모 성당'이 있으니 이 성당은 비록 굉장하고 광활하진 않으나 대단히 화려하며, 영적이 많이 발현하기로 유명하고 또 이 성당은 '성모 성심회'[278] 본부이니 조선 교우들도 이 성모 성심회에 든 이는 이 성당이 자기의 본회 성당이건만 가서 참배한 이가 몇 명 되지 못하는도다.[279] 성당이 유명한 고로 참배자

---

275 스테인드글라스(stained glass)를 말한다.
276 '찾을 수 없다'의 함경도 사투리.
277 파리 승리의 성모(Notre-Dame des Victoires) 성당은 맨발의 아우구스티노회가 1629년 12월 8일 짓기 시작하여 1740년에 완공하였다. 한기근 신부는 '파리 승전(勝戰) 성모 성당'이라고 하였다.
278 '승리의 성모' 본당 주임 데쥬네트(C.E. Dufriche-Desgenettes, 1778~1860) 신부가 1836년 12월 16일 창설한 신심회. 성모 마리아를 공경하고 성모의 전구로 하느님께 죄인의 회개를 청하는 것을 목적으로 한다.
279 한국의 성모 성심회는 1846년 11월 2일 다블뤼(A. Daveluy, 安敦伊) 신부에 의해 설립되어 박해 시기에도 꾸준히 성장하였다. 그러나 제2차 바티칸 공의회 이후 명맥만 유지해 오다가 레지오 마리애 등 여러 마리아 운동 단체들이 활성화되면서 활동이 많이 위축되었다.

들은 낮에 뿐 아니라 밤에도 그치지 아니하고 또 참배자 신부들은 이 성당에서 미사 한 번 드리기가 소원인 고로, 성모 제대에 매일 미사가 허다하여 오시(午時)까지 항상 미사가 연속부절(連續不絕)하고 미사 드리는 신부가 많은 고로, 그 성모 제대에서 미사 드릴 신부는 미리 제의를 다 입고 있다가 먼저 미사가 끝나면 곧 들어가서 미사를 드리게 하여, 성당지기는 이와 같이 예비시키더라. 나도 한번 이 성당 성모 제대에서 미사 한 번 드리기를 원하여 식전에 진 신부와 함께 자동차를 타고 가서 소원을 이루었으며, 이와 같은 특별한 성지 성당에서 미사를 드릴 때에는 그때 독자들 및 모든 벗들을 위하여 미사 중 기념을 특별히 하였노라.

▲ 성 빈첸시오 수녀원 성당 내의 성모 발현 제대

파리 외방전교회 본부에서 아주 가까이 성 빈첸시오회 본부가 있고 또 성 빈첸시오 수녀원도 아주 가까이 있는데, 전에 이미 말함과 같이 거금(距今)[280] 대략 1백 년 이내에 프랑스에 성모의 유명한 발현이 4차(례)인바, 1차는 지금 말하는바 파리 성 빈첸시오 수녀원 내 성당이라. 다른 신부 1위와 함께 그 수녀원에 가서 성모가 발현하시던 제대 앞에 꿇어 한참 조배하였으나, 이 성당은 수녀들의 성당인 고로 불편할까 염려하여 그 제대에(서) 미사 드리기를 감히 청하지 못하였노라. 조선 교우들이 흔히 모시는 성모 무염 원죄 패(성모가 양팔을 내리시고 그 양손에서 은혜를 내리는 모양으로 만든 패)라 하는 패[281]는 성모가 이 수녀원 성당에 발현하시던 모상을 모본(으로) 하여 만든 것이니라.

---

[280] 지금을 기준으로 지나간 어느 때까지 거슬러 올라가서.
[281] 성모 마리아가 1830년 11월 27일 가타리나 라부레(C. Labouré, 1806~1876)에게 두 번째 발현하여 당신의 발현 모습대로 메달을 만들어 지니는 사람은 큰 은총을 받을 것이라고 하였다는 패로, '기적의 메달'이라고 한다.

이외에 성 쉴피스 성당[282]도 대단히 굉장 광활하고, 성녀 막달레나 성당[283]도 매우 굉장한데, 한번은 이 성당에 조배하러 가보니 그날은 마침 첫 첨례 6[284]인 고로 오후에 성체 강복을 거행하며, 1위 신부가 높은 강대에서 꿇어 천하 만민을 예수 성심께 바치는 경을 염하는데, 참례하는 교우가 허다하며 그 열심이 외모에도 드러나더라. 파리 첫 주교 성 디오니시오 성당[285]도 찬란하며, 성 프란치스코 하비에르 성당[286]은 파리 (신)학당에서 가까이 있는 고로 가끔 가서 조배하였거니와 그 성당은 건축한 지가 불과 1백 년 이내인 고로, 아직 새 건축으로 보이며, 작년에 우리 치명 복자의 3일 기구를 이 성당에서 거행하였도다. 우리 경성에는 성당이 다만 1처뿐이로되 파리 같은 데는 성당이 허다하고 궁궐 상층에도 성당이 있으니, 유명한 베르사유(Versailles) 궁궐 상층에도 성당이 있어 보기에 아름다우니, 세속에서는 제왕의 궁궐을 모든 건축물 중에 제일 존중히 여기나 성당은 제왕의 궁궐보다도 더 거룩한 궁궐인 고로 궁궐 상층에 성당을 마련하였더라.

---

[282] 파리 생 쉴피스 성당(Église Saint-Sulpice)은 파리에서 노트르담 대성당 다음으로 큰 성당으로, 1646년부터 건축을 시작하여 1870년에 완공하였다.

[283] 파리 성녀 막달레나 성당(Église de la Madeleine)은 나폴레옹 군대의 영광을 기리기 위한 신전으로 설계되어 1763년 공사가 시작되었다가 나폴레옹 실각 후 1828년 완공되어 루이 18세에 의해 1842년 7월 24일 성녀 마리아 막달레나(Mary Magdalen)에게 봉헌되었다.

[284] 매달 첫 번째 금요일로, 예수 성심을 지향으로 기도하는 날을 말한다. 매월 첫 목요일은 '첫 첨례 5'로 성직자·수도자를 지향으로, 매월 첫 토요일은 '첫 첨례 7'로 성모 마리아를 지향으로 한다.

[285] 파리의 초대 주교 디오니시오(Dionysius, ?~258) 성인은 참수당한 후 자신의 머리를 들고 파리 북쪽을 향하여 걸어갔다는 전설이 있는데, 파리 생 드니 대성당(Basilique Saint-Denis)은 디오니시오가 매장된 장소에 세워진 기념 성당이다.

[286] 파리 성 프란시스 자비에 성당(Église Saint-François-Xavier)은 1861년 공사를 시작하여 1874년 완공한 후 1894년 5월 23일 선교의 수호성인 프란치스코 하비에르(F. Xavier, 1506~1582)에게 봉헌되었다. 성심 수녀회를 창립한 마들렌 소피 바라(M.S. Barat, 1779~1865) 성녀의 유품도 이곳에 보관되어 있다.

제594호(1926년 7월 31일), 320~323쪽
로마 여행 일기 [20]

▲ 루르드(Lourdes) 성모 발현 성지 참배

8월 15일 성모 몽소 승천 대첨례일에 '파리 성모 성당'에서 파리 홍의재상 전하의 대례 미사를 참례하고 그날 오후 7시에 파리역에서 최대 급행열차를 타고 루르드 성모께로 향하였노라. 밤인 고로 철도 연변의 경치는 보지 못하고 오직 새벽에 신공을 마치고 차 우편을 향하여 보니 수목이 성림하여 울울창창한 피레네(Pyrénées) 산줄기가 보이기 시작하고 점점 더 가니 마사비엘(Massabielle) 굴 앞을 경유하여 내려오는 가브드포(Gave de Pau) 강물이 성지의 가까움을 보(報)하는데, 이 강은 큰 산에서 흐르는 강인 고로 넓지는 아니하나 흐르는 형세(가) 활발하여 수력이 대단하더라. 점점 나아가니 기차가 마사비엘 굴 앞으로 과히 멀지 않게 지나는 고로 성모상 앞에 켠 수백 쌍의 성촉(聖燭)은 천상의 별과 같이 비추고, 루르드 성전 고탑이 완연히 보이더라.

16일 오전 8시에 루르드 정거장에 도착하여 여관을 정하고 행리(行李)[287]를 맡긴 후 매괴(玫瑰) 성당[288]에 가서 미사를 드릴 때, 나의 습관대로 미사 중 생존자를 위하여 기념하는 경문 중에 나의 친척과 사랑하온 독자들 및 모든 친우를 위하여 기념 기구하였노라. 이 성당과 성전은 바로 마사비엘 굴 옆 높은 대상에 있는 고로, 미사 후 굴 앞에 가서 성모상 대전에 꿇어 성체 후송(聖體後頌)[289]을 행하고, 여관에 돌아와 조반을

---

287 여행할 때 쓰는 물건과 차림.
288 루르드의 '원죄 없이 잉태되신 성모 대성전' 후면부에 여러 소성당이 있는데, 그중 로사리오의 성모에게 봉헌된 소성당을 말한다.
289 '영성체 후 기도'를 말한다.

요기하였노라.

▲ 마사비엘 (동)굴(Grotte de Massabielle)

성모가 발현하신 자리와 이 거룩한 굴의 사정은 「루르드 성모 역사」[290]에(서) 신목(神目)[291]으로만 보았더니 이제는 실지 육목(肉目)으로 보매 마치 베르나데트 복녀가 성모를 뵈올 때와 같이 즐거워하여 감동지심을 발하였노라. 이 굴은 대단히 큰 굴인데, 살펴보니 발현 당시와 같이 그저 천연적으로 둔 것이 아니요 다소간 인공으로 바위를 쪼아내어 더 크고 더 묘하게 만든 것 같으며, 굴 좌편 지면에서 한 두어 길가량 높은 곳은 곧 성모가 발현하시어 서시던 자리인데, 바로 그 자리에 대리석으로 만든 성모상을 모시고, 그 발밑에서는 야매괴(野玫瑰, 찔레) 연출이 있게 하였으며, 굴 우편에는 베르나데트가 한 손에 성촉을 잡고 한 손에는 묵주를 들고 성모를 쳐다보며 염경하는 석상이 있어야 온전히 발현 당시와 같을 터인데, 베르나데트가 아직 복녀가 되지 못한 고로 이 석상이 없더라. 그러나 지금은 복녀가 되셨은즉 일정코 이와 같은 석상이 있으리로다.[292]

굴 정면 앞에는 제대 하나를 건설하였고, 제대 뒤로는 밤에나 낮에나 항상 수백의 성촉을 켜며, 참배자들이 성모가 밟으시던 바위를 친구하기 위하며 굴 좌편 성모상 계신 데로부터 시작하여 제대 뒤로 한 바퀴를 돌아 굴 우편으로 나오더라. 굴을 한 바퀴 돌아 나오려면 마치 정거

---

[290] 『경향잡지』 제279호(1913년 6월 15일)부터 제333호(1915년 8월)까지 34회에 걸쳐 연재되었고, 1923년 경성부 명치정 천주당에서 김한수(라우렌시오) 번역으로 『루르드 성모 력ᄉ』를 펴냈다.
[291] 『한불자전』에서는 '영혼의 눈'이라고 풀이하였고, 육목(肉目)은 '육체의 눈'이라 하였다.
[292] 1925년 6월 14일 시복된 뒤 1933년 12월 8일에 시성되었다.

장에서 차표(를) 사러 들어가는 것처럼 한 줄로 서서 차례로 들어가는데, 흔히 보니 참배자마다 초 몇 개씩 사 가지고 바위를 친구하러 들어갈 때에 마치 성모께 예물을 바치는 것처럼 성당지기에게 주는 고로 성당지기 일 인이 거기 항상 서서 받더라. 어떤 이는 초 없이 들어가기도 하나 나도 동행하던 신부와 함께 5프랑짜리 큰 초 한 개씩 사 들고, 성모가 밟으시던 돌을 친구하러 들어가서 이 초를 정성으로 바쳤으나 너무 미소한 고로 성모께서 즐겨 받으셨을까 지금까지 미안하노라.

들어가서 그 바위를 친구하니 마음에 즐거워하였노라. 몇십만 명이 그 돌을 친구한 고로 돌이 반들반들하게 닳았으며, 무수한 참배자들이 그 돌을 정성으로 친구하는 것을 보았거니와, 특별히 부인 참배자들은 허다한 사람의 입(이) 닿았던 자리에 자기 입을 닿기가 싫은 고로 휴지로 바윗돌을 싹싹 닦은 후에 친구하더라. 나도 또한 그와 같이 돌을 손으로 문지르고 친구하였으나 이는 마음에 닦은 줄로 생각할 뿐이요 실상은 닦아지지는 아니하였으리로다.

▲ 영적의 샘

굴 우편에 즉시 영적 샘물이 사시에 항상 풍성히 흐르니 이는 베르나데트 복녀가 성모의 지시하심을 받아 그 잔약(孱弱)한 손으로 판 샘물이라. 그 옆으로 물을 인도하여 수십 개 물고동[293]을 장치하여 두었으매, 아무라도 마음대로 그 물고동을 틀고 물을 마시며, 기념적으로 병에 넣어가기도 하더라. 모든 참배자에게 편리를 주고자 하여 각 상점에는 그 영적 수(를) 담아갈 대소의 병을 허다히 팔더라. 그 샘물을 또 인도하여 목욕실 안으로 들어오게 하고, 목욕실은 남녀를 위하여 각각 한 채씩

---

293 수도꼭지.

지었는데, 그 목욕실에는 아무나 들어가지 못하고 오직 병자가 허가를 맡아 들어가는 고로 그 목욕실 안에는 들어가 보지 못하였노라.

▲ 가브드포(Gave de Pau)강

굴의 위치와 그 지형과 강줄기를 살펴보니, 전에는 강물이 굴 앞으로 아주 가까이 지나가는 고로, 참배자들이 꿇어 기구할 자리가 옹색한 고로 강을 저편으로 물리고, 굴 앞에 광활한 마당을 예비하였는데 수천 명이 가히 설 만하더라. 그때는 성모 승천 때인 고로 참배자가 비교적 더 많고 또 벨기에(白耳義) 참배 단체가 온 고로 참배자는 한 4만 (명) 되어 보이며, 참배자가 많음에 따라 병자도 2백여 명 되어 보이는데, 중병자는 들것에 누운 채로 굴 앞에 갖다두어 기구하게 하고, 덜 중한 병자는 인력거를 타고 와서 그 앞에서 기구하고, 도무지 모든 사람이 고요히 있어 기구할 때 어떤 이는 팔을 벌리고 장궤하여 기구하더라. 누구든지 열심으로 정성으로 기구하는 모양을 보려 하면 마사비엘 굴 앞에 가야 얻어 볼러라.

▲ 영적을 받은 증거물

마사비엘 굴에 성모가 발현하신 후로 무수한 영적이 나타남은 우리가 다 아는 바이거니와, 병자들이 몸을 의지하고 왔던 송엽장(松葉杖, 겨드랑이에 의지하는 편은 두 갈래로 나누어 마치 솔 잎새 같은 고로 송엽장 지팡이라 함)(을) 굴 좌우에 걸어둔 것은 몇백 개인지 셀 수 없고, 굴 좌편 성모상 옆에는 강대를 마련하였는데, 참배 단체를 영솔(領率)하고 온 주교나 혹 신부가 그 강대에서 강론도 하고 모든 이(가) 통경(通經)294할 때에 경문을 계(啓) 하기

---

294 두 사람 이상의 사적 모임이나 공적 단체가 염경 기도를 드릴 때 서로 번갈아 가며 소리를

도 하는데, 매괴 신공을 여러 번 참례하였거니와, 성모경 10번을 낭송한 후 영광경은 노래로 창하는 것이 매우 듣기 좋더라. 이 강대 옆에도 영적을 받은 표로 지팡이를 걸어 둔 것이 허다하더라. 굴 앞 광활한 마당은 하늘을 가리는 천장이 없어 태양의 열이 심할 때에는 견디기가 어려우나, 모든 이는 더움을 무릅쓰고 열심 기구하며, 산그늘이 있을 때에는 덥지 아니한 고로 기구하는 사람이 더욱 많더라.

어떤 부인은 성패와 묵주 그런 성물을 사 가지고 와서 성모가 밟으시던 바윗돌에 그 성물을 다 문질러 기념을 삼고자 하여, 패를 다 각각 바윗돌에 문지르되 패의 양면을 다 문지르기로 오랫동안 서서 수백 개를 문지르는 것을 보니 아무 데든지 여교우는 이런 사정에 더욱 열심하더라.

제595호(1926년 8월 15일), 345~348쪽
로마 여행 일기 [21]

▲ 루르드 성전[295]

루르드 성전은 2층 성당이니 아래층은 '매괴 성당'인데 지하 성당이요 위층은 굉장하고 화려한 성전이라. 이 성전 탑이 대단히 높은 고로, 이 성지에 오는 참배자들은 득달하기 전부터 멀리서 보겠더라. 이 성전의 대제대는 대단히 아름답게 꾸몄으니 실지에 가보기 전(에) 말하여도 똑똑히 알아들을 수 없으며, 대제대 좌우편으로부터 정문까지 나오는 사

내어 기도문을 읽음. 또는 그 기도문. 주송(主誦)과 응송(應誦)으로 나뉜다.
295 1876년에 봉헌된 고딕 양식의 '원죄 없이 잉태되신 성모 대성전'이다.

이에는 옆 제대가 허다하니, 이는 참배자들 중에 주교·신부가 허다함이러라.

▲ 루르드 성전에 조선 주교·신부의 표적

내가 루르드에 들어가던 첫날 미사는 매괴 성당에서 드리고, 그다음 양일에는 대성전에서 드렸는데, 전부터 이 성전 안에 조선 주교·신부의 표적이 있는 줄을 안 고로, 성전에 들어가서 유심히 사방에 살펴보니 과연 대제대 우편 옆 제대들 중에 한 제대 칸에 있더라. 그때에 참배자는 4만여 명 되나 신부는 많지 아니하여 제대가 많이 남아 있는 고로 2일간에 다 이 제대 칸에 가서 미사를 드렸노라.

마땅히 알지라. 이 성전과 매괴 성당 모든 벽은 네모진 옥석 판으로 하였는데, 이 옥석 판은 그저 붙인 것이 아니요 오직 성모께 은혜받은 사람들이 자기가 은혜받은 사정과 주소·성명과 연월일을 그 옥석 판에 새겨 바친 것인데, 혹 사방 1척 혹 사방 2척 혹 사방 3척 이와 같이 간격을 맞추어 일매지고[296] 보기

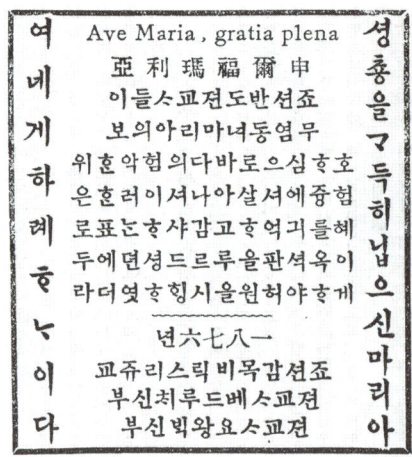

좋게 하였더라. 조선 주교·신부들이 바친 옥석 판에는 라틴말뿐 아니라 한문, 언문이 섞여 있고, 또 다른 석판보다 더 큰 고로 즉시 알아보기가 쉽더라.

---

296 모두 다 고르게 가지런하고.

이는 1875년에 이 주교, 채 신부, 백 신부(그 후 주교) 3위[297]께서 바다에서 혹독한 풍파를 만나 루르드 성모께 허원하기를 이 풍파에서 살아나면 루르드 성전에 이 옥석 판을 하여 붙이리다 하셨는데 과연 성모의 은혜로 살아나서 그 허원한 것을 시행하신 것이니라. 그 옥석 판의 첫 줄에는 라틴말로 "성총을 가득히 입으신 마리아여, 네게 하례하나이다", 그다음에는 한문으로 申爾福瑪利亞를 기록하고, 그다음에는 성모께 허원하고 은혜받은 사정[298]과 햇수와 직함과 성명을 기록하고 좌우편에는 언문으로 "성총을 ᄀ득히 닙으신 마리아여 네게 하례ᄒᆞᄂᆞ이다"를 두 줄로 기록한 것이 아래와 같더라.

이와 같은 옥석 판으로 성전 벽을 꾸민 것이 매우 보기 좋은데 성전 지하 성당에 들어가 보니 거기도 다 이와 같은 옥석 판으로 벽을 꾸미고, 아직도 붙일 자리가 많이 남았은즉 이후라도 은혜받는 이는 그와 같은 기념적 석판을 붙이겠더라.

▲ 루르드 성전 기지

큰 도회 시가에는 토지가 귀하고 비싼 고로, 마음대로 성당 기지를

---

297 리델(F. Ridel, 李福明, 1830~1884) 주교, 리샤르(P.E. Richard, 蔡, 1842~1880) 신부, 블랑(J. Blanc, 白圭三, 1844~1890) 신부(훗날 제7대 조선 대목구장)를 말한다. 1875년 9월 말 리델 주교는 블랑 신부와 조선 입국을 시도하다가 실패하고, 1876년 4월 29일 블랑 신부와 드게트(V. Deguette, 崔鎭勝, 빅토르, 1848~1889) 신부와 함께 차쿠(岔溝)를 떠나 5월 8일 두 신부를 입국시키고 자신은 차쿠로 돌아왔다. 한편 1866년 조선 선교사로 임명받은 리샤르 신부는 박해로 조선에 입국하지 못하고 차쿠에 13년 동안 머무르면서 조선 입국을 기다리던 중 1880년 9월 19일 장티푸스로 선종하였다는 기록이 전한다. 옥석 판 맨 아래에 봉헌자의 이름 "F.C. RIDEL, P.E. RICHARD, M.J.G. BLANC"이 새겨져 있다.

298 "조선반도 전교사들이 무염 동(정)녀 마리아의 보호하심으로 바다의 험악한 위험 중에서 살아나서 이러한 은혜를 기억하고 감사하는 표로 이 옥석 판을 루르드 성전에 두게 하여 허원을 시행하였더라."라고 새겼다.

마련하지 못하되 이 루르드는 본디 산중 작은 촌이었던 고로 성전 기지를 준비할 때부터 광활하게 정하여 성전 앞 광장은 대단히 넓어 수만 명이 설 만하고 화원도 크게 마련하고, 광장 가에는 보기 좋게 심은 나무들이 벌써 연포지목이 되어 울울창창한 그늘 아래에 참배자들이 쉬기가 매우 편리하더라.

▲ 성모를 찬양하는 시계

성전 고탑에는 큰 시계를 두었는데, 그 시(각) 치는 소리는 대단히 멀리 들리는 중, 한 가지 기이한 것은 이 큰 시계가 시를 치기 전마다 성모를 찬양하는 곡조 한 구절을 노래하고, 그다음에 시를 치게 마련하였으니 그 치는 곡조는 "아베, 아베, 아베, 마리아 아베, 아베, 아베, 마리아" 이 노래의 곡조(이)라. 깊은 밤중 고요한 때에는 사람들의 소리도 도무지 없고 수목 사이에 새들도 다 자느라고 노래를 아니하되, 성전 고탑 위에서는 무령무각(無靈無覺)[299]한 시계가 혼자서 성모를 찬양하는 곡조는 처량하고 반가워 마치 공중에서 지극히 큰 피아노를 치는 것 같더라.

▲ 루르드 산상의 14처 십자성로

성전 옆에는 루르드 교구 주교실이 있고, 그 근처에서부터는 산상으로 올라가는 길을 닦고, 그 길에서부터 14처 십자성로를 건설하였는데, 제1처에서 성로를 시작할 때에는 6~7층 되는 돌층층대를 무릎으로 걸어 올라가서 제1처를 시작하는 법이니, 마치 로마의 성제(聖梯) 성당에 오주 예수가 수난 시에 밟으시던 뜰돌을 친구하러 올라갈 때와 같이 하는 법이라고 교황의 명령을 거기 기록하여 두었더라.

---

299 『한불자전』에서는 '영혼이 없음(생기가 없는 것들, 짐승들에 대해 쓴다)'이라고 풀이하였다.

이 14처의 모든 상들은 실지 사람만큼 크게 만들었는데 다 쇠로 부어서 만든 철상이며, 이와 같은 철상들을 만들기에는 비용이 불소(不少)하였을지라. 처마다 각각 기록하기를 이 처는 벨기에 혹 스페인 혹 무슨 단체에서 봉헌한 것이라 새겨 붙였더라. 이와 같이 꾸민 14처에서 성로선공을 정말 열심으로 하는 사람을 보았노라. 어느 나라 사람인지 일정코 몰라도 아마 벨기에 사람인 듯한 남교우가, 근 50 된 남교우가 서양 신과 양말까지 벗고 돌자갈이 험한 길에 맨발로 다니며 성로선공을 열심으로 행한 후에 다시 양말과 신을 신고 가더라.

▲ 복녀 베르나데트의 집

이 집은 마사비엘 굴에서 멀지 아니하여 한 십 분이나 15분이면 넉넉히 갈 만하더라. 들어가 보니 즉시 알기 쉬운 것은 그 가난하고 가긍(可矜)함이라. 세간살이하던 물건이라 하는 것은 주방에서 쓰던 냄비 같은 것과 물방앗간에서 쓰던 허풍선(噓風扇)[300]인데 다 예전 것이요, 정밀히 만들지 못한 것이러라. 그러나 이제는 귀물이 된 고로 모든 참배자들(이) 기념을 삼기 위하여 그 집의 기둥이나 판자 쪽에서 조금씩 떼어가기 때문에 다 보기 싫게 되는 고로, 지금은 다 철망으로 둘러막아 다시는 떼어가지 못하게 하였더라.

굴 사건에 크게 노력하시던 로랑스 주교[301]의 사진과 페이라말 본당 신부[302]의 사진(을) 잘 꾸며 붙이고, 그 한가운데에는 복녀의 상본을 모

---

300 바람을 일으켜 숯불을 피우는 손풀무의 하나.
301 로랑스(B.S. Laurence, 1790~1870) : 타르브(Tarbes) 교구의 주교로, 1862년 1월 18일 루르드 성모 발현을 공식적으로 인정하였다.
302 페이라말(D. Peyramale, 도미니코, 1811~1877) 본당 주임 신부는 사실 베르나데트의 말을 쉽사리 믿지 않고 철저한 증거를 요구하였다고 한다.

셨으며, 그 옆집은 복녀의 친척 되는 사람이 성물전(聖物廛)을 벌이고 참배자들에게 사 가기에 편하게 하였더라.

제596호(1926년 8월 31일), 371~373쪽
로마 여행 일기 [22]

▲ 오후 4시에 성체 거동(聖體擧動)

루르드 성지에서는 매일 오후 4시경에 성체 거동을 행하는데, 참배 단체를 영솔하고 오신 주교께서 거행하시더라. 내가 루르드에 참배 갔을 때에는 벨기에 단체 참배자들이 온 고로 그 단체를 거느리고 오신 주교께서 성체를 모시고 거동을 행하시는데, 거동은 매괴 성당에서 시작하여 성전 주위와 넓은 광장을 지나 대성전으로 들어가시더라. 이 거동은 단체 참배자들이 주장하여 행렬을 정제히 하고 그 뒤에는 개인 참배자 및 모든 군중이 배행(陪行)하더라.

거동 시작하기 전에 미리 성전 앞 광장에 수백 명의 병자들을 혹은 들것으로 혹은 인력거로 태워 와(서) 마당 좌우에 일자로 두었는데, 성체(를) 모신 주교가 이 마당에 들어오시어 성체 모신 성광으로 병자 매인(每人)에게 십자를 그으며 강복하여 주시더라. 병자가 수백 명 되는 고로, 그 강복하여 주는 동안이 대단히 오래되는데, 그동안에는 신부 1위가 소백의(小白衣)를 입고 마당 가운데 장궤하고 성경 말씀을 한 대문씩 크게 낭독하면 그 마당에 둘러 있는 수만 군중은 "아베, 마리스, 스텔라"[303] 성가의 넷째 조목을 창하니 곧 "네가 모친 되심을 드러내소서. 우

---

[303] 마리아 찬미가인 「아베 마리스 스텔라(Ave Maris Stella, 바다 위의 별이시여)」를 말한다.

리를 위하여 나시고 네 아들이 되신 자가 너로 말미암아 기구를 받으실지어다." 이 조목을 창하는 것이 지극히 감○[304]되며, 많은 사람은 감동된 눈물을 흘리며 읊더라.

마당 가운데서 신부가 성경 말씀 한 구절씩 낭독하는 것은 곧 "스승이신 예수여 우리를 불쌍히 여기소서. 다윗의 자손 예수여 나를 낫게 하소서. 주여 나로 하여금 보게 하소서. 주여 너가 한 말씀만 하소서. 곧 내가 나으리이다. 천주여 나 죄인을 불쌍히 여기소서." 이런 말씀을 하면 모든 군중은 또한 그 말씀을 받아 크게 낭독하더라. 이와 같은 열심으로 기구하였는데, 아마 천주 성의(聖意)에 합하지 아니함인지 영적이 났다 함을 나는 듣지 못하고 돌아왔는데, 어떻든지 많은 사람들이 많은 은혜를 받았으리로다.

▲ 상오[305] 9시에 제등 행렬

매일 저녁 9시에는 수만 군중이 각각 성촉을 잡고 행렬을 시작하는데, 이 제등 행렬도 단체 참배자들이 주관하는데, 마사비엘 굴 앞에서 거동을 시작하여 성전 주위로 두루 다니며, 성가를 창하여 성모를 칭양(稱揚)[306]하는 노래는 9중[307] 천상에 사무치며, 대성전 전면과 그 외의(鬼疑) 한 고탑에 수만의 전등은 반공에 찬란하여, 하늘의 별과 같고 수만 군중이 각기 잡은 성촉은 휘황찬란하여 밝은 낮과 같으며, 이와 같이 행렬하며 성모를 찬송하면서 대성전 광대한 마당에 다 모여 서서 그레도(니케

---

304 탈자(脫字)여서 알기 어렵다.
305 '상오'가 아니라 '저녁'의 오자. 오후 4시에 성체 거동을 하고 저녁 9시에 제등 행렬을 하였다.
306 좋은 점이나 착하고 훌륭한 일을 높이 평가함.
307 9중(九重)은 겹겹이 문으로 막은 깊은 궁궐이라는 뜻으로, 임금이 있는 대궐 안을 말한다.

아 신경)³⁰⁸를 창하여 마치고 각기 여관으로 돌아가더라.

▲ 제등 행렬 다음에 복녀의 활동사진(活動寫眞)³⁰⁹

밤이 깊도록 거동을 행한 다음에 베르나데트 복녀의 활동사진을 현출하였는데, 이는 파리에 있는 '본 프레스' 사원 신부가 성모 몽소 승천을 공경하기 위하여 여기 와서 그 활동사진을 현출하며 설명하는데, 복녀의 가난한 가족으로부터 발현 시작과 그 모든 광경을 현연히 나타내어 모든 이의 감동지심을 발하게 하였더라. 나와 함께 갔던 신부와 나는 극동에서 멀리 온 참배자임을 우대하여 무료로 참관하기로 청함을 받아 흥미 있게 관람하고 여관에 돌아오니, 땀을 많이 흘림으로 목이 심히 마르나 시는 밤중 12시가 많이 지났으므로 하릴없이 보속으로 참아 받았노라.

▲ 루르드의 성물 상점

서양 대도회에는 성물 상점이 허다한 것을 보았으나 루르드와 같이 많음은 처음 보았으니, 이는 알아듣기 쉽더라. 대저 이 성지에는 참배자가 매일 수천 명씩 내왕하는데 다 각각 기념품으로 얼마씩 사가는 연고(이)라. 이러므로 마사비엘 굴로 향하는 큰길 좌우편 및 다른 거리에는 대궐만큼의 모든 상점에 다른 물건은 없고 도무지 갖가지 성물뿐이러라.

---

308 '나는 믿나이다'라는 뜻을 지닌 라틴어 그레도(Credo)는 신경(信經)의 첫머리에 사용된 단어로, 신경을 대신하는 말로도 쓰인다. 현재 미사 중에 바쳐지는 신경은 '니케아-콘스탄티노플 신경'과 '사도 신경'이다.
309 움직이는 사진이라는 뜻으로, '영화'의 옛 용어이다. 무성(無聲) 영화와 같은 초기 영화를 오늘날의 영화에 상대하여 이르는 말로도 쓰인다.

▲ 루르드의 교구 성당

루르드 성전과 매괴 성당은 교구 성당이 아니요, 다만 참배자들을 위하여 쓰고 루르드읍 교구 성당은 마사비엘 굴에서 한 30분이면 갈 만한 곳에 있으니 곧 '예수 성심 성당'이라. 수십 년 전에 새로 건축을 시작하여 성당 내부에는 제대를 다 꾸며 미사를 드리고, 모든 예절을 행하나 성당 탑과 다른 것은 아직까지 필역(畢役)[310]하지 못한 고로, 성당은 넉넉히 크나 준공을 아직 못다 한 고로 완전히 아름답지 못하더라.

▲ 루르드 읍내

본디 큰 산골인 고로 산상에 올라가야 가히 온 읍내를 다 볼 만하더라. 가옥들은 지형을 따라 깊은 골짜기에도 있고 높은 산상에도 있어 가히 볼 만하고, 전에는 산중의 한 작은 촌이더니, 성모가 발현하시어 이 지방 인민을 찾아보신 후로는 사람들이 많이 모여 큰 읍내를 이루었더라. 나는 이 성지에서 3일 2야(夜)를 두류(逗留)하면서 성모를 면대하여 뵈옵는 것같이 지내다가 저녁때에 밤차를 타고 다시 파리로 향할 때, 올 때와 같이 갈 때에도 마사비엘 굴 앞으로 차가 지나가는 고로, 굴 앞에 휘황한 성촉의 광을 쳐다보고 다시 성모 성상을 하직하였노라.

---

[310] 역사(役事, 토목이나 건축 따위의 공사)를 마침.

제598호(1926년 9월 30일), 422~424쪽
로마 여행 일기 [23]

▲ 성녀 소 데레사를 심방

지금 우리 잡지에(서) 발간하는 「예수의 소화(小花)」[311]는 작년에 성녀 위에 오르신 예수 영해(嬰孩)의 데레사 성녀의 행적이라. 이 성녀는 카르멜회 수녀로서 성녀가 되셨는데,[312] 그 이름은 '예수의 소화'라고도 하고 '예수 영해의 데레사'라고도 하는데 조선말로는 교우들이 부르기 쉽게 하기 위하여 성녀 소 데레사라 하는도다.

이 성녀가 생장하시던 본댁과 수도하시던 본 수녀원과 선종하신 후 안장한 성당은 리지외(Lisieux)라 하는 읍내에 있는지라. 이 리지외 읍내는 파리에서 기차로 한 4시간가량인데, 나는 프랑스에 간 기회에 이 유명한 성녀를 심방하고자 하여 9월 16일에 진 신부와 그 매씨(妹氏)[313]와 한가지로 파리에서 오전에 기차를 타고 가는데, 그날은 추계 대재[314]인 고로(서양에는 사계에 다 대재를 지킴) 조반도 굶고, 오후에 리지외 정거장에 내려 성녀 (소) 데레사 성당에 가 잠시 조배하고, 그 가까이 있는 칼바도스(Calvados)라 하는 여관에 숙소를 정하고 대재 조반을 사 먹었노라.

---

311 『경향잡지』 제566호(1925년 5월 31일)부터 제704호(1931년 2월 28일)까지 5년 9개월 동안 연재되었다.
312 리지외의 데레사(Thérèse de Lisieux, 1873~1897) 성녀는 1925년 5월 17일 시성되었고, 1929년 교황 비오 11세에 의해 '포교 사업의 수호자'로 선포되었다.
313 남의 손아래 누이를 높여 이르는 말.
314 사계 대재(四季大齋) 중 가을에 지키던 대재로, 금식재(禁食齋)를 말한다. 하느님에 대한 순종과 이웃에 대한 사랑의 표현으로, 금식으로 절약된 음식물은 가난한 이웃을 돕는 데 사용된다. 소재(小齋)는 금육재(禁肉齋)를 말한다.

▲ 성녀 소 데레사 성당

이 성당은 성녀가 수도하시던 수녀원 성당인데, 비록 작으나 매우 화려하게 꾸민 것을 보면 근래 다시 중수(重修)한 모양이 드러나니 이는 성녀 되신 후로 매일 참배자가 그치지 아니하여 유명한 성지가 된 연고이러라. 이 성당은 카르멜 봉쇄 수녀원 성당인 고로, 수녀들은 대제대 좌편 봉쇄 안에서 미사와 모든 예절을 참례하고, 참배자들은 성당 정면 전면을 차지하여 쓰게 되었는데 아무리 조밀하게 앉을지라도 5~6백 명밖에 더 앉지 못하겠더라. 거기서 의논하는 공론을 들으니 우리 일행이 들어갔던 여관과 그 터를 사서 큰 성전을 짓기로 준비하는 중이러라.

▲ 성녀의 묘소

성녀의 성시(聖屍)는 그 성당 좌편 옆 제대에 모셨는데, 무덤 위에 성녀의 선종하시는 상을 대리석으로 기묘하게 새기고 채색으로써 수녀의 복장까지 다 형상하였으매, 기묘하고 아름다운 수녀가 누워서 잠든 것같이 보이더라. 우리는 특별한 허가를 얻어 이 제대에서 둘이 서로 복사하여 주면서 미사를 드렸는데, 분요(紛擾)함을 피하기 위하여 새벽에 일찍 갔으나 허다한 참배자들은 우리보다 먼저 와서 성당을 꽉 채운 고로, 도무지 들어갈 수가 없더라. 염치와 체면을 차리다가는 미사도 드리지 못할 지경이라 하릴없이 틈을 비집고 막 들어가서 간신히 제의실에 가서 주수병(酒水甁)[315]을 얻어 가지고 왔는데, 또 한 번 갔다 오기가 극난할 줄을 알고 포도주를 적게 써서 한 몫을 가지고 둘이 나누어 썼노라.

그 성당지기 하나는 매우 열심하고 착해 보이는데, 다른 사람의 말을 들으니 그 성당지기가 성녀가 전달하여 주시는 영적으로 병이 나았는데,

---

[315] 미사 때 쓰는 포도주와 물을 담는 병.

성녀를 공경하고 감사하는 뜻으로 그 성당지기의 본분을 한다 하는데, 여관에서 우리와 한가지로 음식을 먹으며 담화도 잘하며, 우리에 대하여 특별히 후의를 표하며, 피차 하직할 때에는 기념을 삼으라고 성물도 주더라. 이런 성지에 나 같은 극동 인물도 참배를 갔거니와 그 여관에서 살펴보니 일본에서 교육에 종사하는 성 바오로회[316] 수녀들도 5~6인이 있어 마치 같은 지방에서 온 것같이 반가이 수작하였노라.

제599호(1926년 10월 15일), 438~442쪽
로마 여행 일기 [24]

▲ 성녀 소 데레사의 유물

그 성당 밖 우편에는 성녀가 쓰시던 물건을 벌여두었는데, 성녀가 첫 영성체 하실 때 입으시던 결백한 겉옷, 생존 시에 입으시던 수녀 복색, 바느질하실 때에 쓰시던 가위, 특별히 보고 감동되는 것은 성녀가 수녀 되실 때에 베인 머리털을 마치 조선 다리꼭지(月子)[317]처럼 잡아매어 벽에 걸어두었는데 성녀가 세속을 버리고 수도하기 위하여 이 머리털을 베이신 결심이 완연히 드러나더라.

---

[316] 1696년 프랑스에서 창설된 샬트르 성 바오로 수녀회는 창설 30주년이 되는 1727년에 4명의 수녀가 남미로 해외 선교를 떠났다. 그리고 동양은 1848년 홍콩에 진출한 것을 시작으로 1878년 5월 28일에 일본, 1888년에는 한국에 진출하였다.
[317] 예전에 여자들의 머리숱이 많아 보이게 덧넣었던 딴머리 즉 다리(月子, 月乃라고도 함)를 맨 꼭지.

▲ 성녀가 생장하시던 본댁

수녀원 성당에서 한 15분 동안에 갈 만한 곳에 성녀의 본댁이 있는데, 그때에 마침 비가 많이 오는 고로 비를 맞으면서 찾아가 보니 집을 다소간 중수하였겠지마는 가옥과 동산 그런 것을 보니 가난한 사람의 가옥은 아니요 넉넉히 사시던 표가 드러나더라. 이 집에도 성녀가 쓰시던 물건들을 진열하였는데 그 침상, 공부하실 때에 쓰시던 책상, 작란(作亂)거리[318] 그런 것을 다 벌여두었더라.

▲ 성녀가 공부하시던 성 베네딕토회 수녀원

성녀가 어렸을 때에 성 베네딕토회 수녀원에서 공부하시며 첫영성체를 하셨는데, 그 학교에서 쓰시던 책, 필묵(筆墨),[319] 그런 모든 것을 진열하여 두었더라. 이곳에서도 성물을 팔며 또 참배자의 성명을 기록하여 두는 책이 있는데, 진 신부는 순 언문(純諺文)으로 기록하시고 나는 국한문으로 기록하여 두었으니 이후 조선인이 만일 이곳에 참배 가면 이 기록한 글을 보리로다. 이 수녀원도 봉쇄 수녀원인데, 우리가 매우 일찍 간 고로 미사를 거행하는 중인 고로, 그 미사를 한 반은 참례하였고, 봉쇄 안에서 미사 참례하는 수녀들을 회장 밖에서 쳐다보니 매우 수다하더라.

▲ 리지외의 여러 성당

그 읍내는 한 2만 명 주민이 거하는데, 성당은 두 봉쇄 수녀원 성당 외에 성 베드로 성당, 성 야고보 성당, 성 데시데라토(Desideratus) 성당이

---

318 장난감.
319 붓과 먹을 이르는 '필묵(筆墨)'이므로, 펜과 잉크 등 필기도구를 말한다.

있는데 매우 크고 다 태곳적 건축물이며 근래에 참배자가 많으므로 매일 드리는 미사 수효는 60여 대라 하더라.

▲ 카르멜 수녀원장을 심방

성녀 소 데레사는 이 읍내에서 생장하시고 수도하시고 묻히시고 성녀(가) 되셨는데, 성녀가 수도하시던 수녀원의 현재 원장은 곧 성녀의 가운데 형님이라. 이 원장을 찾아보고 성녀의 기념적 유물을 청하고자 하여 진 신부와 한가지로 그 수녀원에 가서 외무 수녀를 먼저 찾아보고, 대합실에서 기다리다가 또 다른 방으로 청하기로 가보니, 역시 대합실이지만 벽 가운데 작은 철창문이 있는데, 철창으로 막았을 뿐 아니라 또 휘장을 저편 쪽에 쳤더라.

미구에 여자의 가는 목소리로 "찬미 예수" 하는 소리가 들리기로 원장이 나온 줄 알고 인사하며 몇 마디 담화한 후 성녀의 유물을 창틈으로 내밀기에 감사로이 받아 가지고 왔노라. 나왔던 이는 정말 성녀의 형님 원장인지 알 수 없고, 당신이 성녀의 형님이오니까 물어볼 것도 아니었으며, 여러 사람의 말을 들으니, 원장을 찾아오는 이가 많아도 실상 원장은 나오지 않고 다른 이가 대신 나온다 하는데, 그 이유는 내가 성녀의 형이요 또 원장이라 하는 교만한 생각이 날까 하여 이와 같이 피한다 하니 실로 수도자의 행위러라.

▲ 마르세유 항구의 성 라자로 3남매를 심방

로마로 향하여 갈 때에, 6월 27일에 프랑스 마르세유 항구에 도착하였으나 시복식에 위불(違不)없이 참례하기 위하여 마르세유 당가에 들어가서 한밤을 지내고, 그 익일에 즉시 로마로 향하여 가는 고로, 마르세유의 아무 성지도 심방하지 못하였다가 회로에 9월 28일에 파리로부터 마르세유에 이르러 당가에서 선편을 기다리기로 (하고), 10여 일 동안이나 체류하는 때에 이곳 각 성지에 참배하였노라.

▲ 성 라자로의 성당과 성묘

성교회 사기 및 성인 행적을 보건대 오주가 승천하신 후 유다 악인들이 성교를 박해할 때에 성 라자로, 성녀 막달레나, 성녀 마르타 일가 3인[320]을 잡아 헌 배에 싣고 아무 제구(諸具)도 없이 대양에 갖다 버려 일정코 파선하여 몰사하게 하였더라.

천주는 저 악인의 악의를 거슬러 그 배를 프랑스 남편 마르세유 유명한 항구에 순순히 인도하신지라. 이 3남매 성인·성녀가 이 항구에 하륙하시어 바위굴 속에 거처하시며 성 라자로는 남자들에게 성교 도리를 가르치시고, 두 성녀는 부녀자들에게 또한 성교 도리를 가르쳤으니, 이 3남매 성인은 제일 먼저 프랑스 인민에게 성교를 전하시고, 이 지방에서 선종하셨도다.

3남매 성인이 수도하시던 바위굴은 바로 바닷가에 있으니 처음에 이 항구에 도착하시면서 즉시 그 바위굴에 거처하심이 완연하며, 지금까지 성 라자로의 분묘와 그 지하 성당은 마치 로마 시외에 있는 카타콤 같으며, 다른 치명 성인·성녀의 분묘도 많이 있어 태곳적 기념 표적이 완연하며 많더라.

---

[320] 요한 복음 11-12장에 언급된 베타니아의 라자로(Lazarus)와 그의 여동생 마르타(Martha)와 마리아를 말한다. 교황 그레고리오 1세는 이 마리아를 마리아 막달레나와 동일 인물로 보았으나, 교황 바오로 6세는 1969년에 죄지은 여인, 마리아 막달레나, 베타니아의 마리아가 별개의 인물이라고 선언하였다. 3남매의 나머지 생애나 죽음에 대해서는 신뢰성 있는 증거가 전혀 없이 전설로 전해져 올 뿐이다. 그래서 한기근 신부는 마리아를 '성녀 막달레나'라고 한 것이다.

▲ 마르세유 주교 성당[321]

이 마르세유 항구는 프랑스의 둘째가는 읍내(이)니 곧 파리 다음이라. 이 항구의 제일 첫 주교는 성 라자로이거니와, 근 2천 년 동안 그 위(位)를 잇는 마르세유 주교의 대성당과 그 주교의 대궐은 바로 바닷가에 있는데, 그 대성당은 매우 굉장하고 건축한 지가 매우 오래라 보이지 아니하며, 예전 대성당은 그 옆에 있었는데 다 퇴락하였으나 그 지하 성당의 한 부분은 지금까지 남아 있는지라. 거기 들어가 보니 미사성제도 드리고 고해성사도 주는 데 사용하며, 태곳적 표적이 완연하더라.

▲ 마르세유의 호위(護衛) 성모 성당[322]

만경창파에서 마르세유 항구를 향하여 들어갈 때에, 가장 먼저 보이는 것은 이 항구 제일 높은 산상에 있는 '호위 성모 성당'이라. 월여 동안 무변대양에 행선하다가 이 항구에 들어올 때에 호위하시는 성모가 외외(巍巍)한 성당 고탑 위에 서서 팔을 벌리고 모든 선객을 영접하며 이르시되, 너희들이 험한 바다를 무사히 발섭하여 오는구나 하심 같더라. 모든 선객은 이 성모 성상을 쳐다보고 기뻐하고 감사하며, 또 열심한 선객들은 하륙한 후에 여럿이 작반(作伴)하여[323] 성촉을 잡고 거동으로 이 성모 성당에 가서 무사히 행선한 은혜를 감사하는 거룩한 풍속이 있더라.

---

[321] 마르세유 성모 마리아 대성당(Cathédrale Sainte-Marie-Majeure de Marseille) 또는 마르세유 대성당(Cathédrale La Major)으로 불리며, 1896년에 완공되었다.
[322] 노트르담 드 라 가르드 대성당(Basilique Notre-Dame de la Garde)으로, 성당 꼭대기에 마리아가 관을 쓰고 아기 예수를 안고 있는 황금상이 있다.
[323] 동행자나 동무로 삼아.

무사히 행선하여 이 항구에 들어오는 선객들도 이 호위 성모 성당에 가서 감사 조배하거니와, 또 이 항구에서 배를 타고 무변대양에 나가는 선객들도 이 성모 성당에 가서 성모께 보호하심을 기구하는지라. 나도 10월 9일에는 이 항구에서 배를 타고 조선으로 향할 터인 고로, 그 전날 아침에 이 성모 성당에 가서 미사성제를 드리고 무사 귀국하기(를) 위하여 호위 성모께 기구하였노라.

이 성당은 대단히 높은 산상에 있는 고로 올라가기가 극난한지라. 승강기를 차려 놓았는데, 승강기는 마치 공중으로 경사지게 향하여 긴 사다리 같은 궤도를 놓고, 기차 같은 것을 이 궤도 위에 놓고 전기로써 끌어올리고 끌어내리는 것인 고로 높은 데라도 잠깐 동안 올라가고 내려가게 하는 것이라. 이 승강기를 타고 올라가 보니, 성당은 대단히 굉장하진 아니하나 극히 화려하며 2층 성당인데 성당 안은 천장이나 벽이나 기둥이나 바닥이나 도무지 다 각색 보석으로 한 것인 고로 매우 보배롭고 아름답더라.

이 성당 탑에 모신 성모 성상은 대단히 큰 고로 먼 데서도 잘 보이며, 높은 산상과 높은 성당 위에 모셨으매 온 마르세유 읍내가 성모님 발아래 있어 그 강복을 받으니, 마치 파리 치명산[324] 위 성전에 모신 예수 성심 성상이 온 파리 시민에게 강복함 같더라. 이 성당 옆에는 성 프란치스코 전교 수녀들이 성물을 파는 고로, 참배자들은 기념품으로 무엇을 사 가지고 가기 편리하고, 또 그 옆에는 여관이 있는 고로, 나는 미사 후 이 여관에 가서 조반을 요기하였노라.

---

324 '순교자의 언덕(Mont des Martyrs)'에서 유래한 몽마르트르(Montmartre) 언덕을 말한다.

▲ 성녀 막달레나(가) 수도하시던 보메(Baume) 굴[325]

마르세유 항구에서 한 30~40리 되는 보메라(고) 하는 바위굴이 있으니, 이는 성녀 막달레나가 33년 동안 수도하시던 유명한 굴이라. 성녀가 처음은 항구 옆에 있는 굴에서 사시다가 깊은 산을 찾아가니 곧 보메 굴이라. 비록 험하고 높은 산이나 산기슭과 벼랑으로 휘돌아가며 자동차 길을 닦아 굽이굽이 돌아가게 마련하였는데, 내가 자동차를 타고 그 굴을 찾아갈 때 산림의 경치가 절승하여 보기 좋고, 성녀가 33년 동안 거하시던 보메 굴은 올라가기가 대단히 험하고 높고 어렵더라.

이 거룩한 굴속에 들어가 보니 제대를 배설하였고, 제대 뒤에는 성녀가 앉아서 묵상하시는 형상을 좋은 대리석으로 새겨 모셨으며, 성녀의 유골 중 팔뼈 하나를 보합(寶盒) 안에 모셔 두었더라. 근 2천 년 동안 성지인 고로, 허다한 참배자 중에는 제왕들도 이 성지에 참배 왔던 문적(文籍)이 있으며, 굴 옆에는 작은 수도원이 있어 성 도미니코회 수사들이 이 성지를 수직(守直)하며 거처하더라.

이 굴 위에는 대단히 높은 산봉(山峯)이 있는데, 전하는 말에 천신이 매일 3차씩 성녀를 그 산봉 위에 갖다 두어 특별히 기구하게 하였다 하며, 성녀가 33년 동안 여기서 거룩히 수도하시다가 임종 시에는 천신들이 또 성녀를 성 제르마노(Germanus) (교구) 성당에 옮겨 최후 성사를 영하시고 여기서 선종하셨는데, 성 제르마노는 여기서 멀지 않게 있어 이 산상에서 보이더라.

---

[325] 예수 승천 후 라자로와 마르타와 함께 마르세유로 이주하여 만년을 동굴 속에서 은수 생활을 하며 살았고, 성녀의 유해는 생 막시망 라 생트 보메(Saint-Maximin-la-Sainte-Baume)에 매장되었다고 한다.

보메 굴에서 한 5리 내려와서는 큰 여관이 있으니 이는 온전히 참배자들을 위하여 세운 것이요, 여관장 신부 1위가 계시고, 또한 작은 성당 하나가 있더라. 굴에 올라가 성녀를 심방하고 내려와서, 이 여관에서 점심을 먹고 다시 자동차를 타고 석양을 동무하여 항구로 내려와서 조선으로 향하기 위하여 행리(行李)를 수습하였노라.

제600호(1926년 10월 30일), 463~465쪽
로마 여행 일기 [25]

▲ 팔레스티나 성지 참배

10월 9일에 마르세유 항구에서 호위 성모께 하직을 아뢰고, '앙드레르봉'이라 하는 큰 기선에 올라 닻을 감아 가지고 다시 조선으로 향할 때, 마르세유와 포트사이드 사이는 본디 5일간 항로이나, 그때에 내가 탔던 배에는 시리아(Syria)로 가는 프랑스 병정 근 8백 명이 오른 고로, 배에서 대단히 복잡하게 지냈으며, 또 이 병정들을 베이루트(Beirut)라 하는 항구에 하륙시키기 위하여 1일을 더 허비하여 6일 만에 포트사이드 항구에 도착하였노라.

팔레스티나로 가려면 이 포트사이드 항구에서 기차를 타고 가는 고로, 10월 16일 오후 5시에 이 항구에서 기차를 타고 성지로 향하여 카이파(Caifa)로 가며 보니, 경치는 아무것도 볼 것(이) 없어 도무지 처량한 형상이요 예전 십자군 때에 건축하였던 성전과 성당은 야만들이 다 헐어버려 그 형지(形址)만 남아 있는 것이 더욱 처량하더라.[326]

---

326   이곳이 근대 항구 도시로 변모하기 시작한 것은 1918년 영국의 신탁통치를 받으면서부터였다.

▲ 팔레스티나 지방 형편

팔레스티나 지방은 고교(古敎)[327] 때부터 천주 진교의 발원지가 되고 신교 때에는 오주 예수가 이 지방에 탄생하시고 장성하시고 무수(無數)[328](한) 성적을 행하시며 전교하시고 마침내 수난 시에는 당신 성혈을 흘리시고, 죽으시고 묻히셨으니 금세에 이보다 더 거룩한 성지가 없으나, 그러나 이 지방 악인들이 오주 예수를 시역(弑逆)한 죄로 이 지방 인민의 나라가 망하여 없어졌을 뿐 아니라 지방까지 벌을 받아 아주 처량한 형적(形跡)뿐이러라.

내가 갔던 때는 10월인데, 산에나 들에나 풀도 없고 수목도 없고 다만 쓸데없는 돌덩이뿐이며, 겐네사렛(Gennesaret) 호수 외에는 강과 시내와 개울을 당초에 얻어볼 수 없어, 사람이 먹을 물도 대단히 귀하며, 종일 길을 가도 초목과 물을 도무지 볼 수 없더라.

인종은 아라비아 사람이 제일 많아 아라비아말이 보통 쓰는 말이며, 그다음은 그리스와 터키와 유다 사람이오. 각 외국 사람도 있으나 많지 못하여, 도무지 아라비아인과 아라비아말이 주장이지만 인총이 많지 못하여 촌락이 대단히 드물더라.

▲ 교황께서 참배를 장려하심

교황께서는 이 성지의 참배를 장려하고자 하시어 각 성지에 베푸신 은사가 허다하며, 또 각처 성지에다 여관을 설비케 하시어 다 무료로 유숙하게 하시는데, 예루살렘에는 8일, 나자렛(Nazareth)에는 3일, 베들레헴(Bethlehem), 카파르나움(Capharnaum), 그 외 각 성지에는 다 1일씩 무료로 유숙하게 하여 그 성지를 참배하기에 적당한 시간을 마련하셨는데, 이

---

327 『한불자전』에 수록된 옛 교회 용어로, '구약' 또는 '구약성경'을 의미한다.
328 헤아릴 수 없는.

여관은 다 카사노바(Casa Nova)라 부르더라.

이 성지는 금일로부터 6백여 년 전 이래로 성 오상 프란치스코회 수사들이 수직하는 본분을 맡았으며, 6백여 년 이래로 이 성지를 수직하기 위하여 이슬람교 야만 및 각 이교자들에게 치명도 많이 하였으니, 이 수사들은 이 성지에 대하여 실로 유공(有功)하며, 팔레스티나 성지의 교우(를) 다스리는 성직은 다 프란치스코회 수사들이 맡은 본당 신부요, 다만 카이파(영어로 하이파)[329] 항구에만 카르멜회 수사들이 교구를 다스리고 예루살렘에는 라틴 예절의 총주교가 계시더라.

▲ 팔레스티나 성지의 각 수도회

내가 조선에서 생각하기를, 이 성지에는 이슬람교 야만들이 많은 고로, 지금도 교우가 참배 다니기에 적이 위험한 줄로 여겼더니, 지금은 위험의 염려가 없어 임의로 내왕하고 또 교우들이 많이 들어와 거류하며, 성당도 많이 건축하고 수사회와 수녀회도 많이 들어와 학교, 기숙사, 병원, 고아원, 농업, 기타 각가지 좋은 사업을 설시하였는데, 수사회·수녀회가 합 33회나 된다 하더라.

▲ 팔레스티나 성지의 성전과 성당

성후(聖后) 헬레나[330] 때와 십자군 때에 이 성지에 굉장하고 화려한 성

---

329 이스라엘 북부 지중해에 면해 있는 도시 하이파(Haifa)의 옛 이름이 '카이파(Caifa)'인데, 영어라고 한 것은 한기근 신부의 착각으로 보인다.

330 헬레나(Helena, 250?~330) 성녀는 로마 제국 콘스탄틴 대제(Magnus Constantinus, 306~337)의 어머니로, 아들의 설득으로 세례를 받고 그리스도교가 널리 전파되는 데 힘썼다. 팔레스티나 성지를 순례하면서 많은 성당을 세웠는데, 예수가 처형된 골고타와 예수의 무덤 위에 있던 신전을 허물고 '성묘 성당'을 지을 때 예수의 십자가를 발견하였다는 전설 같은 이야기가 전해진다.

전과 성당이 많이 건축되었으나, 그 후 야만들이 다 헐어버리고 그 흔적만 여기저기 많이 남아 있으니, 곧 서양에서 운송하여다가 지었던 화려한 석주를 야만들이 파괴한 토막과 성전 바닥에 꾸몄던 화반석(花斑石, 모자이크) 같은 그런 흔적이 곳곳에 남아 있더라. 교우들이 이를 보면 자연 한심 처량한 심회(心懷)를 금치 못하겠더라. 근년에 지은 성당이 많고, 또 깨끗하기는 하나 굉장 화려한 성당은 없으며, 지금도 여러 곳에 성당 건축을 연속하는 중이며, 이 지방의 돌은 건축에 쓸 만한 좋은 돌은 도무지 없고 제일 쓸 만하다는 돌은 마치 조선의 횟돌331 같은 것뿐인 고로, 이 돌로써 성당을 지었더라. 성당은 크지 못하고 매우 화려하지 못하나, 극히 중요한 성지에 있는 고로 다 성전의 칭호가 있더라.

이 지방 사람의 복색을 의론컨대, 시체(時體)332를 따라 양복을 한 이가 많으나 이슬람교 여인의 고래(古來) 복색은 가히 볼 만하여 멀리서 보면 무슨 수도자의 복색 같기도 하고, 특별히 성 바오로회 수녀의 복색같이 상하 복장이 온전히 흑색이며, 또 얼굴까지 검은 사(紗)333로 온전히 가렸으며, 또 이집트 여인의 복색도 얼른 보면 무슨 수도자의 복색 같더라. 우리가 상본에(서) 보는바 바리사이들(Pharisees)334의 복색 같은 복색 입은 이도 있더라.

짐승 중에 이상한 것은 약대335라. 20~30필씩 함께 다니되 항상 일자로, 하나씩 하나씩 뚜벅뚜벅 걸어가며, 그 키가 대단히 높은 고로 짐을 실을 때와 부릴 때에는 약대의 무릎을 꿇려 누이고 싣든지 부리든지 하

---

331   탄산 칼슘을 주성분으로 하는 퇴적암.
332   그 시대의 풍습이나 유행.
333   생사(生絲)로 짠 얇고 가벼운 비단.
334   기원전 2세기 중엽부터 극도로 엄격한 율법 해석과 실천을 내세우던 사람들로, 율법을 엄수하지 못하는 유다인들을 멸시하고 적대시하였다.
335   낙타과 낙타속의 짐승을 통틀어 이르는 말.

며, 또 짐 싣는 기계는 길마[336] 같은 것도 없이 그저 덕석[337]을 입히고, 그 위에 싣는 댓돌이라도 이와 같이 하여 밖으로 돌을 얼기설기 잡아매더라. 이 지방에 흔한 짐승은 약대와 작은 나귀인데, 사람들이 나귀를 타고 다니는 풍속이 있어, 남자가 나귀 탄 것을 보면 오주 예수가 성지 주일날에 나귀를 타시고, 예루살렘성 금문으로 들어가시던 형상 같고, 여인들이 나귀 탄 것을 보면 성모 마리아가 이집트로 피난하실 때에 예수 영해를 안고 나귀 위에 앉으신 것 같더라.

길(을) 다닐 때에 보면, 양치는 목자들이 많아 산비탈에 검은 장막을 치고, 거기서 유숙하며 양을 치는데, 산과 들에는 초목이 없으되 그럴지라도 들 틈에서 무엇을 뜯어 먹으며 수십 혹 수백 마리 양이 떼를 지어 다니니 이 양 치는 것은 고경(古經)[338]에 성조들이 양 치시던 사기와 같더라.

제601호(1926년 11월 15일), 488~490쪽
로마 여행 일기 [26]

▲ 카이파 항구의 카르멜 수도원에 도착

10월 16일에 포트사이드 항구에서 팔레스티나로 향하는 기차를 타고 6시(간) 후에 수에즈 운하를 판닥선[339]으로 건너 칸타라(Kantara) 정거장에

---

336 짐을 싣거나 수레를 끌기 위하여 소나 말 따위의 등에 얹는 기구. 본문의 '질마'는 강원도 사투리.
337 추울 때에 소의 등을 덮어 주는 멍석.
338 『한불자전』에 따르면, '구약성경'을 말한다.
339 판자(板子, 널빤지)로 만든 배, 즉 '판잣배'를 말하는 것 같다.

이르러 기차를 갈아타고 가면서 한밤을 지내고, 그 익일 10월 17일 오시(午時)경에 카이파에 도착하여 즉시 자동차를 타고 카르멜 산상에 있는 수도원으로 올라가니, 이는 성모 성의회(검은 성의[聖衣]) 본부요, 이 산은 고교 때에 성 엘리야(Elijah) 선지자가 그 문제(門弟)[340] 엘리사(Elisha) 선지자와 더불어 거하며 수도하시던 유명한 카르멜산이요, 신교 때에도 종도 시절로부터 유명한 산이라. 성모의 검은 성의회는 강생 후 12세기에 시작되었으니, 그때에 성모가 성 시몬 스톡[341]에게 성의(검은 성의)를 주시어 성의회를 세우게 하셨는데, 카르멜산 수사들이 이 성의를 서양 모든 나라에 전파한 고로, 성모 성의회를 지금까지 카르멜산 성모 성의회라 부르나니라.

▲ 카이파 항구

이 항구는 지중해 동편 곧 팔레스티나 서북편에 있어 중요한 항구(이)라. 항구는 크지 못하여 거류하는 사람이 한 3만 명 되는 중 교우가 8천여 명이오. 항구에는 교구 성당이 2처가 있어 그 본당 신부들은 다 카르멜회 수사 신부들인데 항구 성당에 거주하는 이도 있고, 어떤 작은 경당(공소)에는 수도원에 거하는 신부가 주일과 파공 첨례날에 가서 미사를 드려 주시기도 하며, 항구는 중요한 항구이나 선척(船隻)[342]은 많이 왕래하지 아니하며, 각국 거류인이 각각 조계(租界)가 있는데 유다인들도 조계가 따로 있어 서양 제도로 가옥을 많이 건축하였고 지금도 건축하는 것이 많더라.

---

340 문하(門下)에서 배우는 제자.
341 시몬 스톡(Simon Stock, 1165~1265) 성인은 케임브리지 대학의 카르멜회 원장 때 성모 마리아에게 직접 갈색 스카풀라(scapulars)를 받았다고 한다. '스카풀라'라는 용어가 사용되기 전까지는 이것을 착용하게 된 의미 때문에 '성의(聖衣)'라고 불렸다.
342 사람이나 짐 따위를 싣고 물 위로 떠다니도록 나무나 쇠 따위로 만든 물건. 모양과 쓰임에 따라 보트, 나룻배, 기선(汽船), 군함(軍艦), 화물선, 여객선, 유조선 따위로 나뉜다.

▲ 카르멜산

이 산은 유명하고 아름다운 줄로 고경에 찬미한 산이나, 그러나 고경에 칭찬한 말을 지금 형편에 비기면 온전히 반대되니, 대저 산은 넉넉히 높으나(천 미터) 초목이 한 개도 없고 다만 쓸데없고 보기 싫은 돌덩이뿐이요, 또 가끔 바위굴이 있을 뿐이러라. 고경에 기록한바 악한 아이들이 성 엘리야 선지자를 대머리라고 기롱(譏弄)하고 욕하다가 벌을 받아 곰들에게 잡아먹힌 곳이 곧 이 산이요,343 또 엘리야 성인이 지중해 바다 위의 구름을 보시고 비 올 줄을 예언하시던 곳이 또한 이 산이며,344 또한 다른 많은 영적을 행하신 곳도 또한 이 산이러라.

▲ 카르멜 수도원

우리 성교회의 수도원을 말하건대 이 수도원보다 더 오랜 수도원은 없으리니, 대저 성모와 종도 때부터 시작함이라. 그러나 태곳적 수도원은 지금 없고 다만 그 터만 남아 있어 현재 수도원에서 몇 보 상거(相距)되는지라. 거기 수사 신부와 함께 가서 보니 태곳적 건축의 형적이 남아 있더라. 현재 수도원은 견고하고 유명하고 크게 지었으며, 수도원 위치가 제일 유명한 것은 이 카르멜산이 지중해까지 내려와서 그쳤는데, 이곳이 대단히 높아(천 미터) 항구와 바다가 곧 수도원 발밑에 벌여 있더라. 이 수도원은 중수하여 건축한 지가 오래지 아니하며, 이 수도원에 연속하여 참배자들의 여관을 마련하였는데, 이 여관 규칙은 카사노바 여관과 같지 아니하여 일일 유숙비(留宿費)가 거기 돈으로 60원인데 신부들에게는 반할(半割)로 30원을 받더라.

---

343 열왕기 하권 2장 23-24절 참조.
344 열왕기 상권 18장 41-45절 참조.

▲ 카르멜 성전

　이 성전은 곧 수도원 성당이요 수도원과 같이 근래 지은 신 건축물이 완연하며, 수사들은 대원장 이하 신부와 속형(俗形) 합하여 30여 인이오. 또 교구 성당이 아닌 고로 성전이 크지 아니하나 각가지 화반석과 옥석으로 화려하게 꾸몄고, 그때도 천장에 그림을 그리며 꾸미는 중이러라. 이 성전 대제대에 모신 '카르멜 성모 성상'은 극히 아름답게 꾸몄으며, 또 기이하게 모신지라. 이 성모상을 마음대로 돌려 어떤 때는 성전 대제대에서 정문을 향하여 계시게 하고, 어떤 때에는 대제대 뒤로 돌려 수사들이 경본 보는 경당에 향하게 마련하였더라.

▲ 엘리야 굴

　카르멜 성전은 성 엘리야 선지자가 수도하시던 굴 위에 건축하여 그 굴이 이 성전 대제대 밑에 있게 마련하였더라. 이 성전을 두루 다니며 배관하고 '엘리야 굴'에 내려가 보니 바위굴이 대단히 크고 그 굴 안에는 성 엘리야 선지자가 앉아서 묵상하는 형상을 철상으로 크게 만들어 모셨는데, 2,800여 년 전에 성 엘리야가 이 산에서 수도하시던 형상이 완연하며, 그때부터 지금까지 근 3천 년간에 열심(한) 수사들이 항상 이 굴에서 수도함이 또한 기이하고 거룩하더라. 내가 이와 같이 근 3천 년간 오랜 사적을 믿기는 믿으나 그 수사 신부에게 묻기를 엘리야 선지자가 과연 이 굴에서 수도하셨음이 적확한 일이오니까 한즉, 그 신부가 대답하기를 과연 적확하니 이는 우리 성교회에서만 예전부터 전하여 내려올 뿐 아니라 이슬람교인들도 예전부터 한결같이 전하여 내려오니, 대저 이슬람교인들이 우리 성교회 도리 여러 조목을 믿는 중 특별히 엘리야 선지자를 대단히 존중히 여겨 공경하는 연고(이)라 하더라.

▲ 이슬람교인들이 엘리야 굴에 참배

내가 카르멜 수도원에 유(留)하던 날에 방에서 들으니 바깥마당에서 들레고[345] 노래하고 요란한 소리가 들리는지라. 나가서 보니 아라비아인 남자, 여자, 아이, 노소 한 30명이 와서 들레는지라. 수사 신부에게 물어보니 대답하시기를 이는 다 이슬람교인들인데 오늘 엘리야 선지자를 공경하러 왔다 하더라. 수도원에서는 그 사람들에게 성전 문을 열어주어 엘리야 굴에 들어가서 참배하기를 허락하며, 저들이 청하는 대로 양철통에 먹을 물도 떠다 주더라. 자세히 들으니 저들이 엘리야 선지자를 대단히 존경하여 어린것이 새로 나면 안고 와서 엘리야 성인께 강복을 받게 한다 하며, 엘리야 성상 앞에 갖다 놓기도 하고 성상에 닿게 하기도 하며, 또 성 엘리야 첨례는 양력 7월 20일인데, 이 며칠 동안은 각처 이슬람교인들이 모여 와서 밤낮 들레는 고로, 수도원에서는 대단히 성가시나 성전 문을 아니 열어줄 수도 없고 박대할 수도 없다 하더라.

제602호(1926년 11월 30일), 511~514쪽
로마 여행 일기 [27]

▲ 나자렛 참배

카르멜 수도원 여관에서 하루를 묵으면서 카르멜산 아래에 있는 항구 읍내에 내려가서 각 성당도 배관하고, 수사와 수녀들이 경영하는 사업도 구경한 후, 그 익일 10월 17일에 자동차를 타고 나자렛으로 향하여 가며 지방을 살펴보니, 어디든지 다 같아 초목도 없고 물도 없고, 쓸데없는 조

---

345 야단스럽게 떠들고.

약돌뿐이며 인가는 항상 희소(稀少)하여 6~7시(간) 동안 자동차를 타고 가는 동안에 촌락 2처밖에는 보지 못하였는데, 이 두 동네에는 각각 다 성당이 있더라. 이날 오후 4시경에 나자렛에 도착하여 카사노바 여관에 들어갔노라.

▲ 나자렛 성지

이 읍내는 성모와 성 요셉의 본향이요, 오주 예수가 강잉(降孕)346하시고 장성하시고 생활하시던 읍내로다. 성 요한 복음 1장 43절 이하를 보건대, 오주 예수가 여기서 생활하실 때에는 이 읍내가 작고 비천함을 가히 알지니, 필립보(Philippus)가 나타나엘(Nathanael)347을 만나 이르시되, 모세와 선지자들이 교법에 기록한 메시아 곧 예수 나자렛 요셉의 아들을 뵈었노라 하니, 나타나엘이 대답하되 나자렛에서 무슨 좋은 것이 날 수 있느냐 하였도다. 나타나엘의 이 말을 보건대, 그때에 나자렛 읍내는 작고 비천함을 짐작하겠도다. 오주 예수는 당신 본향의 비천함을 조금도 부끄러워하지 않으시고, 나타나엘의 순직함을 칭찬하여 이르시되 너는 참으로 이스라엘 사람이요 간사함이 없도다 하셨도다.348

▲ 나자렛 읍내의 지형

팔레스티나 성지는 보통 다 산이 많은 지방인바 나자렛 읍내도 곧 산중 읍내라. 가옥들은 산비탈, 혹 산상에 지었으며, 이 읍내에 거류하는 인민은 8천 명가량인데 교우가 3천 명이며, 가옥들은 다 새로 건축한 서양

---

346 예수가 마리아에게 잉태됨.
347 예수의 12사도 중 바르톨로메오(Bartholomew)와 같은 인물로 보나, 반론도 있다.
348 요한 복음 1장 45-47절 참조.

제도요, 유다 제도의 가옥은 하나도 없더라. 여러 수도회에서는 각기 큰 건축을 설비하고 힘써 거룩한 사업을 경영하니, 실로 아름다운지라. 나타나엘이 만일 금일 나자렛을 볼 양이면 일정코 업신여기지 아니하리로다.

▲ 나자렛 카사노바

이 여관은 으레 성 프란치스코회 수사들이 주관하는데, 여관이 대단히 굉장하고 광활하여 수백 명 참배자를 가히 수용할 만하더라. 내가 갔을 때에는 참배자가 10여 명에 지나지 아니하는 고로, 매우 고요하며 가옥 제도는 매우 훌륭한데, 객실에 들어가 보니 부귀한 관인의 객실처럼 잘 차려 놓고, 벽상에는 큰 대리석 판에 새겨 일렀으되 "이 여관은 북미합중국 교우들의 애긍으로 건축한 것이라." 하였더라. 크기는 예루살렘에 있는 카사노바만 못하나 설비와 장치는 매우 보배롭게 하였으니, 미국의 부(富)함이 이 성지에도 또한 드러나더라.

▲ 나자렛 성모 영보 성전[349]

나자렛 읍내의 제일 중요한 성전은 곧 '성모 영보 성전'이니, 이 성전 자리는 곧 성모님의 본집 터요, 성모와 성 요셉이 오주 예수를 모시고 수십 년 동안 사시던 집 자리라. 이 거룩한 자리에 성전을 지었는데, 건축한 지도 오래지 않고 성전이 크지는 아니하나 정결하게 꾸몄으며, 이 성전 대제대 밑에는 성모 영보 제대가 있으니,[350] 이 제대 자리는 곧 성 마리아가 앉아서 가브리엘 천신에게 보(報)함을 받으시던 곳이며, 천신이

---

[349] '주님 탄생 예고 대성당(Basilica of the Annunciation)'이라고도 한다. 이 성당은 1960년부터 짓기 시작하여 1969년에 봉헌되었다.

[350] 제대에는 라틴어로 "이곳에서 말씀이 사람이 되셨다(Verbum Caro Hic Factum est)"라고 적혀 있다.

서서 보하던 자리에는 석주 하나가 있는데, 이 석주의 한끝은 땅에 박히고 한끝은 천장에 박히고 중간은 부러져 나갔으니, 이는 야만들이 이전 성전을 파괴할 때에 부러뜨린 것을 그대로 보존함이라. 이 석주는 '천신의 기둥'이라 이름하더라.

▲ 예전 성전의 파괴된 표적

예전 성후 헬레나 때와 십자군 때에 지었던 큰 성전은 파괴된 흔적이 여기저기 남아 있는데, 큰 석주 부러진 토막과 성전 기둥의 주추[柱礎] 자리와 성전 바닥(을) 꾸몄던 화반석 조각(모자이크)이 남아 있는 것을 보니 슬프고 처량하기 한이 없으며, 성 요셉이 오주 예수와 함께 목수질 하시던 자리에도 다시 경당[351]을 꾸미고 제대를 건설하였더라.

▲ 유년 예수 성전

나자렛 읍내에 있는 모든 수도원 성당을 다 배관하고자 하나 제일 먼저 높은 산상에 있는 성당을 찾아가니, 이는 살레시오회 수사들의 성당과 건축물인데, 대단히 광대하고 기지가 광활하며 성전 이름은 '유년 예수 성전'인데, 건축한 지도 얼마 아니 되고 성모 영보 성전보다도 더 광대하더라. 거처하는 가옥도 대단히 광대하며, 고아원도 건설하여 고아가 60명이요 겸하여 학교를 설비하고 교육도 크게 베풀더라. 이 성전 기지가 대단히 높아 온 나자렛 읍내가 눈 아래 벌여 있으며, 성조(聖祖) 욥(Job)의 본촌, 요나(Jonah) 선지자의 본향, 그런 모든 기념적 성지가 보이는데, 그 수사 신부는 우리들에게 오랫동안 각 성지를 가르쳐 주더라.

---

351 프란치스코회 수도원 성당으로 사용되다가 1914년에 새로 지어진 '성 요셉 성당' 혹은 '성가정 성당'을 말한다.

▲ 그리스도의 식상(食床)

성모 영보 성전에서 가까운 곳에 한 작은 경당[352]이 있기로 들어가 보니, 작은 제대 1좌가 있고, 그 경당 안에는 한 10여 인이 가히 앉을 만한 큰 반석이 있는데, 이를 '그리스도의 식상'이라 하니, 예전부터 전래하는 말이 오주 예수가 전교하실 때에 12종도들과 더불어 이 반석 위에 앉으시어 면류를 잡수셨다 하여, 그 반석을 기념적으로 지금까지 보존하여 두어 그 반석을 경당 안에 있게 하고 경당을 지었는데, 그 건축한 역사와 '그리스도의 식상'의 내력을 라틴말로 대리석 석판에 새겨 벽에 붙였더라. 매 주일 첨례 5에는 신부 1위가 이 경당에 가서 미사성제를 드린다 하더라.

▲ 성모의 전율(戰慄) 경당

성 루카 복음 4장 28절을 보건대, 오주 예수가 전교하실 때에 나자렛 지방 사람들에게 그 천주의 은혜 저버림을 책하시니, 회당에 있던 모든 이가 이 말씀을 듣고 분이 복발(復發)하여[353] 일어나 예수를 성 밖으로 쫓아내고, 또 그 읍내를 지은 산꼭대기까지 예수를 끌고 가서 밀쳐 거꾸러지게 하고자 하였도다. 전래하는 말에, 이때에 성모가 그 옆에서 보시고 기겁하시어 따르시며 기절하셨는데 그 자리에 작은 경당을 짓고 '성모의 전율 경당'이라 이름하였더라. 악인들이 오주를 밀쳐 죽이고자 하던 곳을 자세히 보니, 과연 대단히 높은 벼랑이러라. 복음 성경에는 그때 나자렛 읍내가 이 산 위에 있었다 하였으나 지금 나자렛 읍내는 거기서 조금 사이 뜨게 있더라.

---

352   1861년에 지은 '멘사 크리스티(Mensa Christi) 성당'을 말한다.
353   병이나 근심, 설움 따위가 다시 또는 한꺼번에 일어나.

▲ 타보르(Tabor)산

복음 성경에는 오주가 현성용(顯聖容)하시던[354] 산이 타보르산이라 기록하지 아니하였으나, 학자들이 거의 다 현성용하신 산이 타보르산이라 하는도다. 어떻든지 이 산상에 우리 성교회 성당이 둘이 있고, 그리스 이교인(異敎人)의 교당도 있더라. 현성용(이) 성경에 기록한 바 외딸고[355] 지극히 높은 산이라 한 말씀은 온전히 타보르산에 맞더라. 타보르산의 생긴 모양이 매우 기이하니, 대저 평평한 들 가운데 외따로 산이 생기고, 또 산 모양은 온전히 마당에 타작한 곡식(을) 모아 놓은 것 같고, 두리 소반 가운데 도가니 하나를 엎어 놓은 것 같기도 하고, 두리 소반 주위에 돌아가며 산이 둘러 있는 형상으로 기이하게 산이 둘렸으니, 자연 외딸고 지극히 높은 산이러라. 나자렛 읍에서 한 30리 상거가 되나 가서 보지는 못하고, 또 예루살렘으로 갈 때에는 이 산을 아주 가까이 지나갔으되, 자동차 운전사가 돈을 더 주지 아니하면 인도하지 아니하겠노라 하는 고로 올라가지 못하였노라.

▲ 시리아 교우의 성당

성모 영보 성전에서 멀지 아니하게 성당 1좌가 있으니, 이는 동방 예절 시리아 교우의 성당인데, 이 성당 터는 고교 때에 유다인의 회당(시나고가[synagoga])[356](을) 지었던 터(이)라 하더라. 시리아인 신부가 우리를 인도하며 모든 것을 설명하는데, 프랑스어가 능통하며 매우 인자하시더라. 성당은 넉넉히 크나 화려하게 꾸미지 못하여 가난한 모양이 드러나고,

---

[354] (예수가 팔레스타인의 타보르산 위에서 자기의) 거룩한 모습을 드러내시던.
[355] 다른 곳과 동떨어져 홀로 있고.
[356] 루카 복음 4장 16절 참조.

그 신부도 의복 입은 것을 보니 가난한 표가 완연하더라.

| 제603호(1926년 12월 15일), 534~537쪽
| 로마 여행 일기 [28]

▲ 나자렛 읍의 마리아의 샘

예전부터 전하여 말하기를, 성 마리아가 나자렛 읍내에 사실 때에 물 길으시던 샘이 금일까지 있어, 그 읍내 인민에게 먹을 물을 풍성히 준다 하는데, 이름은 '마리아의 샘'이라 하더라. 성모 마리아가 물 기르시던 샘이 오죽 희귀하리오. 이는 특별히 물 긷는 여자들에게 큰 위로요, 큰 기념이로다. 그 샘을 찾아가 보니 '마리아의 샘'이 그리스 이교인의 교당[357] 안에 있어 귀하게 꾸몄는데, 그 교당 안에 물 길으러 다니는 번화(繁華)함을 피하기 위하여, 그 샘에서 수관으로써 그 샘물을 땅속으로 인도하여, 읍내 가운데 내다 두고 여기서 물을 길어가게 하였더라. 물 길으러 오는 이가 허다한 고로 분잡함을 면키 위하여, 그 오는 차례대로 물동이를 일자로 늘어놓아 그 차례대로만 물을 퍼가게 하더라.

팔레스티나 각처에는 물이 귀한 중, 먹을 물이 매우 극귀(極貴)하여 예루살렘 같은 큰 읍내에는 곤란이 막심하고, 다만 겐네사렛 호숫가에 사는 사람들만 물을 풍성히 쓰며, 마리아의 샘도 수천 년 이래로 당신 본

---

[357] 1767년에 세워진 그리스 정교회 소속의 '가브리엘 성당'이다. 마리아가 가브리엘 대천사를 만났던 곳이 이 우물 옆에서였다고 믿고 기념 성전을 세웠다고 한다(정양모·이영헌 공저, 『이스라엘 성지—어제와 오늘』, 생활성서사, 1988, 139쪽 참조).

향 사람들에게 먹을 물을 풍성히 주시니, 성모의 영적 샘이라 하여도 합당하더라.

나자렛 성지에 제일 좋은 일은 이 읍내에 모든 중요한 성지 곧 성모 영보 성전과 성 요셉이 목수 생애(生涯)하시던 곳에 지은 경당과 그리스도의 식상, 그런 성지의 권리를 다 우리 라틴 예절 교회에서 홀로 차지하고, 다른 이교파(異敎派)에서는 참섭(參涉)하지 못함이더라. 예루살렘, 베들레헴, 타보르산과 다른 모든 성지와 성전은 7~8가지 교파의 공동물이 되어, 제각각 제 예절과 제 노래를 하며 들레는 것은 아주 보기 싫고, 열심도 조당하고 존경도 없음 같더라. 이보다도 더 슬프고 애통한 일은 어떤 성지는 이슬람교인의 소유가 되어, 교우가 돈을 주기 전에는 들어가 참배도 할 수 없으니, 곧 건립 성체 성당과 예수 승천하시던 자리와 성모 자헌 성전과 고교 성전 자리, 이런 모든 성지는 이슬람교인들이 저희 교당(모스크)을 삼았으니, 천주 공교회에서나 혹은 동방 이교회에서 조금도 참섭하지 못하더라.

그 성지와 성전이 어찌하여 여러 교파의 공동물이 되었느뇨. 과연 성후 헬레나 때와 십자군 때에 팔레스티나에 건축한 모든 성전은 다 우리 라틴 교회에서 건축하고, 또한 우리 교회에서 홀로 차지하였더니, 그 후 서양 나라 교우들이 팔레스티나 성지에 항상 거류하여 살지 못하고 떠나오니, 온 팔레스티나는 이슬람 야만의 소유가 되어, 그 야만들이 모든 성전을 다 헐어버리고, 다만 예수 성묘 성전의 일부분만 남아 있어 혹시 교우들이 가서 참배하려 하면 그 야만들에게 돈을 많이 주고 비밀히 참배하였도다.

성지의 성전을 다 이슬람 야만이 차지하고 있을 때에, 각 교파에서 각기 이슬람교인에게 돈을 주고 사기도 하고 얻기도 하여 각기 일부분씩 얻어 자기 것이라 하여, 제각각 제 예절대로 노래를 하며 들레는 고로,

아주 보기도 싫고 정성도 없어 보이더라. 그런데 그리스 이교인들은 제 나라가 성지에서 가깝기도 하고 또 성지에 와서 거류하는 이가 많은 고로, 가만히 보면 제일 좋고 중요한 자리를 항상 차지하였더라.

▲ 갈릴래아(Galilee) 카나(Kanah)촌 심방

10월 18일에 나자렛에서 자동차를 타고 티베리아스(Tiberias)로 가는 중로에 갈릴래아 카나촌 앞을 지나는 고로 자동차 운전사에게 잠시 머물기를 청하니, 이는 아주 길옆인 고로 돈을 더 달라(하)지 아니하고 응낙하더라. 카나촌 사정을 아는 이가 우리 동행 중에 없는 고로, 먼저 그리스인의 교당을 우리 성당인 줄로 그릇 알고 들어가 보니 그리스인의 교당이오. 그때 무슨 예절을 행하고 면류 조각 같은 것을 많이 벌여 놓고 그리스 이교인이 우리에게 주는 것을 사절하고 즉시 나왔노라.

우리 라틴 교회 성당을 다시 찾아가니 성 프란치스코회 수사(이탈리아인)가 우리를 인도하여 성당에 들어가 보니 예전 성전 자리에 성당을 지었는데,358 성당도 작고 꾸미지도 못하여 극히 가난한 표가 드러나더라. 이 성당은 곧 오주 예수가 카나촌 혼인 잔치에서 변수 위주의 첫 영적(靈跡)을 행하신 곳이라. 작은 돌 항아리 6개를 거기 두었는데, 이는 오주가 영적으로 만든 술을 담았던 돌 항아리는 아닌 듯하고, 다만 그와 방불(彷彿)하게 만든 것 같으며, 그 수사는 프랑스어를 모르고 또는 아마 속형 수사인지 라틴말도 하지 아니하는 고로 자세한 설명을 듣지 못하고, 자동차 운전사가 재촉하는 고로 바삐 나올 때 그 수사는 아마 우리한테 무슨 애긍을 바라는 듯하며, 또는 그 모양이 매우 가난한 고로 적은 애

---

358 '카나 혼인잔치 성당'으로도 불리는데, 1879년에 프란치스코회에서 부지를 매입하여 1883년에 성당을 건축하였다. 지하 성당에 돌로 된 커다란 물항아리가 놓여 있다.

긍이라도 할 마음이 간절하였으나 동행들이 먼저 나가고 운전사가 재촉하는 고로 한 푼의 애긍도 주지 못하고 무정스럽게 온 것은 지금까지 원통히 여기노라.

▲ 카나촌의 성 바르톨로메오(Bartholomew)의 집

성당에서 몇 보 나오다가 보니 양옥 1좌 새로 지은 것이 있는데 큰 대리석 판에 라틴말로 새겨 일렀으되 "성 바르톨로메오 종도의 집"이라 하였으니, 이는 성 바르톨로메오 종도의 본집 자리인데,[359] 새로 벽돌 양옥을 건축하여 기념을 삼았더라. 카나촌은 오주 예수 때에는 얼마나 크던지 알지 못하거니와 금일에는 매우 작아 한 20여 호밖에 되지 못하고, 가옥은 서양 제도는 하나도 없고 아주 예전 유다 제도인데 아주 보기 싫고, 무슨 토굴과 움 같으며, 마치 흙으로 만든 큰 모말[360](을) 엎어놓은 것 같더라. 벽도 흙이요 지붕도 흙이니, 지붕을 기와나 풀로 덮지 아니한 것이 매우 이상하더라.

카나촌 아이나 어른이나 처녀나 여인들은 흙으로 망측하게 만든 부처 삿기[361] 같은 인형을 손에 들고, 우리를 따라다니며 일 원만 주고 한 개 사가라고 성화를 시키는[362] 것이 아주 귀찮고, 그저 주어도 내버릴 것을 거기 돈 일 원을 내고 사가라 하는 것은 매우 우습더라. 그 사람들을 살펴보니 다 유다인과 아라비아인인데, 아이나 어른이나 참배자들을 만나보면 돈을 달라고 성화를 시키며, 특별히 아이들은 손을 벌리고 '바시스'(는) 소리를 하는데, 어떤 신부에게 바시스가 무슨 뜻이냐(고) 물으

---

359 요한 복음 21장 2절 참조.
360 곡식 따위를 되는 말의 하나로, 한 모말은 열 됫박 정도의 크기이다.
361 '새끼손가락'의 옛말.
362 자꾸 몹시 귀찮게 굴어 속 타게 하는.

니 대답하기를 바시스는 강복이란 말인데 돈을 달라 하는 말이라 하더라. 보통 팔레스티나 사람의 버릇은 참배자에게 조그마한 심부름이라도 하여 준 후는 돈을 달라 하고 심부름을 아니 하여 주고도 항상 돈을 달라 하는 버릇은 심히 괴이하더라.

▲ 티베리아스읍에 도착

카나촌을 심방하고 그날 석양에 티베리아스에 도착하여 '카사노바'를 찾아가니 성 프란치스코회 수사 3인이 거처하며 주관하는데, 성당은 크지 못하나 여관은 대단히 크고 또한 잘 꾸몄더라. 티베리아스읍은 크지 못하나 가옥은 모두 근래에 서양 제도로 화려하게 건축하고 현재도 허다히 건축하는 중인데, 거의 다 유다인의 가옥이요 큰 여관도 다 유다인의 여관이며, 호수는 40~50호에서 지나지 못하더라.

티베리아스에 들어가면서 제일 반가이 보이는 것은 물이라. 대저 사방으로 다닐 때에 도무지 물을 보지 못할러니 여기서 큰물을 봄이로다. 이 호수는 복음 성경에 유명한 겐네사렛 호수인데, 장이 대략 한 30리가량 되어 보이고, 광은 대략 한 5리가량 되어 보이더라. 호수가 매우 큰 고로 갈릴래아 바다라고도 하고 티베리아스 바다라고도 하나, 물은 짠 물이 아니요 오직 단물이라. 이 호숫가에서 오주 예수가 여러 번 강론을 하시고 허다한 영적을 행하신, 그런 거룩한 사적을 생각하며 손으로 그 물을 움켜 맛보니 매우 달더라.

겐네사렛 호수와 이 호숫가에 있던 여러 읍내는 복음 성경에 여러 번 기록되고, 오주 예수가 여기서 제일 많이 강론하시고 제일 많이 영적을 행하시고 제일 많이 거처하신 고로, 이 호숫가에 있는 카파르나움 읍내는 오주의 본부라 일컬었도다. 그러나 오주 예수 때에 유명하던 모든 읍내가 지금은 하나도 남아 있지 아니하여, 다 멸망하고 멸망한 흔적도 보이지 아니하며, 다만 카르파나움에는 멸망한 흔적이 완연하더라. 멸망한 읍내 자리를 다 가보지 못하고 다만 막달라(Magdala), 벳사이다(Bethsaida), 카파르나움만 가서 보았노라.

▲ 막달라[363]

막달라 혹은 막달롬은 성녀 마리아 막달레나의 본 읍내인데, 티베리아스읍에서 멀지 아니하더라. 찾아가 보니 아무것도 없고, 멸망한 흔적의 돌과 기와 같은 것도 없고, 다만 빈 자리뿐이라. 여기서 한참 서서 성녀의 3남매[364]의 성덕을 잠시 생각하다가 다른 데로 갔노라.

제605호(1927년 1월 15일), 7~10쪽
로마 여행 일기 [29]

▲ 벳사이다 심방

막달라에서 성녀 막달레나를 잠시 심방하고, 거기서 멀지 아니한 벳사이다를 찾아가 보니 이는 성 베드로와 성 안드레아 형제의 본촌이라.[365] 읍내(가) 되었던 흔적이 도무지 없어 아무 기념적으로 남은 것이 없더라. 모든 종도는 거의 다 이 겐네사렛 호수 근처 사람들인데, 여기서 어부가 되어 어업을 일삼다가 종도로 간선됨을 잠시 기념하였

---

363 고대 유다 도시인 막달라는 66년에 시작된 제1차 유다-로마 전쟁 때 완전히 파괴되었고, 호숫가에서 서쪽으로 조금 더 들어간 곳에 '믹달(Migdal)'이라는 새로이 마을이 들어섰다.
364 앞에서 설명한 바와 같이, 1969년 이전까지는 베타니아의 마리아와 마리아 막달레나를 같은 인물로 보았다(각주 320번 참조).
365 요한 복음 1장 44절 참조.

노라. 그러나 지금은 생선이 아마 없는지 어업을 일삼는 자가 하나도 없더라.

▲ 카파르나움(Capharnaum) 심방

벳사이다에서 떠나 카파르나움을 찾아가니, 이는 복음 성경에 오주의 본부라 일컫는 큰 읍내이었도다. 성 프란치스코회 수사 신부 1위가 작은 양옥을 건축하고 혼자 거처하는데, 시리아 교우 1인을 데리고 세월을 보내더라. 성당은 따로 지은 것이 없고 큰 방을 경당으로 꾸미고 미사성제를 거행하더라.

이 읍내는 본디 크고 유명하던 고로, 고고 때에 지은 회당(시나고가 [synagogal]) 멸망한 것이 완연할 뿐 아니라 회당의 장광도 많이 소연(蕭然)하며, 층층대와 제대로 쓰던 돌과 다른 많고 큰 석주와 석벽의 돌이 허다하나, 근 누천(累千)여 년 전 건축물인 고로 석재는 다 거칠게 되고, 또는 본디 좋은 돌도 아니었더라.

고교 회당이 멸망한 흔적은 이러하거니와 십자군 시대에 건축하였던 우리 성전의 훼철(毁撤)한 흔적도 완연히 남아 있으나, 다만 성전 바닥을 꾸몄던 각색 화반석(모자이크)이 많이 남아 있는데, 이것을 귀한 기념으로 보존하기 위하여 새 모래로 잘 덮어 두었고, 그 외 여러 가지 물건도 다 진열하여 두었더라.

▲ 카파르나움 산상의 수녀원

카파르나움 뒤에 조금 높은 산상에는 한 수녀원이 있는데, 바쁜 고로 찾아가 보지 못하였으나, 보기에 매우 적적하여 보이며 도무지 다른 인가도 없고 초목도 없고 다만 호숫가에 작은 수도원 1좌와 그 뒤 산상에 작은 수녀원 1좌가 있어 오주 예수의 발자취를 공경하며 겐네사렛 호수를 눈앞에 바라보고 적적히 처량하게 살더라.

오주 예수 당시에 이 호숫가에 허다한 읍내가 있었으나 다 멸망하여 그 흔적도 남아 있는 것이 없고, 다만 카파르나움 읍내에만 고적(古跡)이 남아 있더라. 이 근처에 멸망한 읍내는 코라진(Chorazin),[366] 제라쉬[367] 그런 읍내가 가까이 있으나 아무것도 남아 있는 것이 없고, 그때는 양력 10월 18일경이지만 행보할 때에 매우 더운 고로 다른 곳을 심방하지 아니하고 예루살렘으로 향하기로 행리를 수습하였노라.

▲ 예루살렘(Jerusalem)에 도착

10월 19일에 티베리아스에서 자동차를 타고 예루살렘을 향하여 가며 보니, 지방 형편은 항상 다 같아 초록도 없고 물도 없고 산에는 쓸데없고 보기 싫은 돌뿐이러라. 그날 석양에 예루살렘 카사노바를 찾아가니, 문지기가 문간에서 잠시 기다리기를 청하는 고로 잠시 기다릴 때, 여관장 성 프란치스코회 수사 신부가 나와 수인사하고 방을 정하여 주었는데, 내 방의 번호는 27호이었도다.

이 예루살렘 성부(城府)는 우리 천주 공교회의 교리상 역사상 제일 유명할 뿐 아니라 보천하(普天下) 역사상에도 중요하고 유명한 줄은 모든 이(가) 다 아는 바이로다. 인구는 8만여 명인바 천주 공교인은 동방 예절과 라틴 예절을 다 합하여 6천여 명이요, 성직 계급상 라틴 예절의 총주교(패트리아카[Patriarcha]) 이탈리아인 1위가 계셔 예루살렘 교회를 다스리시고, 예수 성묘를 위하여는 성묘 수직자(守直者) 성 프란치스코회 수사 신

---

[366] 마태오 복음 11장 21절 참조.
[367] 1850년대 벨데(C. Van de Velde)가 신약성경의 코라진이라고 주장한 키르베트 케라제(Khirbet Kerazeh)를 말하는 것 같다.

부가 계신데, 으레 이탈리아인이요 비록 단순한 신부이나 주교의 휘장을 떨치고 주교의 대우를 받으시더라.

▲ 예수의 성묘(聖廟, 무덤) 성전[368]

예수 성묘 성전은 온 팔레스티나 성지의 제일 거룩하고 제일 중요한 성전이며, 또 보존하여 오기도 다른 성전에 비기면 비교적 나으니, 대저 다른 모든 성전은 온전히 멸망되어 일부분도 남지 아니하고 겨우 흔적만 남아 있으되, 예수 성묘 성전은 일부분뿐 아니라 대부분이 남아 있다 할 수 있음이로다.

그러나 이 성전에 들어가 보면, 일편으로는 감동하는 눈물이 흐르나 일편으로는 한심 처량하고 불쾌한 심정이 자연 발함이로다. 대저 성전은 우리 천주 공교회에서 건축하여 천주 공교회의 본 소유이나 그러나 금일에는 천주 공교인, 각색 동방 예절 이교인, 심지어 이슬람교 무슬림들의 공동물이 되어 있고, 이슬람교 무슬림 순사 4~5명이 성전 정문 칸 안에서 밤낮 유숙하며 있어, 이자들이 문을 닫으면 들어가거나 나오지 못하고, 아침에 문을 열면 출입하며, 또 무슨 시비나 쟁투가 나면 이자들한테 가서 호소하여 그 판결대로 시행함이로다. 이 성전에 22년 동안 거하는 성 프란치스코회 속형 수사 풀젠스(Fulgence) 씨(프랑스인)가 말하기를, 지나간 성지 주일날에 각 교파가 예절을 행할 때 어떤 교파가 높은 데서 돌을 던져 머리가 상하여 서로 쟁투할 때 마침내 무슬림 순사들이 판결하여 주었다 하더라.

---

[368] '거룩한 무덤 성전(Church of the Holy Sepulcher)' 또는 '예수 부활 기념 성전'이라고도 부른다.

▲ 예수의 성묘(무덤)

오주 예수의 무덤은 이 성전 안 중앙에 있는데, 조그마하고 길쭉한 집 같아 사람 2명은 가히 들어갈 만하나, 들어갈 때에는 불가불 머리와 허리를 굽혀야 들어갈 것이요, 예수 무덤 위에는 제대판 같은 백색 대리석 판을 덮어 이것을 제대로 쓰는데, 신부와 복사가 겨우 용신(容身)하며 운동하여 미사를 드릴 만하고, 이 무덤 벽에는 성 마르코 (복음) 16장 6절에 천신이 성녀들에게 하신 말씀을 라틴말로 기록하였으되 "부활하여 여기 계시지 아니하니 보라 그 장사하였던 곳이 여기니라."[369] 하였더라.

▲ 예수 부활 시에 천신이 발현하여 앉았던 자리

예수 무덤에서 나오면서 즉시 조그마한 방 같은 것이 있고, 그 가운데는 장이 한 3척 되고 굵기는 조선 사발의 주위만치 굵은 보석 석주가 있으니, 이는 천신이 예수 부활 때에 발현하여 앉았던 자리라. 예수 무덤 제대에서 영성체하고자 하는 이는 불가불 이 자리에서 미사에 참례하고 거기서 성체를 받는데, 내가 하루는 예수 무덤 제대에서 미사를 드릴 때에 어떤 수녀들 및 다른 사람 합 8인이 성체를 영하겠다 하는 고로, 소제병(小祭餠)[370] 8개를 얻어다가 성체를 영하여 주었는데, 영성체하여 주려 하면 불가불 무덤에서 몸을 굽히고 나와야 하는 고로, 나오고 들어가기에 대단히 곤란하였노라.

---

[369] 새 번역 성경 : (젊은이가 그들에게 말하였다. "놀라지 마라. 너희가 십자가에 못 박히신 나자렛 사람 예수님을 찾고 있지만) 그분께서는 되살아나셨다. 그래서 여기에 계시지 않는다. 보아라, 여기가 그분을 모셨던 곳이다"(마르 16,6 참조).

[370] 축성하기 전의 누룩 없는 빵으로, 신자들에게 영하여 주는 작은 성체를 말한다.

로마 여행 일기 [30]

▲ 예수 성묘 성전 내에 권리(를) 가진 교파는 4파뿐

예수 무덤이나, 예수가 십자가 상에 못 박히시던 자리, 예수 탄생하신 자리, 이런 모든 성지에 조배하기는 아무라도 할 만하니 천주 공교인, 각색 이교인, 열교인, 외교인, 사교인, 누구든지 참배하고 혹은 구경하기로 허락하되, 그런 성지 제대에서 미사를 드리거나 무슨 예절을 거행함은 다만 소유권 가진 파에서만 하고, 다른 사람은 거행치 못하게 하는 법이러라.

그러한데 예수 성묘 성전 내에 제 소유권을 가진 이는 우리 라틴 교회, 그리스 이교파, 아르메니아(Armenia) 이교파, 콥트(Copt) 이교파 합 4파인데, 각각 제 소유의 제대가 있고, 예수 무덤 제대에 대하여는 우리 라틴 교회, 그리스 이교파, 아르메니아 이교파에서만 예절을 행할 권리가 있고, 콥트 이교파는 예수 무덤 밖에 제대 하나를 예비하고 거기서 홀로 예절을 행하더라.

이 성전 안에서 각각 제 편리함을 위하여 제대나 방이나 그런 것을 서로 바꾸기도 하고 매매도 하며, 이 성전 내에서 소유권(을) 가진 이가 지금 4파인데, 만일 어느 파에서든지 제 소유권에 대하여 오랫동안 중절(中絶)하고 돌아보지 아니하면 그 파를 다시 붙여주지 아니하는 법이니, 지금 만일 그리스 이교파, 아르메니아 이교파, 콥트 이교파가 떨어져 나가면 다 우리 라틴 교회의 소유가 되겠도다. 그러나 그리스 이교파는 졸연(猝然)히 떨어져 나가지 않을 것 같더라.

▲ 우리 라틴 교회에서 예수 성묘 성전 내에 차지한 소유

예수 무덤 제대에서 미사를 드리고 예절을 행함은 독차지한 소유가 아니요, 다만 한 몫의 소유가 있고 그 외에 프란치스코회 수사들의 성당이 되는바, 작은 방에 제대 2처, 오주가 성녀 막달레나에게 발현하시던 곳에 건설한 성녀 막달레나의 제대, 갈보리(Calvary)[371] 산상(지금은 이 성전 내)에 예수를 십자가에 못 박아 세웠던 자리에 건설한 제대(이는 성로 제11, 12처), 성모가 성시(聖屍)를 안으시고 우시던 자리에 건설한 성모 통고 제대(이는 성로의 제13처), 또 이 근처에 성 도미니코회 수사들이 차지한 제대, 합 6~7처 제대를 차지하였는데, 미사 지내러 갈 때에는 불가불 남의 소유 지경을 지나가야 하는 고로 조심되고 불편하며, 무슨 시비가 날까 매우 염려되더라.

이 성전 안에 콥트 이교파의 소유는 다만 예수 무덤 밖 곁 벽에 붙인 작은 제대 하나뿐이요, 아르메니아 이교파의 소유는 변변치 않고, 그리스 이교파가 차지한 것은 여러 곳은 아니나 그 위치와 광활함은 이 성전 내에 제일이니, 대저 예수 무덤 정면에 있는 매우 큰 당(堂)을 차지하였음이러라. 내가 지나다닐 때에 여러 번 쳐다보았으나 들어가 보지는 아니하였노라.

▲ 예수 성시를 향으로 바르고 염하던 자리

지금 남아 있는 이 예수 성묘 성전의 정문은 동양 제도이니, 우리 서울의 남대문이나 동대문 같은 두 짝 문이오. 이 정문에 들어서면 그 좌

---

[371] 예수 그리스도가 십자가에 못 박혀 죽은, 예루살렘 교외의 언덕. 라틴어로는 갈바리아(Calvaria), 히브리어로는 골고타(Golgotha)로. 언덕 모습이 해골처럼 생겼다고 해서 붙여진 명칭이다.

편에 이슬람교 순사 4~5인이 거처하는 처소가 있고, 몇 보를 들어가면 예수 성시를 향으로 발라 염하던 자리가 있으니, 라틴말로 옹씨오 크리스티(Onctio Christi)라 하는데, 이는 니코데모(Nicodemus)와 요셉 아리마태아(Joseph of Arimathea)가 예수 성시를 십자가에서 내려, 여기 놓고 향으로 바르며 염하던 자리라.³⁷² 장이 6척, 광이 2척 되는 붉은 보석 제대판 같은 것을 그 자리에 놓고, 또한 좋은 보석으로 선을 둘러 꾸며놓았으니, 이는 예수 성시를 여기 놓고 염하던 뜻을 표하고, 그 옆에는 옥돌로 꾸민 등(燈) 8개를 달았더라. 풀젠스 수사가 말하기를 이 8개의 귀한 등은 8개 교파에서 다 각각 하나씩 똑같게 만들어 드렸다 하는데, 8개 교파는 1은 우리 라틴 교회, 2는 비잔틴(그리스) 교회, 3은 그리스 교회, 4는 아르메니아 교회, 5는 시리아 교회, 6은 마론(Marone)파 교회, 7은 칼데아(Chaldea) 교회, 8은 콥트 교회러라. 누구든지 이 성전에 들어오면 즉시 여기 꿇어 그 홍보석 판을 친구하고 기구하더라.

▲ 갈보리산

예루살렘 성부는 오주 예수 때와 지금에 대단히 변하였으니, 오주 예수 때에는 갈보리산이 예루살렘성 밖에 있었고, 지금은 예루살렘 성부 중앙이 되었으니, 곧 이 성전 안이라. 위에 말한바 예수를 염하던 자리에서 우편으로 한 두어 길 되는 층층대를 밟아 올라가면, 곧 갈보리산이니 오주 예수를 십자가에 못 박아 세웠던 곳이요, 성모가 예수 성시를 받아 안고 체읍(涕泣)하시던 곳이라. 전에 말함과 같이 여기 두 제대가 있으니, 이는 다 우리 라틴 교회의 소유(이)라. 내가 이 두 제대에서 미사를 드렸노라.

---

372   요한 복음 19장 38-40절 참조.

▲ 성녀들이 앉아서 예수 성시 장사함을 바라보던 자리

예수 성시를 염하던 자리에서 좌편으로 조금 나가면 곧 성녀들이 앉아서 예수 성시 장사지냄을 바라보던 자리라. 여기 제대는 건설하지 아니하고, 다만 크고 둥근 촛대를 두어 어떤 때에만 불을 켜더라.

제607호(1927년 2월 15일), 53~55쪽
로마 여행 일기 [31]

▲ 요셉 아리마태아 문제(門弟)의 묘소

오주 예수 성시를 장사하였던 석총은 문제 요셉이 자기를 위하여 반석 중에 파두었던 수두장(首頭長)[373]인 줄은 성 마태오 (복음) 27장 60절에 기록되었거니와, 성녀들이 앉아서 바라보던 자리[374]에서 몇 보를 나아가서 지하실 같은 데로 내려가 보니 문제 요셉의 무덤이 있는데, 그때에 등불도 없이 내려갔던 고로 아무것도 자세히 보지 못하고, 다만 설명하는 수사의 말대로 요셉 문제의 묘소인 줄만 알았는데, 무슨 특별한 것은 없고 다만 지굴(地窟, 땅굴)뿐이러라. 그다음에는 예수의 성묘가 계시고 그 정면에는 그리스 이교당이요, 예수 성묘 한편 머리에는 콥트의 제대요, 그 옆에는 아르메니아 이교인의 소유(이)러라.

---

[373] 빌라도에게 가서 예수의 시신을 내 달라고 청한 아리마태아의 요셉은 의회 의원이었다(루카 23,50-51 참조).
[374] 새 번역 성경 : "요셉은 시신을 받아 깨끗한 아마포로 감싼 다음, 바위를 깎아 만든 자기의 새 무덤에 모시고 나서, 무덤 입구에 큰 돌을 굴려 막아 놓고 갔다. 거기 무덤 맞은쪽에는 마리아 막달레나와 다른 마리아가 앉아 있었다"(마태 27,59-61 참조).

▲ 성녀 막달레나의 제대

성 요한 (복음) 20장 14절 이하에 기록함과 같이, 예수가 부활하신 후 성녀 마리아 막달레나에게 발현하시어 보이시던 자리에 성녀 막달레나의 제대를 건설하고, 그 제대 상벽에는 예수가 성녀 막달레나에게 발현하시어 말씀하시는 큰 상본을 모셨는데, 이 제대는 우리 라틴 교회의 소유(이)라. 이 제대에서도 하루 미사성제를 드렸노라. 여기서 몇 보를 나아가면 성 프란치스코회 수사들의 작은 성당이오. 두 제대가 있는데, 한 제대에는 예수가 편태(鞭笞) 받으시던 석주를 모셨다 하며, 작은 문을 열고 촛불을 켜 대나 사방이 침침한 고로 자세히 볼 수 없더라. 그 옆에는 수사들의 제의실이러라.

▲ 성후 헬레나가 진 십자가를 파내던 자리

수사들의 제대 밑으로 층층대를 밟아 내려가면 크고 넓은 지굴이 있으니, 이는 성후 헬레나가 오주 예수가 친히 못 박히셨던 참 십자가 보목(寶木)을 파내던 자리라. 다만 지굴 같고 꾸미지도 못하고, 내려가는 층층대도 다 무너지고 파락(破落)하여 실족하여 넘어지면 크게 상할 염려가 있는 고로 매우 조심되더라. 이외에도 제대가 많으나 쓰지 아니하는 제대요, 보이지도 아니하여 지굴 같으며 침침하더라.

이 성전 안은 대단히 복잡하게 생기고, 또는 각 교파에서 제 소유로 맡은 것은 수리하여 꾸미고, 그 외 공동 소유는 서로 미루고 수리하지 아니하며, 또는 4교파에서 수렴전(收斂錢)을 모아 한가지로 수리하기도 용이하지 않다고 풀젠스 수사가 탄식하며 말하더라.

▲ 십자성로 14처

예루살렘 외에 각국 각처에서 십자성로를 건설하고, 거기서 성로를 거행함은 예루살렘에서 행함을 모방하여 하는 것이요, 예루살렘에서 행하는 것은 오주 예수가 친히 십자가를 지고 가시던 길에서 행함이로다. 내가 예루살렘에서 8일을 유하는 동안에 재통고(再痛苦) 날[375]을 당하였는데, 여러 사람의 말을 들으니 예삿날에는 아무라도 사사로이 성로선공을 마음대로 하되, 재통고 날 오후 4시경에는 모든 이가 모여 공식으로 한다 하는 고로, 아무쪼록 궐하지 않고 참례하였노라.

이 십자성로의 14처가 다 우리 성교회의 소유가 아닌 고로, 거행하기는 대단히 불편하더라. 제1처는 빌라도 아문(衙門) 안토니아라 하는 곳인데, 지금은 그리스 사람의 학교이러라.[376] 오후 4시 전에 빌라도 아문 자리를 찾아가 보니 성로를 시작하기 위해 그 학교 마당에 모인 이는 한 백여 명 되는데, 예루살렘에 사는 사람과 또한 대부분은 외국에서 온 참배자이며, 거의 다 성직자인데 주교 1위, 성 베네딕토회 수도원장 1위, 신부들, 수녀 4인, 그 외 여러 사람이러라.

이 성로선공은 성 프란치스코회 수사 신부가 주장하여 염경하는데, 이 신공 하기가 매우 불편한 고로, 경문과 묵상을 처(處)마다 오랫동안 하지 못하고 다만 주모경을 염하고 잠깐잠깐 묵상하는데, 제1처는 빌라도의 아문 자리(이)오. 그다음은 시온(Zion) 성모회 수녀원[377] 밖 곁 담벼락인데, 길바닥 먼지에 꿇어서 잠깐 묵상하고, 그다음은 남의 가가[378] 옆과 행인들과 우마(牛馬)가 왔다 갔다 하는 길거리와 혹은 남의 담 모퉁이오. 제6처 성부 베로니카(Veronica)가 오주의 얼굴을 수건으로 씻겨드리던 곳은

---

[375] 춘하추동 사계절마다 한 번씩 지키는 사계(四季) 소재(小齋)로, 수요일은 초영복(初永福), 금요일은 재통고(再痛苦), 토요일은 재영복(再永福)이라 칭하였다.
[376] 빌라도(Pilatus)는 안토니오 궁전에서 심판을 집행하였는데, 십자가의 길(Via Dolorosa) 시작 지점에 우마리야(Umariya) 초등학교가 있다.
[377] 시온 수녀회의 '엑체 호모 수녀원(Ecce Homo Convent)'을 말한다.
[378] '가게'의 원말.

우리 성교회의 소유인 고로, 집안에 성상을 잘 꾸며 모셨더라. 어떤 처는 작은 골목으로 들어갔다가 다시 그 길로 나와야 하고, 더러운 먼지와 오예물(汚穢物)이 가득한 처가 많아 이 신공을 하기가 매우 불편한 고로, 특별히 부인들은 참례하기가 더 어려운 고로 여교우 부인은 별로 없더라.

제11처부터는 예수 성묘 성전 안인 고로, 매우 순편하나 사람이 많아 매우 복잡하더라. 이 십자성로의 길은 실제로 오주 예수가 십자가를 지고 가시던 길인 고로, 이 신공을 행할 때에 눈물을 흘리며 체읍하는 이(가) 많으며, 이 성로선공을 할 때에 한 사람은 순사처럼 앞으로 나아가며 행인들을 지휘하여 이 신공을 조당하지 못하게 하는데, 길에 내왕하는 사람들은 다 사교인, 이교인, 외교인들이라도 힘써 길을 사양하여 주며, 조롱하거나 조당하는 폐단이 없으니 이 성지의 형편은 예전에 비겨 매우 달라졌더라.

성로 14처의 자리를 다 우리 성교회에서 차지하지는 못하였으나, 그 자리를 다 잊어버리지 않기 위하여 네모진 대리석 판에 라틴말로 새겨, 남의 벽에든지 어디든지 튼튼하게 붙여두어 지나가는 사람으로 하여금 다 알아보게 하였더라.

▲ 건립 성체[379] 하시던 집

전에도 여러 번 말하였거니와, 모든 귀중한 성지를 우리 성교회에서 차지하지 못하고 혹은 이교인이 차지하였으며 혹은 이슬람교인이 차지하였도다. 오주 예수가 수난 전에 성체성사 세우시던 당(堂)은 이슬람교인이 차지하여 가지고, 우리 교우가 참배하러 가면 입장료를 받고, 또 신

---

[379] 건립 성체(建立聖體)란 성체성사를 세웠다는 뜻으로, 현재는 '주님 만찬 성목요일'에 이를 기념하고 있다.

을 벗고야 들어가 참배하게 하더라. 내가 이 성지를 찾아가서 거기 돈 8원을 주고 들어갔으나, 다 이슬람교의 법으로 차려둔 고로 자세히 살펴볼 재미도 없어 잠시 둘러보고 나오며, 이런 성지를 우리 성교회에서 차지하지 못함을 한탄하며 돌아왔노라.

▲ 시온 산상의 성모 선종 성전[380]

시온산은 예루살렘의 유명하던 산인데, 지금은 산 모양이 아주 없으니 대저 그 산을 다 문희치고[381] 집들을 지은 고로 시온산의 자리만 있더라. 그러나 크게 위로되는 바는 성모가 선종하시던 집 자리에 우리 성교회 성전을 새로 건축하고, 성 베네딕토회 수사들이 거하며 성전과 여러 제대를 다 화려하게 꾸몄더라. 여기는 우리 성교회의 소유인 고로 재미있게 참배하고 나왔노라.

제608호(1927년 2월 28일), 80~83쪽
로마 여행 일기 [32]

▲ 예루살렘의 금문[382]

예루살렘에 있는 금문(金門, 포르타 아우레아[Porta Aurea])은 우리 복음 성경과 거룩한 역사상에 중요한 문이니, 대저 오주 예수가 성지 주일날에

---

[380] '성모 영면(永眠) 성당(Dormition Church)'으로, 1989년 카이저 빌헬름 2세가 예루살렘을 방문했을 때 터키의 술탄이 부지를 선사하여 건설되었으며, 성당 안에 실물 크기의 잠든 마리아상이 놓여 있다.
[381] '무너뜨리고'의 옛말.
[382] 예루살렘의 8개 성문 중 사자문(Lion's Gate)과 함께 동쪽에 위치한 문으로, 황금문(Golden Gate)이라고도 한다.

나귀를 타시고 영화로이 들어오실 때에, 모든 문제(門弟)와 백성이 푸른 나뭇가지를 가지고 오주 예수를 옹위하여 모시고, 용약하며 노래하며 들어오던 문이라. 이전에 우리 성교회에서 예루살렘 성지의 권리를 가졌을 때에는 매년 1차 성지 주일날에 이 금문을 열고, 오주 예수가 영화로이 성에 들어오심을 기억하며 큰 첨례를 지내더니, 그 후 이슬람교인이 팔레스티나의 모든 권리를 차지한 이후 금일까지는 이 금문을 항상 봉쇄하여 성지 주일날에도 열지 못하게 하며, 저들이 말하기를 만일 이 금문을 임의로 열고 닫게 되는 날에는, 우리 무슬림은 다 망하는 경우라 하니 슬프도다. 언제나 우리 성교회에서 이 성지의 권리를 회복할꼬.

▲ 예루살렘의 시온 성모회 수녀원

수십 년 전에 유다인 소년 형제가 다 천주 성교(에)로 회두하였는데, 그 이름은 래티스본[383]이며, 형은 예사로이 회두하고 그 아우는 영적으로 회두하였으며, 형제가 신품 공부를 하여 둘이 다 신부가 된 후에 둘이 다 회(會) 하나씩을 세워 특별히 유다인을 회두시키는 목적인데, 형은 유다인 남자를 특별히 회두시키기에 힘쓰고, 아우는 흔히 마리아 신부라 이름하는데 특별히 유다인 부인과 여자를 회두시키기에 힘쓰는 회를 세웠더라.

마리아 신부가 세운 회는 시온 성모 수녀회인데, 유다인 부인과 여자들을 회두시키기 위하여 학교와 고아원을 세우고 사업을 크게 차렸더

---

[383] 래티스본(M.-A. Ratisbonne, 1814~1884) 신부는 프랑스계 유다인으로, 1842년 1월 성모의 환시를 경험한 뒤 세례를 받고 그해 6월 예수회에 들어갔다. 1848년 사제 서품을 받았고, 1857년 시온 성모 수녀회(Convent of the Sisters of Zion)를 창설하였다.

라. 예루살렘에 있는 시온 성모 수녀원을 가서 심방하니, 그 수녀원과 성전과 학교는 다 굉장하고 화려하더라. 그 수녀들의 성전 이름은 엑체 호모(Ecce homo)384 성전이니, 엑체 호모는 '이 사람을 보라'(는) 말인데, 이와 같이 이름함은 빌라도가 오주 예수를 악당들 앞에 내세우고 '이 사람을 보라' 하던 자리에 이 성전을 지은 고로 엑체 호모 성전이라 이름하였더라.

이 수녀원을 심방하러 가보니 그 수녀들 중에는 프랑스인이 많고 또 프랑스어를 하는 이가 많으며, 뜻밖에 서산(瑞山) 가재 매 신부님385의 이종 매제가 이 수녀원에 있어 내가 조선인인 줄을 알고 자기 이종형 매 신부님의 안부를 자세히 물으며 매우 반가워하더라.

이 수녀의 이름은 마르첼리나 수녀인데 자기네 성전에 와서 한번 미사 드려 주기를 청하는 고로, 함께 동행하던 신부와 같이 가서 엑체 호모 성전에서 미사를 드리며 영성체도 하여 주었는데, 영성체하는 이가 대단히 많아 수녀와 수녀 지원자도 많고 학생과 고아들도 많은데, 어린 아이들은 얼마 아니 되고 다 장성한 이가 많더라.

이 성전을 자세히 살펴보니, 지은 지도 오래지 않고 대단히 보배로이 꾸몄으며, 이 성전 대제대 뒤에는 오주 예수가 그곳에서 계시던 자리를 그대로 보존하여 예전 석벽을 그대로 두고 돌 사이를 면회(面灰)386만 하였으며, 또 수난 때에 빌라도가 오주 예수를 악당들 앞에 내세우던 형상대로 오주 예수의 큰 석상을 대리석으로 기묘하게 새겨

---

384 "이 사람을 보라." 빌라도가 가시 면류관을 쓴 예수를 가리키며 한 말(요한 19,5 참조)인데, 새 번역 성경에서는 "자, 이 사람이오."라고 나온다.
385 멜리장(P. Mélizan, 梅履霜, 베드로, 1877~1950) 신부로, 1921년 7월부터 서산(현 서산 동문동) 본당 제3대 주임으로 사목하고 있었다. 서산 성당은 1937년 10월 음암면 상홍리(音岩面 上紅里) 가재에서 서산 읍내로 이전하였다.
386 담이나 벽의 겉면에 회를 바름.

모셨는데, 그 수녀의 말이 이 석상은 아르메니아 사람 미술가가 새겼다 하더라.

이 성전 대제대 밑의 휘대(揮袋)[387] 치는 자리에는 귀한 옥돌과 금으로 꾸몄는데, 그 옥돌에 동그란 금테두리(를) 한 것 12개를 만들고, 그 금테두리 안(에)마다 이스라엘 12지파 성조의 이름을 금 글자로 새겨 모든 유다인이 회두하기를 원하는 뜻을 표하였더라. 성전이 크고 굉장하진 아니하나 극히 아름답게 꾸몄으며, 또 학생과 고아들을 위하여 예루살렘성 밖에 한양(閑養)하는 정자도 있다 하더라. 이 성전과 수녀원은 빌라도아문(안토니아)에서 아주 가까운 고로, 성로선공 할 때에 이 수녀원 밖 곁 담에서 성로 제1처를 하게 되고, 그다음에는 아르메니아 교우들이 새로 건축한 성당 옆으로 지나가게 되더라.

▲ 구세주 성전(St. Savior Church)

예루살렘성에 있는 성당은 거의 다 성전의 칭호를 가지고 또 성전의 수효가 많으나, 거의 다 수도회에 속한 것인 고로 크지는 못하고, 구세주 성전은 교구 성당인 고로 넉넉히 크더라. 한번은 주일날 오후에 가서 성체 강복 참례를 하는데, 교우들도 많고 특별히 학도들이 많이 참례하며, 그 성전은 으레 프란치스코회 수사들의 소유 성전이러라. 다른 모든 성전을 낱낱이 다 다니며 참배하지는 못하였으나, 중요한 성전은 별로 빠진 것이 없이 참배하며 기구하였노라.

▲ 팔레스티나의 신학원

팔레스티나 성지에서 본 신품 학원은 3처인데, 나자렛 읍에는 베들레

---

387 『한불자전』에 의하면, '제단의 정면' 또는 '덮개'로 풀이하였다.

헴이라 하는데, 라틴 교회 신품 학원이 있어 여기서 양성하는 신부는 다른 곳으로 전교 가는 그런 성직을 목적(目的)하지 않고, 다만 팔레스티나에 있는 각 수도원에(서) 성사 주는 것이 목적인 고로, 특별히 각 수녀원에서 신부를 청하면 가서 성사를 주며, 예절을 하여 주며 매일 미사를 지내어 주더라.

▲ 시리아 교회의 신학원

시리아 교중의 신품 학원은 예루살렘에 있는데, 들어가서 자세히 심방하지는 아니하였으나 학원 건축물이 대단히 굉장하더라. 이는 시리아 예절 교우의 신학원이로되 시리아인 신부들이 주관하지 아니하고, 오직 시리아 예절 교회에서 우리 라틴 교회 신부들을 청하여, 온전히 맡겨 시리아인 신부를 양성하게 하는데, 이 신품 학원은 우리 라틴 교회의 성 베네딕토회 수사 신부들이 맡아서 시리아인 신품을 양성하여 준즉, 먼저 시리아말과 시리아 예절을 다 배워 가지고 시리아인 신품을 양성하여 주더라.

▲ 그리스 교회의 신품 학원

그리스 예절의 신품 학원도 예루살렘에 있는데, 이 신품 학원은 친히 들어가서 심방하였노라. 이 신품 학원에도 그리스인 신부가 그리스인 신품을 양성하지 아니하고, 오직 우리 라틴 교회의 백의(白衣) 신부 수사들이(이 회의 신부는 흰 복장을 하는 고로 백의 신부라 함) 그리스인 신(학)생들을 가르쳐 주는데, 먼저 그리스말과 그리스 예절을 다 배워 가지고 그리스인 신부들을 양성하여 주더라. 이 신품 학원은 시리아인의 신품 학원만치 광대하지 못하나, 성당은 화려하더라.

▲ 예루살렘의 면양 못[388]

성 요한 복음 5장 1절부터 16절까지를 보건대, 38년 된 병자가 면양 못가에 누워서 못물이 움직인 후에 들어가서 낫기를 기다리되,[389] 못물에 넣어 줄 사람이 없어 근심하는 것을 오주 예수가 불쌍히 여겨 낫게 하여 주셨도다. 그런데 이 면양 못은 지금 그리스인의 신품 학원 기지 내에 있더라. 거기 있는 속형 수사 하나는 프랑스인(알자스 로렌 사람)인 고로 그 면양 못의 사적을 자세히 설명하여 주는데, 그 면양 못은 오주 예수 때와 같이 그 자리에 있으나, 땅속에 묻히기도 하고 그 위로 길도 나고, 여러 번 변경된 것을 흙을 파내고 그 본 자리를 보존하였으나, 지금 물은 없고 비가 온 후(에)는 물이 고이기도 한다 하더라.

그 옆에 있는 집 벽상(壁上)에는 이 성지에 대한 성 요한 복음 5장 1절부터 16절까지를 보천하 각국 말로 번역하여 인쇄한 것을 붙여두었는데, 혹시 조선어 번역도 있는가 하여 살펴보니, 조선말로 번역한 것은 인쇄도 못 하고, 철필로 쓴 것을 붙였는데 그 끝에 송(宋) 신부[390]라 하였으니, 이는 상사(喪事)하신 스테파노 송 신부요 글씨는 조선인의 글씨러라. 이 성지에서 조선어 필적을 만나보니 심히 반갑더라.

---

388 벳자타(Bethzath) 연못을 말한다. 예루살렘 7개 성문 중 하나인 '스테파노 성문(Stephen's Gate)'을 '양(羊) 문'이라고도 불렀는데, 중국에서는 양을 '면양(緬羊)'이라고 칭하였다.
389 요한 복음 5장 2-3절에 "예루살렘의 '양 문' 곁에는 히브리말로 벳자타라고 불리는 못이 있었다. 그 못에는 주랑이 다섯 채 딸렸는데, 그 안에는 눈먼 이, 다리저는 이, 팔다리가 말라비틀어진 이 같은 병자들이 많이 누워 있었다."라고 나온다.
390 샤르즈뵈프(E. Chargeboeuf, 宋德望, 스테파노, 1867~1920) 신부 : 파리 외방전교회 선교사로, 1890년 9월 28일 사제 서품과 동시에 한국 선교사로 임명되었다. 1897년 5월 용산 예수성심신학교 제5대 교장이 되었고, 1900년 8월 말 파리 외방전교회 신학교 지도자로 임명되어 프랑스로 귀국하였다. 1912년 3월 16일 한국 선교사로 재임명되어 목포 산정동(山亭洞) 본당 제3대 주임을 거쳐 1914년 5월 대구 성 유스티노 신학교 초대 교장이 되었다. 1920년 4월 22일 미사 집전 중 뇌내출혈로 선종하였다.

제609호(1927년 3월 15일), 106~108쪽
로마 여행 일기 [33]

▲ 예루살렘성의 고교(古敎) 성전 자리

예루살렘에 있던 고교 성전은 천하에 제일 유명하던 성전이니, 대저 천주가 친히 그 도본(圖本)을 가르쳐 주시고, 대단히 굉장하고 화려하고 보배롭게 건축한 성전이요, 또한 수십 년 동안에 지은 성전이요, 고교 때에는 다만 이 성전에서만 예절을 행하고 진주(眞主)를 공경하던 성전이며, 온 나라 사람이 일 년에 적어도 몇 번씩 이 성전에 와서 천주를 공경하던 성전이로다.

그러한데 고교 성전은 벌써 훼철된 지 수천 년이요, 다만 그 터만 남아 있어 장이 5백여 미터(목측으로 1,650척가량)요, 광이 3백여 미터(목측으로 990척가량)(이)라. 다 네모진 박석(薄石)으로 깔고, 이 안에 있는 건축물을 의론하면 대단하고 유명한 이슬람교당 모스크(mosque, 이슬람교당은 저희들의 말로 모스크라 함)가 2처요, 그 외에는 저들의 수직소 혹은 거처하는 건축물이러라.

▲ 고교 때에 전번제(全燔祭, 홀로코스툼)[391]를 지내던 제단

고교 때에 대성전에서 행하던 제사 중에는 전번제가 제일 귀중하던 제(祭)이니, 대저 이 제사에는 희생을 온전히 사르는 법이라. 대단히 큰 바위를 인공으로 다듬지도 아니하고, 이 바위 위에 희생을 올려놓고 온

---

[391] 고대 그리스에서 짐승을 통째 구워 신에게 제물로 바치는 의식을 말한다. 제2차 세계대전 중 나치 독일이 유다인에게 저지른 대학살 즉 홀로코스트(holocaust)의 기원이 여기서 나왔다.

전히 살라버렸는데, 이 바위가 곧 전번제를 지내던 제단이라. 이 제단은 지금 이슬람교당 안에 보존하여 두었더라. 고교 성전 자리에 있는 이슬람교당 중 하나는 모스크 오말(Omar)이라 하는데,[392] 이 모스크는 모든 이슬람교당 중에 둘째로 유명하다 하며, 이슬람교당의 제도는 다 같은 모양인데 마치 조선의 팔각정 모양이러라.

이슬람교인들이 전에는 고교 성전 자리를 구경하고자 하는 사람들에게 절대적 허가를 주지 아니하더니, 그 후는 저희 교당에 들어와 구경하고자 하는 이들에게 신을 벗고 들어오기를 허락하고, 지금은 덧신을 만들어두고 관광객에게 덧신을 주어 들어와 구경하게 하며, 입장료를 많이 받더라. 내가 어떤 신부와 함께 가서 입장료를 거기 돈으로 15원을 주고 또 덧신세 2원과 심부름하는 자에게 1원을 주고 구경하였노라.

모스크 오말 이슬람교당은 대단히 굉장하고 보배로운 돌로 지었으며, 그 안에는 아무것도 차려 놓은 것이 없고, 다만 고교 때에 전번제 지내던 큰 바윗돌[393] 하나뿐이요, 교당 바닥에는 귀한 보료를 깔아두었더라.

▲ 고교 성전 자리의 성모 자헌 성전

성모가 3세 때에 고교 성전에 자헌(自獻)[394]하심은 우리가 다 알거니와, 전에 우리 성교회에서 예루살렘에 권리를 가졌을 때 곧 십자군 시절에, 고교 성전 자리에 성모 자헌 성전을 화려하고 굉장하게 건축하였더니, 그 후 이슬람교인들이 다 차지하고 이 성전을 저희 모스크로 변작하

---

[392] 아브라함이 하느님의 지시에 따라 아들 이사악을 번제물로 바치려던 바위(창세 22,1-13)에 훗날 다윗의 아들 솔로몬이 이곳에 성전을 세웠다.
[393] 이슬람교에서는 마호메트가 가브리엘 대천사의 안내를 받아 메카에서 예루살렘으로 와서 이 바위에서 승천했다고 한다(『쿠란』 17장 참조).
[394] 성모 마리아의 부모가 하느님께 세 살 된 마리아를 예루살렘 성전에서 봉헌한 일. 지금은 11월 21일을 '복되신 동정 마리아의 자헌 기념일'로 지내고 있다.

여 성전 대제대로써 저희 교당의 중앙을 삼았는데, 내가 갔을 때에 마침 중수하는 고로 그 부분을 자세히 보지 못하였노라. 성전의 제도가 아직 분명히 남아 있는 고로, 아무 교우라도 보면 즉시 성전으로 알아보기 쉽더라. 슬프다. 성모의 자헌 성전이 이슬람교당으로 변경됨을 보니 어찌 한심 처량하지 아니하리오. 언제나 이 성지의 권리가 우리 성교회에 돌아올꼬. 우리는 항상 간절히 기구하사이다.

▲ 유다인의 성벽 통곡

예루살렘은 본디 유다국의 수부(首府)인데, 그 나라는 벌써 망한 지가 수천 년이니, 그 나라 인민이 오주 예수를 시역(弑逆)한 죄벌이라. 유다 인종은 보천하 각국에 흩어져 살며 팔레스티나에도 수다히 살더라. 이 백성의 한 괴이한 습관 한 가지가 있으니 매 주일 재통고 날을 만나면 유다인 남녀노소가 예루살렘 성벽에 가서 혹은 석벽에 얼굴을 대고 몸부림처럼 몸을 요동하며 체읍하고 유다말로 중얼거리고, 여인들은 앉아서 혹은 책을 들고 중얼거리며, 아이와 소년들은 서서 책을 들고 중얼거리는데, 그 중얼거리는 말은 알아듣지 못하나 그 이허(裏許)를 아는 신부의 말을 들으니, 저들이 제 나라가 망한 것을 한탄하며 언제나 다시 나라가 회복하리오 하며, 몸부림하며 통곡한다 하더라. 남성과 소년들은 통곡 체읍하는 모양만 하고, 여인들은 실상으로 우는 이가 많더라. 누구든지 그 광경을 보면 괴이할 뿐 아니라 실로 미친 사람의 모양 같은데, 이렇게 하기를 매 주일 재통고 날 오후 7시부터 10시까지 한다 하더라.

▲ 올리브(Olive)산

올리브산은 지금 예루살렘성에서 대략 10리가량인데, 흔히 올리브 동산이라 하나 동산이 아니요 대단히 높고 또한 큰 산이러라. 지금은 그 산상에 각가지 교당, 수도원, 상점, 그런 건축물이 있는 고로, 산같이 보이지 아니하나 실상은 대단히 높고 또한 너른 산이며, 각색 건축물이 있는 고로 수목은 다 없어지고, 그 산과 기슭에 올리브(감람[橄欖])나무가 간혹 있는데, 본디 이 산에 올리브나무가 많다 하여 올리브산이라 이름하였더라.

이 산에 올라가 보니 예루살렘 온 읍내가 다 보이고, 복음 성경에 기록된 벳파게(Bethphage), 베타니아(Beth anya), 예리코(Jericho), 사해, 요르단(Jordan)강 그런 곳이 다 보이니, 그 산이 높은 줄을 가히 알 것이오. 이 산과 이 산기슭에는 우리 교중에서 유명히 여기는 기념적(記念蹟)이 허다하니 오주 예수의 임종 성전, 승천하실 때 밟으신 돌, 예수가 예루살렘성을 보고 우시던 자리, 하늘에 계신 문원(門院), 내가 천지를 조성하신 경당, 겟세마니(Gethsemanei), 키드론(Kidron) 시내, 여호사팟 골짜기,[395] 이런 모든 기념적이 있으니, 이 아래에 그 본 바를 기록하노라.

| 제610호(1927년 3월 31일), 130~132쪽
로마 여행 일기 [34]

▲ 오주 예수의 임종 성전[396]

예수의 임종 성전은 오주 예수가 올리브 산원에서 수난 시작하실 때

---

[395] 남유다 왕국의 제4대 왕 여호사팟(Jehoshaphat, 기원전 872~848)의 동굴 무덤이 있는 곳으로, 예수가 여기서 마지막 심판을 받았다.
[396] 1919년에 짓기 시작하여 1924년에 완공된 '겟세마니 성전(Church of Gethsemane)'으로, 죽기 전 죽음의 공포와 두려움 속에 고뇌하셨다(마르 14,32-42 참조)고 하여 '고뇌의 성전'이라고도 한다.

에 피땀을 흘리시며, 죽기에 이르러 근심하시며 기구하시던 자리에 지은 성전이라. 이 성전에 들어가 보니, 지은 지도 오래지 않고 매우 아름답게 꾸몄더라. 십자군 때에 이 자리에 벌써 성전을 지었는데, 그 후에 야만들이 헐어버렸더라. 그러나 이전 성전의 표적(表迹)이 완연히 남아 있으니, 지금 새 성전 바닥에 유표(有表)히 꾸미고 새 모래로 덮어 둔 것을 수사 신부가 헤치고 보이는데, 예전 십자군 때에 있던 성전 바닥에 모자이크(각색 화반석 조각으로 꾸민 것)가 조금 완전히 남아 있는데, 이것을 귀하게 보존하여 두었더라. 이 성전 동산에는 올리브나무가 많이 있어 어떤 나무는 대단히 묵어 보이는데,[397] 수사 신부가 우스갯말로 이르기를 이 올리브나무는 오주 예수와 동갑이라 하더라. 오주 예수와 동갑 되는지는 일정 알 수 없으나, 그 나이(가) 수백 세 됨은 의심 없더라.

▲ 예수가 승천하실 때에 돌 위에 끼쳐 주신 발자취

교우들이 예전부터 전하는바 오주 예수가 승천하실 때에 돌 위에 당신 발자취를 박아 주셨는데, 그 돌이 지금까지 올리브산에 보존하여 있다 하고, 또는 어떤 승천 상본에 그린 것도 우리가 보는도다. 그러나 이는 성경에 기록한 사실이 아니요, 신덕 도리도 아니요, 오직 전부터 전하는 말에 지나지 아니하는 것이라. 올리브산에 올라가서 각처 기념지를 배관할 때에 오주 예수의 발자취 박힌 돌(이) 있는 곳을 찾아가니, 이 돌과 그 자리를 이슬람교인이 차지하고, 그 돌을 가운데 두고 저희 교당 모스크를 지었더라. 불가불 입장료 3원씩을 주고 들어가 보니, 그 안에는 다만 예수의 발자취 박힌 돌 한 개만 있는데, 장은 한 3척가량이요, 광은 한 2척가량이요, 후는 한 1척가량이며 대략 장방형이러라. 이 돌

---

[397] 일정한 때가 지나서 오래된 상태가 되어 보이는데.

한복판에 과연 발자취 하나가 박혔는데, 완연한 발자취는 아니나 대략 발자취요 또는 왼발의 자취러라.[398]

이 교당 안에 우리를 인도하던 이슬람교인이 하던 거동은 지금 생각하여도 다시 우습도다. 이자가 우리를 데리고 들어가서 그가 먼저 즉시 땅에 꿇어 엎드려 그 발자취를 친구한 후에, 우리더러 저와 같이 하라고 형용(形容)으로 가르치며, 또 올리브 열매(가) 달리고 보기 좋은 가지를 미리 많이 꺾어다가 두었는데, 그 올리브 나뭇가지 몇 개를 집어다가 예수의 발자취(가) 박힌 돌에 몇 번 문질러서 주며, 가지고 가서 기념을 삼으라고 형용하더라. 그 모스크 이슬람교당은 매우 작으며, 으레 조선의 팔각정 모양으로 지었고, 그 당 안은 온전히 팔 몫으로 나누어 자리를 정하였으니, 이는 팔레스티나에 있는 라틴 예절 천주 공교인 및 동방 예절의 각 교파를 다 합하면 8파인 고로, 이 8파에게 한 자리씩 주어 앉게 함이러라. 우리 일행은 오주 예수가 이 산에서 승천하심을 기념하며 생각하다가 나오는데, 그 이슬람교인은 돈을 더 내라고 성화를 시키며 길거리로 쫓아오는 것을 간신히 떨쳐 버리고 다른 곳으로 갔노라.

▲ 갈릴래아 사람들아 교당[399]

오주 예수가 승천하시던 곳에서 한참 가면 또한 기념적 성지가 있으니, 이곳에 교당을 지었으나 우리 성교회의 소유가 아니요 오직 그리스 이교인의 소유이며, 그 교당 이름은 조선말로 번역하면 '갈릴래아 사람

---

398 승천 때 예수의 오른쪽 발자국이 찍힌 바윗돌이 예수 승천 교회에 보관되어 있으나 역사적 신빙성은 전혀 없고, 십자군 시대의 유물로 보고 있다(정양모·이영헌 공저, 『이스라엘 성지—어제와 오늘』, 생활성서사, 1988, 54~55쪽 참조).
399 부활 후 40일이 지난 다음 예수 그리스도가 하늘로 올라가셨다는 곳에 세워진 '예수 승천 교회(Church of the Ascension)'를 말한다.

들아(비리 갈릴래이[Viri Galilaei])' 교당이니, 대저 종도들이 오주 예수가 하늘에 오르심을 쳐다보고 서 있을 때에, 두 백의(白衣) 천신들이 나타나 이르되 "갈릴래아 사람들아 어찌하여 하늘을 쳐다보며 섰느냐"[400](종도행전 1장 9절 이하를 참조) 하던 자리에 교당을 지은 고로, 그 교당을 이름하기를 '갈릴래아 사람들아 교당'이라 하며 그리스 이교인의 소유(이)라.

내가 동행하던 신부와 함께 그 교당을 찾아가니, 그리스 이교인의 무슨 신직자[401]가 우리를 인도하며 상본 그런 것을 다 설명하여 주는데, 성인의 본명 같은 것은 다 알아듣겠으나 그 외(의) 다른 설명은 통달하지 못하겠으며, 또 그 모든 것이 우리 성교회의 소유가 아닌 고로 재미가 없어 대략 둘러보고 나오는데, 그 그리스 이교인은 이슬람교인과 같지 아니하여 입장료를 청하지도 아니하며, 또 우리 일행은 입장료를 다소간 주지도 아니하고 그저 나왔으나, 만일 돈을 주었더(라)면 좋은 마음으로 받았을 줄로 여겼노라.

▲ 예수가 예루살렘성을 바라보시고 우시던 자리[402]

오주 예수가 수난 전에 올리브산에 앉으시어 예루살렘 도성을 바라보시고, 그 멸망할 사정을 말씀하시며 우셨으니, 곧 성 루카 (복음) 19장 41절 이하이며, (성령) 강림 후 9주일 성경이라. 십자군 시절에 이 거룩한 자리에 성전을 지었더니, 그 후 불행히 온전히 파괴되어 버렸는데, 그 자리를 잊어버리지 않기 위하여 대리석 판에 "오주 예수가 예루살렘 도성을 바라보시고 우시던 자리라."(고) 새겨 그 자리에 견고하게 붙여 두

---

400   새 번역 성경은 "갈릴래아 사람들아, 왜 하늘을 쳐다보며 서 있느냐?"(사도 1,11)이다.
401   새로 들어온 수직자(守直者)로 여겨진다.
402   이곳에 '주께서 눈물을 흘리셨다'는 뜻의 도미누스 플레비트(Dominus Flebit) 경당이 1955년에 비잔틴 양식의 돔 형태로 지어져 프란치스코회에서 관리하고 있다.

었으매, 그 거룩한 자리와 성전 자리는 가히 알아보겠으나 더러운 물건에 덮여 있는 것을 보니 슬프기 한량없더라. 그 자리에 머물러 서서 한참 동안 비감한 회포를 금치 못하다가 다른 성지로 향하여 갔노라.

> 제611호(1927년 4월 15일), 155~157쪽
> **로마 여행 일기 [35]**

▲ 하늘에 계신 문원(門院)[403]

우리가 날마다 염하는 천주경은 오주 예수가 친히 지어서 가르쳐 주신 경문이오. 천주경이라 함은 특별히 천주께 향하여 하는 경문이라. 오주 예수가 이 경문을 문도(門徒)들에게 친히 가르쳐 주심은 우리가 알거니와, 어디서 가르쳐 주셨느뇨. 올리브산에서 가르쳐 주셨도다. 이러므로 그 천주경을 가르쳐 주시던 자리는 극히 거룩한 기념지인 고로, 이 자리에 우리 성교회의 카르멜회 수녀원이 있고, 또한 '하늘에 계신 문원'이 있으니 서양말로는 '아트리움 파테르(Atrium Pater)'라 하는도다.

문원이라 하는 것은 무슨 성전 정문 밖에 장방형으로 혹은 방형으로 돌아가며 지은 건축물이니, 조선말로는 터진 입구(ㄷ) 자로 지은 줄행랑(一行廊)[404]이라. 혹 무슨 관청의 아문 마당 같으니라. 그러한데 이 카르멜회 수녀원 옆에 큰 장방형의 문원이 있더라. 외무 수녀의 인도함을 따라 그 문원에 들어가 보니, 그 문원 벽에는 만국(萬國) 말로 천주경을 큰 문

---

[403] 예수 그리스도가 제자들에게 주님의 기도를 가르쳐 준 곳에 세워진 '주 기도문 교회(Church of the Pater Noster)'이다.
[404] 대문 좌우로 줄지어 늘어선 행랑.

짝만큼의 돌에 새겨 붙였더라. 이 만국 말 천주경을 돌아다니며 살펴보니 어떤 나라 말 천주경은 여럿이니, 곧 공식 말 천주경과 그 나라 각 지방 토박이말[405] 천주경이라. 가령 프랑스말 천주경을 살펴보니 공식 프랑스어 천주경도 있고 또한 프랑스 남편, 북편의 토박이말 천주경도 있어 한 나라의 천주경이 여럿이러라. 극동양(極東洋) 말 천주경을 돌아다니며 찾아보니, 조선어 천주경도 없고 일(본)어 천주경도 없더라. 슬프다. 극동양 교우들은 아직 천주경도 배우지 아니하였는가. 내가 만일 예루살렘에 오래 체류할 것 같으면 돈이 얼마가 들든지 우리 조선어 천주경을 하여 붙이고자 하였노라.[406] 청국말 천주경은 있어 "재천아등부자 운운"[407] 한문인 고로 즉시 눈에 뜨이더라.

▲ 내가 천지를 조성하신 경당

천주경을 다 살펴보고 나오는데, 아마 수녀원에 고용하는 한 처녀 아이가 자기 손가락으로 한 곳을 가리키며 그레도(credo),[408] 그레도 하는지라. 우리 일행은 그레도(종도신경의 첫마디)는 알아들으나 그 무슨 말을 하는지 똑똑히 모르되 '내가 천지를 조성하신' 경당을 배관하라 하는 줄은 알아듣고, 형용으로써 배관하기를 원하노라 표시하니, 그 처녀가 즉시 가서 열쇠를 가지고 와서 문을 열어주며 들어가 보라 하더라. 지면으로부터 차차 들어가는데 곧 지하에 경당을 예비하고, 제대를 화려하게 배설하였더라.

---

405 원문에는 '토담말'로 되어 있다.
406 훗날 부산교구에서 성전 입구 오른쪽에 한국어로 된 주의 기도문을 설치하였고, 2008년에는 한국 개신교에서도 붙였다.
407 在天我等父者 云云.
408 '나는 믿나이다'라는 뜻의 라틴어로, 신경(信經)의 첫머리에 사용된 단어이다.

이는 12종도들이 보천하에 전교하기로 흩어지기 전에 이곳에 함께 모여 종도신경을 짓던 곳이라. 이러므로 이 거룩하고 기념되는 곳에 작은 경당을 세워 이름을 '그레도' 경당이라 하니, 내가 천지를 조성하신 경당이라는 말이니라.

▲ 겟세마니 동산의 성모의 무덤

겟세마니 동산은 곧 올리브산 밑이라. 이곳에 성모의 성시를 장사하였다고 예전부터 전하여 내려오며, 또 무덤 자리까지 있다 하는 고로 우리 일행이 찾아가니, 이 성지는 우리 성교회의 소유가 되지 못하고 오직 그리스 이교인의 소유(이)러라. 우리가 배관하러 갔던 때는 석양인 고로, 이 성지를 수직하던 그리스인은 벌써 그 성지의 문을 잠그고 제집으로 갔더라. 거기 있던 사람들이 우리가 배관하러 온 줄을 짐작하고, 그 그리스인을 부르니 즉시 와서 문을 열어주더라.

들어가 보니 아주 땅속 지굴인데 대단히 광활하며, 성모의 성시를 안장하였던 곳에는 비록 빈자리일지라도 아름답게 꾸미고 촛대들을 두었으며, 또 성 요셉도 이곳에 안장하였다 하여 그 무덤이 따로 있으며, 또한 여러 가지 기념적이 있으나 땅속인 고로 침침하기도 하고, 또는 우리 성교회의 소유가 아닌 고로 대략 둘러보고 나올 때에, 그 수직하는 그리스 이교인에게 돈 몇 원을 주니 즐겨 받더라.

올리브 산상에 우리 성교회의 소유는 예수 임종 성전, 천주경 문원, 종도신경 경당, 카르멜회 수녀원, 성 베네딕토회 수녀원뿐이오. 또 여기서 듣기에는 서양 교우들이 올리브 산상에 예수 성심 성전을 건축하기로 경영한다 하였으나, 거기 가서 듣고 보니 이 성전을 건축한다는 말을 하지 아니하며, 더구나 아직 무슨 역사를 시작하는 것도 보지 못하였노라.

올리브 산상에 각가지 이교인의 건축물은 아라사(俄羅斯)[409] 이교인의 교당 하나가 대단히 크더라. 지나는 길에 들어가 보니 아라사 이교 수녀들이 그 교당에서 경본을 통경하기로 예비하는데 책상과 책대와 경본 같은 것은 다 우리 성교회에서 쓰는 것과 방불하고, 그 수녀 복색도 매우 단정하여 정말 수도자의 복장 같더라. 그 외에는 그리스 이교인의 교당도 여럿이요 종각도 대단히 높이 지었더라. 그 예절 하는 것과 기구하는 것을 보면 매우 불쌍하니, 대저 저들이 헛되이 애씀이라. 대저 지금은 저들이 이교인일 뿐 아니라 곧 열교인이니 대저 성교회의 신덕 도리도 몇 가지를 믿지 아니함이로다. 슬프다. 언제나 저들이 다 하나인 신덕에 돌아오고, 하나이신 목자 권하(權下)에 돌아올꼬.

제612호(1927년 4월 30일), 179~181쪽
로마 여행 일기 [36]

▲ 키드론(Kidron) 시내

이 시내는 들에 있는 시내가 아니요 오직 올리브 산기슭에 있는 도랑이라. 시내나 도랑이나 다 물이 있는 법인데, 이 키드론 시내는 물이 한 점도 없어 아주 마른 땅이요 쓸데없는 돌뿐이러라. 오주 예수가 이 시내를 의심 없이 여러 번 건너다니셨거니와, 수난 성경 성 요한 (복음) 18장 1절을 보건대, 오주가 성체 대례를 세우시고 수난을 시작하시기 위하여 성영(聖詠)[410]을 읊으시며, 올리브산과 그 밑에 있는 겟세마니 동

---

409 '러시아(Russia)'의 음역어.
410 예전에, 구약성경의 시편(詩篇)을 이르던 말.

산으로 가실 때에 일정코 이 시내를 건너가셨도다.[411] 우리 일행은 이 시내를 밟으며 지나갈 때에 오주 예수의 발자취를 밟는 듯이 생각하며 갔노라.

▲ 여호사팟(Jehoshaphat) 골짜기

교우들이 흔히 말하기를 여호사팟 골짜기에서 공심판이 되리라 하나니, 이는 요엘(Joel) 선지자가 천주의 위(位)를 대신하여 이르되 "내가 천하 만민을 모아 저들을 여호사팟 골짜기에 대령시키고 저들을 신문하리라."[412] 하신 말씀에 의거함이라. 비록 신덕 도리는 아니나 모든 성학자들이 이와 같이 해석하시는도다. 이 여호사팟 골짜기는 올리브산 밑과 예루살렘성 사이에 있으며, 키드론 시내가 곧 이 골짜기에 있도다. 그러나 여호사팟 골짜기 편에 있던 예루살렘 성벽은 다 무너져 없어지고 예루살렘 읍내도 저편으로 물러갔으매, 여호사팟 골짜기 한편에는 유다인 묘지, 밭, 빈자리, 길, 그런 것뿐이러라.

우리 일행이 이 공심판 자리를 지나가며 서로 말하기를, 우리는 미리 한 자리씩 맡아 두자 하였노라. 여호사팟 골짜기가 크기는 넉넉히 크나, 아담 이후 보세만민을 어떻게 다 모아 놓을꼬. 천주의 전능을 의지하면 여호사팟 골짜기뿐 아니라 바늘 끝 위에라도 보세만민을 다 모아 놓을 만하시니, 여호사팟 골짜기 위 공중에서 천주가 당신 전능으로 만민을 대령시키고 공심판을 행하시리로다.

---

411 새 번역 성경 : "예수님께서는…제자들과 함께 키드론 골짜기 건너편으로 가셨다. 거기에 정원이 하나 있었는데 제자들과 함께 그곳에 들어가셨다"(요한 18,1).

412 새 번역 성경 : "모든 민족들을 모아 여호사팟 골짜기로 끌고 내려가서 나의 백성, 나의 소유 이스라엘에 한 일을 두고 그들을 거기에서 심판하리라"(요엘 4,2).

▲ 베타니아(Bethany, Beth anya)

우리가 다 앎과 같이 베타니아는 성 라자로 3남매의 본촌인바, 오주 예수가 일정코 여러 번 이 동네에 오셨고,[413] 또한 죽어서 4일 동안 무덤 속에 있어 냄새까지 나던 라자로를 부활하게 하신 동네로다. 그러나 오주 예수 때에 있던 베타니아는 다 없어져 터만 남아 있고, 그 옆에 새로 동네가 생겼는데, 또한 베타니아라 연속하여 부르더라. 이 기념적 베타니아 동네에는 우리 성당도 없고 이교인의 교당도 없어 종교적 건축물은 아무것도 없고 다만 그리스인의 집 한 채가 있더라.

▲ 라자로의 무덤 자리, 마르타의 집 자리

라자로가 죽어서 4일 동안 묻혔던 무덤 자리가 지금까지 보존되었는데, 이 무덤 자리는 지면에 있지 아니하고 오직 땅속으로 두어 길을 들어가 있더라. 그 무덤 자리를 보기 위하여 한참 땅속으로 내려갈 때 위험스럽기도 하고 무섭기도 한 고로, 나는 도로 나오려 하니 동행들이 말하기를, 이왕 들어오기(를) 시작하였으니 그 목적지까지 가보자 하는 고로, 함께 가보니 한 지굴인바, 조선 방 한 칸만 하고 아무것도 없으며 사적을 새겨 붙인 것도 없고 순전한 지굴뿐인 고로 즉시 다시 나왔노라.

그 옆에는 마르타의 집 자리가 있다 하는 고로, 가보니 빈터뿐이며 돌담을 둘러 쌓았더라. 그러나 아무 표적도 없고 기록한 글도 없고, 거기 있는 이슬람교인의 아이들과 여인들이 다 말다 말다 하며 돈을 바라나, 그러나 한 푼도 주지 아니하고 즉시 나왔노라.

---

[413] 베타니아는 '비참한 사람의 집'이라는 뜻이며, 예수가 예루살렘 입성 전날 묵었고(마르 11,1 참조), 부활 후 승천할 때 제자들과 헤어진 곳(루카 24,50 참조)이기도 하다.

▲ 벳파게(Bethphage)

이 지방도 복음 성경의 유명한 지방이니, 성 마태오 (복음) 21장 1절 이하를 보건대, 오주 예수가 성지 주일날에 이 동네에 오사 두 문도를 그 근처 한 마을에 보내시어 두 나귀를 얻어다가 타시고 영화로이 예루살렘에 들어가셨도다. 벳파게는 올리브산에서 가까울 뿐 아니라 산줄기가 연(連)하였고, 베타니아는 벳파게에 연하여 가깝더라. 벳파게산도 대단히 높아 올리브산과 같이 우뚝하매 벳파게에서 사해(死海)도 잘 보이고, 또 오주 예수가 40일 엄재(嚴齋)하시던 광야도 보이고, 예리코 읍내도 서로 상망지지(相望之地)러라. 벳파게산에 다른 사람은 거(居)하는 이가 없고 다만 성 프란치스코회 수사들이 거처하는 고로, 작은 경당도 있고 거처하는 집은 크지 못하나 또한 정결하게 꾸몄더라. 수사들이 동산에 채소밭도 숭상(崇尙)하며 역사하다가 땅속에서 얻은 무슨 고적의 기념물도 버려두었더라. 또 그 근처에는 그리스 이교인의 수도원도 있더라.

예루살렘성 밖에는 하켈 드마(Hakel dema)[414]가 있는 것을 보니 다른 허다한 고적을 보고 위로되는 것도 많으며, 슬프고 처량한 것도 많은 중에 하켈 드마를 보니 더욱 슬프더라. 하켈 드마는 혈진(血田, 피밭)이란 말이니 유다가 오주 예수를 악인들에게 팔고 은전 30개를 받았으나 후회하고 실망하여 이 돈을 성전에 갖다가 던지고 목매어 자살하였는데, 제관들이 말하기를 이 돈은 피 값이니 성전 애긍통에 두지 못할 것이라 하여 그 돈으로 옹기 굽는 자의 밭을 사서 객사한 나그네(를) 매장하는 곳으로 삼고 이름을 하켈 드마라 하여, 지금까지 그 밭을 하켈 드마라 하니 이는 사람의 피를 팔아 그 값으로 산 밭이란 말이러라.[415]

---

[414] 사도행전 1장 16-19절 참조. 공동번역 성서에서는 아겔다마(Aceldama)라고 하였다.
[415] 마태오 복음 27장 3-8절 참조.

제613호(1927년 5월 15일), 212~214쪽
로마 여행 일기 [37]

▲ 베들레헴(Bethlehem) 성지 참배

온 팔레스티나의 모든 성지 중에 제일 더 존중한 성지는 베들레헴과 예루살렘이니, 대저 베들레헴은 오주 구세주가 탄생하신 성지요 예루살렘은 오주 구세주가 죽으신 성지임이라. 베들레헴 성지에도 광대한 카사 노바 여관이 있는 고로 가히 하루 유숙할 편의가 있으나, 우리 일행은 시일이 촉박한 고로 예루살렘에서 식전에 자동차를 타고 가서 베들레헴 성전[416]에서 미사성제를 드리기로 예정하였노라. 이러므로 10월 21일 식전에 우리 일행은 시리아 신부 1위와 함께 자동차를 타고 대략 20분 동안에 베들레헴에 득달하니 모든 신부가 미사를 드리는 중이러라. 미사를 드릴 차로 제의실에 들어가니 성당지기 수사가 우리 각 사람에게 미사 지낼 증명서를 청하더라. 성교회법에 신부가 어느 생소한 지방에 여행하려면 본 주교의 증명서를 가지고 다니는 법인 고로, 내가 조선을 떠날 때에 민 주교 각하의 증명서와 또는 유 부주교 각하의 소개장을 가졌던 것을 내어 보이니 미사 지내기를 허락하더라.

▲ 예수 성탄 하시던 굴

베들레헴 성전에 제대가 허다하나 나는 예수 성탄 굴에 있는 제대에서 미사 드리기를 원하니 성당지기 수사가 허락하여 인도하더라. 그러나 예수가 성탄 하시던 본 자리에 있는 제대는 불행히 우리 성교회의 소

416　'예수 성탄 성당(Church of Nativity)'으로, 전 세계에서 가장 오래된 성당으로 여겨진다. 예수 그리스도가 탄생한 장소로 전해지는 동굴 위에 세워졌다.

유가 아니요 오직 그리스 이교인의 제대이며, 예수가 성탄 하시던 자리에서 몇 보 상거되는 데 있는 제대는 성모가 예수 영해(嬰孩)를 목자들과 3왕(三王)[417]에게 보이시던 제대라 이름하는데, 이는 우리 성교회의 소유 제대이오. 또 그 옆에 성 예로니모[418]의 제대가 있으니 이도 우리 성교회의 소유인데, 나는 이 제대에서 미사를 드렸노라.

▲ 성학자(聖學者) 예로니모 제대

예수 성탄 굴에 성 예로니모 제대를 특별히 건설함은, 성 예로니모가 이 굴에 외서 수도하시며 성경 공부를 하신 연고(이)라. 그 벽상에는 성인이 앉아서 성경 공부하시는 모양의 상본이 많으며, 비록 넓지 못하나 아름답게 꾸몄더라.

▲ 저성(諸聖) 영해 치명 제대

헤로데(Herod) 왕이 베들레헴 근방에 있는 두 살 이하 모든 남자 영해를 학살할 때에, 영해들의 모친이 그 사랑하는 유아들을 안고 예수 성탄 굴에 와서 피신하다가 군사들에게 잡혀 그 무죄한 아들들을 참혹히 잃었더라. 그 자리에 제대 1좌를 건설하고, 저성 영해 치명(諸聖嬰孩致命)[419]을 공경하며 기억하여 지금까지 그 제대가 있는데, 이 제대는 우리 성교회의 소유이러라. 이 저성 영해들이 치명할 때에 예수 영해는 나신 지

---

417 마태오 복음 2장 1-12절의 예수 탄생 이야기에 나오는 동방에서 온 세 사람으로, 동방 박사(東方博士)를 말한다. 세 사람의 이름은 가스파르(Gaspar), 멜키오르(Melchior), 발타사르(Balthasar)이다.

418 예로니모(Hieronymus, 347~419) 성인 : 성서학자. 라틴어 성경인 불가타(Vulgata)의 번역자. 379년 사제 서품을 받았고, 386년 여름부터 베들레헴에 정착하여 본격적인 수도 생활을 하였다.

419 마태오 복음 2장 16-18절에 근거하여 이때 죽은 아이들을 기념하기 위해 매년 12월 28일 '무죄한 어린이들의 순교 축일(현 죄 없는 아기 순교자들 축일)'을 지낸다.

40일에 예루살렘에 가서 헌당하시며, 성모는 취결례(取潔禮)[420]를 행하시고, 다시 베들레헴 굴로 오지 아니하시고 예루살렘에서 나자렛 고을로 가시고 거기서 이집트로 피신하시니라.

그런즉 예수 성탄 굴이 비록 크지 아니하나 성모가 예수 영해를 목자들과 3왕에게 보여 조배하게 하시던 제대, 저성 영해 치명 제대, 성학자 예로니모의 제대, 이 3처 제대는 다 우리 성교회의 소유요, 예수 성탄 본자리는 그리스 이교인의 소유인 고로, 이 제대에서 미사나 혹 다른 예절은 행하지 못하나 모든 이가 다 가히 참배할 권리는 있더라.

▲ 예수 성탄 굴에 대한 참배자의 감상

모든 참배자는 예수 성탄 하시던 자리 앞에 꿇어 엎드려 그 자리를 정성되이 친구하며, 눈물을 흘리며 기구하여 감사와 감동지심을 발하고, 무슨 성물이나 상본 같은 것을 예수 영해(가) 누워 계시던 자리에 놓았다가 가져가 보배로운 기념으로 삼고자 하더라.

▲ 예수 성탄 굴 옆의 성모의 젖 굴

이는 전에 듣지 못하던 말인데, 성탄 굴 옆에 '성모의 젖 굴'이라 하는 성지가 있으니, 이는 예전부터 전래하기를 성모가 예수 영해를 품에 안으시고 길을 떠나실 차로 예비하실 때, 성탄 굴 옆에 있는 굴에 앉으시어 젖을 먹이시다가 거룩한 젖 한 방울이 그 굴에 떨어졌는데, 그 후 젖이 부족한 유모들이 이 굴에서 흙을 조금 가져다가 물에 타서 먹은 후 젖이 풍성

---

[420] 『한불자전』에서는 '성모의 정결 의식', '산후 산부의 축성 예식'이라고 풀이하였다. 새 번역 성경에서는 '정결례'(루카 2,22-23 참조). 모세의 율법에 따르면, 임산부는 출산 후 40일 만에 성전에 나아가 몸을 청결히 하는 의식을 거행하도록 되어 있다.

하여지는 영적을 받은 이가 가히 허다하여 교우들뿐 아니라 이슬람교인과 외인들도 이를 믿어 행함으로(써) 많은 영적을 받았다 하더라.

그런데 그 굴에는 성모가 예수 영해를 안고 젖 먹이는 상을 기묘하게 만들어 모셨고, 이 굴은 '성모의 젖 굴'이라 이름하여 아주 유명하며, 이 굴은 우리 성교회의 소유인 고로 수사 1인이 항상 그 옆에 있으며, 그 굴의 흙을 조금씩 봉지에 싸서 모든 참배자들에게 기념으로 한 봉씩 나눠주며 그 상본도 한 장씩 주더라. 그 흙은 검은 흙이 아니요 오직 백토(白土) 비스름하며 상본도 아름답게 꾸몄더라.

성탄 굴에 들어가려면 대성전 옆에서 사다리로 내려가는데, 여기는 항상 이슬람교 순사가 있어 파수를 보며 수직하니, 이는 여러 교파에서 가끔 시비가 나는 연고(이)라. 그 시비와 쟁투를 금하고 판단하는 권리는 이슬람교 순사의 권리인 고로 항상 수직하고 있더라.

▲ 베들레헴의 주민 총수

거기 사는 시리아 신부께 자세히 물어보니, 베들레헴에 사는 주민은 대략 8천 명인데 거의 다 교우요 또 열심 교우라 하며, 이교인과 외교인은 몇백 명을 넘지 아니한다 하더라. 그러나 가난한 이가 많아 작년에 한 2백 명 교우가 남아메리카로 이사 갔어도 교우가 많고 또 열심하여, 교우가 한곳에 많이 모여 살고, 열심하기로는 통[421] 팔레스티나에(서) 제일이라 하며, 특별히 여교우들이 더 열심하고 그 머리에 백포(白布) 쓰는 것은 매우 유표하여 아무 곳에서든지 베들레헴에 사는 여교우로 알아보기가 쉽더라. 기후도 온화하니 내가 갔을 때는 10월 21일인데, 행보할 때에는 매우 더우니 성탄 때에도 과히 춥지 아니할 듯하더라.

---

421 '온', '온통'의 뜻.

| 제614호(1927년 5월 31일), 230~232쪽
| 로마 여행 일기 [38]

▲ 베들레헴의 성부(聖婦)[422] 안나 성전

예수 성탄 굴 옆 지면상에 큰 성전 1좌가 있으니, 이는 십자군 시절에 우리 성교회에서 건축한 성부 안나의 성전이라. 그러나 지금은 불행히 그리스 이교인의 소유가 되었도다. 그 성전(을) 지은 제도를 살펴보니, 서양에 있는 큰 성전 제도이오. 매우 굉장하게 지은 것이나 그러나 지금은 이교인의 손에 돌아간 고로 꾸미지 않고 정결하지도 못하더라. 한참 두루 살펴보다가 섭섭히 나왔노라.

▲ 시리아 이교인의 제대와 우리 교회 제대의 분쟁

팔레스티나 각 성지 범위 안에는 여러 교파의 소유 제대가 서로 가까이 있기도 하고 남의 소유를 건너가서 있기도 한 고로, 피차간 분쟁이 가끔 나서 싸우기도 하고, 심지어 구타와 살해까지 있음은 괴이한 일이 아니라. 베들레헴 성지 한 곳에는 시리아 이교인의 제대 1좌가 있고, 우리 교회의 소유 제대 1좌가 있는데, 그 두 제대의 형편은 우리 교우가 우리 제대로 가려면 불가불 시리아 이교인의 제대 앞을 밟아야 하고, 다른 길은 도무지 없더라.

두 제대의 형편이 이러한즉 시비가 가끔 날 줄을 짐작할 만하도다. 저 시리아 이교인이 우리 제대를 빼앗고자 하여 꾀를 내되 저희 제대 앞에

---

[422] 성경에 나오는 성녀(聖女), 특별히 골고타 언덕 위에서 예수가 처형당할 때 십자가 아래 서 있던 성모 마리아와 예수 그리스도의 이모, 클로파스의 아내 마리아, 마리아 막달레나 등의 여인(요한 19,25 참조)과 부활하신 일요일에 예수의 묘를 방문하였던 여자들을 가리킨다.

크고 좋은 보료를 깔아 놓고 말하기를, 우리 제대 앞에 깐 보료를 밟고 다니지 말라 하니, 우리가 그 제대 앞으로 지나가지 않고는 우리 제대로 갈 수 없음이라. 그러면 저들이 우리 제대를 점령하게 됨은 의심 없는 일이러라.

성 프란치스코회 속형 수사가 그 제대를 잃어버리게 된 형편을 보고, 밤중에 가만히 일어나서 날카로운 가위를 가지고 시리아 이교인의 제대 앞에 깔아둔 네모진 보료를 이 귀에서 저 귀까지 반 토막을 잘라버려 그 보료를 밟지 않고도 우리 제대로 갈 만하게 하였더라.

그 이튿날에 필경 시비가 일어났으나 다행히 무사하게 되었더라. 내가 그곳에 갔을 때에 아직도 그 반 토막 보료를 깔아두었는데, 우리를 인도하며 설명하여 주던 신부가 그 사정을 전설(傳說)하더라.

팔레스티나 각 성지 중 나사렛 성지는 우리 성교회에서 온전히 다 차지하였으되, 그 외 다른 성지에는 여러 교파가 한가지로 있어 제 소유를 보존하는 고로, 가끔가끔 시비와 쟁투를 면치 못하고, 심한 때에는 살해까지 일어나며, 이런 시비가 날 때에는 이슬람교인 순사가 제지하고 판결하니, 대저 지금 팔레스티나 지방은 영국의 점령지가 되어 중요한 큰 관리는 영국인이요, 경찰 관리와 소소한 사무원은 다 아라비아인 이슬람교도이러라.

▲ 하얀 동부[423]와 같은 차돌 밭

베들레헴 근처에는 밭이 많이 있는데, 우리 일행은 시리아 신부와 함께 그 밭 근처로 지나가다 보니 여러 밭 중에 유독(히) 한 밭에는 하얀

---

423 검은 점이 있는 흰콩으로, 영어권에서는 카우피(cowpea), 한국에서는 돈부, 돔부, 강두(豇豆)라고도 부른다.

동부만큼의 차돌이 가득하고, 다른 밭에는 별로 없더라. 시리아 신부가 우리에게 이 차돌 밭의 내력을 아래와 같이 설명하더라.

당신들은 이 차돌 밭의 내력을 아십니까? 대저 예전부터 전래하기를, 하루는 성모께서 예수 영해를 안고 이 밭 가로 지나시다가 보시니 한 농부가 하얀 동부 같은 콩을 심거늘 성모가 물으시되, 그대는 무엇을 심느뇨. 그 농부는 희롱의 말로 이르되 하얀 차돌을 심습니다. 성모가 이르시되 그러면 그대가 가을에 하얀 차돌을 거두리라 하셨더라.

그해 그 밭에 하얀 동부 심은 것이 매우 잘되었으매 그 농부는 가을에 하얀 동부를 많이 거둘 줄로 여겼더라. 가을에 하얀 동부를 거두러 와서 보니 동부는 한 개도 없고 하얀 동부 같은 흰 차돌이 밭에 가득한지라. 그 농부가 크게 놀라 전에 희롱의 말로써 성모를 속인 죄를 뉘우쳤다 하더라. 이런 말은 신덕 도리가 아니나 그러나 하얀 동부 같은 흰 차돌이 그 옆에 있는 다른 밭에는 별로 없고, 유독 그 밭에만 많이 있는 것은 매우 이상하더라.

▲ 베들레헴의 교구 성당

베들레헴 교구 성당은 예수 성탄 굴 옆 지면상에 있는데, 굉장히 크지는 아니하나 넉넉히 크며 아름답게 꾸몄더라. 내가 갔던 날 아침에 미사 참례하는 교우들을 보니 매우 열심하여 보이며, 그날은 무슨 첨례도 아니요 예삿날이로되 미사 참례하는 교우가 많아 5백 명가량인데, 학생이 3백여 명가량이며 학생 몇십 명에는 교사 1인씩이 있어 단속하며 통경(通經)을 시키더라. 팔레스티나의 중요한 모든 성지는 다 보았으되, 교우가 많이 모여 살고 또 열심하기로는 예루살렘과 나자렛과 기타 다른 성지보다 매우 우승하더라. 이는 내가 잠깐 목도함으로

(써) 판단함이 아니요 그곳에 오래 거하는 신부들도 다 이와 같이 설명하더라.

▲ 팔레스티나 성지를 떠남

팔레스티나 성지에서 2주일 동안을 체류할 때에 중요한 성지는 다 참배하였으되, 타보르산은 상망지지에서 바라보고 또한 그 산 밑으로 지나가기만 하였고, 산중에 있는 성 요한 세(례)자의 집 자리도 참배하지 못하였고, 요르단강, 예리코, 그런 데도 가보지 못하고 다만 멀리서 보기만 하였노라. 그곳에 자동차가 많은 고로 여비만 넉넉하면 참배하기가 매우 용이하되, 자동차비는 여기보다 매우 비싸고 여비는 넉넉하지 못한 고로 임의로 다니지 못하고, 10월 26일에 섭섭한 마음으로 팔레스티나 성지를 떠났노라.

10월 26일 아침에 카사노바 여관장 신부 수사를 찾아보고, 8일간 유식(留食)한 요금을 언론하니 여관장 신부가 말씀하시기를, 당신네 같은 참배자는 일주일간 공(空)으로 유숙할 권리가 있고, 아무에게라도 또한 식비를 받지 아니하니 아무것도 갚을 것이 없다 하시는 고로, 그 후한 덕을 감사하고 작별하였노라. 그러나 식당에서 상(床) 복사하던 사람 2인에게 각각 5원씩, 방(房) 복사에게 5원, 문지기에게 5원을 주고 예루살렘에서 기차를 타고 다시 포트사이드 항구로 향하여 나왔노라.

제615호(1927년 6월 15일), 254~255쪽
로마 여행 일기 [39]

▲ 다시 포트사이드 항구에 도착

마르세유 항구에서 타고 오던 앙드레 르봉 기선을 2주일 전에 여기서 내리고, 팔레스티나로 향하여 각 성지를 참배하며 영신 위로를 누리다가 예루살렘에서 기차를 타고 다시 이 항구에 도착하니 밤이 이미 깊었더라. 정거장에 내리며 보니 우리 행리(를) 맡겼던 여관 주인이 나온지라. 나는 동행하던 신부를 보고 말하기를 "여관 주인이 우리를 영접하러 나왔소, 그려." 대답하되 "그럴까? 행객을 얻으러 나왔지, 우리를 영접하러 나와? 당신은 마음이 순직하니 영접하러 나온 줄로 단단히 믿어 두시오." 하더라.

여관 주인이 우리를 보고 "안녕히 다녀오십니까? 과히 곤(困)하지나 아니하십니까? 우리 여관을 다 아시지요. 저 해관 마당 옆입니다. 어서 들어가십시다. 나는 여기서 잠깐 무슨 일을 보고 가겠습니다." 옳다! 영접은 잘한다! 속으로 웃으며 돌아다보니 그자가 기차 옆으로 돌아다니며 "호텔 상드랄[424]! 호텔 상드랄!" 소리를 지르니 이는 그 사람의 여관 이름인데, 중앙 여관이란 말이며, 이 중앙 여관으로 오라고 행객을 청하는 수작이라.

우리 여관은 정거장에서 한 5리밖에 되지 아니하고 또 찾기도 과히 어렵지 아니한 줄로 믿고 각각 가방을 손에 들고 찾아오는데, 밤중인 고로 즉시 찾지 못하고 이리저리 갈팡질팡 돌아다니는데, 밤중인 고로 사람이 많지 아니하여 우리를 쳐다보고 웃을 사람이 별로 없으니 부끄럽

---

[424] 센트럴(Central)을 이렇게 말한 듯하다.

기는 덜 부끄러우나 땀을 흘리며 곤하기는 넉넉히 곤하더라. 동행하던 신부는 나더러 "여보 한 신부, 여관 주인이 우리를 잘 영접하지요?" 내가 대답하기를 "그 말할 것 무엇 있소. 우리가 돈푼을 아끼는 탓으로 이 고생을 하지요. 정거장에 자동차도 허다하고 삯꾼도 허다하니 어느 자동차에 올라가서 '호텔 상드랄' 한마디를 하거나 어느 삯꾼에게 가방을 주면서 '호텔 상드랄' 한마디만 하였다면, 이 고생을 아니하고 벌써 여관에 들어갔겠소." 하였노라.

간신히 찾아 들어가니 우리가 상등 여관을 정하지 못한 것은 아주 분명하도다. 그 여관의 위치는 바로 바닷가요, 건축도 본디는 잘하였으나 지금은 아주 퇴락하여 가더라. 그 여관은 유숙만 하여주고 음식은 다른 여관에 가서 사 먹게 마련이러라. 저녁 먹을 마음은 간절하나 밤도 깊고 또 다른 데 가기가 싫어서 만과(晚課)를 염한 후 잠이나 잘 자기를 바랐더니, 웬걸! 덥기는 한데 모기와 그 외 여러 가지 물것이 눈 감기를 허락하지 아니하더라. 나는 본디 문을 잠그고 자는 습관이 있어 방문을 잠그려 하니, 문짝은 있어도 자물쇠통도 빠져나가고 손잡이가 빠져나가서 잠글 수가 없는 고로, 내 지팡이로 문짝을 버티고 드러누웠노라.

그럭저럭 밤을 지내고 이른 아침에 성 프란치스코회 수사들의 성당을 찾아가서 미사를 드리고, 기선 회사에 가서 기선이 몇 시에 도착하는가 물어보니, 그날 오후에 도착한다 하더라. 본디 마르세유 기선 회사에서 동양으로 가는 기선이 매 2주일 동안에 하나씩 가는 것인데, 그때는 1일이 지체되었더라. 종일 배를 기다리며 바닷가로 다니며 산보하다가 석양에 기선이 들어오니, 이는 나를 싣고 극동으로 향할 '폴 르카(Paul-Lecat)' 기선이라.

선표는 파리에서 떠날 때에 고베까지 갈 선표를 산 고로 그 선표를 가지고 배에 올라가 보니 주교·신부가 거의 20명이나 되는데 인도인 주교, 라자리스트 신부, 밀힐 외방전교회 신부, 예수회 신부, 속형 수사이며 거의 다 2등 선객이요. 포르투갈인 신부 몇 위만 3등 선객이러라. 내가 거처하는 방에는 4인인데 인도인 주교 로츠 각하, 시암 전교 신부 베쉐[425] 씨, 나위(那威)[426] 사람 열교인이었더라.

고베까지 오는 동안 수질이나 혹은 아무 병도 없이 항상 건강히 여행하여 12월 13일[427]에 서울 대성당에 무사 도착하였도다. 7개월 동안 여행에 아무 병도 없이 아무 불행함도 없이 무사 왕반(往返)함은 천주의 특은이요, 라파엘 대천신의 보호하심이요, 나를 위하여 기구하여 주신 모든 독자 제공의 은혜로 생각하여, 지금도 나의 이전 여행함을 생각할 때마다 감사 감축하나이다. 이제는 여행 일기가 그만이올시다. 또 기회가 있고 또 할 수가 있으면, 다른 데 여행은 원치 아니하고 팔레스티나 성지 여행은 다시 하기를 원하며, 또 그 여행 일기도 다시 하기를 원하나이다.

종(終)

---

425 베쉐(É. Béchet, 에밀리오, 1877~1929) 신부 : 파리 외방전교회 선교사로, 1903년 6월 6일 사제 서품을 받고 그해 8월 5일 시암(Siam, 현재의 태국)으로 파견되었으며, 1929년 6월 25일 선종할 때까지 그곳에서 사목하였다.

426 노르웨이(Norway)의 음역어. 보통 '낙위(諾威)'로 표기한다.

427 12월 10일의 오기이다. 『경향잡지』 제579호(1925년 12월 15일)의 「회보」 기사에는 "금월 초순에는 조선에 도착하실 줄 알았으나 본월…10일 오전 8시경에 별안간 종현 대성당에 도착하셨다."고 썼고, 이듬해 1월호 한기근 신부 본인의 「잘 다녀왔습니다」라는 글에서도 "작년 12월 10일에 무사 환국하였나이다."라고 하였다.

제581호(1926년 1월 15일), 3~5쪽[428]
잘 다녀왔습니다

　작년 5월 11일에 경성역에서 출발하여 로마 영성으로 향하던 본 신부는 모든 친애하온 독자 제공의 열심 기구를 힘입어 누만 리 해상 험로에 내왕 간 항상 태평히 발섭하여 작년 12월 10일에 무사 환국하였나이다. 로마, 이탈리아, 프랑스, 회로에 팔레스티나 모든 성지와 성전에 참배할 때에 모든 독자들을 기념하여 기구하였사오며, 그 보고 들은 것은 「여행일기」로써 독자 제공께 다 알게 하여 신익(神益)을 통하고자 하나이다. 이와 같은 원로 험로에 7개월간 조금도 곤란을 당하지 아니하고 무사 왕반함을 이제 다시 생각하여 주 대전에 감사하며, 바다의 별이신 성모께 사례하며, 라파엘 천신과 나의 수호 천신께 감사할뿐더러 나를 위하여 열절히 기구하여 주신 모든 이에게 백배사례하나이다. 본 신부도 하늘만 보이는 바다에서와 모든 성당과 성지에서 독자들을 기념하며 기구하였나이다.

　갈 적에는 선객 하나가 인도양에서 죽어 수장(水葬)을 하여주고, 올 때에도 인도양에서 격군 하나가 사망하였는데, 이는 기선 회사의 선원인 고로 바다에 던지지 아니하고 목관, 철관, 또 목관 3겹관에 입관하여 그 본가로 보내었도다. 이는 코르시카(Corsica)섬의 열심한 사람이며 그 아내, 자녀 3남매, 합 4인구가 가련하게 됨을 측은히 여겨 모든 선객 중에 주교·신부들도 얼마씩 기부금을 모집하여 그 본 가족에게 인정을 표하였으니, 애긍의 귀하신 공은 바다 가운데서도 현출됨을 아름답게 여겼나이다.

428　내용 전개상 여행기 끝에 실었다.

무변대양 만경창파 중에서 어떤 이는 죽고, 어떤 이는 앓고, 어떤 이는 구역증으로 인하여 음식을 먹지 못하고 고생하거늘, 나는 무엇이관데 한 번도 앓지 아니하였는고. 이는 나의 사랑하온 벗들이 나를 위하여 기구하여 주신 은혜로 여기나이다. 산 같은 물결이 그 육중한 배를 까불고 휘둘러 방 안에 놓은 행리 궤짝이 뒹굴 때에는 미사를 드리지 못하였으나, 그 외에는 내왕 간 거의 날마다 미사성제를 드리고, 동행 중 수사와 수녀들에게 매일 영성체를 하여주니 피차간 영신 위로가 적지 아니하였도다.

나는 불민한 소치로 미사 제구를 아니 가져갔으나 다른 주교·신부들은 미사의 제구를 가지고 다니는 이가 많아, 갈 때에는 제대가 2처요 올 때에는 제대 4~5처를 배설할 만하여 주교·신부 10여 위와 수사, 수녀 근 30명이 다 매일 성사를 영하였으니, 해상에만 떠 있는 동안 35~36일간 영신 위로가 적지 아니하였도다.

7개월간 여행 중에 보고 들은 것 중에 무엇이 제일 좋고 부럽더냐 하면 이탈리아와 프랑스에 성당이 많은 것이 제일 좋고 부럽다 하노라. 대저 성상께 폐현함과 예루살렘 각 성지에 참배함도 마음에 감동되나, 이탈리아와 프랑스 땅에서 기차를 타고 다닐 때에 향촌과 심산궁곡에도 항상 성당이 연면(連綿)하여 몇십 리씩 지나서는 항상 성당이 보이고, 대처를 지날 때에는 대소 성당 여럿이 보이니, 이는 그 나라에 교우가 많고 또 열심한 소이(所以)로다. 우리 조선에도 교우가 많고 열심하여 각처에 성당이 연면하기를 기구하고 바라나이다.

부록 2 『교회사연구』 제53집 수록 논문

한기근 신부의 「로마 여행일기」

윤선자 | 전남대학교 사학과 교수

1. 머리말
2. 조선 치명자 시복식 참가 경위
3. 시복식 참가와 로마의 성당·성지 방문
4. 프랑스의 성모 발현지들과 성인들의 생가 방문
5. 팔레스티나 성지 순례
6. 맺음말

국문 초록

「로마 여행일기」는 천주교 성직자 한기근 신부가 프랑스, 이탈리아, 팔레스티나의 성지들을 순례한 기록이다. 근대 문물과 제도·사상 등을 소개하는 데 집중하였던 1920년대의 많은 여행기들과는 달리 천주교 성지들을 순례한 여행기이다. 프랑스어와 라틴어 해독에 어려움이 없었던 한기근 신부는 조선 치명자들의 시복식에 한국인 성직자 대표로 참가하기 위해 여행을 시작하였다.

가장 먼저 로마에 도착하여 조선 치명자들 시복식에 참가하였고, 시복식 후 감사 미사에 참가하였으며, 로마의 많은 성당을 참배하였고 카타콤바를 방문하였다. 두 번째 도착지는 프랑스였다. 프랑스에서는 비안네 신부, 소화 데레사 수녀, 예마르 신부의 생가 등을 순례하였는데, 조선 치명자들이 시복된 1925년에 시성·시복된 이들이었다. 그가 머물렀던 파리 외방전교회 본부 겸 신학교도 복자들의 숨결이 느껴지는 곳이었다. 동양 선교를 목적으로 창설된 파리 외방전교회의 선교사로 순교한 이들이 선교를 준비하며 생활했던 곳이기 때문이었다. 라 살레트·루르드·파리 등 성모 발현지들을 방문한 것은 한기근 신부의 성모 신심과 더불어 한국 천주교회의 깊은 성모 신심 때문이었다. 그리스도교 문화권인 이탈리아와 프랑스의 많은 성당을 참배하면서, 도시는 물론 시골에도 가득한 성당들을 바라보면서, 비그리스도교 문화권의 천주교 성직자 한기근 신부는 한없는 부러움을 느꼈다.

한국으로 돌아오는 길에 10일 동안 여행하였던 팔레스티나는 한기근 신부에게 최고의 성지 순례지였다. 4복음서와 『종도행전』에 언급된 장소들을 직접 찾아가 볼 수 있었기 때문이다. 그는 예루살렘·베들레헴·나자렛에서 예수와 성모와 사도들의 자취를 확인하고 기도하였으며 미사를 봉헌하였다. 그가 방문하였을 때 팔레스티나의 많은 성지들은 여러 교파가 공동 소유하고 있었다. 그래서 미사나 예절을 할 수 없는 곳도 있었고, 입장료를 내고서야 들어갈 수 있는 곳도 있었다. 모스크로 바뀌어 있는 성지도 있었다. 이탈리아·프랑스에서와 마찬가지로 팔레스티나에서도 시간과 비용 때문에 가지 못한 곳들이 많았지만, 그럼에도 한기근 신부는 천주교회의 중요한 성지들을 참배하고 「로마 여행일기」로 기록하였다. 「로마 여행일기」는 비그리스도교 문화권인 한국의 천주교회 성직자가 기록한 첫 그리스도교 성지 순례기로 의미가 있다.

주제어 : 시복식, 시성식, 치명자, 성 베드로 대성전, 예마르 복자, 비안네 성인, 소화 데레사, 라 살레트, 루르드, 팔레스티나, 뮈텔, 드망즈

1. 머리말

「로마 여행일기」는 1925년 5월 11일 경성(京城)[1]역을 출발하여[2] 이탈리아·프랑스·팔레스티나 등을 여행하고 12월 10일 경성의 종현(鐘峴) 성당으로 돌아온[3] 한기근(韓基根, 바오로, 1867/1868~1939) 신부의 여행기이다. 1920년대는 여행 기록의 홍수 시대였다고 할 수 있을 정도로 많은 해외여행 기록들이 신문·잡지에 수록되었다. 많은 해외여행자들이 그들이 탄 배 안의 우편이나 경유지의 우편을 통해 국내 언론사에 자신의 여행 기록을 보냈다.[4] 김준연(金俊淵, 1895~1971)은 「독일 가는 길에」라는 제목으로 『동아일보』에 12회,[5] 박승철(朴勝喆)도 같은 제목으로 『개벽』에 3회 연재하였으며,[6] 정석태(鄭錫泰, 1901~?)는 「양행 중 잡관 감상(洋行中雜觀感想)」으로 『별건곤』에 3회, 계정식(桂貞植, 1904~1974)은 「인도양과 지중해-도구(渡歐) 수기」로 『동아일보』에 9회에 걸쳐 그들의 여행기를 수록하였다.[7]

한기근 신부의 「로마 여행일기」는 한국 천주교회의 기관지 『경향잡지』

---

1 1910년 9월 30일 발표된 일제의 '조선총독부 지방관제'에서 한성부를 경성부로 고쳐, 일제강점기에는 이 이름이 사용되었고, 1945년 광복과 함께 경성부는 서울시로 개칭되었다.
2 『경향잡지』565호(1925. 5. 15),「한 신부, 로마를 향하여 떠나면서」, 198쪽 ; 566호(1925. 5. 31),「로마 여행일기(1)」, 225쪽.
3 『경향잡지』579호(1925. 12. 15),「회보 : 한 신부 귀국」, 540쪽 ; 615호(1927. 6. 5),「로마 여행일기(39)」, 255쪽. 「로마 여행일기」에는 (   ) 안에 호수(號數)가 없는데 본고는 이해 증진을 위해 각주에 호수를 첨부하였다.
4 차혜영,「3post시기 식민지 조선인의 유럽 항로 여행기와 피식민지 아시아 연대론」,『서강인문논총』47, 서강대학교 인문과학연구소, 2016, 27쪽.
5 『동아일보』1921년 12월 15일(1)·12월 16일(2)·12월 17일(3)·12월 18일(4)·1922년 1월 30일(1)·1월 31일(2)·2월 1일(3)·2월 2일(4)·2월 3일(5)·2월 4일(6)·2월 5일(7) 자에 연재되었다.
6 『개벽』1922년 3~5월.
7 『동아일보』1926년 7월 17일(1)·7월 20일(2)·7월 26일(3)·7월 27일(4)·7월 31일(5), 8월 2일(6)·8월 3일(7)·8월 7일(8)·8월 9일(9).

에 약 2년 동안 게재되었다.[8] 여기에 「로마를 향하여 떠나면서」라는 논설(1925년 5월 15일 자, 제565호)은 머리말, 「잘 다녀왔습니다」(1926년 1월 15일 자, 제581호)라는 글은 맺음말이라고 할 수 있다.

「로마 여행일기」는 1920년대에 넘쳐났던 많은 여행기들과 비교할 때 독특하다. 대부분의 유럽 여행기들은 저자가 유학생이었고, 작성 목적이 근대 문물과 제도·사상 등을 소개하는 데 집중하였으며, 그들의 유학 목적지인 독일·프랑스에 도착하기까지의 여정을 기록하는 데 치중하였다. 그런데 「로마 여행일기」의 저자는 천주교 성직자였고, 천주교 신자들의 신익(神益)을 위하여 천주교회의 기관지에 수록하는 것이 작성 목적이었으며,[9] 여행한 곳은 이탈리아·프랑스·팔레스티나의 천주교 성지였다. 그래서 근대 문물과 제도·사상 등을 소개하는 데 집중하였던 1920년대의 많은 여행기들과 상당한 차이가 있다. 따라서 「로마 여행일기」를 분석함으로써 그동안 근대 문물·제도·사상의 측면에서만 추적하였던 1920년대 여행기에 관한 이해의 폭을 넓히고, 새로운 연구 영역을 만들어낼 수 있다. 「로마 여행일기」에도 재난 대비 훈련과 같은 근대적인 제도, 수에즈 운하·전기·승강기 등 근대 문물에 대한 기록들이 있다. 내용이 적지만 반근대주의 선서[10]를 하였던 성직자가 기록한 것으로 의미

---

8   575호(1925. 10. 15)~580호(1925. 12. 15), 584호(1925. 2. 28), 586호(1926. 3. 31), 587호(1926. 4. 15), 597호(1926. 9. 15), 604호(1926. 12. 31)에는 수록되지 않았다. 일본 4회(566·567·568·569호), 항해 약 4회(570·571·572·173호), 이탈리아 7회(573·574·581·582·583·585·588호), 프랑스 11회(588·589·590·591·592·593·594·595·596·598·599호), 팔레스티나 14회(600·601·602·603·605·606·607·608·609·610·611·612·613·614호), 귀국 항로 1회(615호) 분량이다.
9   『경향잡지』 581호(1926. 1. 15), 「잘 다녀왔습니다」, 3쪽.
10 근대주의의 도전에 직면한 천주교회가 모든 성직자들에게 요구한 것. 이에 대해서는 윤선자, 「한말·일제강점기 한국 천주교회와 근본주의」, 『한국종교연구』 10, 서강대학교 종교연구소, 2008, 1~6쪽 참조.

가 있고, 다른 여행기들과는 차이가 있기에 별고에서 분석하고자 한다.

2. 조선 치명자 시복식 참가 경위

한기근 신부는 1925년 5월 11일 로마를 향해 경성역을 출발하였다.[11] 로마 교황청에서 거행될 '조선 치명자'[12]들의 시복식(諡福式)에 한국인 신부 대표로 참가하기 위해서였다. 성년(聖年)이었던 1925년[13] 교황청은 7회의 시성식(諡聖式), 그리고 조선 치명자들의 시복식을 포함하여 5회의 시복식을 예정하고 있었다.[14]

기해(己亥)·병오(丙午)박해 때 순교한 79위 조선 치명자들[15]의 시복식은 파리 외방전교회 로마 대표부에서 조선 치명자들의 시복 청원인 역할을 하고 있던 가르니에(Eugène Garnier, 1862~1952) 신부[16]가 보낸 1924년 9월 29일 자 편지로 확인되었다. 조선 치명자들의 시복식이 1925년이 확실하다는 내용이었고,[17] 이 소식은 1924년 10월 31일 자 『경향잡지』 552호

11　『경향잡지』 566호(1925. 5. 31), 「회보 : 한 신부 발정 시의 감상」, 230쪽.
12　당시 한국 천주교회가 이렇게 표기하였으므로(『경향잡지』 565호[1925. 5. 15], 「논설 : 로마를 향하여 떠나면서」, 198쪽·202쪽 ; 566호[1925. 5. 31], 「회보 : 한 신부 발정 시의 감상」, 230쪽 ; 573호[1925. 9. 15], 「로마 여행일기(8)」, 391쪽·398쪽 등), 본고는 이에 따르고자 한다.
13　1924년 12월 24일 성년은 시작되었다(『경향잡지』 559호[1925. 2. 15], 「회보 : 로마에 성년 시작」, 67쪽).
14　『경향잡지』 565호(1925. 5. 15), 「논설 : 로마를 향하여 떠나면서」, 198쪽.
15　앵베르 주교, 모방 신부, 샤스탕 신부 등 3명의 프랑스인 선교사 포함.
16　한국교회사연구소 역주, 『뮈텔 주교 일기(1921~1925)』 7, 한국교회사연구소, 2008, 189쪽의 각주 139.
17　『뮈텔 주교 일기』 1924년 9월 29일.

에 소개되었다.[18] 1925년 3월 17일 서울 대목구장 뮈텔(Gustave Charles Marie Mutel, 閔德孝, 1854~1933) 주교와 대구 대목구장 드망즈(Florian Demange, 安世華, 1875~1938) 주교가 조선 치명자들 시복식에 참가하기 위해 부산을 출발하였다.[19] 시복식이 1925년 6월 초에 있으리라는 소식을 접하였기 때문이었다.[20] 두 주교가 출발한 3월 17일, 『조선신문(朝鮮新聞)』에 조선 치명자들 시복식이 언급되었다. 앵베르(Laurent Joseph Marius Imbert, 范世亨, 1797~1839) 주교 외 2명과 조선인 신부 김대건(金大建, 안드레아, 1821~1846) 등 4명이 '조선 순교자'로 선정되고 복자로 서위(敍位)되어 로마 교황청에서 개최될 박람회에서 표창되기에 이들의 유골을 가지고 뮈텔, 드망즈, 한(韓) 신부 등 3명이 로마로 갈 것이라는 내용이었다.[21] 『조선신문』보다 일주일 전인 1925년 3월 10일 자 『매일신보(每日申報)』도 뮈텔이 순교자들의 유해를 바티칸으로 가져갈 것이라고 하였다.[22] 『동아일보』 3월 19일 자도 뮈텔과 드망즈 그리고 '한 모(韓某)' 신부가 순교자 4명의 유골을 가지고 3월 18일에 출발하였다고 보도하였다.[23] 한국 천주교회의 기관지 『경향잡지』는 1925년 3월 31일 자에서 시복식 참가를 위한 두 주교의 출발을 알렸다.

『경향잡지』보다 『조선신문』과 『매일신보』에서 조선 치명자들의 시복과 한국 천주교회의 시복식 참가를 먼저 알릴 수 있었던 것은 신문은

---

18 『경향잡지』 552호(1924. 10. 31), 「논설 : 명년에 거행될 복자 반포의 희소식」, 457쪽.
19 『뮈텔 주교 일기』 1925년 3월 17일 ; 『드망즈 주교 일기』 1925년 3월 17일 ; 『경향잡지』 562호(1925. 3. 31), 「논설 : 양위 주교 로마 행차」, 121~122쪽.
20 『드망즈 주교 일기』 1925년 2월 11일.
21 『朝鮮新聞』 1925년 3월 17일 자, 「虐殺史を繙き尊く悲しき殉教者の血, 今度表彰される鮮人基督教信者」.
22 『매일신보』 1925년 3월 10일 자, 「暴政下에 희생된 순교자의 遺骨, 일부는 천주교당에 두고 일부는 로마 왕궁에 보내」.
23 『동아일보』 1925년 3월 19일 자, 「天主教 殉教者 表彰式, 오는 륙월 로마에서 열리는, 조선서도 네 명이 참가할 터」.

일간지였고 『경향잡지』는 격주간지였기 때문일 것이다. 그런데 일간지일지라도 이러한 내용을 언급한 것은 3·1운동 이후 일제가 외국인 선교사들의 행동에 더욱 관심을 기울이고 있었으며,[24] 『경향잡지』의 기사를 통해 한국인 신부의 시복식 참가도 예상하고 있었기 때문일 것이다. 특히 '한 신부', '한 씨 성을 가진 신부'라고 지칭할 수 있었던 것은 천주교회에 물어서 알 수 있었겠지만, 한기근 신부의 여권 신청을 통해서도 파악할 수 있었을 것이다. 일제강점기에 여권을 발급받은 한국인들은 많지 않았는데, 조선총독부로부터 여권을 발급받으려면 '이름, 본적지, 신분, 나이, 직업, 여행지, 여행 목적' 등을 신청 서류에 기재하여 제출하고[25] 상당 기간을 기다려야 했다.[26] 일제는 그들의 식민통치 실상이 외부에 알려지는 것을 원하지 않았기에 한국인들의 외국 여행을 어렵게 하였고, 여권 발급에 많은 제약을 가하였다.

『조선신문』은 시복 대상자를 4명으로, 시복 장소를 교황청에서 개최될 박람회라고 잘못 소개하였다. 『동아일보』도 두 주교의 출발 날짜를 3월 18일로, 그리고 '한 모 신부'가 두 주교와 같이 출발하였다며 잘못된 내용을 보도하였다. 두 신문에서 뮈텔·드망즈와 함께 교황청에 가는 '한 신부', '한 씨 성을 가진 신부'가 언급되었는데 한기근 신부였다. 당시 한국 천주교회에는 46명의 한국인 신부와 64명의 서양인 신부가 속해 있었는데,[27] '한 씨 성을 가진 신부'는 한기근 신부뿐이었다.

---

24 이에 대해서는 윤선자, 『일제의 종교정책과 천주교회』, 경인문화사, 2001의 제4장 '1920년대 일제의 기독교 회유정책과 천주교회의 조응' 참조.
25 『조선총독부 관보』 1910년 10월 15일 자, 「외국 여권 규칙」.
26 김도형, 「한국 근대 旅行券(旅券)제도의 성립과 추이」, 『한국근현대사연구』 77, 한국근현대사학회, 2016, 45쪽.
27 『경향잡지』 548호(1924. 8. 31), 「조선 성교회의 현상」, 380쪽 ; 한국교회사연구소, 『한국가톨릭대사전』 부록, 「9·3 한국 천주교회의 교세통계(1789~1983)」, 324쪽 ; 『뮈텔 주교

한기근 신부가 한국인 신부 대표로 시복식에 갈 수 있었던 것은 그의 사제 서품이 상당히 빠르기 때문이었을 것이다. 한기근 신부는 한국 천주교회의 7번째 사제 서품자였고, 1924년 12월 말 현재 그보다 사제 서품이 빠른 한국인 신부는 1896년 4월 26일에 사제 서품을 받은 강도영(姜道永, 마르코, 1863~1929) 신부와 정규하(鄭圭夏, 아우구스티노, 1863~1943) 신부뿐이었다. 그런데 강도영 신부는 미리내 본당, 정규하 신부는 풍수원 본당의 주임으로 활동 중이었고, 한기근 신부는 1913년 5월부터 경향잡지사의 제2대 사장 직무를 수행하고 있었다.[28] 경향잡지사 사장 직무가 본당 신부 직무보다는 상당 기간의 여행에 필요한 시간을 내기가 나았을 것이다. 그뿐만 아니라 천주교 신자들에게 시복식 내용을 알리기에 『경향잡지』가 효율적이라고 생각되어 경향잡지사 사장 직무를 맡고 있던 한기근 신부가 선정되었을 것이다.

두 주교가 로마를 향해 출발하였을 때 조선 치명자들의 시복식 날짜는 확정되지 않았고, 그래서 한기근 신부는 시복식 날짜에 맞추어 출발하는 것으로 되었다.[29] 한국 천주교회는 두 주교가 프랑스 마르세유에 도착한 1925년 4월 30일에 조선 치명자들의 정확한 시복식 날짜를 알았다.[30] 7월 5일에 조선 치명자 79위의 시복식이 거행될 것이라는 뮈텔 주교의 전보[31]가 5월 5일 경성의 드브레드(Emile Alexandre Joseph Devred, 兪世俊, 1877~1926) 주교에게 전해졌다.[32]

일기』 1924년 6월 15일.
28 『뮈텔 주교 일기』 1913년 5월 11일.
29 『경향잡지』 562호(1925. 3. 31), 「논설 : 양위 주교 로마 행차」, 124쪽.
30 『뮈텔 주교 일기』 1925년 4월 30일 ; 『드망즈 주교 일기』 1925년 5월 3일.
31 『경향잡지』 565호(1925. 5. 15), 「논설 : 로마를 향하여 떠나면서」, 198쪽.
32 『경향잡지』 565호(1925. 5. 15), 「별보 : 기쁜 소식」, 193쪽.

두 주교의 출발 약 두 달 후인 1925년 5월 11일 한기근 신부도 로마를 향해 출발하였다.[33] 시복식에 참가하기 위해 한국에서 출발하는 유일한 한국인 성직자였고, 한국인 신자였다. 5월 11일 오후 부산에서 시모노세키(下關)행 배에 탑승한 한기근 신부는 이튿날 시모노세키에 도착하여 고베(神戶)로 이동하였고, 교토(京都)로 가서 한국인 신자들에게 성사를 주며 일주일 동안 일본에 머물렀다.[34]

5월 18일 한기근 신부는 앙부아즈(Amboise)에 탑승하여 고베를 출발하였다.[35] 당시 한국에서 유럽으로 가는 방법은 배를 타고 인도양을 건너가는 것과, 시베리아 철도를 이용하는 두 가지였다. 1896년 러시아 황제 대관식에 특명전권공사로 임명된 민영환(閔泳煥, 1861~1905)은 4월 2일 인천에서 출발하는 배를 타고 상하이(上海)-런던-베를린을 거쳐 49일 후인 5월 20일 모스크바에 도착하였다.[36] 1901년 프랑스 특명전권공사로 임명된 김만수(金晩秀, 1858~1936)도 제물포에서 배를 타고 웨이하이(威海)-옌타이(煙台)-상하이-홍콩(香港)-사이공-콜롬보-지부티(Djibouti)-포트사이드(Port Said)-마르세유(Marseille)를 거쳐 53일 만인 6월 6일 파리에 도착하였다.[37]

1908년 10월 24일 파리를 출발한 조선 대목구장 뮈텔은 시베리아 횡

---

33 1884년 7월 10일 페낭(Penang) 신학교에 도착하였다가 건강 때문에 그해 12월 10일 페낭을 출국한(김정환, 『뮈텔 일기 연구』, 내포교회사연구소, 2015, 179~180쪽 〈표 22〉 페낭 신학교 신학생 현황' 참조) 이후 40여 년 만에 해외로 내딛는 발걸음이었다.
34 한기근 신부 → 드브레드 주교, 1925년 5월 18일, 고베(『교회와 역사』 449호[2012년 10월], 41~42쪽 ; 『경향잡지』 566호[1925. 5. 31], 「로마 여행일기(1)」, 225~230쪽 ; 566호[1925. 5. 31], 「회보 : 한 신부 발정 시의 감상」, 230쪽 ; 568호[1925. 6. 30], 「로마 여행일기(3)」, 271~272쪽 ; 569호[1925. 7. 15], 「로마 여행일기(4)」, 303쪽).
35 한기근 신부 → 드브레드 주교, 1925년 5월 22일, 상하이(『교회와 역사』 450호[2012년 11월], 41~42쪽 ; 『경향잡지』 570호[1925. 7. 31], 「로마 여행일기(5)」, 326쪽).
36 민영환 지음, 조재곤 편역, 『해천추범』, 책과 함께, 2007, 27쪽·34쪽·51쪽·62쪽·160쪽·206쪽.
37 구사회, 「대한제국기 주불공사 김만수의 세계 기행과 사행록」, 『동아인문학』 29, 동아인문학회, 2014, 82~83쪽 ; 구사회, 「근대 전환기 조선인의 세계기행과 문명 담론」, 『국어문학』 61, 국어문학회, 2016, 87쪽.

단 철도로 중국 안둥(安東, 1965년 丹東으로 개칭)까지 이동한 후 배로 압록강을 건너 신의주에서 기차를 타고 23일 후인 11월 15일 한성에 도착하였다.[38] 경의선(京義線)이 1906년 4월에 개통되어 시베리아 횡단 철도와 연계되었기 때문에[39] 가능해진 행로였다. 1911년 10월 27일 압록강 철교가 준공되고[40] 11월 1일 개통되어[41] 중국 창춘(長春)까지의 철로가 완성되자 경성에서 파리까지의 여정은 11일로 단축되었다.[42]

그러나 이후에도 한국에서는 많은 사람들이 일본으로 이동하여 그곳에서 출발하는 배를 타고 유럽으로 갔다. 상당한 시간을 단축할 수 있었음에도 시베리아 철도보다 배편을 이용한 것은, 결빙기에는 압록강 항해가 불가능하고 압록강 철교도 폐쇄되었기 때문이다.[43] 여기에 국치 이후 일본과 러시아·소비에트 연방의 불편한 국제 관계가 영향을 미쳤다. 제1차 세계대전으로 시베리아 철도 이용이 중단되었고, 전후에도 석유와 석탄 매장을 기대한 일본군이 북(北)사할린에 계속 주둔하였기 때문이다. 1925년 1월 20일 일소(日蘇) 기본 조약 체결 이후에야 시베리아 철도 이용을 기대할 수 있었다.[44] 시베리아 철도를 이용하면 도쿄(東京)에서 런던까지 15.5일이 걸리고 1등 여비 520원에 식비 160원을 합하여

---

38 『뮈텔 주교 일기』 1908년 10월 24일~11월 15일.
39 김정환, 『뮈텔 일기 연구』, 내포교회사연구소, 2015, 164쪽.
40 『신한민보』 1911년 11월 27일 자, 「압록강 철교 준공」.
41 김창원, 「근대 개성의 지리적 배치와 개성상인의 탄생」, 『국제어문』 64, 국제어문학회, 2015, 40쪽.
42 김정환, 『뮈텔 일기 연구』, 167쪽.
43 압록강 철교가 개통된 지 한 달여 만인 1911년 12월 11일부터 이듬해 해방기까지 압록강 철교를 폐쇄하였다(『매일신보』 1911년 12월 10일 자, 「압록강 철교 폐쇄」). 이후에도 상황은 같았으니 1922년에도 압록강이 결빙되어 11월부터 개폐를 중지하였다가 이듬해 4월 1일부터 재개하였다(『매일신보』 1923년 3월 31일 자, 「압록강 철교의 개폐 개시」).
44 『동아일보』 1925년 1월 10일 자, 「西伯利亞鐵道 復舊 準備 完了」; 『동아일보』 1925년 1월 23일 자, 「歐亞철도 연락」.

680원의 경비가 계산되었다. 일본 우편선을 이용한다면 52일이 걸리고 1등 여비 1,430원이었으니,[45] 시베리아 철도를 이용하면 배편을 이용하였을 때보다 시간은 1/4, 여비는 1/2 이상을 줄일 수 있었다.

일본을 출발한 한기근 신부는 5월 21일 상하이, 5월 26일 홍콩, 5월 30일 사이공, 6월 3일 싱가포르, 6월 9일 콜롬보, 6월 17일 지부티에 도착하였다.[46] 이어 6월 21일 수에즈 운하(Suez Canal)를 지나 6월 22일 포트사이드, 6월 27일 프랑스 마르세유에 도착하였다. 경성에서 출발한 지 46일, 고베에서 앙부아즈에 탑승한 지 40일이었는데 각 항구에서의 체류 날짜를 제외한 행선(行船) 일자는 36일이었다.[47]

3. 시복식 참가와 로마의 성당·성지 방문

6월 28일 한기근 신부는 시복식에 참가하기 위해 파리 외방전교회 마르세유 대표부에 와 있던 제라르(Edmond Gérard, 1874~1951) 신부[48]와 함께 로마를 향해 출발하였다. 그리고 6월 30일 파리 외방전교회 로마 대표부에 도착하였고 그곳에서 뮈텔 주교와 드망즈 주교를 만났다. 로마 대표부는 수개월 전부터 시복 대상 조선 치명자들의 상본을 대·소 수만 장

---

45 『부산일보』 1925년 5월 17일 자, 「시베리아 철도에 대하여」.
46 『경향잡지』 570호(1925. 7. 31), 「로마 여행일기(5)」; 571호(1925. 8. 15), 「로마 여행일기(6)」; 572호(1925. 8. 28), 「로마 여행일기(7)」.
47 『경향잡지』 573호(1925. 9. 15), 「로마 여행일기(8)」, 387~397쪽.
48 봉천교구에서 선교하였고 당시 파리 외방전교회 신학교에 있었는데 마르세유에 와 있었다. 만주에 있을 때 두 번 경성을 방문하였기에 한기근 신부와 안면이 있었다(『경향잡지』 573호[1925. 9. 15], 「로마 여행일기(8)」, 397쪽).

인쇄하여 무료 보급하는 등 매우 분주하였다.[49]

한기근 신부는 로마 대표부에서 장면(張勉, 1899~1966)과 장발(張勃, 1901~2001)도 만났는데, 두 사람은 미국 뉴욕에서 나폴리행 두일리오(Duilio)호에 탑승하여 6월 30일 로마에 도착하였다.[50] 조선 치명자들의 시복식이 1925년이 확실하다는 가르니에 신부의 편지가 전해진 다음 달인 1924년 10월, 한국 천주교회는 시복식에 참가할 한국인 신자를 구하였다. 한국인 신자들 중에도 로마에 다녀올 만한 자산가는 여러 명 있다면서 신자들의 시복식 참가를 독려하였다. 그러나 시간이 흘러도 시복식 참가 지원자는 없었다. 시복식에 참가하려면 부산에서 마르세유까지의 왕복 선가(船價) 900원, 로마 한 달 체류 식비 200여 원 등 1,200원이 필요했다.[51] 거리가 멀고 많은 시간과 여비가 필요하기에 수백 명·수십 명은 갈 수 없을지라도 3개 교구(경성·대구·원산)에서 2명씩이나 1명씩은 갈 수 있을 것 같았으나, 거의 10만 명 신자[52] 중에 시복식 참가 희망자가 1명도 없음을 한국 천주교회는 한탄하였다.[53] 그런데 1925년 경성 5인 가족의 1달 최저 생활비는 60원이었고,[54] 1,200원은 경성 5인 가족 20달의 최저 생활비에 해당하는 거액이었다.

---

49 『경향잡지』 573호(1925. 9. 15), 「로마 여행일기(8)」, 398쪽.
50 한기근 신부 → 드브레드 주교, 1925년 7월 13일, 로마(『교회와 역사』 451호[2012년 12월], 38쪽 ; 장면, 「친필연보」, 30쪽 ; 허동현, 『건국·외교·민주의 선구 장면』, 분도출판사, 1999, 47쪽·52~53쪽).
51 『경향잡지』 552호(1924. 10. 31), 「논설 : 조선 치명자들이 복자로 반포되는 예절에 참예하러 갈 조선교우는 1인도 없을까」, 462~463쪽.
52 1924년 5월 1일 현재 99,123명(『경향잡지』 548호[1924. 8. 31], 「조선 성교회의 현상」, 380쪽).
53 『경향잡지』 562호(1925. 3. 31), 「논설 : 양위 주교의 로마 행차」, 124~125쪽.
54 『동아일보』 1925년 9월 4일 자, 「물가와 노임의 반대 추세에 鑑하여」.

더 이상 시복식 참가 지원자를 기다릴 수 없었던 한국 천주교회는 장면을 대표로 지명하였다. 한기근 신부 출발 전날인 1925년 5월 10일, 경성교구 천주교 청년회 연합회에서 장면을 시복식 참가 대표로 선거하였던 것이다.[55] 장면은 1925년 6월 4일 뉴욕의 맨해튼대학(Manhattan College)을 졸업하고 귀국을 준비 중이었기에 외국어도 할 수 있었고, 경제적으로도 가능했기 때문이다. 조선 치명자들 시복식에 한국 신자 대표로 참석해 달라는 한국 천주교회의 요청을 받은 장면은 컬럼비아대학교(Columbia University in the City of New York)에서 미술 공부 중이던 동생 장발과 함께 로마로 출발하였다.[56]

7월 4일 한기근 신부는 뮈텔 주교와 드망즈 주교, 기낭(Pierre Guinand, 陳普安, 1872~1944) 신부 등과 함께 교황청을 방문하여 교황 비오 11세(Pius XI, 1857~1939 : 1922~1939 재위)를 만났다. 그리고 강복을 요청하는 한국인 신부들의 연명 라틴어 편지[57]를 전하고, 교황으로부터 '기념패'와 '성경 말씀 기록 쪽지'를 받았다. 교황은 "조선 성교회의 모든 거룩한 사업과 모든 신품과 모든 교우들에게 진심으로 강복"하였다.[58]

조선 치명자들의 시복식 당일인 7월 5일 한기근 신부는 성 베드로 대성전[59] 제의실에 도착하였고,[60] 이어 뮈텔 주교 등과 함께 성 베드로 대성전으로 이동하였다. 그리고 10시부터 거행된 시복식에 기낭 신부, 장

---

55 『경향잡지』 566호(1925. 5. 31), 「회보 : 장면 씨로 대표자 선거」, 231~232쪽.
56 장면, 「친필연보」, 30쪽 : 허동현, 『건국·외교·민주의 선구 장면』, 47쪽·52~53쪽.
57 『경향잡지』 566호(1925. 5. 31), 「회보 : 교황 폐하께 강복을 구함」, 231쪽.
58 『뮈텔 주교 일기』 1925년 7월 4일 ; 『드망즈 주교 일기』 1925년 7월 4일 ; 한기근 → 드브레드 주교, 1925년 7월 13일, 로마(『교회와 역사』 451호[2012년 12월], 38쪽 ; 『경향잡지』 573호[1925. 9. 15], 「로마 여행일기(8)」, 402쪽).
59 본고에서 언급하는 성당·성지에 대한 표기가 여러 가지인데 본고는 「로마 여행일기」에 기록된 대로 표기한다.
60 『뮈텔 주교 일기』 1925년 7월 5일 ; 『드망즈 주교 일기』 1925년 7월 5일.

한국 순교자 79위 시복 교령(1925년 5월 12일).
투토(Tuto, 순교 사실에 대한 안정성 최종 재검토) 회의를 소집하여 조선 교회가 추진한 79위의 시복을 확정하고, 비코 추기경 등의 명의로 시복 교령을 반포하였다.

발과 함께 시복 대상 조선 치명자들의 가족 대표로 가족석에 앉았다. 장면은 '피곤함'으로 시복식에 참석하지 못했다.[61] 기낭 신부는 당시 용산 예수성심신학교 교장이었는데 휴가를 위해 1925년 2월 16일 경성에서 출발했었다.[62] 조선 치명자 79인을 복자로 반포하는 칙령이 반포되고,[63] 5곳에 걸려 있는 조선 치명자 그림들의 휘장이 벗겨졌다.[64]

---

61 『경향잡지』 573호(1925. 9. 15), 「로마 여행일기(8)」, 398~399쪽.
62 『뮈텔 주교 일기』 1925년 2월 16일 ; 『경향잡지』 560호(1925. 2. 28), 「회보 : 진 신부주 법국 여행」, 82쪽. 1926년 9월 12일 용산신학교로 돌아왔다(『경향잡지』 598호[1926. 9. 30], 「회보 : 진 신부 환귀」, 424쪽).
63 『경향잡지』 571호(1925. 8. 15), 「별보 : 조선 치명 복자 시복식 반포와 고유서」, 362~368쪽.
64 『경향잡지』 573호(1925. 9. 15), 「로마 여행일기(8)」, 398쪽.

1만여 명이 참석한[65] 시복식이 끝난 후 한기근 신부는 조선 치명자들을 그린 다섯 개의 큰 그림[66]들을 하나씩 살펴보았다.[67] 제단 양옆에는 김효임(金孝任, 골룸바, 1814~1839)과 동료 순교자 9위와 유대철(劉大喆, 베드로, 1826~1839)의 그림, 대성전 문루 위에는 앵베르 주교, 모방(Pierre-Philibert Maubant, 羅伯多祿, 1803~1839) 신부와 샤스탕(Jacques Honoré Chastan, 鄭牙各伯, 1803~1839) 신부 참수 장면 그림, 제대 위에는 '영광'이라는 제목의 '79위 치명자 성상'[68] 그림이었다.[69] 파리 외방전교회 로마 대표 가르니에 신부의 1925년 1월 5일 자 편지에 의하면, 화가가 조선 치명자들의 그림 윤곽을 잡았으며 곧 작업을 시작할 것이라고 하였으니[70] 그림 작업에 5개월여

시복 기념 상본.
"착한 목자는 자기 양들을 위해 자신의 목숨을 바친다."는 글귀 아래 앵베르 주교와 모방 신부·샤스탕 신부 초상화가 그려져 있다.

---

65 『경향잡지』 573호(1925. 9. 15), 「로마 여행일기(8)」, 399쪽.
66 한기근 신부는 '상본'이라 하였는데(『경향잡지』 573호[1925. 9. 15], 「로마 여행일기(8)」, 398쪽), 초상화를 그린 것이므로 여기서는 '그림'이라고 칭하겠다.
67 한기근 → 드브레드 주교, 1925년 7월 13일, 로마(『교회와 역사』 451호[2012년 12월], 38쪽). 장면은 아파서 참석하지 못했다(『뮈텔 주교 일기』 1925년 7월 5일 ; 김정숙, 「로마의 시복식과 서울의 시복식」, 『빛』 376호[2014년 8월], 천주교 대구대교구 : http://www.lightzine.co.kr/ last.html?y=2014).
68 이 그림은 『경향잡지』 572호(1925. 8. 30), 385쪽에 '시복일에 베드로 성당 성 베드로 어좌 제대 위에 걸어놓았던 79위 치명자 성상'이라는 제목으로 수록.
69 조현범, 「제4장 순교복자의 탄생과 교회의 변화」, 『한국천주교회사』 5, 한국교회사연구소, 2014, 286~287쪽.
70 『타벨라』 1925년 2월 9일 : 『교회와 역사』 453호(2013년 2월), 12쪽.

시복식이 있던 날, 베드로 대성전 문루 위 교황 강복대에는 복자로 반포되는 모든 순교자의 그림이 걸렸다(사진 번호 1). 제단 양옆에도 한 폭의 그림이 걸렸는데, 하나는 김효임과 동료 순교자 9위의 그림이고(2), 다른 하나는 유대철 순교자의 그림이다(3). 그리고 대성전 정문 위에는 앵베르 주교와 모방 신부, 샤스탕 신부의 참수 장면을 그린 그림이 걸렸다(4). 한편 제대 위에는 「영광」이라는 제목의 그림이 걸렸다(5). 시복식 모습(오른쪽 아래).

4

5

O COREANI MARTYRES
CHORIS BEATIS ADDITI
SALVETE IN ARCE SIDERVM
DIGNA POTITI LAVREA

6

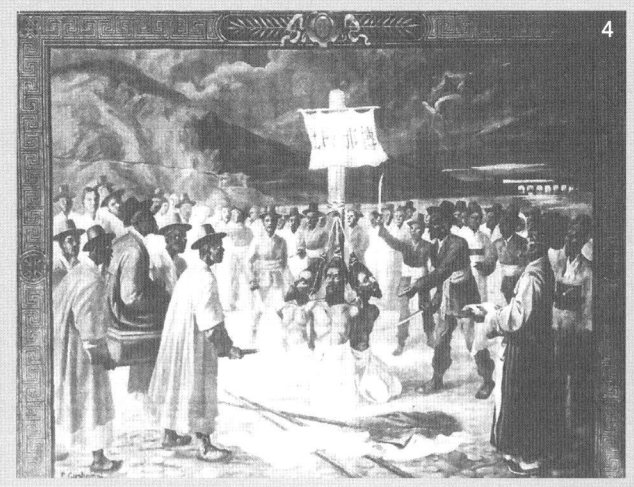

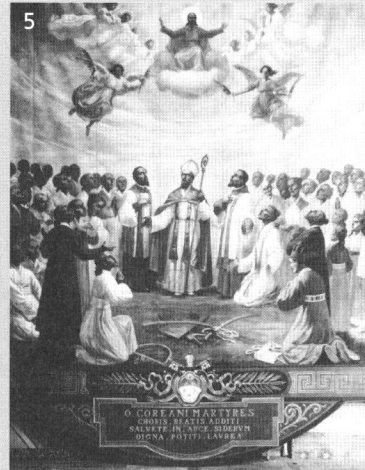

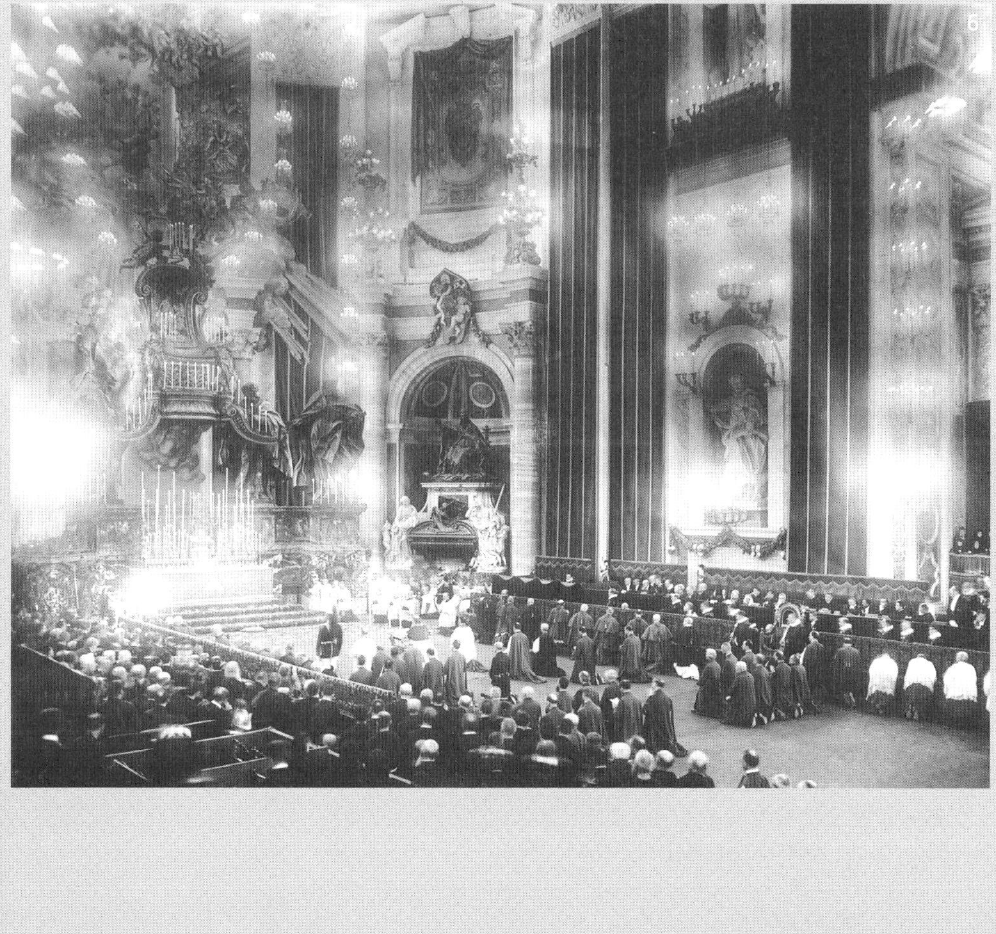

의 시간이 걸린 셈이다. 그러나 뮈텔 주교는 조선 치명자들의 얼굴이나 옷을 모르는 화가가 그린 그림들이 아쉬웠다.[71] 1925년 5월의 시성식부터 라디오와 확성기를 이용하였는데[72] 조선 치명자들의 시복식 때도 사용되었는지 알 수 없다. 시복식 날 오후, 한기근 신부는 교황이 참석한[73] 가운데 거행된 성체 강복식에서 뮈텔 주교의 주교관(主敎冠) 복사를 하였는데 2만여 명이 참석하였다.[74]

시복식이 끝난 후 뮈텔 주교는 시복식과 성체 거동 소식을 경성에 알렸고,[75] 드망즈 주교도 "커다란 기쁨, 시복식 거행, 교황의 온정에 넘치는 호의"라는 전문을 경성으로 발송하였다.[76] 한국 천주교회는 『경향잡지』에 조선 치명자들의 시복식 관련 기사와 사진들을 수록하였다. 「새로 나신 복자를 향하는 축문」(570호, 1925년 7월 31일)을 시작으로, 「조선 복자 시복식에 민 주교께서 강복 거행」, 「앵베르, 모방, 샤스탕, 김대건 4명 얼굴 새긴 복자 동판」(사진), 「조선 치명자 시복식 반포와 고유서」(이상 571호, 1925년 8월 15일), 「종현 대성당 3일 기구 특별 반포」, 「시복일에 베드로 대성당 베드로 어좌 제대 위에 걸어 놓았던 79위 치명자 성상」(사진), 「강복 증서」(이상 572호, 1925년 8월 31일), 「조선 치명자 시복일 저녁 예절에 교황폐하

---

71 한기근 → 드브레드 주교, 1925년 7월 13일, 로마(『교회와 역사』 451호[2012년 12월], 39쪽 ; 김정숙, 「로마의 시복식과 서울의 시복식」, 『빛』 376호[2014년 8월] ; 천주교 대구대교구 : http://www.lightzine.co.kr/last.html?y=2014).
72 『경향잡지』 570호(1925. 7. 31), 「회보 : 시성식과 라디오」.
73 교황 참석 사진이 『경향잡지』 573호(1925. 9. 15), 「로마 여행일기(8)」, 399쪽에 '조선 치명자 시복일 저녁 예절에 교황 폐하께옵서 운좌를 타시고 베드로 대성당에 임하시는 광경'이라는 제목으로 게재.
74 『뮈텔 주교 일기』 1925년 7월 5일 ; 『드망즈 주교 일기』 1925년 7월 5일 ; 한기근 → 드브레드 주교, 1925년 7월 13일, 로마(『교회와 역사』 451호[2012년 12월], 37쪽 ; 『경향잡지』 571호[1925. 8. 15], 「회보 : 조선 복자 시복식에 민 주교께서 강복 거행」, 353쪽 ; 573호 [1925. 9. 15], 「로마 여행일기(8)」, 399~400쪽).
75 『뮈텔 주교 일기』 1925년 7월 5일.
76 『드망즈 주교 일기』 1925년 7월 5일.

께옵서 운좌를 타시고 베드로 대성당에 임하시는 광경」(사진)(573호, 1925년 9월 15일) 등의 기사와 사진이었다. 특히 많은 사진을 수록한 것은 시복식에 대한 큰 관심이었고, 그로 인한 구독자 수 증대를 기대한 것이었다. 19세기 후반 근대 문물로 조선에 수입된 사진은 1920년대에 다양한 시청각 매체를 통하여 확산되었다.[77] 『경향잡지』도 「외방전교회의 모든 주교」(468호, 1921년 4월 30일)라는 제목의 사진 게재를 시작으로 1921년에 4장, 1922년에 3장, 1923년에 2장, 1924년에 2장의 사진을 수록하였다. 그런데 시복식이 있었던 1925년에는 37장으로 크게 증가시켰고, 1926년에도 14장의 사진을 수록하였다. 사진이 주는 호소력과 효과가 컸기 때문일 것이다. 그러나 구독자 수는 증가하지 않았고,[78] 잡지 제작비 상승은 감당하기 어려웠다. 사진 수록은 1927년 5장, 1928년 7장, 1929년 3장으로 감소하였다.

    조선 치명자들 시복식은 장면과 장발의 귀국 환영회를 알리는 천주교회 밖 신문의 기사에서도 언급되었다. 시복식 50일 후인 1925년 8월 25일 자 『시대일보』에 "지난 7월 5일 이태리 로마에서 거행된 조선 천주교 순교자 시복식에 참석한 후 돌아왔으며"라고 시복식이 언급되었다.[79] 9월 30일 자 『동아일보』에는 치명자 시복 경축 기념식이 언급되었다.[80] 『시대일보』 1926년 3월 4일 자에는, 뮈텔 주교와 드망즈 주교, 신도 대표 장면과 장발, 그리고 신부 대표 한 씨가 1925년 7월 5일 로마에서 개

---

77 김정환·유단비, 「식민지 조선에서 사진의 대중화 과정에 관한 연구—1920~30년대 신문 담론을 중심으로—」, 『인문콘텐츠』 35, 인문콘텐츠학회, 2014, 124쪽·132쪽.
78 1925년 말 현재 『경향잡지』의 구독자는 수백 명을 증가시켜야 6,000명이 된다고 하였다(『경향잡지』 581호[1926. 1. 15], 「잘 다녀왔습니다」, 5쪽).
79 『시대일보』 1925년 8월 25일 자, 「張氏 兄弟 錦衣 歡迎, 미국 뉴욕서 대학을 마치고」.
80 『동아일보』 1925년 9월 30일 자, 「치명자 시복식」.

최된 조선 순교자 79위 시복식에 참가하였다는 내용이 수록되었다.[81] 병인년(丙寅年, 1866) 순교자들이 시복되었다고 잘못 기록하였지만, 한기근 신부의 시복식 참가를 보도하였다.

7월 6일 한기근 신부는 뮈텔 주교와 드망즈 주교, 장면과 장발 등 24명과 함께 교황청을 방문하여 교황을 만났다. 이때 한기근 신부가 가져온, 경성 천주교 청년회의 강복을 요구하는 '상소문'[82]을 한국 천주교회 신자 대표 장면이 교황에게 봉정하였다. 교황은 전교와 자선에 힘쓰고 하느님의 영광을 드러내라며 강복 증서[83]를 주었다.[84] 교황을 만난 후 한기근 신부 등 25명은 교황청을 나와 기념사진을 찍었다.[85]

7월 7일부터 9일까지 3일 동안 조선 치명자들 시복 감사 미사가 로마의 예수 성당에서 봉헌되었다. 한기근 신부는 7월 7일 뮈텔 주교가 집전한 미사에서 차부제(次副祭)[86]를 맡았고, 7월 8일 드망즈 주교가 집전한 미사에서도 차부제를 담당하였다.[87] 그리고 7월 9일 포교성성(현 인류복음화성) 성장 반 롯숨(W. van Rossum, 1854~1932) 추기경이 집전한 미사에 참석하였다. 7월 8일의 미사 강론은 드망즈 주교가 프랑스어로 하였기에 내용 파악

---

81 『시대일보』 1926년 3월 4일 자, 「前丙寅 天主教徒의 虐殺과 羅馬의 『諡福式』」—대교주의 영예로운 신분으로 조선서 참렬한 민 교주는 귀임, 虐殺 事實 調査 蒐輯 中」.

82 상소문의 내용은 『경향잡지』 566호(1925. 5. 31), 「회보 : 상소문」, 231쪽에 실려 있다.

83 『경향잡지』 572호(1925. 8. 30), 「강복증서」, 386쪽 ; 574호(1925. 9. 30), 「회보 : 교황 강복증서 수여식」, 425쪽.

84 『뮈텔 주교 일기』 1925년 7월 6일 ; 한기근 신부 → 드브레드 주교, 1925년 7월 13일, 로마 (『교회와 역사』 451호[2012년 12월], 38쪽 ; 『경향잡지』 573호[1925. 9. 15], 「로마 여행일기(8)」, 402~403쪽).

85 『경향잡지』 573호(1925. 8. 15), 「로마 여행일기(8)」, 403쪽. 기념사진은 조현범, 「제4장 순교복자의 탄생과 교회의 변화」, 『한국천주교회사』 5, 한국교회사연구소, 2014, 290쪽에 수록되어 있다.

86 사제품을 받기 위한 준비 단계로 부제품 전에 받는 대품(大品 : 차부제품, 부제품, 사제품) 중 하나로 1972년까지 존재.

87 『뮈텔 주교 일기』 1925년 7월 7·8일.

에 문제가 없었다.[88] 7일과 9일의 미사 강론은 예수회 신부들이 이탈리아어로 하였지만 라틴어[89]와 프랑스어 단어들이 많이 섞여 있었고 한국에 관한 내용이었기에 한기근 신부는 내용 파악에 어려움이 없었다.[90]

이후 한기근 신부는 파리 외방전교회 본부를 향해 출발한 뮈텔 주교[91]를 비롯하여 시복식에 참석하였던 파리 외방전교회의 신부들 대부분이 떠났지만 파리 외방전교회 로마 대표부에 남았다. 그리고 성 요왕 대성당,[92] 성 마리아 대성전,[93] 성 아릭수 성당,[94] 성 요왕 라테라노 대성전, 성 제(聖梯) 성당, 성 노렌조 성당, 천신들의 성모 성당, 성 요왕과 성 바오로 성당 등 로마의 많은 성당들을 방문하였는데 당시 로마에는 193개의 성전·성당이 있었다.[95] 성 바오로 대성전은 그의 본명 주보성인의 성전이기에 찾아가 미사를 드리고자 하였으나 숙소인 파리 외방전교회 로마 대표부에서 거리가 멀어 포기하였다. 자동차로 왕복하면 비용이 많이 들기 때문이었다. 대신 바오로 사도가 순교한 '성 바오로의 트레 폰타네(세 샘)' 성지를 방문하였다.[96] 또한 기낭 신부와 함께 성 갈리스토 카타콤바

---

88 뮈텔 주교가 감준하여 1910년 6월 성서 활판소에서 간행된 그림 교리서 『요리강령』은 프랑스 파리 본느 출판사(Bonne Press)에서 출판한 프랑스어 책을 한기근 신부가 번역한 것이다(김나원, 「한국 근대 초기 기독교 삽화 연구」, 홍익대 석사학위 논문, 2013, 41쪽).
89 라틴어 성서인 불가타 역본 복음서를 번역하였다. 각주 167 참조.
90 『뮈텔 주교 일기』 1925년 7월 9일 ; 한기근 → 드브레드 주교, 1925년 7월 13일, 로마(『교회와 역사』 451호[2012년 12월], 37쪽).
91 『뮈텔 주교 일기』 1925년 7월 10일.
92 『경향잡지』 582호(1926. 1. 31), 「로마 여행일기(12)」, 38쪽에 사진 '로마부에 성 요왕 대성당' 수록.
93 『경향잡지』 583호(1926. 2. 15), 「로마 여행일기(12)」, 62쪽에 사진 '로마부에 성 마리아 대성당' 수록.
94 『경향잡지』 583호(1926. 2. 15), 「로마 여행일기(12)」, 60~61쪽.
95 『경향잡지』 574호(1925. 9. 30), 「로마 여행일기(9)」, 419쪽.
96 『경향잡지』 581호(1926. 1. 15), 「로마 여행일기(10)」, 19쪽.

(Le Catacombe di San Callisto)⁹⁷ 성지를 방문하여 성녀 체칠리아 제대에서 미사를 봉헌하였다.⁹⁸ 예마르(Peter Julian Eymard, 1811~1868) 신부의 시복식과 성체 강복에도 참가하였는데 조선 치명자들 시복식 때보다 참석자들이 많았다.⁹⁹

바티칸 박물관과 바티칸 도서관도 방문하였는데 도서관에서는 약 40년 전 로마의 한 성당 중수 때 기부한 한국 신자들의 성과 세례명이 기록된 자료도 볼 수 있었다.¹⁰⁰ 원산교구의 선교를 맡고 있던 베네딕도회의 성 안셀모 신학교도 여러 번 방문하였는데 방학 중이라 학생들을 만나지는 못하였다.¹⁰¹ 전교 박람회도 돌아보았는데, 한국에서 보낸 물품들이 청국관 끝에 초라하게 진열되어 있었고,¹⁰² 관람객도 순례자들도 손꼽을 정도였다.¹⁰³

오랜 항해와 시복식 참가 등으로 피곤이 겹쳐 3일 동안 아팠던¹⁰⁴ 한기근 신부는 7월 24일 로마를 출발하였다.¹⁰⁵ 파리를 향해 가는 도중에 있는 성지들을 방문하고자 먼저 아시시(Assisi)에 도착하였다. 그리고 성

---

97 2010년까지 확인된 로마의 카타콤바는 51개인데, 갈리스도 카타콤바에 2011년 8월 살레시오회의 한국인 신부가 상주(『경향신문』 2011년 12월 1일 자, 「천국, 영원한 삶 소개에 보람」; 『한겨레』 2011년 12월 7일 자, 「찰수 순간에도 신앙 고백한 '동굴 속 성녀'」).
98 한기근 신부 → 드브레드 주교, 1925년 7월 13일, 로마(『교회와 역사』 451호[2012년 12월], 38쪽 ; 『경향잡지』 583호[1926. 2. 15], 「로마 여행일기(12)」, 61~63쪽).
99 한기근 신부 → 드브레드 주교, 1925년 7월 13일, 로마(『교회와 역사』 451호[2012년 12월], 38쪽).
100 『경향잡지』 581호(1926. 1. 15), 「로마 여행일기(10)」, 18쪽.
101 『경향잡지』 582호(1926. 1. 31), 「로마 여행일기(11)」, 39쪽.
102 『경향잡지』 573호(1925. 9. 15), 한 신부, 「로마 여행일기(8)」, 403쪽 ; 윤선자, 「일제강점기 한국 천주교회와 만국전교박람회」, 『교회사학』 10, 수원교회사연구소, 2013 참조.
103 한기근 → 드브레드 주교, 1925년 7월 13일, 로마(『교회와 역사』 451호[2012년 12월], 38쪽).
104 한기근 신부 → 드브레드 주교, 1925년 7월 21일, 로마(『교회와 역사』 451호[2012년 12월], 40쪽).
105 『경향잡지』 585호(1926. 3. 15), 「로마 여행일기(13)」, 107쪽.

프란치스코와 성녀 클라라 관련 사적지들을 방문하고, 프란치스코 성인의 생애가 기록된 『꽃송이』[106]를 언급하였다.

4. 프랑스의 성모 발현지들과 성인들의 생가 방문

이탈리아 아시시를 출발하여 피렌체(Firenze)를 거쳐 7월 29일 한기근 신부는 안남(安南)과 라오스(Laos)에서 선교하던 두 명의 신부와 함께 프랑스 그르노블(Grenoble)의 라 무르(La Mure)에 도착하였다. 이후 10월 9일까지 약 70일 동안 프랑스에 머무르면서 1925년에 시성·시복된 프랑스인 성인성녀·복자들의 생가 등 순례, 프랑스의 성모 발현지들 방문, 파리 외방전교회 본부를 비롯하여 파리의 성당 등을 찾아보았다. 그는 "주의 발현, 성모의 발현, 유명한 성인 성녀를 많이 주는" 것은 천주가 베푸는 은혜라고 역설하였다.[107]

프랑스에서 한기근 신부가 가장 먼저 찾은 곳은 라 무르에 있는 복자 에마르(Peter Julian Eymard, 1811~1868)의 생가였다. 한기근 신부는 방명록에 "텬쥬 강생 一九二五년 七월 二十九일에 조선 경성교구 바오로 한 신부는 조선인 모든 신품과 모든 잡지 독자와 및 십여만 명 조선인 교우들을 대표하여 복자 베드로 유리오 에마르의 탄생하시고 또한 거룩히 사시고 거룩히 돌아가신 이 집을 참배하였노라."라고 한국어로 쓰고 서양어로 간략하게 번역하였다.[108] 한기근 신부는 7월 12일 로마에서 거행된 에마

---

106   류 류시아노 프란치스코, 『성 방지거 오상의 꽃송이』, 1892(한국교회사연구소 소장).
107   『경향잡지』 589호(1926. 5. 15), 「로마 여행일기(15)」, 200쪽.
108   『경향잡지』 588호(1926. 4. 30), 「로마 여행일기(14)」, 180~182쪽.

르 신부의 시복식에 참가했었다.[109]

예마르 복자에 이어 한기근 신부는 1925년 5월 17일에 시성된 소화 데레사(Marie Françoise Thérèse, 1873~1897) 수녀[110]와 5월 31일에 시성된 비안네(Jean Baptiste Marie Vianney, 1786~1859) 신부[111]의 사적지를 찾았다. 비안네 성인은 한기근 신부가 성직자였기에, 소화 데레사 성녀는 『경향잡지』에 연재할 만큼 한국 천주교회의 관심이 큰 성인이었기 때문일 것이다.

파리로 가는 길에 있었던 아르스(Ars)의 성당을 방문한 한기근 신부는 비안네 신부가 사용했던 "헤어지고 검소한 수단, 쓰시던 갓, 다른 의복, 숟갈, 그릇" 등에 감동하였다. 그리고 사방에서 오는 고해자들에게 매일 10~18시간 고해성사를 주었다는 사실에 특히 감동하였다.[112] 자신이 신부였기에 더욱 그랬을 것이다. 소화 데레사 성녀가 살았던 리지외(Lisieux)의 생가·수녀원·성당·묘소는 기낭 신부와 함께 방문하였다.[113] 그리고 데레사 성녀가 공부했던 베네딕도 수녀원의 방명록에 국한문으로 기록하였는데, 기낭 신부는 한글로 방명록을 작성하였다.[114] 소화 데레사에 대한 한국 천주교회의 관심은 『경향잡지』에 약 6년 동안 성녀의 생애, 기도문, 편지 등을 수록할 정도였다.[115] 관련 사진도 1925년에 14장,

---

109 각주 98 참조. 1962년 12월 9일 교황 요한 23세에 의해 시성됨.
110 『경향잡지』 566호(1925. 5. 31), 「예수의 소화」, 238쪽.
111 『경향잡지』 571호(1925. 8. 15), 「회보 : 성 요안 세자, 마리 비안네」, 354쪽.
112 『경향잡지』 590호(1926. 5. 31), 「로마 여행일기(16)」, 221~223쪽.
113 『경향잡지』 598호(1926. 9. 30), 「로마 여행일기(23)」, 422~423쪽.
114 『경향잡지』 599호(1926. 10. 15), 「로마 여행일기(24)」, 439쪽.
115 「로마 여행일기」의 연재가 시작된 566호(1925. 5. 31)부터 641호(1928. 7. 15)까지 '예수의 소화'라는 제목으로 소화 데레사 성녀의 자서전을 번역하여 게재하고, 이어 641~660호(1929. 4. 30)까지 '예수의 소화, 교훈과 감상', 661호(1929. 5. 15)에 '예수의 소화, 성녀 데레사의 만든 기구문', 663호(1929. 6. 15)부터 696호(1930. 10. 31)까지 '예수의 소화, 서간(초록)', 697호(1930. 11. 15)부터 704호(1931. 2. 28)까지 '예수의 소화, 그 별세 후'라는 제목으로 5년 9개월 동안 수록.

1926년에 3장, 1927년에 1장 등 18장이나 수록하였다. 같은 기간 시복식 관련 사진은 베드로 대성당을 포함하여 8장이었다.

1925년에 시성·시복된 3명의 프랑스 성인과 복자의 사적지를 찾았던 한기근 신부는 프랑스의 4대 성모 발현지[116] 중 라 살레트(La Salette), 루르드, 파리를 방문하였다. 『경향잡지』에 '라 살렛 지방에 성모 발현', '성모가 라 살렛 산상에 발현하사 막시민과 멜라니아에게 훈계하시던 형상이라', '성모 라 살렛 산에 발현하였다가 다시 하늘로 올라가시는 형상'이라는 제목으로 세 장의 사진이 수록되었는데[117] 자동차로 가기에도 매우 어렵고 위태로운 이곳을 방문한[118] 한기근 신부가 가져온 것들이라 생각된다. 한기근 신부는 파리 외방전교회 본부에서 가까운 곳에 위치한 파리의 성모 발현지 '성 원선시오 수녀원 성당'도 찾아가 한참 동안 기도하였다. 그리고 한국 천주교 신자들이 모시는 '성모 무염 원패'가 이곳에 발현한 성모상을 모본으로 만든 것이라 설명하였다.[119]

루르드(Lourdes)의 성모 발현지 마사비엘 동굴(Grotte de Massabielle)도 방문한[120] 한기근 신부는 『루르드 성모 역사』[121]를 통해 믿음의 눈으로만 보았는데 직접 보니 즐겁고 감동적이라고 하였다.[122] 루르드 성전 안

---

116 1830년 11월 27일 파리의 성 빈첸시오 아 바오로 사랑의 딸회(한기근 신부는 '원선시오 수녀원'이라 표기) 성당, 1846년 9월 16일 라 살레트, 1858년 2월 11일 루르드, 1871년 1월 17일 퐁맹(Pontmain)(『가톨릭신문』 2011년 8월 14일 자, 「성모 발현과 그 메시지들」).
117 『경향잡지』 589호(1926. 5. 15), 202쪽 ; 590호(1926. 5. 31), 223쪽 ; 591호(1926. 6. 15), 252쪽.
118 한기근 신부 → 드브레드 주교, 1925년 8월 10일, 파리(『교회와 역사』 452호[2013년 1월], 37쪽 ; 『경향잡지』 589호[1926. 5. 15], 「로마 여행일기(15)」, 201~206쪽).
119 『경향잡지』 593호(1926. 7. 15), 「로마 여행일기(19)」, 298쪽.
120 『뮈텔 주교 일기』 1925년 8월 15일 ; 한기근 신부 → 드브레드 주교, 1925년 8월 24일, 파리(『교회와 역사』 452호[2013년 1월], 38쪽).
121 김한수, 『루르드 성모 역사』, 명치 천주당, 1923. 542쪽 분량이고 한국교회사연구소 소장.
122 『경향잡지』 596호(1926. 8. 31), 「로마 여행일기(22)」, 372쪽.

에 한국 천주교회의 주교와 신부의 표적이 있다는 것을 알고 갔던 그는 대제대 오른쪽 제대들 중 한 제대 간에서 리델(Félix Clair Ridel, 李福明, 1830~1884), 리샤르(Pierre Eugène Richard, 蔡, 1842~1880), 블랑(Marie Jean Gustave Blanc, 白圭三, 1844~1890) 등 세 성직자들이 기록한 옥석판을 찾았다. 1875년에 큰 풍파를 만난 세 성직자가 살아나면 루르드 성전에 옥석판을 바치겠다고 허원(許願)한 것을 실행한 것이었다. 석판 첫 줄에는 '성총을 가득히 입으신 마리아여, 네게 하례하나이다'라는 말을 라틴어로 "AVE MARIA GRATIA PLENA"라 기록하고, 두 번째 줄에는 한문으로 "신이복마리아(申爾福瑪利亞)"라고 기록하고, 다음 줄부터는 성모께 허원하고 은혜받은 사정, 연도, 직책, 이름을 기록하였다. 석판의 3~11줄에 라틴어로 기록된 내용은 "죠션 반도 전교스들이 무염 동녀 마리아의 보호호심으로 바다의 험악한 위험 중에셔 살아나셔 이러한 은혜를 긔억하고 감사하는 표로 이 옥석판을 루드드 성뎐에 두게 하여 허원을 시항하엿더라. 一八七六년. 죠션 감목 비릭스 리쥬교, 전교사 베드루 치신부, 전교사 요왕 빅신부"라고 『경향잡지』에 번역 수록되었다.[123] 그리고 14~16줄에 리델, 리샤르, 블랑 선교사의 이름, 석판의 오른쪽에는 "성

리델 주교, 리샤르 신부, 블랑 신부가 봉헌한 루르드 성전의 옥석판.

---

[123] 『경향잡지』 595호(1926. 8. 15), 「로마 여행일기(21)」, 346쪽.

총을 가득히 입으신 마리", 왼쪽에는 "아여 네게 하례하나이다"라고 기록되어 있었다.[124]

한기근 신부가 프랑스의 성모 발현지들을 찾은 것은 한국 천주교회의 성모 신심과 관계가 있다. 창설 직후부터 한국 천주교회에는 성모 공경이 활발하였고, 1836년경에는 매괴회(玫瑰會)가 설립되었다.[125] 1838년에는 제2대 조선교구장 앵베르 주교가 '성모 마리아'를 조선 교회의 주보로 정해줄 것을 교황청에 요청하여, 교황 그레고리오 16세(Gregorio XVI, 1765~1846 : 1831~1846 재위)가 성 요셉을 주보로 함께 모실 것을 조건으로 1841년에 '성모무염시잉모태(聖母無染始孕母胎)'를 주보로 승인하였다.[126] 1887년 간행된 『한국 교회 지도서』에는 성모 성심회·매괴회가 교회의 공식적인 신심회로 승인되었다.[127] 이처럼 한국 천주교회의 깊은 성모 신심이 한기근 신부의 성모 발현지 방문에 영향을 미친 것이다.

한기근 신부는 시복식을 향해 출발하면서 더위가 극심하여 선객 중에 죽는 사람도 간혹 있다고 한다며 무사히 왕반(往返)할 수 있기를 성모 마리아께 기도하였다.[128] 항해 중 선객 1명이 사망한 후에는 자신의 건강에 이상 없음을 "주 성모께 감사"하였고,[129] 긴 항해 후 마르세유에 도착해서는 "누만 리 해로를 무사 발섭함은 주, 성모의 특은"이라고

---

124 세 번째 줄부터 11번째 줄에 "COREANE PEMINSVLE MISSIONARII / DE ANGVSTIIS / ET PERICVLIS IN MARI GRAVISSIMIS / IMMACVLATAE MARIAE VIRGINIS / AVXILO EREPTI / TANTI BENEFICII MEMORES / IN BASILICA LAPVRDENSI / EX VOTO / LAPIDEM HVNC IN SIGNVM / PONI CVRAVERVNT / MDCCCLXXVI". 필자는 루르드 거주 중인 이 데레사 씨에게 이 석판 사진 촬영을 부탁하여 2017년 7월에 입수하였다. 이 데레사 씨께 감사드린다.
125 방상근, 「매괴회」, 『교회와 역사』 257호(1996년 10월), 7~12쪽.
126 샤를르 달레, 안응렬·최석우 역주, 『한국 천주교회사』 하, 한국교회사연구소, 1980, 136쪽.
127 방상근, 「성모성심회」, 『교회와 역사』 263호(1997년 4월), 8~12쪽.
128 『경향잡지』 565호, 1925년 5월 15일, 「논설 : 로마를 향하여 떠나면서」, 199~202쪽.
129 『경향잡지』 573호, 1925년 9월 15일, 「로마 여행일기(8)」, 392·395쪽.

하였다.[130] 또한 무사 귀국하기를 마르세유 호위 성모 성당의 성모께 기도하였고,[131] 귀국 후에는 무사히 왕반함을 "주 대전에 감사하며, 바다의 별이신 성모께 사례"하였다.[132] 한기근 신부는 예수 성심이 발현한 파레르모니알(Paray le Monial) 성지에도 가고 싶었으나 여비 때문에 포기하였다.[133]

8월 2일 파리에 도착한[134] 한기근 신부는 9월 28일까지[135] 파리 외방전교회 본부 겸 신학교의 3층[136] 48번 방에 머물렀다. 본부 겸 신학교는 한국을 포함하여 동양 선교지들에 파견된 선교사들이 공부하고 선교의 꿈을 키운 곳이었다. 어떤 방에는 "이 방은 아무 치명 복자가 거처하시던 방이라"고 새긴 대리석 판이 벽에 붙어 있었는데 한국에서 순교한 주교와 신부가 사용했던 방에도 같은 문구의 대리석 판이 있었다. 한국에서 순교한 주교와 신부들의 물건(충청도 공주 마곡사에서 찾은 성물과 안성 미리내 산에서 얻은 성작)도 볼 수 있었다.[137] 한기근 신부가 본부 겸 신학교에 머무는 동안 두 번의 선교사 파견식이 거행되었다. 9월 14일 선교사 13명과 9월 21일 선교사 10명의 파견식에 모두 참석하였던 한기근 신부는 2시간여 동안 진행된 예식을 매우 상세하게 설명하였다.[138] 한국에 파견된 선교사

---

130 『경향잡지』 573호, 1925년 9월 15일, 「로마 여행일기(8)」, 397쪽.
131 『경향잡지』 599호, 1926년 10월 15일, 「로마 여행일기(24)」, 441쪽.
132 『경향잡지』 581호, 1926년 1월 15일, 「잘 다녀왔습니다」, 4쪽.
133 『경향잡지』 589호, 1926년 5월 15일, 「로마 여행일기(15)」, 200~201쪽.
134 『뮈텔 주교 일기』 1925년 8월 7일 ; 『경향잡지』 591호(1926. 6. 16), 「로마 여행일기(17)」, 250쪽.
135 한기근 신부 → 드브레드 주교, 1925년 9월 28일, 파리(『교회와 역사』 452호[2013년 1월], 38~39쪽) ; 『경향잡지』 599호(1926. 10. 15), 「로마 여행일기(24)」, 440쪽.
136 『경향잡지』 571호(1925. 8), 352쪽에 「파리 외방전교회 신학교와 설명」이라는 제목으로 사진이 실렸다.
137 『경향잡지』 591호(1926. 6. 15), 「로마 여행일기(17)」, 252쪽.
138 『뮈텔 주교 일기』 1925년 9월 14·21일 ; 『드망즈 주교 일기』 1925년 9월 21일 ; 『경향잡지』

들도 같은 의식을 거쳤을 것이기에 감동스러웠다. 9월 21일 파견식의 주인공 10명 중 2명의 선교사가 한국으로 파견되었다.[139]

파리에 머무는 동안 한기근 신부는 자신들의 성당이 없어 파리 외방전교회 본부 겸 신학교의 성당을 빌려 드리는 아르메니아 예절 대미사에 여러 번 참석하였다.[140] 그리고 파리의 많은 성당들을 방문하고 그 느낌을 전했다. 파리 성모 성당은 세계에서 여덟 번째로 넓다고 하였으며, 파리 승전성모 성당은 한국 천주교회에도 조직되어 있는 성모 성심회 본부라고 언급하였다. 조선 복자들의 3일 기도가 거행되었던 성 방지거 사베리오 성당을 비롯하여 성 쉴피스 성당, 성녀 막달레나 성당, 성 디니오시오 성당도 방문하였다. 예수 성심 성당은 파리 시가 눈 아래에 펼쳐 있어 종현 성당에서 경성 시내를 내려다보는 것과 비슷하다고 설명하였다. 그리고 서양의 큰 성당에는 각국 말 고해소가 있는데 한국어는 물론 일본어·중국어 등 동양 말 고해소가 없는 것은 서양에 동양 교우가 많지 않은 증거라고 하였다.[141]

한기근 신부는 이탈리아와 프랑스를 기차로 여행하면서 도시는 물론 시골에도 가득한 성당들을 부러워하였다. 교우가 많고 열심이기 때문이라며 한국에도 각처에 성당이 가득하기를 소망하였다.[142] 『조선농민』에

592호(1926. 6. 30), 「로마 여행일기(18)」, 273쪽 ; 미조 리베, 『착한 목자 조섭 빌토 신부』, 내포교회사연구소, 2017, 62~63쪽.

139　1925년 11월 13일 한국에 도착한 베르트랑(Jules Bertrand, 韓聖年, 율리오, 1897~1987) 신부와 몰리마르(Joseph Molimard, 牟, 요셉, 1897~1950) 신부이다(『경향잡지』 578호 [1925. 11. 30], 「회보 : 새 신부 양위 도착」, 520쪽).

140　『경향잡지』 591호(1926. 6. 15), 「로마 여행일기(17)」, 253쪽.

141　『뮈텔 주교 일기』 1925년 8월 11·12·15일 ; 『경향잡지』 593호(1926. 7. 15), 「로마 여행일기(19)」, 295~297쪽.

142　『경향잡지』 581호(1926. 1. 15), 「잘 다녀왔습니다」, 5쪽 ; 588호(1926. 4. 30), 「로마 여행일기(14)」, 182쪽.

실린 「세계 각국의 전원 인상기」에도 "농촌에 있는 사람으로서 천주교 믿지 않는 사람이 별로 없는 듯하다. 그래서 교회 뾰족집이 한 10리에 하나씩은 있다. 일요일이면 모두 교회로 모이는 것도 퍽도 부럽다."고 하였다.[143]

5. 팔레스티나 성지 순례

9월 28일 한기근 신부는 팔레스티나(Palestina) '성지 조배'를 위해[144] 베셸(Emile Béchel) 신부[145]와 함께 파리에서 마르세유행 기차에 탑승하였다.[146] 그리고 파리 외방전교회 마르세유 대표부에서 팔레스티나행 배를 기다린 지 10일 만인[147] 10월 9일 앙드레 레봉(Andre Lebon)호에 승선하였다. 10월 15일 포트사이드에 도착하였고,[148] 이어 하이파(Haifa)행 기차에 탑승하여 수에즈 운하를 건너고 간다라(Kantara East) 정거장에서 기차를 갈아탄 후 10월 16일 하이파에 도착하였다.[149] 하이파의 갈멜(Carmel) 수도원[150] 옆에 마련되어 있는 성지 참배자들을 위한 여관에서 하루를 지

---

143 천주공교회 신부 한기근, 「세계 각국의 田園印象記—恐獨病에 마음 못놓는 佛蘭西의 전원」, 『조선농민』 제3권 제8호, 1927년 8월 10일.
144 『경향잡지』 577호(1925. 11. 15), 「회보 : 한 신부 소식」, 498쪽.
145 1925~1927년 예루살렘 카사노바의 숙박록에 한기근 신부 바로 위에 같은 날 도착, 국적 프랑스, 종교 가톨릭으로 기록되어 있다.
146 한기근 신부 → 드브레드 주교, 1925년 9월 28일, 파리(『교회와 역사』 452호[2013년 1월], 38~39쪽) ; 599호(1926. 10. 15), 「로마 여행일기(24)」, 440쪽.
147 『경향잡지』 599호(1926. 10. 15), 「로마 여행일기(24)」, 440~442쪽.
148 『경향잡지』 577호(1925. 11. 15), 「회보 : 한 신부 소식」, 498쪽 ; 600호(1926. 10. 30), 「로마 여행일기(25)」, 463쪽.
149 『경향잡지』 601호(1926. 11. 15), 「로마 여행일기(26)」, 488쪽.
150 천주교회 최고(最古)의 수도원으로 한기근 신부가 방문하였을 때 본래의 수도원은 터만

낸[151] 한기근 신부는 10월 17일 팔레스티나의 나자렛(Nazareth)에 도착하였다.[152] 이후 10월 26일까지 10일 동안 팔레스티나 성지를 순례하였는데, 이탈리아 26일, 프랑스 70일과 비교하여 머문 기간은 짧았지만, 「로마 여행일기」는 이탈리아 7회, 프랑스 11회보다 많은 14회 분량을 기록하였다. 팔레스티나에 대한 그의 감동이 컸고, 한국의 천주교 신자들에게 전해 주고 싶은 내용이 많았다는 의미일 것이다.

팔레스티나를 "예수의 기념적 자취가 있는 예루살렘과 그 근처",[153] "천주 진교의 발원지, 예수가 탄생하고 장성하고 많은 성적(聖蹟)을 행하고 전교하고 수난 때에는 성혈을 흘리고 죽고 묻힌 가장 거룩한 성지"[154]라고 설명한 한국 천주교회는 『보감』과 『경향잡지』에 종종 팔레스티나 소식을 전하였다.[155]

팔레스티나를 그리스도교 성지로 순례한 첫 한국인은 노정일(盧正一)이었다. 그는 스코틀랜드, 프랑스, 이탈리아 등을 여행하고 예루살렘을 성지 순례하여[156] "구미 각국과 유대의 성지 등 근동 각지를 답파한 첫 한

남아 있었고, 그 옆으로 1836년에 복원한 수도원(Monastery of Our Lady of Mount Carmel)이 있었다(『경향잡지』 601호[1926. 11. 15], 「로마 여행일기(26)」, 488~489쪽 ; 김상원 신부 제공 자료).

151 『경향잡지』 601호(1926. 11. 15), 「로마 여행일기(26)」, 489쪽.
152 『경향잡지』 602호(1926. 11. 30), 「로마 여행일기(27)」, 511쪽.
153 『경향잡지』 552호(1924. 10. 31), 「회보 : 팔레스티나 성지에 두 성전 축성」, 476~477쪽.
154 『경향잡지』 600호(1926. 10. 30), 「로마 여행일기(25)」, 463쪽.
155 "팔레스티나 살드 촌 희랍교인 1,500여 명이 희랍교를 버리고 성교회에 돌아온"(『보감』 109호, 1909년 제3권, 「천주교회보 : 졸단 향측(向側)」, 35쪽) ; "팔레스티나에 있는 갈멜산 수도원 소유지가 위태하게"(『경향잡지』 353호[1916. 7. 15], 「천주교회보 : 곳듸 전하의 약전」, 353쪽) ; "팔레스티나와 아라비아 사람들"(『경향잡지』 342호[1916. 1], 「잡지의 잡지 : 시내산」, 40쪽).
156 『동아일보』 1921년 5월 28일 자, 「7년 만에 한양성에」 ; 『매일신보』 1921년 5월 28일 자, 「猶太의 聖地까지 踏破한 조선 사람의 노정일 씨」 ; 『신한민보』 1921년 7월 14일 자, 「노정일 씨의 필업 귀국」 ; 『개벽』 19호(1922년 1월 10일), 문학사 노정일, 「세계일주 산 넘고 물 건너」.

국인"이었다.[157] 1921년 5월 9일에 귀국한[158] 그는 5월 24일 평양 기독교 청년회 주최의 강연회에서 '성지 순례의 소감'이라는 제목으로,[159] 5월 31일 중앙 기독교 청년회에서는 '성지 순례의 실감(實感)'이란 연제로 강연하였다.[160] 『개벽』에는 「예루살렘 성지의 순례여행」을 포함하여 노정일의 기행문을 연재한다고 하였는데 기행문 연재가 3회로 중단되어[161] 예루살렘 성지 순례 내용은 알 수 없다.

「로마 여행일기」는 팔레스티나를 성지 순례한 한국인의 첫 기록이다. 한기근 신부가 팔레스티나를 성지 순례한 것은, 팔레스티나가 천주교의 발원지이고 예수가 탄생 및 성장하고 많은 성적(聖蹟)을 행하며 전교하고 죽고 묻힌, 가장 거룩한 성지이기 때문이었다.[162] 천주교회는 팔레스티나 성지 주관 권리 되찾기를 희망하였고,[163] 성지 참배를 장려하였다.[164] 많은 천주교 신자들이 예루살렘 성지를 순례하였는데, 천주교 성직자였기에 또한 4복음서를 번역하였기에 팔레스티나는 한기근 신부에게 더욱 의미 있고 방문하고 싶은 장소였을 것이다. 한기근 신부는 1906년부터 1910년까지 라틴어 성서인 불가타 역본 복음서들의 한글 번역에 참여하였고,[165] 뮈텔 주교와 함께 4복음서의 번역 원고를 교열하였다.[166] 이 번

---

157 『매일신보』 1921년 5월 28일 자, 「猶太의 聖地까지 踏破한 조선 사람의 노정일 씨」.
158 『동아일보』 1921년 5월 19일 자, 「노정일 군 환영회」; 5월 28일 자, 「7년 만에 한양성에」.
159 『동아일보』 1921년 5월 28일 자, 「평양 기독교 청년회 강연회 : 성지 순례의 소감(노정일)」.
160 『매일신보』 1921년 6월 2일 자, 「蟬聲의 獨唱으로 제이일의 노정일 씨 강연회장에서」.
161 『개벽』 19호·20호·21호에는 필자가 노정일로 표기되어 있는데, 22호(1922년 4월 1일)부터 26호(1922년 8월 1일)는 필자가 "엠.에(M.A), 一愚"로 되어 있다.
162 『경향잡지』 600호(1926. 10. 30), 「로마 여행일기(25)」, 463쪽.
163 『경향잡지』 574호(1925. 9. 30), 「로마 여행일기(9)」, 418쪽.
164 『경향잡지』 600호(1926. 10. 30), 「로마 여행일기(25)」, 464쪽.
165 한기근 → 뮈텔, 1906년 7월 7일, 8월 12일, 9월 21일, 1907년 2월 12일, 적은동.
166 1910년 6월 1일 마태오 복음의 교열이 끝났고, 7월 7일 4복음서의 교열 작업이 마무리되

역 원고는 1910년 12월 한국 천주교회의 첫 한글 4복음서 『ᄉᆞᄉᆞ셩경(四史聖經)』으로 성서 활판소에서 간행되었다.[167] 1922년에 성서 활판소에서 간행된 『종도행전(宗徒行傳)』도 한기근 신부 번역이었다.[168] 따라서 그가 번역한 4복음서와 『종도행전』에 언급된 장소들을 순례한다는 것은 한기근 신부에게 큰 의미가 있었다. 마르세유로 항해 중 크레타(Creta)섬을 멀리 바라보면서도 『종도행전』과 바오로의 편지에 언급된 곳이라며 감격할[169] 정도였다.

기대감과 더불어 불안한 마음도 있었다. 1291년 십자군이 떠나고 1516년부터 이슬람교도들이 지배하다가 1917년부터 영국이 군부·위임 통치하고 있던[170] 팔레스티나에는 이슬람교도들이 많아 성지 순례에 위험이 많으리라 생각했기 때문이다.[171] 그의 불안감은 예루살렘을 성지 순례하고 온다며 포트사이드 항구에서 승선한 신부들을 만난 후 해소되었다. 마다가스카르(Madagascar) 동편의 '레위니옹(Réunion)'섬과 '모리셔스(Mauritius)'섬에서 전교하던 두 신부는 예루살렘에 여러 수도회가 있고 성지 순례에 그다지 어려움이 없다고 하였다.[172] 한기근 신부가 도착하였을 때 팔레스티나는 위험하지 않았고, 많은 천주교 신자들이 거주 중이었으며, 33개의 수도회·수녀회가 성당들을 건립하고 학교·병원·기숙사·고

었다(『뮈텔 주교 일기』 1910년 6월 1일, 7월 7일).
167 한기근 신부는 인쇄된 『사사성경』을 뮈텔 주교로부터 1910년 12월에 받았고(한기근 → 뮈텔, 1910년 12월 21일, 적은동), 오자(誤字)가 있는 부분을 교정하여 1911년 8월 뮈텔 주교에게 보냈다(한기근 → 뮈텔, 1911년 8월 1일, 적은동).
168 1책 123쪽 분량으로 한국교회사연구소·가톨릭대학교 성신교정 도서관·행주 성당 소장.
169 『경향잡지』 573호(1925. 9. 15), 「로마 여행일기(8)」, 397쪽.
170 영국이 1917년 12월~1920년 7월 군부 통치, 1920년 7월~1948년 5월 위임 통치(홍미정, 「영국의 팔레스타인 위임통치와 시온주의 프로젝트」, 『한국이슬람학회논총』 25-2, 한국이슬람학회, 2015, 114쪽).
171 『경향잡지』 600호(1926. 10. 30), 「로마 여행일기(25)」, 464쪽.
172 『경향잡지』 573호(1925. 9. 15), 「로마 여행일기(8)」, 396~397쪽.

아원 등을 운영하고 있었다.[173]

　성모와 성 요셉의 고향, 예수가 강잉(降孕)·장성·생활한 나자렛에서 성모 영보 성전(Basilica of the Annunciation), 유년 예수 성전(Basilica of Jesus the Adolescent), 성모 전율 경당(Church of Our Lady of the Fright), 그리스도의 식상(食床) 등을 찾아본 후 한기근 신부는 카사노바(Casa Nova)에서 머물렀다.

　카사노바는 교황이 팔레스티나 성지 순례를 장려하기 위해 각 성지에 여관을 마련하게 하고 무료로 유숙하게 한 여관이었다. 예루살렘에는 8일, 나자렛에는 3일, 베들레헴, 가파르나움, 그 외 각 성지에는 1일씩 무료 유숙할 수 있었는데 모두 프란치스코회 수사들이 관리하고 있었다. 한기근 신부는 프란치스코회가 팔레스티나 성지를 지키면서 순교한 이들도 있어 공이 많다고 설명하였다.[174] 김상원 신부에 의하면, 팔레스티나 성지의 순례자 숙소는 성지 순례가 권장되던 비잔틴 시기부터 운영되었는데 대부분 수도원 내의 손님방(guesthouse)이었다. 1217년부터 팔레스티나 성지를 관리하였던 프란치스코회는 1291년 십자군이 떠난 후에도 성지를 지키려고 남았다. 그리고 오스만튀르크가 쇠퇴하면서 성지 순례자가 증가하자 유럽의 많은 국가들이 자국의 수도원을 건립하였고, 프란치스코회도 순례자를 위한 새로운 숙소를 마련하고 'Casa Nova'(새집)라고 불렀다. 이후 '카사노바'는 프란치스코회가 운영하는 순례자 숙소를 의미하는 고유 명사가 되었다.[175]

　10월 18일 나자렛을 출발한 한기근 신부는 갈릴래아 가나(Cana in

---

173 『경향잡지』 600호(1926. 10. 30), 「로마 여행일기(25)」, 464쪽.
174 『경향잡지』 600호(1926. 10. 30), 「로마 여행일기(25)」, 464쪽.
175 2018년 10월에 팔레스티나 성지를 순례한 김영권 신부께 부탁하여, 한기근 신부의 예루살렘 카사노바 숙박 기록을 찾을 수 있었다. 예루살렘 거주 김상원 신부(작은 형제회)께서는 한기근 신부의 숙박 기록을 찾아주셨고, 필자의 문의 사항들에도 친절하게 답해 주셨다. 두 신부님께 감사드린다.

1925~26, 1927년도 카사노바 숙박 기록부 표지(위)와 속지. 2924번에 한기근 신부의 기록이 보인다.

Galilee 촌[176]을 방문하고 티베리아(Tiberias)에 도착하였다. 그리고 예수가 여러 번 강론하고 많은 영적(靈蹟)을 행한 제네사렛 호수에서 막달라·벳사이다 등 복음서에 기록된 마을들을 찾았는데 가파르나움(Capernaum) 외에는 흔적도 없었다.[177] 티베리아 카사노바에서 하루를 묵은 한기근 신부는 10월 19일 예루살렘에 도착하여[178] 예루살렘 카사노바[179]의 27호 방을 배정받았다.[180]

176 프란치스코회에서 1883년에 기념 성당 건립(정양모·이영헌, 『이스라엘 성지—어제와 오늘』, 생활성서사, 1988, 2010(2판), 2017(2판 4쇄), 195~198쪽).
177 『경향잡지』 603호(1926. 12. 15), 「로마 여행일기(28)」, 534~537쪽 ; 605호(1927. 1. 15), 「로마 여행일기(29)」, 7~8쪽.
178 『경향잡지』 605호(1927. 1. 15), 「로마 여행일기(29)」, 8쪽.
179 김상원 신부에 의하면, 예루살렘의 '카사노바'는 1847년에 건립되었고, 1910년에 건물이 확장되어 오늘날 200여 침대 규모이다. 현주소는 Casa Nova in Jerusalem, CASANOVA STREET, NEW GATE, P.O.B. 1321, 9101301 JERUSALEM ISRAEL.
180 한기근 신부의 예루살렘 숙박 기록은 「1925~26, 1927 Casa-Nova」라고 표기한 노트에서 찾을 수 있었다. 이 숙박 기록의 2,924번째 방문자로 "세례명은 Paulo, 성은 Han, 국적은 Coreanus, 종교는 Catholique, 방 번호는 35, 숙박 일수는 22일"이라고 기록되어 있다. 방 번호와 숙박 일수는 카사노바 측에서 기록하였으리라 생각되는데 착오가 있다.

십자군 때까지는 천주교에서 팔레스티나에 성전들을 건축하고 소유하였는데, 이후 천주교 신자들이 떠나고 이슬람교도들이 팔레스티나를 소유하면서 예수 성묘(무덤) 성전의 일부를 제외하고는 모든 성전을 헐어 버렸다.[181] 한기근 신부는 예루살렘의 예수 성묘(무덤) 성전(Basilica of the Holy Sepulcher)을 팔레스티나에서 가장 거룩하고 중요한 성전이라고 하였다. 이 성전도 천주교회가 건축하여 천주교회 소유였는데 한기근 신부가 방문하였을 때는 천주교회와 동방 정교회들(그리스 정교회·아르메니아 정교회·콥트 정교회), 그리고 이슬람교회가 공동 소유하고 있었다.[182] 그래서 예수의 성묘(무덤), 예수가 십자가 상에 못 박히시던 자리, 예수가 탄생하신 자리는 누구든지 참배하고 구경할 수 있었지만, 미사나 예절은 소유권을 가진 교파에서만 할 수 있었다.[183]

4세기부터 교의 신학과 전례에서 의견이 달랐던 동방 교회와 서방 교회는 정치·경제·사회적으로도 분쟁이 컸다. 로마를 중심으로 한 서방 교회와 콘스탄티노플을 중심으로 한 동방 교회는 1054년부터 본격적으로 갈라지기 시작하였고, 예수 성묘(무덤) 성전 내의 소유권과 관할권은 1757년 대강 마련되었고, 1852년에 법률상으로 확정되었다.[184] 그리하여 여러 교파가 소유권을 갖고 있었던 예수 성묘 성전에는 이슬람교 순사들이 성전 정문간 안에 밤낮 유숙하며 출입을 통제하고, 교파들 간에 일어나는 시비를 판결하였다.[185] 또한 예수가 수난 전에 '건립 성체 하시던

---

181 『경향잡지』 603호(1926. 12. 15), 「로마 여행일기(28)」, 535쪽.
182 『경향잡지』 605호(1927. 1. 15), 「로마 여행일기(29)」, 9쪽. 한기근 신부가 보았던 이 성당은 1927년에 발생한 지진으로 많은 부분이 파괴되었다(정양모·이영헌, 『이스라엘 성지—어제와 오늘』, 48쪽).
183 『경향잡지』 606호(1927. 1. 31), 「로마 여행일기(30)」, 32쪽.
184 정양모·이영헌, 『이스라엘 성지—어제와 오늘』, 49~50쪽.
185 『경향잡지』 605호(1927. 1. 15), 「로마 여행일기(29)」, 9쪽.

집'은 이슬람교인 소유가 되어 천주교 신자가 참배하려면 입장료를 내고 신을 벗고서야 들어가 참배할 수 있었다.[186] 예루살렘의 '고교 성전'(대성전) 터에는 십자군 때 성모 자헌 성전이 건축되었는데 그 후 이슬람교인들이 모스크 오말(Mosque Omar)로 바꾸어 놓아 입장료와 덧신세 등을 주고서야 들어갈 수 있었다.[187] 예수의 발자취가 박힌 돌이 있는 곳에도 들어가려면 입장료가 필요했고,[188] 성지 주일날 예수가 나귀를 타고 들어오시던 금문(金門, porta aurea)은 이슬람교인 소유가 되어 들어갈 수 없었고,[189] 베들레헴의 예수 성탄 자리도 그리스 정교회 소유였기에 미사나 예절은 못 하고 참배만 하였다.[190] 나자렛 성지만 천주교회가 모든 권리를 가지고 있었다.[191]

한기근 신부는 예수 성묘(무덤) 성전 외에도 성모 선종 성전, 엑세 호모 성전, 구세주 성전, 오주 예수의 임종 성전 등 예루살렘의 중요한 성당은 거의 참배하며 기도하였고, 갈릴래아 사람들아 교당(Viri Galilaei)과 내가 천지를 조성하신 경당도 방문하였다.[192] 예수를 십자가에 못 박아 세웠던 갈바리아산,[193] 예수가 예루살렘성을 바라보시고 우시던 자리[194]를 찾

---

186 『경향잡지』 607호(1927. 2. 15), 「로마 여행일기(31)」, 55쪽.
187 『경향잡지』 609호(1927. 3. 15), 「로마 여행일기(33)」, 107쪽.
188 『경향잡지』 610호(1927. 3. 31), 「로마 여행일기(34)」, 131쪽.
189 『경향잡지』 608호(1927. 2. 28), 「로마 여행일기(32)」, 80쪽. 성문은 1530년 터키군에 의해 봉쇄되었고, 1540년 술레이만에 의해 성벽이 보수되면서 완전히 폐쇄되었다(정양모·이영헌, 『이스라엘 성지—어제와 오늘』, 28쪽).
190 『경향잡지』 613호(1927. 5. 15), 「로마 여행일기(37)」, 213~214쪽.
191 『경향잡지』 603호(1926. 12. 15), 「로마 여행일기(28)」, 535쪽.
192 『경향잡지』 607호(1927. 2. 15), 「로마 여행일기(31)」, 55쪽 ; 608호(1927. 2. 28), 「로마 여행일기(32)」, 81~82쪽 ; 610호(1927. 3. 31), 「로마 여행일기(34)」, 130~132쪽 ; 611호(1927. 4. 15), 「로마 여행일기(35)」, 156쪽.
193 『경향잡지』 606호(1927년 1. 31), 「로마 여행일기(30)」, 33쪽.
194 『경향잡지』 610호(1927년 3. 31), 「로마 여행일기(34)」, 132쪽. 이곳에 프란치스코 수도회가 1955년 성당(Dominus Flevit Church)을 건립하였다(정양모·이영헌, 『이스라엘 성지—어

앉고, 각국 언어 '천주경' 판들이 있는 '하늘에 계신 문원(門院)'도 방문하였는데 동양 언어 중에서는 한문 천주경이 있을 뿐이었다.[195] 요한 복음 5장 1-16절이 각국 언어로 붙어 있는 희랍 교회 신학원의 면양 못(Pool of Bethesda) 옆집 벽 위에서는 한국어를 찾을 수 있었다. 한국인이 철필로 쓴 것을 가져다 샤르즈뵈프(Etienne Chargeboeuf, 宋德望, 1890~1920) 신부가 붙여 놓은 것이었다.[196] 또한 예수가 건립 성체 하고 겟세마니 동산으로 가실 때 건넜던 세드론 시내(Valley of Kidron), 예수가 라자로를 부활시킨 베타니아(Bethany), 예수가 성지 주일날에 왔던 베파제(Bethphage),[197] 그리고 베들레헴의 예수 성탄 굴·성부 안나 성전[198]을 참배한 한기근 신부는 10월 26일 팔레스티나 성지 순례를 마무리하고 포트사이드로 출발하였다.[199]

팔레스티나의 중요한 성지는 모두 참배하였다지만, 시간과 여비 때문에 다볼(Tabor)산은 바라만 보고 그 산 밑으로 지나갔고, 산중에 있는 성 요한 세자의 집터도 참배하지 못하였고, 요르단강과 여리고도 멀리서 바라보았다.[200] 팔레스티나로 가기 위해 파리에서 떠날 때 고베 행 배표를 구입하였던 한기근 신부는, 당시 동양으로 가는 배가 2주일마다 있었으

제와 오늘』, 85쪽).

195 『경향잡지』 611호(1927. 4월 15), 「로마 여행일기(35)」, 155쪽. 한글 '주님의 기도'는 제2차 바티칸 공의회 폐막식 후 예루살렘을 성지 순례한 부산교구 초대 교구장 최재선(崔再善, 요한, 1912~2008) 주교가 기증(김상원 신부의 블로그 : blog.daum.net/terrasanta/17464774). 2008년 12월경 한국의 개신교 목사가 개신교용 기도문으로 바꿔서, 2009년 천주교용 기도문 타일 판이 다른 쪽 벽면에 걸렸다(정양모·이영헌, 『이스라엘 성지—어제와 오늘』, 88쪽).

196 『경향잡지』 608호(1927. 2월 28), 「로마 여행일기(32)」, 83쪽.
197 『경향잡지』 612호(1927. 4월 30), 「로마 여행일기(36)」, 179~180쪽.
198 『경향잡지』 613호(1927. 5월 15), 「로마 여행일기(37)」, 213~214쪽 : 614호(1927. 5. 31), 「로마 여행일기(38)」, 230쪽.
199 『경향잡지』 614호(1927. 5월 31), 「로마 여행일기(38)」, 232쪽.
200 『경향잡지』 614호(1927. 5월 31), 「로마 여행일기(38)」, 232쪽.

므로 시간과 여비가 충분했다면 팔레스티나에 더 머물 수 있었을 것이다. 그러나 기회가 있고 할 수가 있다면 팔레스티나 성지를 다시 여행하고 그 여행 일기도 쓰고 싶다며 아쉬움과 함께 「로마 여행일기」를 마무리하였다.[201]

6. 맺음말

「로마 여행일기」는 프랑스의 파리·라 무르·리지외·라 살레트·루르드·아르스, 이탈리아의 로마··아시시·플로렌스, 그리고 팔레스티나의 성지·성전들을 순례한 기록이다. 4복음서와 『종도행전』을 번역할 정도로 프랑스어와 라틴어에 어려움이 없었던 한기근 신부는 조선 치명자들의 시복식에 한국인 성직자 대표로 참가하기 위해 여행을 시작하였다.

그는 첫 여정으로 로마에 도착하여 조선 치명자들 시복식에 참가하였고, 시복식 후 감사 미사에 참가하였으며, 이어 로마의 많은 성당들을 참배하였고 카타콤바를 방문하였다. 두 번째 여정은 프랑스였다. 프랑스에서는 비안네 신부, 소화 데레사 수녀, 예마르 신부의 생가 등을 순례하였는데, 조선 치명자들이 시복된 1925년에 시성·시복된 이들이었다. 그가 머물렀던 파리 외방전교회 본부 겸 신학교도 복자들의 숨결이 느껴지는 곳이었다. 동양 선교를 목적으로 창설된 파리 외방전교회의 선교사로 순교한 이들이 선교를 준비하며 생활했던 곳이기 때문이었다. 라 살레트·루르드·파리 등 성모 발현지들을 방문한 것은 한기근 신부의 성모 신심과 더불어 한국 천주교회의 깊은 성모 신심 때문이었다. 그리스

---

[201] 『경향잡지』 615호(1927. 6월 15), 「로마 여행일기(39)」, 255쪽.

도교 문화권인 이탈리아와 프랑스의 많은 성당들을 참배하면서, 도시는 물론 시골에도 가득한 성당들을 바라보면서, 비그리스도교 문화권의 천주교 성직자 한기근 신부는 한없는 부러움을 느꼈다.

이탈리아와 프랑스에 이어 한국으로 돌아오는 길에 10일 동안 여행하였던 팔레스티나는 한기근 신부에게 최고의 성지 순례지였다. 4복음서와 『종도행전』에 언급된 장소들을 직접 찾아가 본다는 것은 감동과 감격이었다. 그는 예루살렘·베들레헴·나자렛에서 예수와 성모와 사도들의 자취를 확인하고 기도하였으며 미사를 봉헌하였다. 그가 방문하였을 때 팔레스티나의 많은 성지들은 여러 교파가 공동 소유하고 있었다. 그래서 참배는 할 수 있지만 미사나 예절은 할 수 없는 곳이 있었고, 입장료를 내고서야 들어갈 수 있는 곳도 있었다. 모스크로 바뀌어 있는 성지도 있었기에 안타까웠다. 이탈리아·프랑스에서와 마찬가지로 팔레스티나에서도 시간과 비용 때문에 가지 못한 곳들이 많았지만, 그럼에도 한기근 신부는 천주교회의 중요한 성지들을 참배하고 「로마 여행일기」로 기록하였다. 「로마 여행일기」는 비그리스도교 문화권인 한국의 천주교회 성직자가 기록한 첫 그리스도교 성지 순례기이다.

참고문헌

한기근 신부가 뮈텔 주교에게 황주 본당에서 보낸 편지들 :
한기근 신부 → 뮈텔 주교, 1906년 9월 21일, 적은동 / 한기근 신부 → 뮈텔 주교, 1907년 2월 12일, 적은동 / 한기근 신부 → 뮈텔 주교, 1907년 8월 7일, 적은동 / 한기근 신부 → 뮈텔 주교, 1907년 9월 21일, 적은동 / 한기근 신부 → 뮈텔 주교, 1910년 2월 11일, 적은동 / 한기근 신부 → 뮈텔 주교, 1910년 12월 21일, 적은동 / 한기근 신부 → 뮈텔 주교, 1911년 8월 1일, 적은동

한기근 신부가 드브레 주교에게 보낸 편지들 :
한기근 신부 → 드브레 주교, 1925년 5월 18일, 고베(오전 9시)(『교회와 역사』 449호[2012년 10월], 41~42쪽) / 한기근 신부 → 드브레 주교, 1925년 7월 13일, 로마(『교회와 역사』 451호[2012년 12월], 38쪽)

1. 자료

『가톨릭신문』, 『개벽』, 『경향잡지』, 『교회와 역사』, 『동아일보』, 『드망즈 주교 일기』, 『매일신보』, 『뮈텔 주교 일기』, 『부산일보』, 『시대일보』, 『신한민보』, 『朝鮮新聞』, 『조선총독부 관보』, 『중외일보』, 『한겨레』, 『황성신문』.

2. 단행본

김정환, 『뮈텔 일기 연구』, 내포교회사연구소, 2015.
미조 리베, 『착한 목자 조셉 빌토 신부』, 내포교회사연구소, 2017.
민영환, 조재곤 편역, 『해천추범』, 책과 함께, 2007.

샤를르 달레, 안응렬·최석우 역주, 『한국 천주교회사』 하, 한국교회사연구소, 1980.

윤선자, 『일제의 종교정책과 천주교회』, 경인문화사, 2001.

정양모·이영헌, 『이스라엘 성지—어제와 오늘』, 생활성서사, 1988, 2010(2판), 2017(2판 4쇄).

한국교회사연구소 역주, 『뮈텔 주교 일기(1921~1925)』 7, 한국교회사연구소, 2008.

허동현, 『건국·외교·민주의 선구 장면』, 분도출판사, 1999.

3. 연구논문

구사회, 「대한제국기 주불공사 김만수의 세계기행과 사행록」, 『동아인문학』 29, 동아인문학회, 2014.

_____, 「근대전환기 조선인의 세계 기행과 문명담론」, 『국어문학』 61, 국어문학회, 2016.

김나원, 「한국 근대 초기 기독교 삽화 연구」, 홍익대 석사학위 논문, 2013.

김도형, 「한국 근대 旅行券(旅券)제도의 성립과 추이」, 『한국근현대사연구』 77, 한국근현대사학회, 2016.

김정숙, 「로마의 시복식과 서울의 시복식」, 『빛』 376호, 2014년 8월, 대구대교구(http://www.lightzine.co.kr/last.html?y=2014).

김정환·유단비, 「식민지 조선에서 사진의 대중화 과정에 관한 연구─1920~30년대 신문 담론을 중심으로─」, 『인문콘텐츠』 35, 인문콘텐츠학회, 2014.

김창원, 「근대 개성의 지리적 배치와 개성상인의 탄생」, 『국제어문』 64, 국제어문학회, 2015.

윤선자, 「일제강점기 한국 천주교회와 만국전교박람회」, 『교회사학』 10, 수원교회사연구소, 2013.

조현범, 「제4장 순교복자의 탄생과 교회의 변화」, 『한국천주교회사』 5, 한국교회사연구소, 2014.

차혜영, 「3post 시기 식민지 조선인의 유럽 항로 여행기와 피식민지 아시아 연대론」, 『서강인문논총』 47, 서강대학교 인문과학연구소, 2016.

천주공교회 신부 韓基根, 「세계각국의 田園印象記-恐獨病에 마음 못 놓는 佛蘭西의 전원」, 『조선농민』 제3권 제8호, 1927년 8월 10일.

홍미정, 「영국의 팔레스타인 위임통치와 시온주의 프로젝트」, 『한국이슬람학회논총』 25-2, 한국이슬람학회, 2015.

색인

ㄱ

가나(Cana) → 카나
가르니에(E. Garnier) 531, 538, 541
가브드포(Gave de Pau)강 441, 444
가브리엘 성당 477
가파르나움 → 카파르나움
간다라 → 칸타라
간도(間島) 173, 418
갈담면(葛潭面) 100
갈리스도 카타콤바 → 갈리스토 카타콤
갈리스토 카타콤(catacomb) 393, 404, 406, 547, 548
갈릴래아(Galilee) 479, 481, 506, 560
갈릴래아 사람들아(Viri Galilaei) 교당 → 예수 승천 교회
갈멜 → 카르멜
갈바리아(Calvaria) → 갈보리
갈보리(Calvary) 465, 488, 489, 518, 563
감리영(監理營) 113, 254
갓등이 본당 → 왕림 본당
강도영(姜道永, 마르코) 17, 18, 362, 534
강성삼(姜聖參, 라우렌시오) 17
『개벽(開闢)』 529, 557, 558
개성(開城) 본당 38
거룩한 무덤 성전(Church of the Holy Sepulcher) → 예수 성묘 성전
건립 성체 성당 478
검수(劍水) 본당 16, 25, 26, 37, 38, 73, 120, 129, 177

검수원(劍水院) 36, 37, 63, 67
게브리앙(J.-B. Guébriant, 光若翰) 376, 381, 427, 431~433
겐네사렛(Gennesaret) 464, 477, 481~483, 561
겟세마니(Gethsemanei) 503, 509, 510, 564
겟세마니 성전 503
겸이포(兼二浦) 30, 71
경도(京都) → 교토
경도제국대학 334
경성(京城) → 서울
경성(鏡城) 77
경술국치(庚戌國恥) 31
『경향신문(京鄕新聞)』 82, 548
경향잡지사(京鄕雜誌社) 19, 22, 110, 133, 534
계산동(桂山洞) 본당 142, 174
계정식(桂貞植) 529
고뇌의 성전 → 겟세마니 성전
고베(神戶) 22, 29, 141~143, 145, 183, 319, 326~338, 346, 387, 523, 524, 535, 537, 564
고(高) 주교 → 페레올
고치(高知) 142, 330
골고타(Golgotha) → 갈보리
『공동번역 신약성서』 28, 106
공베르, 안토니오(A. Gombert, 孔安國) 18
공베르, 줄리앙(J. Gombert, 孔安世) 18
공세리(貢稅里) 본당 161
공주(公州) 본당 → 중동 본당
관후리(館後里) 본당 40
광(光) 주교 → 게브리앙
교토(京都) 142, 143, 330~332, 334, 535

570 · 한기근 바오로 신부 서한집

교황 그레고리오 16세(Gregorio XVI) 553
교황 레오 13세(Leo XIII) 63, 173
교황 베네딕토 15세(Benedictus XV) 393
교황 비오 9세(Pius IX) 167, 401
교황 비오 10세(Pius X) 93, 393
교황 비오 11세(Pius XI) 165, 173, 320, 385, 454, 539
교황 실베스테르 1세(Silvester I) 399
교황 요한 23세(Joannes XXIII) 167, 550
구세주 성전(St. Savior Church) 497, 563
그레도 경당 → 내가 천지를 조성하신 경당
그르노블(Grenoble) 173, 411, 415, 549
그리스도의 식상(食床) 475, 478, 560
금문(金門) 467, 494, 495, 563
기낭(P. Guinand, 陳普安) 140, 161, 164, 165, 167, 171, 174, 175, 180, 181, 377, 382, 383, 384, 398, 400, 401, 405, 436, 439, 454, 457, 458, 539, 540, 547, 550
기명(箕明)학교 40
기베르(J.H. Guibert, 요셉) 436
기적의 메달 415, 439
『기해일기(己亥日記)』 322
긴가항 → 김가항
김가항(金家巷, 진자샹) 146, 341, 343
김대건(金大建, 안드레아) 146, 321, 339~343, 349, 532, 544
김 마리아 부인 371
김 막달레나 68
김만수(金晩秀) 535
김명삼(金明三) 134
김문옥(金紋玉, 요셉) 17, 26, 97, 106, 362
김 바오로 121, 125
김 부제 → 김대건
김석오(金錫午, 요한) 32
김선영(金善永, 요셉) 32

김성학(金聖學, 알렉시오) 15, 17, 18, 362
김승연(金承淵, 아우구스티노) 17, 362
김 안토니오 119, 121, 124
김 요셉 58, 131
김 요한 55
김원영(金元永, 아우구스티노) 17, 18, 40, 362
김유룡(金裕龍, 필립보) 18
김윤근(金允根, 요셉) 110
김준연(金俊淵) 529
김천(金泉) 142, 143, 331
김촌(金村) 13
김효임(金孝任, 골룸바) 541, 542
김휘중(金輝重, 요셉) 22, 31, 137, 140

ㄴ

나가사키(長崎) 26
나가타(永田) 신부 143, 332
나라(奈良) 329
나바위(羅岩) 본당 → 화산 본당
나(羅) 신부 → 모방
나자렛(Nazareth) 26, 76, 464, 471~479, 486, 497, 516, 520, 557, 560, 563, 566
나타나엘(Nathanael) 472, 473
내가 천지를 조성하신 경당 503, 508, 509, 563
내량(奈良) → 나라
「네 테메레(Ne temere)」 93
노기남(盧基南, 바오로) 143
「노동 헌장(Rerum Novarum)」 63
노르베르토 → 베버
노정일(盧正一) 557, 558

노트르담 드 라 가르드 대성당
(Basilique Notre-Dame de la Garde)
→ 마르세유 성모 마리아 대성당
농공은행(農工銀行) 77
니코데모(Nicodemus) 489

ㄷ

다볼(Tabor)산 → 타보르산
다블뤼(A. Daveluy, 安敦伊) 101, 438
'다블뤼 비망기' 101
대만(臺灣) → 타이완
대판(大阪) → 오사카
데레사, 리지외의(Thérèse de Lisieux) 180, 181, 454, 456, 458, 550, 553, 565
데쥬네트(C.E. Dufriche-Desgenettes) 438
도리(P. Dorie, 金) 329
도미누스 플레비트(Dominus Flebit) 경당 506
도쿄(東京) 177, 413, 536
돈의(敦義)학교 40
동경(東京) → 도쿄
『동아일보(東亞日報)』 529, 532, 533, 536, 538, 545, 557, 558
동작이 32, 172, 301
동적이 → 동작이
동중화(董中和) 76
동학(東學) 69, 74, 88
되재[升峙] 본당 74
두세(C. Doucet, 丁加彌) 94
두오모(Duomo) 대성당
→ 산타 마리아 델 피오레 대성당
두일리오(Duilio)호 538
뒤부아(Louis-Ernest Dubois) 437, 438
뒤튀(J.-B. Duthu, 세례자 요한) 142, 330

드게트(V. Deguette, 崔鏞勝) 447
드망즈(F. Demange, 安世華) 19, 82, 142, 162~165, 180, 376, 431, 532~534, 537, 539, 544~546, 554
드브레드(E. Devred, 兪世俊) 23, 141, 145, 148, 150, 152, 154, 156, 157, 159, 161, 169, 172, 174, 176, 179, 182, 322, 387, 534, 535, 538, 539, 541, 544, 546~548, 551, 554, 556
드비즈(E. Devise, 成一論) 18
들라플라스(L.G. Delaplace, 田類斯) 370
디오니시오(Dionysius) 435, 440

ㄹ

라 무르(La Mure) 29, 411, 418, 549, 565
라부레, 가타리나(C. Labouré) 415, 439
라 살레트(La Salette) 29, 173, 414, 415, 416, 551, 564, 565
라 살레트 성모 성전 173, 173, 416, 418
라 살렛 → 라 살레트
라오스(Laos) 375, 413, 427, 549
라이문도(Raymond) 주교 147, 149, 150, 152, 156, 158, 160
라자로(Lazarus) 147, 370, 458, 459, 460, 462, 512, 564
라크루(M. Lacrouts, 具瑪瑟) 331
랑베르 드 라 모트(P. Lambert de la Motte, 郞伯爾) 427
래티스본(M.-A. Ratisbonne) 495
러일전쟁(露日戰爭) 71, 72, 85
런던 외방전교회 → 밀힐 외방전교회
레메디오스 레 신부 350
레삭(A. Rayssac, 實茂芳) 176, 177, 387
레위니옹(Réunion)섬 374, 559

레이(J. Rey) 신부 142, 327, 328, 329, 335, 337

레이노(P.-M. Reynaud, 趙保祿) 346, 348, 349, 353, 358, 366, 370, 373

로(J. Rault, 盧若望) 23

로랑스(B.S. Laurence) 449

로랑(Laurent) 신부 354

로마(Rome) 19, 22, 23, 29, 32, 101, 141, 143, 157, 161, 162, 168, 169, 171, 172, 174, 319, 320, 322, 323, 334, 350, 363, 375, 376, 382, 383, 387~390, 393~400, 402, 403, 404, 406, 407, 410, 411, 416, 448, 458, 459, 465, 482, 525, 529, 530, 531, 532, 534, 535, 537~539, 541, 544~548, 550, 553, 557, 558, 562, 565

로숨(Willem van Rossum) 162, 163, 294, 382, 546

루르드(Lourdes) 29, 134, 167, 175, 176, 333, 401, 415, 441, 442, 446,~450, 452, 453, 551, 553, 565

루르드 성전
→ 원죄 없이 잉태되신 성모 대성전

루블레(H. Rouvelet, 黃惠中) 18, 38

루손(Luzon)섬 350

르 각(C. Le Gac, 郭元良) 23, 38, 40

르레드(J. Lereide, 申숭겸) 111

르 메르(L. Le Merre, 李類斯) 40

르 장드르(L. Le Gendre, 崔昌根) 23, 40, 182

르페브르(M.A. Lefèvre) 176

리델(F. Ridel, 李福明) 447, 552

리샤르(P. Richard, 蔡) 447, 552

리옹(Lyon) 174, 420, 422

리지외(Lisieux) 29, 454, 457, 550, 565

ㅁ

마닐라(Manila) 145, 148, 350

마다가스카르(Madagascar)섬 374

마렴(麻簾) 23

마론(Marone) 489

마르가리타 마리아(Margarita-Maria)
→ 알라코크

마르세유(Marseilles) 147, 160, 167, 168, 179, 180, 375, 420, 431, 435, 458, 459, 460, 461~463, 522, 523, 534, 535, 537, 538, 553, 554, 556, 559

마르세유 대성당(Cathédrale La Major) 460

마르세유 성모 마리아 대성당(Cathédrale Sainte-Marie-Majeure de Marseille) 460, 461, 554

마르첼리나 수녀 496

마르첼리노(Marcellinus) 신부 148~150, 154, 156, 347~349, 352, 353, 355~357, 359, 361, 362, 364, 368, 371

마리아 막달레나(Mary Magdalen) 179, 440, 459, 482, 490, 491, 518

마리아 신부 → 래티스본

마리아회 332, 335, 360

마사비엘(Massabielle) 굴 441, 444, 449, 451, 452, 453

마쓰야마(松山) 142

마카오(Macao) 321, 348, 349

막달라(Magdala) 482, 561

막시망 지로(Maximin Giraud) 414

만국 전교 박람회(萬國傳教博覽會) 165, 319, 387, 395, 548

만주(滿洲) 72, 146, 148, 165, 347, 375, 376, 537

말라카(Malacca)해협 → 믈라카해협

매괴(玫瑰) 성당 441, 445, 446, 450, 453

매괴회(玫瑰會) 553

부록 · 573

『매일신보(每日申報)』 31, 532, 536, 557, 558
매화동(梅花洞) 본당 24, 40, 129
메가타 다네타로(目賀田種太郎) 77
멘사 크리스티(Mensa Christi) 성당 475
멜라니 마티유 칼바(Melanie Mathieu Calvat) 414
멜리장(P. Mélizan, 梅履霜) 18, 65, 496
면양(緬羊) 못 → 벳자타
명동(明洞) 본당 29, 82, 144
명성(明星)상업학교 332
모렐(E. Morel, 엘리야) 387, 388
모리셔스(Mauritius)섬 374, 559
모방(P. Maubant, 羅伯多祿) 321, 349, 435, 531, 541, 542, 544
모세(Moses) 79, 370, 472, 516
모스크 오말(Mosque Omar) 501, 563
몰리마르(J. Molimard, 牟) 180, 435, 555
몽마르트르(Montmartre) 435, 461
문의(文義) 133, 134
뮈텔(G. Mutel, 閔德孝) 6, 19, 20, 23, 26~30, 36, 41, 46, 65, 89, 91, 95, 97, 101, 103, 120, 130, 132, 133, 140, 141, 158, 163, 165, 172~175, 177, 180, 318, 376, 380, 381, 382, 384, 386, 387, 388, 431, 531~539, 514, 540, 541, 544, 545~547, 551, 554, 555, 558, 559
믈라카(Melaka)해협(海峽) 29, 152
믹달(Migdal) → 막달라
민영환(閔泳煥) 535
민 요셉 18
민(閔) 주교 → 뮈텔
밀힐 외방전교회(Mill Hill Missionaries) 155, 360, 524

ㅂ

바라(Madeleine Sophie Barat) 143, 440
바랑(J. Barran) 341
바르톨로메오(Bartholomew) 426, 427, 472, 480
바오로 특전(特典) 30, 51
바티칸(Vatican) 165, 387, 395, 411, 532
바티칸 도서관 395, 548
바티칸 박물관 396, 548
박 가타리나 수녀 143, 331
박봉로(요셉) 324
박승철(朴勝喆) 529
박영조(朴永祚) 324
박정모(朴貞模) 16, 25, 38, 42, 43, 44, 50
반 롯숨(van Rossum) → 로숨
반이으 신부 333, 334
백동(栢洞) 327
백 신부 → 브레
범일(凡一) 본당 40, 82
범(范) 주교 → 앵베르
베들레헴(Bethlehem) 464, 478, 497, 514, 515, 517~520, 560, 563, 564, 566
베들레헴 굴 → 예수 성탄 굴
베들레헴 성전 → 예수 성탄 성당
베로니카(Veronica) 492
베르나데트, 루르드의(Bernadette de Lourdes) 333, 415, 442, 443, 449, 452
베르나르도(Bernardus) 신부 155, 360, 361
베르뇌(S. Berneux, 張敬一) 101
베르모렐(J. Vermorel, 張若瑟) 174
베르몽(J. Bermond, 睦世永) 74
베르사유(Versailles) 440
베르제(Berger) 신부 328

베르토(M. Berteau) 177, 388

베르트랑(J. Bertrand, 韓聖年) 435, 555

베버(N. Weber, 노르베르토) 142, 327

베쉐(É. Béchet, 에밀리오) 179, 180, 524, 556

베쉘 → 베쉐

베이루트(Beirut) 463

베타니아(Bethany, Beth anya) 459, 482, 503, 512, 513, 564

베파제 → 벳파게

벳사이다(Bethsaida) 482, 483, 561

벳자타(Bethzath) 499, 564

벳파게(Bethphage) 503, 513, 564

변(邊) 신부 → 보댕

『별건곤(別乾坤)』 529

『병인 순교자 시복 조사 수속록』 16

보간(H. Vaughan) 155

「보감(寶鑑)」 82, 557

보댕(J. Bodin, 邊若瑟) 117, 147, 150, 157, 350, 351, 363

보두네(F.X. Baudounet, 尹沙勿) 94

보르네오(Borneo)섬 155, 360

보메(Baume) 굴 462, 463

본자노(G.V. Bonzano, 요한) 163, 164, 382

볼리외(B.-L. Beaulieu, 徐沒禮) 329

봉산(鳳山) 16, 24~26, 31, 37, 38, 40, 60, 64, 73

봉삼(奉三)학교 40

봉천(奉天, 펑텐) 375, 537

부강(芙江) 133, 134

부산(釜山) 82, 113, 142, 144, 325, 375, 508, 532, 535, 537, 538, 563

부산진(釜山鎭) 본당 → 범일 본당

부스케(S. Bousquet, 실베리오) 336

부엉골 15

부이용(C. Bouillon, 任加彌) 18

북간도(北間島)의 12사도(使徒) 173

브레(A, Bret, 白類斯) 173, 418, 447

브뤼기에르(B. Bruguière, 蘇) 427

블랑(J. Blanc, 白圭三) 26, 371, 447, 552

비냘 신부 348

비룡(飛龍) 본당 133

비아 돌로로사(Via Dolorosa) → 십자가의 길

비안네(J-B.M. Vianney) 173, 422, 423, 424, 550, 565

비에모(P. Villemot, 禹一模) 29, 74, 116

비에브르(Bièvres) 신품 소학원 430

비코(A. Vico, 안토니오) 40, 161, 163, 164, 377, 382, 385, 540

비현(枇峴) 본당 177

빈낭(檳榔) → 페낭

빌라도(Pilatus) 400, 490, 492, 496, 497

빌렘(J. Wilhelm, 洪錫九) 23, 24, 38, 45, 47, 53

빌리옹(A. Villion, 아마토) 329

ㅅ

사리원(沙里院) 본당 177

『ㅅㅅ성경』 → 『사사성경』

『사사성경(四史聖經)』 27, 28, 29, 106, 107, 108, 109, 115, 116, 248, 249, 250, 251, 255, 559

『사사성경 역주(四史聖經譯註)』 27

『사사성경 합부 종도행전(四史聖經合附宗徒行傳)』 14, 29

사이공(Saigon, 柴棍) 29, 150, 152, 153, 338, 349, 350, 352, 353, 354~360, 376, 413, 414, 427, 535, 537, 549

사크레쾨르(Sacré-Coeur de Montmartre) 성당 → 파리 예수 성심 성전

사해(死海) 503, 513

사핵사(查覈使) 23, 42

산노미야(三宮) 327

산대(山台) 본당 → 비현 본당

산타 마리아 델 피오레(Santa Maria del Fiore) 대성당 411

살레시오회 474, 548

삼궁(三宮) → 산노미야

상무사(商務社) 24, 25, 38, 42

상하이(上海) 29, 76, 145~149, 158, 182, 337~347, 366, 535, 537

상해(上海) → 상하이

생 드니 대성당(Basilique Saint-Denis) 440, 555

생 쉴피스 성당(Église Saint-Sulpice) 440

샤르즈뵈프(E. Chargeboeuf, 宋德望) 499, 564

샤보(J. Chabot, 車麗松) 129, 131

샤스탕(J.H. Chastan, 鄭牙各伯) 321, 433, 435, 531, 541, 542, 544

서가회(徐家匯, 쉬자후이) 대성당 148, 283, 344

서병익(徐丙翼, 바오로) 18

서산(瑞山) 144, 496

서울 77, 144, 165, 177, 319, 324, 330, 333, 350, 376, 388, 390, 435, 440, 442, 529, 534, 536~538, 540, 544, 555

서흥(瑞興) 24, 38, 60, 66, 67, 73

서흥 사건 111

성 갈리스토 카타콤 → 카타콤

『성경광익(聖經廣益)』 26

『성경직해(聖經直解)』 26, 27

『성경직해광익(聖經直解廣益)』 26, 27

『성교감략(聖教鑑略)』 26, 371

성녀 막달레나 성당(Église de la Madeleine) 440, 555

성녀 소 데레사 → 데레사, 리지외의

성녀 소 데레사 성당 455

성녀 소피아 성당 399

성녀 아네스 카타콤 → 카타콤

성녀 클라라 대성당 172

성 데시데라토(Desideratus) 성당 457

성 데오프레 성당 413

성 디니오시오 성당 → 생 드니 대성당

성 라우렌시오 성전 401

성 마르코 성당 399

성 마리아 대성전 394, 398, 547

성모 무염 원죄 패 → 기적의 메달

성모 선종 성전 → 성모 영면 성당

성모 성심회 438, 553, 555

성모 성의회(聖母聖衣會) 468

성모여학교(聖母女學校) 40

성모 영면(永眠) 성당(Dormition Church) 494, 563

성모 영보 성전(Basilica of the Annunciation) 473~476, 478, 560

성모의 젖 굴 516, 517

성모 자헌 성전 478, 501, 563

성모 전율(戰慄) 경당(Church of Our Lady of the Fright) 560

성 바오로 대성전 396~398, 547

『성 바오로 수녀회 규구(規矩)』 19, 28, 103

『셩보로 슈녀회 규구』
　　→『성 바오로 수녀회 규구』

성 바오로의 세 샘 397, 547

성 방지거 사베리오 성당
　　→ 성 프란치스코 하비에르 성당

성 베네딕토회 363, 402, 457, 492, 494, 498, 509

성 베드로 대성전 320, 391, 393~397, 399, 539

성부(聖婦) 안나 성전 564

성 빈첸시오 수녀원 성당 439
성 빈첸시오 아 바오로 사랑의 딸회 415, 551
성 빈첸시오 아 바오로회 346, 439
성 빈첸시오회 → 성 빈첸시오 아 바오로회
성서 활판소 19, 26, 29, 97, 133, 547, 559
성 세바스티아노 카타콤 → 카타콤
성 쉴피스 성당 440, 555
성 스테파노 대성당 399
성심(聖心) 수녀회 143, 440
성 십자가 수녀원 168, 171
성 아릭수 성당 → 성 알렉시오 성당
성 안셀모 (신)학원 402, 403
성 알렉시오 성당 393, 403, 547
성 야고보 성당 457
성 오상(五傷) 프란치스코
　→ 프란치스코, 아시시의
성 오상 프란치스코 성전 409
성 요셉의 외방전교회 → 밀힐 외방전교회
성 요셉 학교 335
성 요한과 성 바오로 성당 402
성 요한 라테라노 대성전 394, 398, 399, 400
성 요한 성당 393
성제(聖梯) 성당 400, 448, 547
『성체 조배(聖體朝拜)』 336, 351, 429
성 프란시스 자비에 성당(Église Saint-François-Xavier) 440
성 프란치스코 선족회(跣足會) 368
성 프란치스코 성당 152, 355
성 프란치스코 소제회(小弟會) 368, 373, 374
성 프란치스코 수녀회 364
성 프란치스코 하비에르 성당 332, 440, 555
성 프란치스코회 347, 364, 368, 473, 479, 481, 483~485, 491, 492, 513, 519, 523

성 필립보 성당 152, 354
성 헨리코 성당 328
생 쉴피스 성당(Église Saint-Sulpice)
　→ 성 쉴피스 성당
세동(細洞) 100
세드론 시내(Valley of Kidron) → 키드론
소화 데레사 → 데레사, 리지외의
손성재(孫聖載, 야고보) 18, 26, 73, 97, 106, 129
송강정(宋康正, 안토니오) 157, 363
송곡 52
송도(松都) 38, 41
송림선(松林線) 30
송병준(宋秉畯) 88
송(宋) 신부 → 샤르즈뵈프
송정섭(宋廷燮) 43
수안(遂安) 40
수에즈(Suez) 운하 370~373, 467, 530, 537, 556
순교자의 언덕(Mont des Martyrs)
　→ 몽마르트르
숭정제(崇禎帝) 146
슈브리에(A. Chevrier, 안토니오) 174, 421
스데르켄드리에스 → 마르첼리노 신부
스리랑카(Sri Lanka) 156, 157, 362
스카풀라(scapulars) 468
스칼라 상타(Scala Sancta) → 성제 성당
스코트라(Socotra)섬 367
스테파노 성문(Stephen's Gate) 499
승리의 성모(Notre-Dame des Victoires) 성당 438
시가웨 → 서가회
시나고가(synagoga) → 회당
시나이(Sinai)산 159, 370, 371
시리아(Syria) 403, 463, 476, 483, 489, 498, 514, 517~520

시모노세키(下關) 142, 326, 375, 535
시몬 스톡(Simon Stock) 468
시복식(諡福式) 19, 23, 29, 141, 161, 162, 165, 167, 169, 170, 318~320, 322, 333, 364, 376~380, 382, 383, 385, 389, 392, 435, 458, 531~535, 537~542, 544~548, 550, 551, 553, 565
시성식(諡聖式) 318, 319, 396, 531, 544
시스티나(Sistina) 성당 396
시암(Siam) 177, 179, 427, 524
시온(Zion)산 494
시온(Zion) 성모 수녀회 495
시온 성모회 → 시온 성모 수녀회
시잘레(P. Chizallet, 池士元) 74
신인식(申仁植, 바오로) 18, 144, 323
신천(信川) 31, 38
신축교안(辛丑教案) 40
신호(神戶) → 고베
신환포(新換浦) 89, 235
심양(瀋陽, 선양) → 봉천
십이포(十二浦) 71
십자가의 길 420, 492
싱가포르(Singapore) 152, 153, 155, 165, 182, 358, 537

ㅇ

아겔다마(Aceldama) → 하켈 드마
아더 신부 413
아덴(Aden) 156, 159, 369
아되(A. Adeux, 알베르토) 166, 167, 169
아르디프 신부 349
아르메니아(Armenia) 429, 430, 487~490, 497, 555, 562

아르스(Ars) 29, 173, 422, 423, 565
아르스 성당 173, 422, 550
아미앵(Amiens) 143
아반치니(N. Avancini) 29, 116
아벤티노(Aventino)산 402
아산 사건 62
아시시(Assisi) 29, 159, 172, 368, 407~409, 548, 549, 565
아트리움 파테르(Atrium Pater)
 → 주 기도문 교회
안남(安南) → 사이공
안동현(安東縣) 335
안드레아 김 신부 → 김대건
안 마르코 171
안변(安邊) 40
안주(安州) 175
안(安) 주교 → 다블뤼 또는 드망즈
안중근(安重根, 토마스) 24, 53
안태건(安泰建, 가밀로) 53
알라코크, 마르가리타 마리아(M.M. Alacoque) 415
알렉시오(Alexius) 15, 17, 18, 362, 393, 403
알릭스(J. Alix, 韓若瑟) 99, 100, 104, 180
알폰소 씨 359, 371
앙드레 레봉 → 앙드레 르봉
앙드레 르봉(André-Lebon)호 179, 463, 522, 556
앙부아즈(Amboise)호 337, 338, 365, 535, 537
앵베르(L. Imbert, 范世亨) 320, 321, 435, 531, 532, 541, 542, 544, 553
약사리(藥司里) 본당 → 죽림동 본당
약현(藥峴) 본당 144, 324, 332
양 막시미노 121, 127, 128
양지(陽智) 15

양쯔강(揚子江) 146
어은동(魚隱洞) 본당 → 진안 본당
에를레(F. Ehrle, 프란치스코) 163, 164, 382
엑세 호모 성전 → 엑체 호모 성전
엑체 호모(Ecce homo) 성전 496, 563
엘로이(A. Eloy, 안드레아) 377
엘리사(Elisha) 468
엘리야(Elijah) 387, 468~471
엘리야(Elijah) 굴 470, 471
여리고 → 예리코
여송(呂宋) → 루손섬
여호사팟(Jehoshaphat) 503, 511
연벽정(連碧亭) 32
염티[鹽峙] 22, 132, 133, 135
영유(永柔) 본당 117, 117, 150
예로니모(Hieronymus) 515, 516
예루살렘(Jerusalem) 167, 176, 177, 374, 389, 395, 400, 464, 465, 467, 473, 476~478, 484, 488, 489, 491, 492, 494~503, 506, 508, 511~514, 516, 520, 521, 522, 526, 556~564, 566
예루살렘 성벽(城壁) 502, 511
예리코(Jericho) 503, 513, 521, 564
예마르(P.J. Eymard) 167, 172, 411~413, 418, 548, 549, 550, 565
예수 부활 기념 성전 → 예수 성묘 성전
예수 성묘(무덤) 성전(Basilica of the Holy Sepulcher) 485, 562, 563
예수 성심 성당 152, 328, 329, 334, 335, 354, 453, 555
예수성심신학교 15~17, 29, 32, 37, 82, 133, 144, 161, 166, 174, 178, 377, 418, 499, 540
예수 성심회 143, 331, 415
예수 성탄 굴 514~516, 518, 520, 564
예수 성탄 성당(Church of Nativity) 514

예수 승천 교회(Church of the Ascension) 505, 506, 563
예수 임종 성전 → 겟세마니 성전
『예수진교사패(耶蘇眞敎四牌)』 19, 26, 27, 76
오문(澳門) → 마카오
오블라티(Oblate) 선교 수도회 156, 157
오사카(大阪) 143, 328, 330~334, 336
오송(吳淞, 우쑹) 146, 339, 340, 341, 343
옥천(沃川) 본당 26, 133
올리브(Olive)산 502~504, 506, 507, 509~511, 513
와타나베 겐지(渡邊兼二) 71
왕림(旺林) 본당 99
요나(Jonah) 474
요르단(Jordan)강 503, 521, 564
『요리강령(要理綱領)』 19, 28, 97, 107, 249, 547
요셉 아리마태아(Joseph of Arimathea) 489, 490
요시카와 시타로(吉川佐太郎) 43
요엘(Joel) 511
요코하마(橫濱) 335
욥(Job) 474
용문(龍門) 본당 182
용산 예수성심신학교 → 예수성심신학교
용소막(龍召幕) 본당 166
용정(龍井) 173, 418
우도(P. Oudot, 鳴保祿) 24, 40, 45, 81, 111
『우리 주 예수 그리스도의 생애와 가르침에 관한 묵상집』 29, 116
우이용(J. Ouillon, 胡) 358
운남(雲南, 윈난) 375
원동(院洞) 110~113, 115, 117, 119, 123, 127, 129, 130, 133, 182, 252, 253, 254
원동(園洞) 본당 182

부록 · 579

원산(元山) 40, 113, 165, 166, 390, 418, 538, 548

원산(元山) 본당 166, 173, 418

원죄 없이 잉태되신 성모 대성전 441, 445~447, 453, 551, 552

원주 본당 → 원동(園洞) 본당

월미도(月尾島) 43

유년 예수 성전(Basilica of Jesus the Adolescent) 474, 560

유대철(劉大喆, 베드로) 541, 542

유(兪) 주교 → 드브레드

유진길(劉進吉, 아우구스티노) 321

유피아 신부 331, 332

유학주(兪鶴柱) 88

육백홍(陸伯鴻, 요셉) 345

윤 비오 129

윤시병(尹始炳) 88

으레노 → 레이노 147

은율(殷栗) 본당 40, 65

의주 변문(義州 邊門) 321

이기준(李起俊, 토마스) 18, 177

이내수(李廼秀, 아우구스티노) 15, 17, 331, 362

이 루치오 129

이선이(李先伊) 101

이 알로이시오 110, 111

이약슬(李若瑟, 요셉) 142

이 요셉 121, 127, 128, 133, 142

이용구(李容九) 88

이용직(李容稙) 50

이응익(李應翼) 42

이종국(李鍾國, 바오로) 16, 17, 25, 37, 38, 111, 362

이종순(李鍾順, 요셉) 22, 31, 133

이집트(Egypt) 372, 466, 467, 516

이호(李浩, 하비에르 베네딕토) 174

인도양(印度洋) 29, 152, 154, 156, 160, 320, 365~368, 371, 525, 529, 535

인천(仁川) 113, 535

일진회(一進會) 88, 94

ㅈ

자르디니(Mario Giardini) 143

자위단(自衛團) → 일진회

장기(長崎) → 나가사키

장면(張勉, 요한) 161, 162, 165, 377, 378, 385, 386, 538~542, 545, 546

장발(張勃, 루도비코) 161, 165, 377, 385, 386, 538, 539, 545, 546

장연(長淵) 23, 26

「장주교윤시제우서(張主教輪示諸友書)」 101

재령(載寧) 23, 31, 38, 89

적은동(積銀洞) 19, 26, 67, 69, 70, 72, 74, 76, 78, 81, 83, 85, 87, 89, 91, 93, 95~97, 99~101, 103, 104, 106, 108~110, 113, 115, 558, 559

전교 박람회(傳教博覽會) → 만국 전교 박람회

전동(殿洞) 본당 94, 331

전 아우구스티노 157, 363

전주(全州) 74, 77, 94, 174, 331

전주(全州) 본당 → 전동 본당

정규량(鄭圭良, 레오) 18

정규하(鄭圭夏, 아우구스티노) 17, 18, 362, 534

정미의병(丁未義兵) 87

정미칠조약(丁未七條約) 85, 87

정석태(鄭錫泰) 529

정석해(鄭錫海) 175

정(鄭) 신부 → 샤스탕

정하상(丁夏祥, 바오로) 321

제네사렛 → 겐네사렛

제라르(E. Gérard, 施阿蘭) 165, 179, 376, 384, 438, 537
제라쉬 484
제레(J.-B. Gerey, 藍) 349
제르마노(Germanus) 462
제스트레앙(Gestreaud) 158, 367
제주교안(濟州敎案) 40
제주도(濟州島) 339
제주(濟州) 본당 40
조 마리아 111
조병식(趙秉式) 41, 49, 52
『조선신문(朝鮮新聞)』 532, 533
『조선 흥망사(朝鮮興亡史)』 101
조신철(趙信喆, 가롤로) 321
조윤희(趙胤熙) 41, 49
조제(J. Jaugey, 楊秀春) 182
『종도행전(宗徒行傳)』 19, 28, 29, 115, 130, 131, 375, 506, 559, 565, 566
종현(鐘峴) 본당 → 명동 본당
종현(鐘峴)학당 15
주 기도문 교회(Church of the Pater Noster) 503, 507, 564
주님 탄생 예고 대성당(Basilica of the Annunciation) → 성모 영보 성전
죽림동(竹林洞) 본당 178
중동(中洞) 본당 38, 133, 161
지도(智島) 49
지부티(Djibouti) 156, 159, 368, 369, 535, 537
지중해(地中海) 320, 357, 367, 372, 374, 465, 468, 469, 529
『진교사패(眞敎四牌)』 →『예수진교사패』
진남포(鎭南浦) 본당 40, 111
진(陳) 신부 → 기낭
진안(鎭安) 본당 94

ㅊ

천신들의 모후 마리아 성당 408
천신들의 성모 성당 402, 547
청계동(淸溪洞) 본당 38
청도(靑島, 칭다오) 347
청일전쟁(淸日戰爭) 71
체푸(芝罘) 431
최방제(崔方濟, 프란치스코 하비에르) 349
최양업(崔良業, 토마스) 140, 344, 349
최창현(崔昌顯, 요한) 26
추계(秋溪) 15
치명산(致命山) → 몽마르트르

ㅋ

카나(Kanah) 479, 480, 481, 560
카나 혼인잔치 성당 479
카르멜(Carmel) 454, 455, 458, 465, 468, 470, 507, 509, 556, 557
카르멜(Carmel)산 468, 469, 471
카르멜 수도원 467, 469, 471
카사노바(Casa Nova) 465, 469, 472, 473, 481, 484, 514, 521, 556, 560, 561
카스타니에(J-B. Castanier) 143
카이파(Caifa) → 하이파
카타콤 167, 169, 393, 404~406, 459, 547, 548, 565
카타콤바 → 카타콤
카파르나움(Capharnaum) 464, 481~483, 484, 560, 561
카푸친(Capuchin) 159, 160, 368, 369
칸타라(Kantara) 467, 556

칼데아(Chaldea) 489

칼바도스(Calvados) 454

코라진(Chorazin) 484

코르시카(Corsica)섬 525

코톨랭디(I. Cotolendi, 이냐시오) 427

콘스탄티노플(Constantinople) 399, 410, 562

콘스탄티니(Constantini) 대주교 345

콘스탄틴 대제(Magnus Constantinus) 394, 398, 399, 410, 465

콜롬보(Colombo) 154, 156, 157, 362, 363, 364, 535, 537

콥트(Copt) 487~490, 562

쿠브뢰르(N. Couvreur, 顥) 165, 384

퀴리날레(Quirinale) 410

크레타(Creta)섬 374, 559

클라라, 아시시의(Clara, Assisiensis) 172, 368, 407, 409, 549

키드론(Kidron) 503, 510, 511, 564

ㅌ

타보르(Tabor)산 420, 476, 478, 521, 564

타이완(Taiwan) 29, 148

토비야(Tobiah) 323, 340

트라피스트회 397, 404

트레 폰타네(Tre Fontane)
→ 성 바오로의 세 샘

티베리아 → 티베리아스

티베리아스 479, 481, 482, 484, 561

ㅍ

파나마(Panama) 372

파랭(Parin) 신부 328

파레르모니알(Paray-le-Monial) 415, 554

파리(Paris) 415

파리 성모 성당 → 파리의 노트르담 대성당

파리 승리의 성모(Notre-Dame des Victoires) 성당 438

파리 승전(勝戰) 성모 성당
→ 파리 승리의 성모 성당

파리 예수 성심 성전 435

파리 외방전교회 65, 82, 111, 141~143, 145, 161, 165~167, 173, 174, 176, 179, 180, 318, 320, 329, 330, 336, 341, 349, 350, 358, 360, 361, 376, 377, 383, 387, 418, 426, 427, 430, 435, 436, 439, 499, 524, 531, 537, 541, 547, 549, 551, 554~556, 565

파리의 노트르담(Notre-Dame de Paris) 대성당 437, 441, 555

파이야스(C. Pailhasse, 河敬朝) 23

파즈(Fage) 신부 328, 329, 335

팔레스티나([라]Palestina) 29, 144, 179, 394, 463~465, 467, 468, 472, 477, 478, 481, 485, 495, 497, 498, 502, 505, 514, 517~522, 524, 525, 529, 530, 556~560, 562, 564~566

팔뤼(F. Pallu, 프란치스코) 427

페낭(Penang) 17, 361, 362, 535

페낭(Penang) 신학교 15, 16, 150, 173, 350, 418, 535

페네(C. Peynet, 裵嘉祿) 40

페레올(J. Ferréol, 高) 146, 322, 341, 343

페르디낭 드 레셉스(F. de Lesseps) 372

페이라말(D. Peyramale, 도미니코) 449

평산(平山) 37, 73

평양(平壤) 본당 → 관후리 본당

포르타 아우레아(Porta Aurea) → 금문
포리(J. Faurie, 方소동) 40, 70
포트사이드(Port Said) 167, 179, 182, 372, 373, 374, 463, 467, 521, 522, 535, 537, 556, 559, 564
폴 르카(Paul-Lecat)호 179
퐁디셰리(Pondicherry) 387
퐁멩(Pontmain) 415, 551
퐁스 신부 413
푸둥(浦東) 146
푸마소니 비온디(P. Fumasoni-Biondi, 베드로) 177
풀젠스(Fulgence) 485, 489, 491
프라도(Prado) 자선회 421
프란치스코, 아시시의(Francesco d'Assisi) 159, 172, 368, 407, 408, 465, 549
프와넬(V. Poisnel, 朴道行) 15, 182
프와요(G. Poyaud, 表光東) 166
플랑시(Collin de Plancy, 葛林德) 91
플로렌스([영]Florence) → 피렌체
플로렌시아([라]Florentia) → 피렌체
피레네(Pyrénées) 441
피렌체(Firenze) 29, 172, 410, 411, 549, 565
필립보(Philippus) 18, 354, 472

ㅎ

하관(下關) → 시모노세키
하늘에 계신 문원(門院) → 주 기도문 교회
하이파(Haifa) 463, 465, 467, 468, 556
하춘하(요셉) 323, 324
하켈 드마(Hakel dema) 513
『한국 교회 지도서』 553
한논[大沓] 본당 40
한영직(베드로) 15
해서교안(海西敎案) 16, 23~25, 50, 67
해성(海星)학교 95, 129
행주(幸州) 본당 22
헤로데(Herod) 515
헬레나(Helena) 400, 465, 474, 478, 491
현석문(玄錫文, 가롤로) 322
형주(荊州, 징저우) 148, 347
호북성(湖北省) 148, 347
호위(護衛) 성모 성당 → 마르세유 성모 마리아 대성당
홍병철(洪秉喆, 루카) 17, 26, 97, 106, 362
홍콩(香港) 26, 148, 150, 183, 344, 348~351, 358, 456, 535, 537
홍(洪) 필립보 331
홍해(紅海) 22, 29, 156, 159, 160, 320, 357, 367, 368, 370, 371, 372
화덕시(花德市) 30, 71
화산(華山) 본당 174
황정수(黃貞秀, 요셉) 18
황주교안(黃州敎案) 20, 24, 25
황주(黃州) 본당 16, 19, 22, 24, 30, 37, 67
황푸강(黃浦江) 146
황해도 사건 62
회당(會堂) 475, 476, 483
회령(會寧) 173
횡빈(橫濱) → 요코하마
후베이(湖北) 148
훈춘(琿春) 321
흥수원(興水院) 67
흥업은행(興業銀行) 77
히로시마(廣島) 142, 330